MICHELIN

Italia

ATLANTE STRADALE
ATLAS ROUTIER
MOTORING ATLAS
STRASSENATLAS

Servizio Turismo
MICHELIN®

I pneumatici e le carte stradali **MICHELIN** costituiscono oggi, ciascuno nel suo settore, un punto di riferimento incontestato di qualità e competenza.

Il presente Atlante Stradale Italia, sintesi di questa cartografia, offre dunque al gran viaggiatore – sia esso turista o professionista della strada – un nuovo servizio, personalizzato sui bisogni di ciascuno.

Con la tradizionale ricchezza di segni convenzionali, la chiarezza nei disegni ed il continuo aggiornamento che hanno fatto la loro notorietà, i Servizi Turismo Michelin dedicano queste 102 pagine alla rete stradale della Penisola.

Settanta piante di città permettono di attraversare senz'alcun problema i grandi agglomerati urbani, mentre un indice completo e dettagliato aiuta a localizzare luoghi e località.

La carta stradale, filo d'Arianna del conducente, deve essere tuttavia accompagnata da consigli in materia di alberghi e itinerari turistici.

A tale scopo la Guida Rossa Italia con l'aggiornata selezione di hotels e ristoranti e le Guide Verdi turistiche Italia e Roma con la loro ricchezza d'informazioni sono utile complemento a questo atlante; complementarietà agevolata dal fatto che tutte le opere riguardanti la Penisola utilizzano lo stesso sistema di coordinate.

Fedele al rapporto di fiducia che mantiene con i suoi lettori, la Michelin è sempre lieta di conoscere le loro osservazioni e suggerimenti. Il servizio offerto ne risulterà, in tal modo, migliorato di anno in anno.

Grazie e buon viaggio !

Le carte e le guide
MICHELIN
sono complementari :
utilizzatele insieme !

Le Pneumatique et la carte routière **MICHELIN** constituent aujourd'hui, chacun dans son domaine, une référence incontestée de qualité et de savoir-faire.

Le présent Atlas Routier Italie, synthèse de cette cartographie, apporte donc au grand voyageur – qu'il soit touriste ou professionnel de la route – un nouveau service, adapté au besoin de chacun.

En respectant la richesse de légende, la clarté de dessin et le souci d'actualité qui ont fait leur notoriété, les Services de Tourisme Michelin consacrent ici 102 pages au réseau routier de la Péninsule.

Les plans de soixante-dix villes garantissent une traversée détendue des agglomérations urbaines, tandis qu'un index complet localise les noms de lieux et localités.

La carte routière, fil d'Ariane du conducteur, demande cependant à être accompagnée de conseils en matière d'hébergement et de découverte touristique.

C'est pourquoi le Guide Rouge Italie réservé aux hôtels et restaurants et les Guides Verts touristiques Italie et Rome pour les curiosités sont d'utiles compléments à cet atlas.

Cette complémentarité est d'autant plus aisée que le même système de coordonnées est utilisé dans tous les ouvrages couvrant la Péninsule.

Fidèle à la relation privilégiée qu'il entretient avec ses lecteurs, Michelin est toujours heureux de connaître leurs remarques et suggestions. Le service auquel il vise ne peut en être que mieux assuré au fil des éditions annuelles.

Merci et bonne route !

Les cartes et les guides
MICHELIN
sont complémentaires :
utilisez-les ensemble !

MICHELIN tyres and road maps are, each in their own right, unrivalled benchmarks of quality and expertise.

This Road Atlas of Italy, a synthesis of our road-mapping, meets the needs of every road-user, whether they are a tourist or a professional driver.

In these 102 pages dedicated to the peninsular's road network, we have paid close attention to the factors which have gained us our reputation – a detailed key and clear, up-to-date mapping.

The seventy townplans indicate an easy route through built-up areas, whilst a full index gives references for town and place names.

However, whilst being a vital tool for drivers, the Road Atlas needs to be accompanied by information on accomodation and places to visit.

The Red Hotel and Restaurant Guide to Italy and the Green Tourist Guides to Italy and Rome are both useful complements to this Atlas.

Our publications covering the country are made more compatible by all using the same system of coordinates.

In keeping with the valuable relationship we enjoy with our readers, we are always happy to read your comments and suggestions. In this way we can achieve our aim of providing a high-quality service, by annually updating the information contained within the Atlas.

Thank you. May we wish you a safe journey.

MICHELIN
Maps and Guides
complement one-another:
use them together!

MICHELIN-Reifen und **MICHELIN**-Straßenkarten stellen, jeweils in ihrem Bereich, eine unbestrittene Referenz für Qualität und Können dar.

Der vorliegende Straßenatlas Italien, Synthese dieser Kartographie, erbringt dem Fahrer – ob Tourist oder beruflich unterwegs – eine neue, dem jeweiligen Bedarf entsprechende Dienstleistung.

Unter Beibehaltung der umfangreichen Zeichenerklärung, der übersichtlichen Zeichnungen und der Aktualität, die den guten Ruf seiner Publikationen ausmachen, widmet Michelin der Apenninenhalbinsel 102 Seiten.

70 Stadtpläne gewährleisten ein streßfreies Fahren durch Ballungsgebiete, während ein Register die Suche nach Ortschaften erleichtert.

Ist die Straßenkarte das Vademecum des Fahrers, so benötigt er doch auch Ratschläge zu Unterkunft und touristischen Reisezielen.

Hier empfehlen sich für die Suche nach dem richtigen Hotel oder Restaurant der Rote Hotelführer Italien und für Sehenswürdigkeiten die Grünen Reiseführer Italien und Rom als ideale Ergänzungen zu diesem Atlas; allen liegt das gleiche Koordinatensystem zugrunde.

Michelin hat seit jeher besonders gute Beziehungen zu seiner Leserschaft unterhalten. Deswegen sind Ihre Bemerkungen und Vorschläge jederzeit willkommen, tragen sie doch zum Gelingen der jährlich aktualisierten Auflagen bei.

Vielen Dank und gute Fahrt !

Die **MICHELIN**-Karten
und -führer ergänzen sich :
benutzen Sie
sie zusammen !

Sommario

Copertina interna
Quadro d'insieme

Copertina interna
Legenda completa

Sommaire

Intérieur de couverture
Tableau d'assemblage

Intérieur de couverture
Légende complète

Contents

Inside front cover
Key to map pages

Inside back cover
Key

Inhalt

Umschlaginnenseite
Kärtenübersicht

Umschlaginnenseite
Zeichenerklärung

Piante di Città   Plans de villes   Town plans   Stadtpläne

Grandi itinerari

Strade

— Autostrada

Doppia carreggiata
di tipo autostradale

Strada principale

Strada secondaria

Numero di autostrada
o di strada statale

23   Distanza chilometrica

Amministrazione

-------- Confine
e capoluogo
di Regione

.... Confine
e capoluogo
di Provincia

Grands itinéraires

Routes

Autoroute

Double chaussée
de type autoroutier

Route principale

Route secondaire

Numéro d'autoroute
ou de route d'état

23   Distance en kilomètres

Administration

-------- Limite
et capitale
de Région

.... Limite
et capitale
de Province

Route planning

Roads

Motorway

Dual carriageway
with motorway characteristics

Main road

Secondary road

Motorway
or state road number

23   Distance in kilometres

Administration

-------- Frontier
and capital town
of a Region

.... Boundary
and capital town
of a Province

Reiseplanung

Straßen

Autobahn

Schnellstraße
mit getrennten Fahrbahnen

Hauptverbindungsstraße

Regionale Verbindungsstraße

Nummer der Autobahn
oder Staatsstraße

23   Entfernung

Verwaltung

-------- Grenze
und Hauptstadt
der Region

.... Grenze
und Hauptstadt
der Provinz

Regioni   Régions   Regions   Regionen

Abruzzo	1	Molise	11
Basilicata	2	Piemonte	12
Calabria	3	Puglia	13
Campania	4	Toscana	14
Emilia-Romagna	5	Trentino - Alto Adige	15
Friuli - Venezia Giulia	6	Umbria	16
Lazio	7	Valle d'Aosta	17
Liguria	8	Veneto	18
Lombardia	9	Sardegna	
Marche	10	Sicilia	

V
ÖSTERREICH
SLOVENIJA
HRVATSKA
SVIZZERA
LIECHTENSTEIN
St. Gallen
St. Anton
Innsbruck
Badgastein
Katschberg-Tunnel
Lienz
Villach
Klagenfurt
Maribor
Ljubljana
Passo del Brennero
Passo di Resia
Passo di Monte Croce Carnico
Merano
Bolzano
Passo del Pordoi
Passo di Tre Croci
Cortina d'Ampezzo
Carnia
Udine
Gorizia
Trieste
Opatija
Rijeka
Pula
Chur
Davos
Galleria del S. Bernardino
St. Moritz
Bellinzona
Edolo
Passo del Tonale
Trento
Belluno
Primolano
Pordenone
Sondrio
Lago di Como
Lago di Lugano
Bellagio
Lecco
Como
Bergamo
Lago d'Iseo
Brescia
Lago di Garda
Verona
Vicenza
Treviso
Padova
VENEZIA
Chioggia
Monza
MILANO
Lodi
Cremona
Mantova
Rovigo
Pavia
Piacenza
Parma
Reggio nell'Emilia
Modena
Ferrara
Valli di Comacchio
PO
ADIGE
Bologna
Ravenna
Passo della Cisa
GENOVA
Rapallo
Sestri Levante
Passo del Cerreto
Faenza
Forlì
Cesena
Rimini
Riccione
S. Marino
Pesaro
Fano
la Spezia
Lerici
Massa
Carrara
Forte dei Marmi
Pistoia
Prato
Senigallia
Ancona
Viareggio
Lucca
FIRENZE
Sansepolcro
Pisa
Livorno
S. Gimignano
Arezzo
Gubbio
Macerata
Civitanova Marche
Siena
Perugia
Assisi
San Benedetto del Tronto
Ascoli Piceno
Foligno
Lago Trasimeno
MARE ADRIATICO
LIGURE
I. di Capraia
Isola d'Elba
Isola di Pianosa
Isola del Giglio
Monte Argentario
I. di Montecristo
Grosseto
Lago di Bolsena
Terni
Lago di Campotosto
Teramo
Pescara
Chieti
Aquila
Popoli
Bastia
Calvi
Corte
Ajaccio
Propriano
Sartène
Porto-Vecchio
Bonifacio
CORSE
Viterbo
Lago di Bracciano
Rieti
Avezzano
Isernia
Campobasso
Civitavecchia
ROMA
Frosinone
Velletri
Latina
Formia
Caserta
NAPOLI
MARE
ADRIATICO
Zadar
SLOVENIJA
HRVATSKA
Drau
Sava
Wörther See
Rhein
Inn
Adige
Adda
Oglio
Trebbia
Po
Secchia
Reno
Arno
Ombrone
Tevere
Sangro
Volturno
Olbia
Cagliari
Palermo
Arbatax
Galleria del Gran S. Bernardo
9
15
18
6
5
8
14
16
10
1
7

Isola d'Elba
Grosseto
Lago di Bolsena
TEVERE
Terni
138
Bastia
27
22
Viterbo
Rieti
Calvi
93
D 81
N 193
Isola di Pianosa
94
44
86
48
N 1193
Isola del Giglio
S 18
Lago di
Bracciano
33
Corte
163
N 198
Monte Argentario
Civitavecchia
91
A 12
ROMA
153
N 200
I. di Montecristo
32
D 81
N 193
Olbia
30
C O R S E
170
Arbatax
Velletri
Ajaccio
N 196
Cagliari
S 148
140
N 198
Propriano
Porto-Vecchio
Sartene
N 196
Bonifacio
Arcipelago
della Maddalena
Sta Teresa Gallura
S 133
Genova
I. Asinara
61
Civitavecchia
104
S 125
S 200
Olbia
Porto Torres
121
S 199
35
S 131
Sassari
Lago del Coghinas
S 125
S 597
107
87
Alghero
S 131 dir
Tirso
Nuoro
75
S 129
S 131
Civitavecchia
8,5
48
Lago Omodeo
177
S 125
S A R D E G N A
Arbatax
Oristano
94
140
Flumendosa
98
Mannu
S 131
S 129
57
S 125
Iglesias
S 130
I. di S. Pietro
S 126
Cagliari
Civitavecchia
Napoli
S. Antioco
127
S 195
Genova
Trapani Palermo
Cagliari

MARE ADRIATICO

MARE TIRRENO

MARE IONIO

1
2
3
4
7
11
13

S I C I L I A

Lago di Campotosto
I. Pianosa
I. Tremiti
Pescara
Chieti
L'Aquila
Popoli
Avezzano
Latina
Frosinone
Isernia
Campobasso
Termoli
Vieste
L. di Lesina
Lago di Varano
Foggia
Barletta
Bari
Brindisi
Lecce
Otranto
Taranto
Matera
Potenza
Benevento
Caserta
Avellino
NAPOLI
Pozzuoli
Ischia
Isola d'Ischia
Isola di Ponza
Sorrento
Capri
Salerno
Formia
Sibari
Paola
Cosenza
Crotone
Catanzaro
Vibo Valentia
Locri
Reggio di Calabria
Messina
Milazzo
Isole Eolie o Lipari
I. di Ustica
Taormina
Randazzo
Adrano
Catania
Cefalù
PALERMO
Trapani
Alcamo
Marsala
Caltanissetta
Enna
Piazza Armerina
Agrigento
Gela
Caltagirone
Ragusa
Siracusa

Sangro
Fortore
Ofanto
Bradano
Agri
Crati
Volturno
Garigliano
Simeto
Dittaino
Platani
Salso

I. di Ustica
I. di Pantelleria
I. di Linosa
Isole Pelagie
I. di Lampedusa

Distanze   Distances   Entfernungen

Le distanze sono calcolate a partire dal centro delle città e seguendo la strada più pratica, ossia quella che offre le migliori condizioni di viaggio ma che non è necessariamente la più breve.

Les distances sont comptées à partir du centre-ville et par la route la plus pratique, c'est-à-dire celle qui offre les meilleures conditions de roulage, mais qui n'est pas nécessairement la plus courte.

Distances are calculated from town-centres and using the best roads from a motoring point of view – not necessarily the shortest.

Die Entfernungen gelten ab Stadtmitte unter Berücksichtigung der günstigsten (nicht immer kürzesten) Strecke.

861 km

SICILIA: Agrigento, Caltanissetta, Catania, Messina, Palermo, Ragusa, Siracusa, Trapani

SARDEGNA: Arbatax, Cagliari, Nuoro, Olbia, Oristano, Sassari

Legenda

Vedere la legenda completa all'interno della copertina

Strade

Autostrada - Area di servizio

Doppia carreggiata di tipo autostradale

Svincolo :
completo, *parziali*
Svincolo numerato

Strada principale :
a carreggiate separate
a 4 corsie - a 2 corsie larghe
a 2 corsie - a 2 corsie strette

Strada regionale :
a carreggiate separate
a 2 corsie o più - a 2 corsie strette
Altre strade : con rivestimento - senza rivestimento

Strada in costruzione
(*Data di apertura prevista*)

Distanze su autostrada :
tratto a pedaggio
tratto libero
Distanze su strada

Trasporti

Ferrovia

Collegamento via traghetto (stagionale : *segno rosso*)
trasporto auto su traghetto

trasporto auto su chiatta
(carico massimo in tonnellate)

Aeroporto - Aerodromo

Località - Amministrazione

Località con pianta sulla
Guida Rossa Michelin

Bardolino

Risorse alberghiere selezionate
nella stessa guida

Curiosità

Chioggia (▲) *(Principali curiosità : vedere « Guida Verde Michelin »)*
Malcesine ○ Località o siti interessanti, luoghi di soggiorno

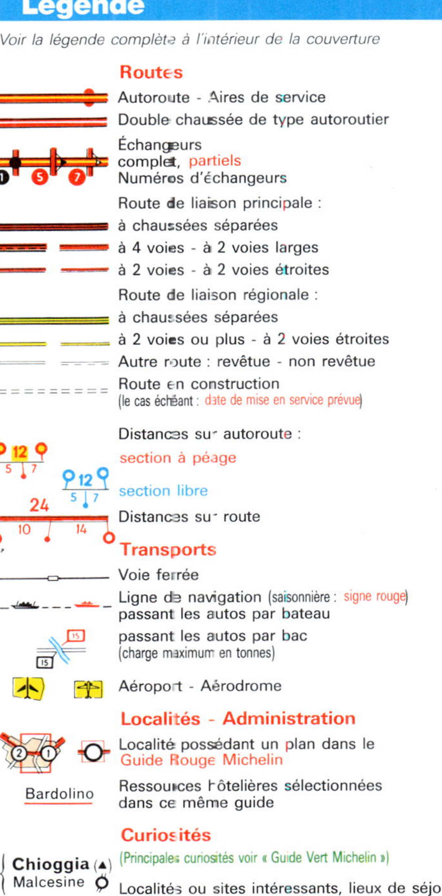

Légende

Voir la légende complète à l'intérieur de la couverture

Routes

Autoroute - Aires de service

Double chaussée de type autoroutier

Échangeurs
complet, *partiels*
Numéros d'échangeurs

Route de liaison principale :
à chaussées séparées
à 4 voies - à 2 voies larges
à 2 voies - à 2 voies étroites

Route de liaison régionale :
à chaussées séparées
à 2 voies ou plus - à 2 voies étroites
Autre route : revêtue - non revêtue

Route en construction
(le cas échéant : *date de mise en service prévue*)

Distances sur autoroute :
section à péage
section libre
Distances sur route

Transports

Voie ferrée

Ligne de navigation (saisonnière : *signe rouge*)
passant les autos par bateau

passant les autos par bac
(charge maximum en tonnes)

Aéroport - Aérodrome

Localités - Administration

Localité possédant un plan dans le
Guide Rouge Michelin

Bardolino

Ressources hôtelières sélectionnées
dans ce même guide

Curiosités

Chioggia (▲) *(Principales curiosités voir « Guide Vert Michelin »)*
Malcesine ○ Localités ou sites intéressants, lieux de séjour

Key

A full key to symbols appears inside the front cover

Roads

Motorway - Service area

Dual carriageway with motorway characteristics

Interchanges :
complete, *limited*
Numbered interchanges

Major trunk roads :
dual carriageway
4 lanes - 2 wide lanes
2 lanes - 2 narrow lanes

Secondary roads :
dual carriageway
2 lanes or more - 2 narrow lanes
Other roads : surfaced - unsurfaced

Road under construction
(when available : *with scheduled opening date*)

Distances on motorway :
toll section
free section
Distances on road

Transportation

Railway

Car ferries (seasonal services in *red*)
vehicles by boat

vehicles by ferry
(load limit in tons)

Airport - Airfield

Towns - Administration

Towns having a plan in the
Michelin Red Guide

Bardolino

Hotel facilities listed
in the *Michelin Red Guide*

Sights

Chioggia (▲) *(Principal sights : see the Michelin Green Guide)*
Malcesine ○ Towns or places of interest. Places to stay

Zeichenerklärung

Vollständige Zeichenerklärung siehe Umschlaginnenseite

Straßen

Autobahn - Tankstelle

Schnellstraße mit getrennten Fahrbahnen

Anschlußstellen :
Autobahnein-und/oder - ausfahrt
Nummern der Anschlußstellen

Hauptverbindungsstraße :
mit getrennten Fahrbahnen
4 Fahrspuren - 2 breite Fahrspuren
2 Fahrspuren - 2 schmale Fahrspuren

Regionale Verbindungsstraße :
mit getrennten Fahrbahnen
2 oder mehr Fahrspuren - 2 schmale Fahrspuren
Andere Straßen : mit Belag - ohne Belag

Straße im Bau
(ggf. *voraussichtliches Datum der Verkehrsfreigabe*)

Entfernungsangaben auf der Autobahn :
gebührenpflichtiger Abschnitt
gebührenfreier Abschnitt
Entfernungsangaben auf der Straße

Transport

Bahnlinie

Autofähren
(*rotes Zeichen* : saisonbedingte Verbindung)

Autofähre
(Höchstbelastung in t.)

Flughafen - Flugplatz

Ortschaften - Verwaltung

Ort mit Stadtplan im
Roten Michelin-Führer

Bardolino

Im *Roten Michelin-Führer*
aufgeführter Ort

Sehenswürdigkeiten

Chioggia (▲) *(Hauptsehenswürdigkeiten : s. Grünen Michelin-Führer)*
Malcesine ○ Sehenswerte Orte, Ferienorte

Signos convencionales

Para más información ver contraportada interior

Carreteras

Autopista - Áreas de servicio

Autovía

Accesos :
completo, *parciales*
Número del acceso

Carretera general :
con calzadas separadas
con 4 carriles - con 2 carriles anchos
con 2 carriles - con 2 carriles estrechos

Carretera regional :
con calzadas separadas
con 2 carriles o más - con 2 carriles estrechos
Otra carretera asfaltada - sin asfaltar

Carretera en construcción
(en su caso : *fecha de entrada en servicio prevista*)

Distancias en autopista :
tramo de peaje
tramo libre
Distancias en carretera

Transportes

Línea férrea

Línea marítima con transporte de coches
(enlace de temporada : *signo rojo*)

Barcaza para el paso de coches
(carga máxima en toneladas)

Aeropuerto - Aeródromo

Localidades - Administración

Localidad con plano en la
Guía Roja Michelin

Bardolino

Recursos hoteleros seleccionados
en la *Guía Roja Michelin*

Curiosidades

Chioggia (▲) *(Principales curiosidades : ver Guía Verde Michelin)*
Malcesine ○ Localidad o lugar interesante, lugar para quedarse

凡 例

表紙裏の凡例も参照のこと

道 路

高速道路とサービスエリア

中央分離帯のある高速道路形式の道路

インターチェンジ：
出入口完備　*入口または出口のみ*
インターチェンジ番号

主要幹線道名：
中央分離帯のある道路
4車線 - 幅員の広い2車線
2車線 - 幅員の狭い2車線

地方道路：
中央分離帯のある道路
2車線以上 - 幅員の狭い2車線
その他の道路：舗装 - 未舗装

建設中の道路
（*開通予定年月*）

高速道路の区間距離
有料区間
無料区間
一般道路の区間距離

一般交通関係

鉄道

航路（*赤表示は季節運航*）
カーフェリー

渡船
（重量制限、単位トン）

空港 - 飛行場

市町村 - 行政

ミシュラン レッドガイドに
地図が記載されている市町村

Bardolino

ミシュラン レッドガイドに
精選されたホテルの情報が記載されている市町村

見どころ

Chioggia (▲) *（主な見どころは『ミシュラン・グリーンガイド』を参照のこと）*
Malcesine ○ 興味深い市町村または景勝地、滞在適地

INTERLAKEN
Grindelwald
Wengen
Lauterbrunnen
Kleine Scheidegg
Eiger
Mönch
Jungfrau
Jungfraujoch
Finsteraarhorn
Grimselpass
Gletsch
Oberwald
BERN
Mürren
Schilthorn
Stechelberg
Kandersteg
SCHWEIZ
Lötschbergtunnel
Lötschenpass
Kippel
Goppenstein
Gampel
Turtmann
Visp
Brig
Simplonpass
Alter Spittel
Simplon
Gondo
Gondoschlucht
Iselle
Varzo
Crodo
Domodossola
Villadossola
Piedimulera
Vogogna
Premosello
Cuzzago
Gravellona
Omegna
ZERMATT
MATTERHORN
CERVINO
Cervinia
Valtournenche
Gornergrat
Macugnaga
Saas-Fee
Saas-Grund
Saas-Almagell
St. Niklaus
Grächen
Stalden
Zinal
Grimentz
MONTE ROSA
Carcoforo
Rima
Alagna
Fobello
Rimella
Cervatto

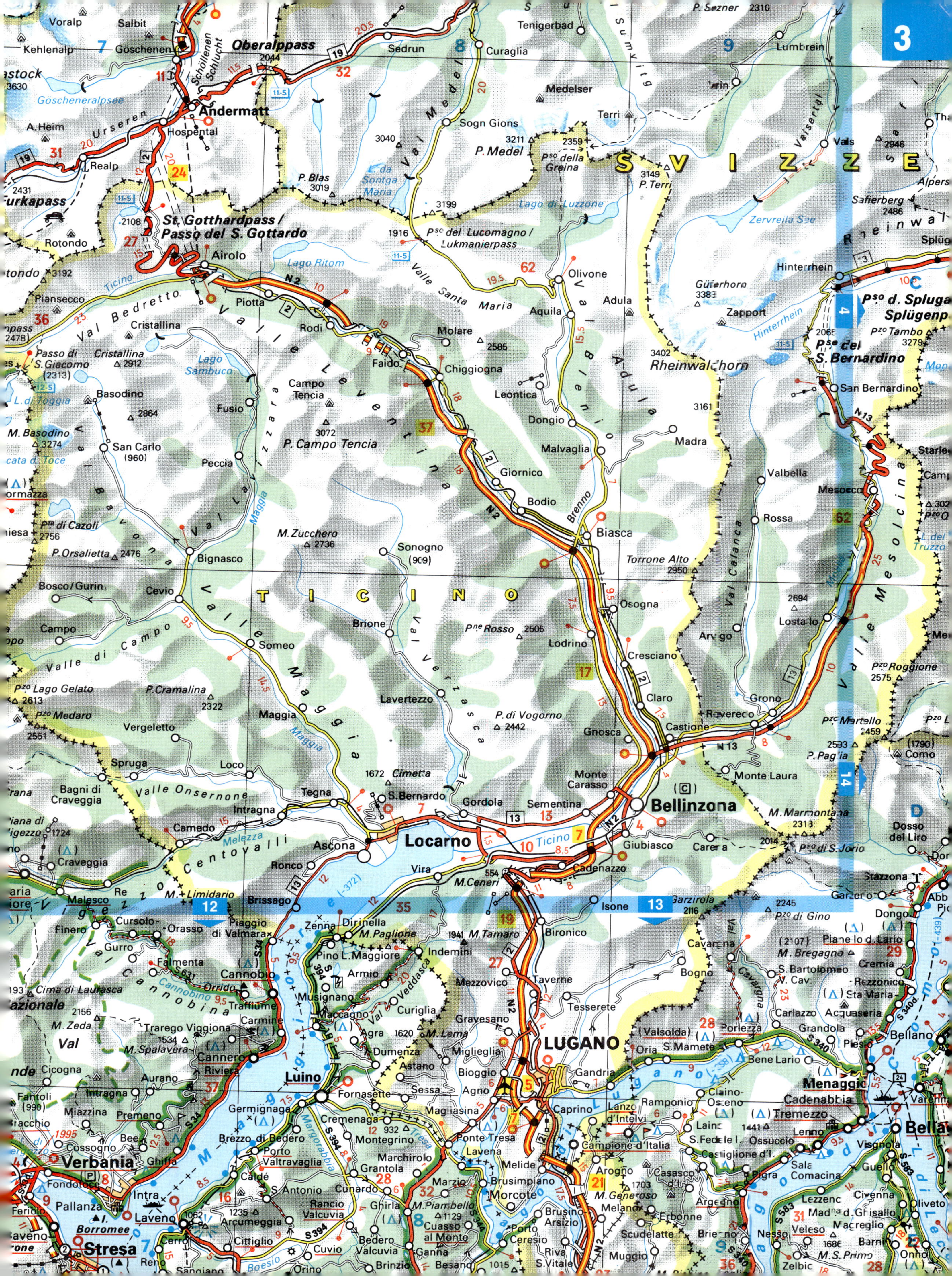

4
CHUR
Flims-Dorf
Flims-Waldhaus
Laax
Reichenau
Trin
Bonaduz
Versam
Rhäzüns
Domat / Ems
Maladers
Castiel
Peist
Tschiertschen
Langwies
Feldis/Veulden
Rothenbrunnen
Churwalden
Weissflühgipfel 2834
Monbiel
Pischahorn 2979
Verstankl
Klosters
Weisshorn 2653
Arosa
Tiejerflue 2781
DAVOS-Dorf
DAVOS-Platz
Tschuggen
Wisshorn 3085
Stätzerhorn 2574
Parpan
Lenzerheidepass 1549
Valbella
Aroser Rothorn 2980
Sandhubel 2764
Glaris
Sertig-Dörfli
Flüelapass 2383
Val Susasca
Schwarzhorn 3146
Dürrboden
Ilanz
Castrisch
Valendas
Tenna
Pitasch
Safiental
Tschappina
Thusis
Safien-Platz
Rodels
Cazis
Sils
Vaz/Obervaz
Lantsch/Lenz
Brienz
Alvaneu
Filisur
Wiesen
Hoch Ducan 3063
Piz Vadret 3229
Landwasser
Kesch
Via Mala
Tiefencastel
Thalkirch
Zillis
Andeer
Piz Curver 2972
Savognin
Bergün/Bravuogn
P. Ela 3339
P. Kesch 3418
Preda
Albulapass 2312
Zuoz
29
OBER-ENGADIN
Alperschällihorn 3039
Cufercal
Sufers
Safierberg 2486
Splügen
Rheinwald
Innerferrera
Mulegns
Piz d'Err 3378
Jenatsch
Bever
la Punt-Chamues-ch
P.so d. Spluga / Splügenpass 2113
P.zo Suretta 3027
Montespluga
L. di Montespluga
P.zo Tambo 3279
Bertacchi
Stuetta 3209
Isola
Madesimo
Valle di Lei
Lago di Lei
Cresta
P. Platta 3392
Juf
Tscheischhorn 3019
Septimerpass 2310
Maloja
Sils im E.
-Maria
P. Nair 3057
Samedan
Celerina/Schlarigna 2568
Muottas Muragl
M. Cotschen 3104
ST. MORITZ
P. Julier 3380
Julierpass 2284
Silvaplana
Surlej
St. Moritz-Bad
Pontresina
P. Languard 3262
Chünetta 2083
Val Bernina
San Bernardino
C
Starleggia
Campodolcino
Fraciscio
Chiavenna
P.zo d'Inferno 3045
Baselgia
P. Lagrev 3168
L. da Silvaplauna
Sils da Segl
Tschierva
Boval
P. Corvatsch 3451
Coaz
P. Morteratsch 3751
Diavolezza 2328
52
P.zo Quadro 3026
P.zo Stella
Prestone
Gallivaggio
S. Giacomo Filippo
Olmo
Piuro Sta Croce
Chiavenna
Val Bregaglia
Soglio (1095)
Albigna
Casaccia
P.so del Muretto 2562
M. d. Forno 3214
P.zo Bernina 4049
Vadret da Morteratsch
P.zo Palü 3905
P.zo Zupo 3996
Alp Grün
P.zo Verona 3453
Menarola
Prata Camportaccio
Parco d. Marmitte
Villa d. Chiavenna
Castasegna
Sciora
P.zo Cengalo 3370
Cima di Castello 3388
Chiareggio
Longoni
Carate Brianza
Sasso Moro 3108
P.so Confinale 2628
Marinelli
Gordona
S. Cassiano
M. Gruf 2936
Giannetti
Allievi
Porro
Primolo
Franscia 3323
P.zo di Canciano 3103
P.zo Scalino
P.zo Roggione 2575
S. Pietro
Somaggia
Brasca
M. Disgrazia 3678
Chiesa in Valmalenco
Lanzada
Alpe Campiascio
Martello 2459
P.zo Ledu 2503
(Samolaco)
Era
Ligoncio
S. Martino
Corni Bruciati 3114
Torre di Sta Maria
Spriana
Vetta di Ron 3136
Como (1790)
Novate Mezzola
Volta
Cataeggio
Preda Rossa
Caspoggio
Albonico
Verceia
M. Erbea 2430
Buglio in Monte
Berbenno di Valtellina
Castione Andevenno
Sondrio
Boirolo
S. Bernardo
Dosso del Liro
Livo
Domaso
Gera Lario
Sorico
Nuova Olonio
Cino
Caspano
Ardenno
Masino
Postalesio
Tresivio
Chiuro
Ponte in Valtellina
Teglio
Stazzona
Gravedona
Dubino
Traona
Mello
Civo
Dazip
Forcola
Fusine
Caiolo
Albosaggia
Faedo
Piatteda Alta
Arigna
S. Giaco
Dongo
Colico
Pianteda
Delebio
Rogolo
Cosio Val.
Morbegno
Campo
Talamona
Tartano
Albaredo per S. Marco
M. Vespolo 2385
Ambria
Agnedo
M. Combo
Cremia
Rezzonico
Sta Maria
Dervio
Tremenico
Pagnona
Pedesina
Gerola Alta
M. Rotondo
M. Cadelle
L. di Veninal
Vobi
P.zo di Coca 3052

5
Piz Buin 3312
Piz Tasna 3183
Piz Lat 2808
P.ta Lago Bianco / Weißseespitze 3514
Fluchtkogel
Vernagt
Brandenburger-Hs.
12
13
14
Dreiländer... 3301
Piz Linard 3411
Ramosch
Pso di Resia / Reschenpaß 1507
Resia / Reschen
Melago / Melag (1912)
Pio XI
Kreuzspitze 3457
Scuol / Schuls
27
Roia / Rojen
Curon Venosta / Graun i. Vinschgau
Palla Bianca / Weißkugel 3706
Giogo Alto / Hochjoch
Ötztaler
22 Ardez
Tarasp
En / Inn
P. S.-chalambert 3029
L. di Resia / Reschen See
S. Valentino alla Muta / St. Valentin a. d. Haide
P.ta Vallela 3355
Maso Corto / Kurzras
Vernago / Vernagt
Similaun 3602
B
Susch
UNTER-ENGADIN
P. Pisoc 3124
Burgusio / Burgeis
Planol / Planeil
P.ta Saldura
Tanai / Thanai
L. di Vernago
Madonna Unserfrau
6
E N
Zernez
S-charl
Abb. di M. Maria
Slingia
Malles Venosta / Mals
Mazia / Matsch
P.ta d'Alliz 3206
3200 Mastaur
Senales / Schnals
Rattisio Nuovo / Neuratein
Piz Sesvenna 3205
Clusio
Laudes / Laatsch
Sluderno / Schluderns
Ofenpass / Pass dal Fuorn
52
Piz Starlex 3075
Glorenza / Glurns
Spondigna / Spondinig
Tanas / Tannas
Silandro / Schlanders
Colorano / Goldrain
Castelbello / Kastelbell
S. Martino al Monte
Nationalpark
P. Quattervals
Tschierv
Müstair
Tubre / Taufers i. Münstertal
Corzes / Kortsch
Lasa / Laas
48
Laces / Latsch
Val Müstair
Sta Maria
Prato allo Stelvio / Prad a. Stilfserjoch
Cengles
Tarnell
Morter
Tarres
Cima la Casina 3180
Giogo di Sta Maria / Pass Umbrail
Stelvio / Stilfs
Gomagoi
Parco Nazionale
Bagni di Salto / Bad Salz
Val Venosta / Vins
Pzo di Forcola / Furkel Sp. 3004
49
Trafoi (1543)
Solda di Fuori / Ausser Sulden
Serristori
C.ma Vertana 3544
Martello / Martell
Ganda di M.
Livigno
S. Rocco
Trepalle
M. Sumbraida
9
Pso dello Stelvio / Stilfserjoch 2757
Solda / Sulden
S.a Maria alla Fonderia
Gioveretto 3439
S. Nicolo / St. Nikolaus
Ortles / Ortler
3905
L. di Gioveretto
Forcola di Livigno 3302
Valdidentro
Bagni di Bormio
Cresta di Reit
5° Alpini
Città di Milano (2581)
ORTLES / ORTLER
Corsi (2265)
C.ma Sternai 3443
Sta Gertrude / St. Gertraud
Bormio
S. Antonio
Gran Zebru
M. Cevedale 3769
Larcher
Dorigoni
Bordolona
Arnoga
Sta Lucia
Bormio 2000
M. Confinale 3370
Pizzini-Frattola
Cima Venezia
L. del Careser
Valle di Sotto
Cima de Piazzi 3439
3012
Sta Caterina Valfurva
i Forni
Branca
Coler
Bagni di Rabbi
Rabbi
Cima Bianca
15
M. Sobretta 3296
dello
M. Vioz 3645
3119
Val di Rabbi
Cima Saoseo
Eita
C. Redasco 3139
Adda
Vedr. de Forni
Punta S. Matteo
Stelvio
Magras
Malè
Sasso Campana 2913
42
Le Prese
Fumero
M. Gavia 3223
Pso di Gavia 2621
Corno dei Tre Signori
Peio
Peio Terme
Cogolo
Cima Mezzana
Monclassico
S. Carlo
Malghera
Sondalo
3212
L. di Pian Palu
Fusine
Mezzana
Val
Dimaro
Poschiavo (1014)
Fusino
Grosio
Grosotto
M. Coleazzo 3006
Pezzo
M. Tonale 2694
Pellizzano
Vermiglio
Marilleva
Folgarida
19
Poschiavo
Brusio
M. Masuccio 2816
Mazzo di Valtellina
Vervio
Tovo di S. Agata
Ponte di Legno
56
Stavel
Fazzon
Campo Carlo Magno
Pietra 2937
Campocologno
Madonna di Tirano
Tirano
Monno
Vezza d'Oglio
Vione
Temù
Passo del Tonale 1883
Denza
Madonna di Campiglio
M. Spinale 2104
Cima Groste
Cima Brenta
Villa di Tirano
Stazzona
M. Padrio 2153
Edolo
Sonico
Incudine
La Presanella 3558
Cima Presanella
S. Antonio di Mavignola
8,5
Tresenda
Pso dell' Aprica
29
Cortenedolo
Corteno
M. Mandrone
Garibaldi
Lobbia Alta 3196
Cascate di Nardis
Ragada
Carisolo
Pinzolo
C. Tosa 3173
Aprica
Val di Corteno Golgi
Rino
M. Adamello 3554
Crozzon di Lares
M. Carè Alto
Maiga Movlina
Agostini
Gruppo di
Carona
Malonno
Garda
Gnutti
Prudenzini
Caderzone
Becenago
31
Spiazzo
S. Lorenzo in Banale
M. Lorio
12
Paisco
Cedegolo
Demo
Cevo
Savio dell'Adamello
Valle
M. Carè Alto
Peluga
Vigo Rendena
Binio
14
Villa Rendena
Stenico
13

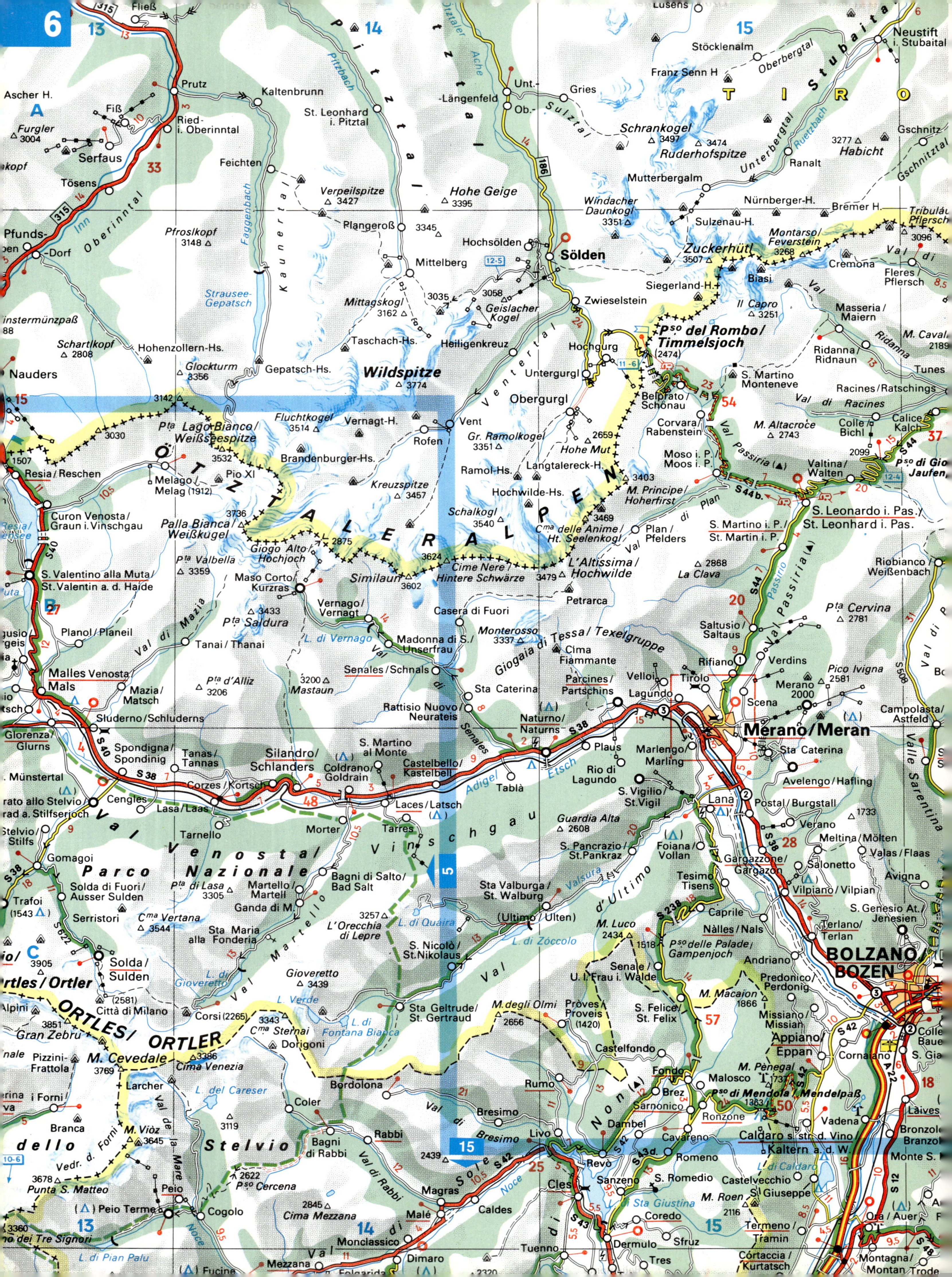

ÖSTERREICH
Grund Ziller
Bärenbad
Plauener H.
Richter-H.
Prager H.
Matreier Tauernhaus
Oberwald
Pasterze
Großglockner
Großvenediger
Gr. Geiger
Großvenediger
Badener H.
Eichham
Muntanitz
Kalser Tauernhaus
Salm-H.
Roßwandspitze
M. Fumo / Rauchkofel
Passo dei Tauri
Krimmlertauern
Tridentina
F.lla dei Picco
Birnlücke
Picco dei Tre Signori / Dreiherrnspitze
Tauerntal
Tauern B.
Glorer-H.
Böses Weibl
Grodorf
Roter Knopf
Lesach-H.
Sudetendeutsche-H.
Kalser Tauernhaus
Rotenkogel
Matrei i. Osttirol
Kals
Lesach
Schober
Hochschober
A. Noßberg
Schleinitz
Ainet
Oberlier
Hochstein
Böses Weibele
Gölbner
Deferereggeralpen
Außervillgraten
Mittewald a. d. D.
Aßling
Spitzko
Sillianer H.
Kartitsch
Kartitsch-Sattel
Obertilliach
Untertilliach
KARNISCHE Alpen
Cima Sappada
Sappada
Forni A
M. Peralba
Forni di Sopra
Forni di Sotto
Brunico / Bruneck
Campo Tures / Sand i. Taufers
Valle Aurina / Ahrntal
S. Pietro / St. Peter
Cadipietra / Steinhaus
Riva di Tures / Rain in Taufers
Predoi / Prettau
Casere / Kasern
Giogo Lungo
Hinterbichl
Prägraten
Virgen
Virgental
Isel
Huben
Peischlach
St. Johann i. Walde
St. Jakob i. Defereggen
Erlsbach
Stalle / Stallersattel
Anterselva di Sopra / Antholz Obertal
Anterselva di M. / Antholz M.
Croda Nera
Riomolino / Mühlbach
Villa Ottone / Uttenheim
Molini di Tures / Mühlen
Gais
Vila di Sopra / Ob. Wielenbach
Perca / Percha
Riscone / Reischach
Valdaora / Olang
Plan de Corones
Pieve di M. / Plaiken
Bagni di Pervalle
S. Vigilio di M. / St. Vigil
(Marebbe / Enneberg)
La Valle / Wengen
Pederoa
Abtei
Sasso Croce
La Villa / Stern
S. Martino i. B. / St. Martin i. T.
S. Cassiano / St. Kassian
Armentarola
Corvara i. B.
P.so di Valparola
P.so di Campolongo
Col di Lana
Pieve di Livinallongo
Rocca Pietore
Andraz
Passo di Giau
Selva di Cad.
Pescul
Colle Sta Lucia
Caprile
Alleghe
Sottoguda
Vallada Ag.
S. Tomaso Ag.
Vazzoler
Cencenighe Agordino
Zoldo Alto
M. Civetta
M. Moiazza
Chiesa
Forno di Zoldo
Passo Duran
Dont
Passo Cibiana
Ospitale di Cadore
Monguelfo / Welsberg
Braies / Prags
Dobbiaco / Toblach
Innichen
S. Candido
Villabassa / Niederdorf
Monte Rota / Radsberg
Tesido / Taisten
Rasun-Anterselva
Planca di Sotto Unterplanken
S. Martino / St. Martin
Prato alla Drava
Winnebach Sillian
Straßen
Verschiaco
Sesto / Sexten
S. Giuseppe / Moos
Bagni di S. Giuseppe / Bad Moos
P.so di M. Croce di Comelico / Kreuzbergpass
Comelico Superiore
Padola
S. Nicolò di C.
Danta
Campolongo
Sto Stefano di Cadore
M. Terza Grande
De Gasperi
Sauris di Sopra
Sella di Razzo
La Maina
Lago di Sauris
P.so del Pura
Dobbiaco Nuovo
S. Vito / St. Veit
Ponticello / Brückele
Lago di Braies
Croda di Becco
Prato Piazza / Plätzwiesen
Fodara Vedla
Croda Rossa
Cimabanche
Carbonin Schluderbach
Misurina
Cristallo
Lago di Misurina
Auronzo
Croda dei Baranci
Tre Cime di Lavaredo
Zsigmondy-Comici
Croda dei Toni
Berti
Crode dei Longerin
M. Antola / Steinkarspitze
Calvi
Campo Fiscalino
Locatelli
Case Orsolina
Auronzo di Cadore
P.so del Zovo
Sta Caterina
M. Agudo
Stabiziane
Gruppo dei Cadin
Carpi
Gruppo del Sorapis
Cortina d'Ampezzo
Tondi di Faloria
Tre Croci
Pocol
Zuel
Palmieri
Croda da Lago
Le Tofane
Nuvolau
M. Averau
P.so di Falzarego
S. Marco
Galassi
Valle d'Oten
Vodo Cadore
S. Vito di C.
Borca di C.
Venas di C.
Venezia
Valle di C.
Perarolo di Cadore
M. Pelmo
Mareson
Sonino
Zoppè di C.
Cibiana di C.
Antelao
Corte
Tai di C.
Pieve di Cadore
Lago di Pieve di C.
Calalzo di Cadore
Domegge di C.
Lozzo di C.
Vigo di Cadore
Lorenzago di Cadore
M. Tudaio di Razzo
P.so della Mauria
Forni di Sopra
Giaf
M. Cridola
Andrazza
Padova
Monfalcon di Montanaia
Pordenone
Flaiban-Pacherini
M. Pramaggiore
M. Chiarescons
Cima dei Preti
Rucorvo
Settimana
Maniago
Cimon del Froppa
Gruppo delle Marmarole
Baion
Cima Gogna
Sta Caterina
Vigo di Cadore
Forcella Lavardet
M. Brentoni
Piave
Drau
Gail
Lienz
Schwarzach
Defereggental
Reichenberger H.
Lasörling
Lasörlinggruppe
Hochgrabe
Unterstalleralm
Weiße Spitze
Volkzeiner H.
Malga Pudio / Pidig Alm
M. Altacroce / Hochkreuz Sp.
M. Ripa / Riepenspitze
Sta Maddalena / St. Magdalena
Kalkstein
Corno di Fana / Toblacher Pfannhorn
Außervillgraten
Croda Rossa
Monte
Croda Nera
P.so di Gola / Klammljoch
Triangolo di Riva / Dreieck-Spitze
Knutten-Alm
Cima Dura
Oberhaus
Barmer H.
Collalto / Hochgall
L. d'Anterselva
Vedrette di Ries
Valle di Riva
Bonn-Matreier-H.
Rostocker H.
Clara-H.
P.so Rosso di Predoi / Rötspitze
Fonte alla Roccia / Trinkstein
Malga Prato / Wieser Alm
P.so del Cane / Hundskehljoch
Alpen
M. Lovello / Gr. Löffler
Vitt. Veneto
Nero / Enstein
Valle Aurina / Ahrntal
Molini / Molini
Vigolana
Campo Tures
Val d'Aurino
Val di Tures
Valle di Casies
Val Pusteria
Pieve di Marebbe
S. Vigilio
Ansiei
Valle del Boite
Valle del Ansiei
Val di Landro
Rienza
Rienz
Boite
Boite
Cordevole
Valle del Cordevole
Maglia Pudio
Val Visdende
Val Pàdola
Valle di Sesto
Val Comelico
Piave
Tagliamento
Val Pesarina
Val Tramontina

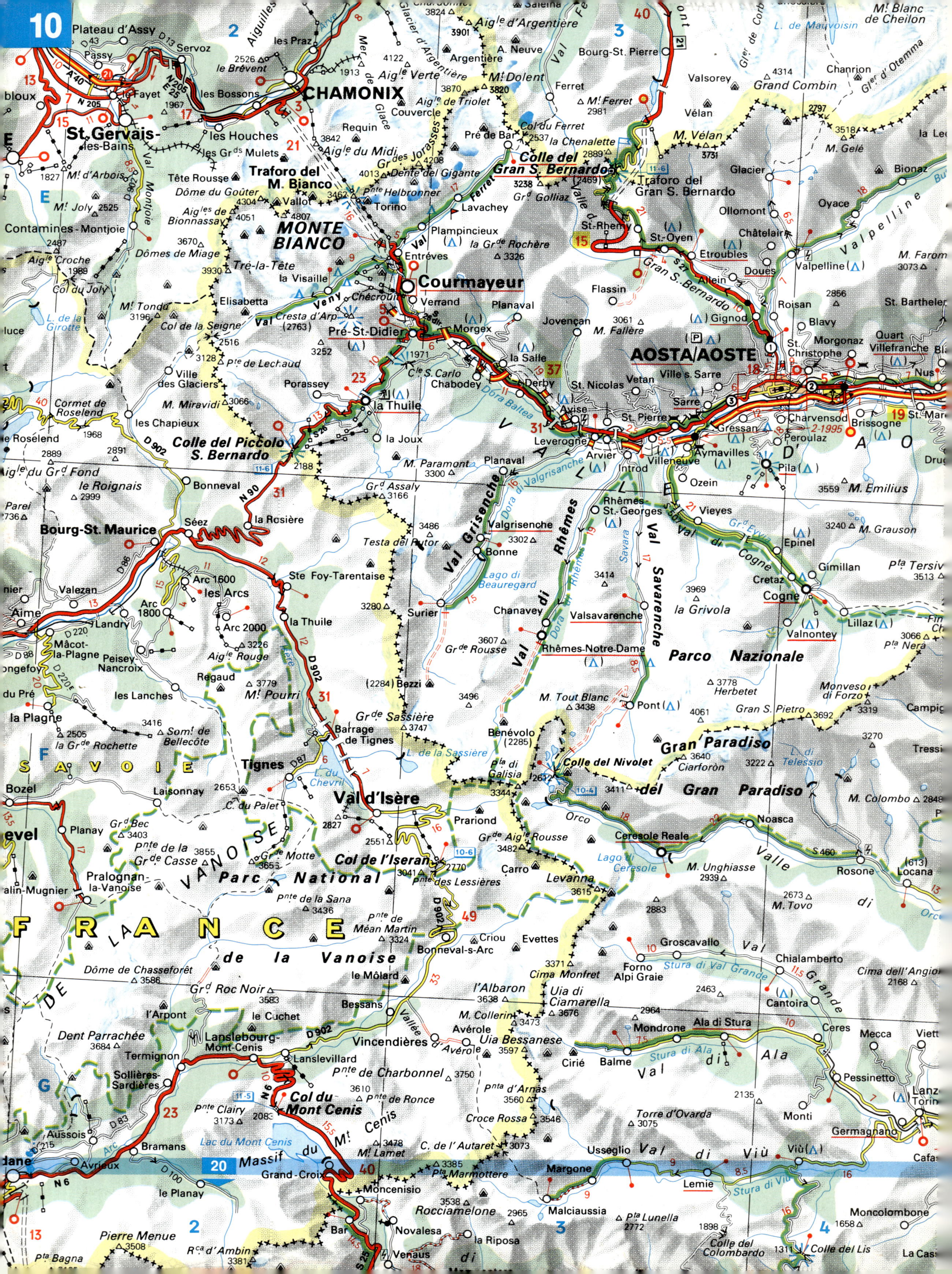

10
Plateau d'Assy
Servoz
les Praz
Aiguilles
Glacier d'Argentière
Aigle d'Argentière
Saleina
A. Neuve
Bourg-St-Pierre
M. Blanc de Cheilon
L. de Mauvoisin
Gler de Corb
Passy
le Fayet
les Bossons
CHAMONIX
Mer de Glace
Argentière
M.t Dolent
Ferret
Valsorey
Grand Combin
Gler. d'Otemma
Chanrion
N 205
les Houches
St Gervais-les-Bains
les Grds Mulets
Aigle du Midi
Aigle de Triolet
Couvercle
Pré de Bar
Col du Ferret
la Chenalette
M. Ferret
Vélan
M. Vélan
M. Gelé
Bionaz
Tête Rousse
Traforo del M. Bianco
Dôme du Goûter
Vallot
Aigle du Géant
Colle del Gran S. Bernardo
Traforo del Gran S. Bernardo
Glacier
Oyace
la Lec
Contamines-Montjoie
M.t Joly
Dôme de Miage
MONTE BIANCO
Pte Helbronner
Torino
Plampincieux
Lavachey
Grd Golliaz
St-Rhemy
St-Oyen
Ollomont
Châtelair
M. Farom
Valpelline
Aigle de Bionnassay
Tré-la-Tête
la Visaille
Courmayeur
Entrèves
Veny
Chécrouit
Verrand
la Gra de Rochère
Gran S. Bernardo
Etroubles
Doues
Valpelline
Aigle Croche
M. Tonda
Col du Joly
Elisabetta
Val Veny
Cresta d'Arp
Pré-St-Didier
Morgex
Planaval
Jovençan
M. Fallère
Alein
Gignod
Roisan
Blavy
Morgonaz
St. Barthéler
Col de la Seigne
Ville des Glaciers
Pte de Lech.aud
la Salle
la Thuile
St. Nicolas
Vetan
Ville s. Sarre
Gressan
St Christophe
Villefranche
Quart
Nus
Cormet de Roselend
M. Miravidi
Chabodey
Derby
St. Nicolas
AOSTA/AOSTE
Sarre
St. Pierre
Charvensod
Peroulaz
Pila
Brissogne
les Chapieux
Porassey
Colle del Piccolo S. Bernardo
la Joux
Avise
Leverogne
Arvier
Villeneuve
Aymavilles
Introd
Ozein
M. Emilius
le Roignais
Bonneval
Planaval
Grd Assaly
Val Grisenche
Valgrisenche
Rhêmes St-Georges
Vieyes
Epinel
M. Grauson
Pta Tersiv
Bourg-St-Maurice
Séez
la Rosière
Testa del Rutor
Bonne
Lago di Beauregard
Val di Rhêmes
Val Savarenche
Gran Paradiso
Cretaz
Cogne
Gimillan
Lillaz
Valnontey
Aime
Valezan
Arc 1600
les Arcs
Arc 1800
Ste Foy-Tarentaise
Surier
Chanavey
Valsavarenche
la Grivola
Landry
Arc 2000
la Thuile
Aigle Rouge
Gra de Rousse
Rhêmes-Notre-Dame
Parco Nazionale
Herbetet
Monveso di Forzo
Regaud
M.t Pourri
Gra de Sassière
Bezzi
M. Tout Blanc
Pont
Gran S. Pietro
les Lanches
Barrage de Tignes
Benévolo
Colle del Nivolet
Gran Paradiso
M. Colombo
Tignes
L. du Chevril
L. de la Sassière
Pta di Galisia
Ciarforòn
del Gran Paradiso
Laisonnay
C. du Palet
Val d'Isère
Prariond
Orco
Ceresole Reale
Noasca
Rosone
Locana
Planay
Grd Bec
Grde Casse
Grde Motte
Col de l'Iseran
Gra de Aig.le Rousse
Lago di Ceresole
M. Unghiasse
M. Tovo
PARC NATIONAL
VANOISE
Pte de la Sana
Carro
Levanna
M. Colombo
Pralognan-la-Vanoise
Pte des Lessières
de la Vanoise
Pte de Méan Martin
Criou
Evettes
Groscavallo
Chialamberto
Cima dell'Angio
Dôme de Chasseforêt
Bonneval-s-Arc
Monfret
Forno Alpi Graie
Grd Roc Noir
le Môlard
l'Albaron
Uia di Ciamarella
Cantoira
Grd Roc Noir
l'Arpont
le Cuchet
Bessans
Vallée
Uia di Ciamarella
Uia Bessanese
Mondrone
Ala di Stura
Ceres
Mecca
Viett
Dent Parrachée
Termignon
Lanslebourg-Mont-Cenis
Vincendières
Avérole
Avérole
Cirié
Balme
Val di Ala
Pessinetto
Sollières-Sardières
Lanslevillard
Pte de Charbonnel
Uia Bessanese
Lanz Torin
FRANCE
Col du Mont Cenis
Pte de Ronce
Pta d'Arnas
Croce Rossa
Torre d'Ovarda
Monti
Germagnano
Aussois
Bramans
Pte Clairy
Cenis
M. Lamet
C. de l'Autaret
Usseglio
Val di Viù
Viù
Lac du Mont Cenis
du M.t
Massif
Grand-Croix
Moncenisio
Pta Marmottere
Margone
Lemie
Stura di Viù
Moncolombone
Avrieux
le Planay
Rocciamelone
Malciaussia
Pta Lunella
Colle del Lis
Pierre Menue
Pta Bagna
Rca d'Ambin
Novalesa
la Riposa
Venaus
Colle del Colombardo

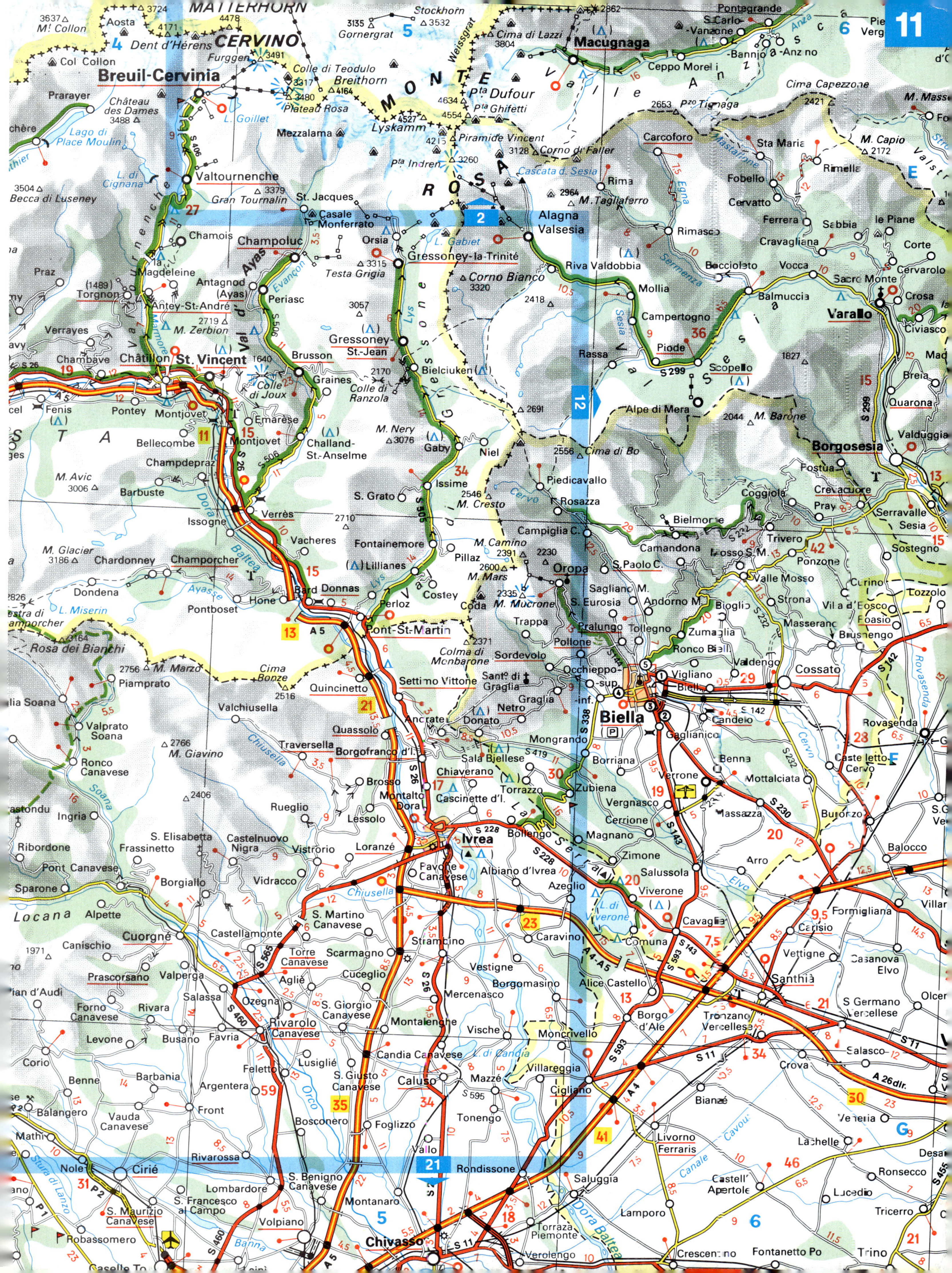

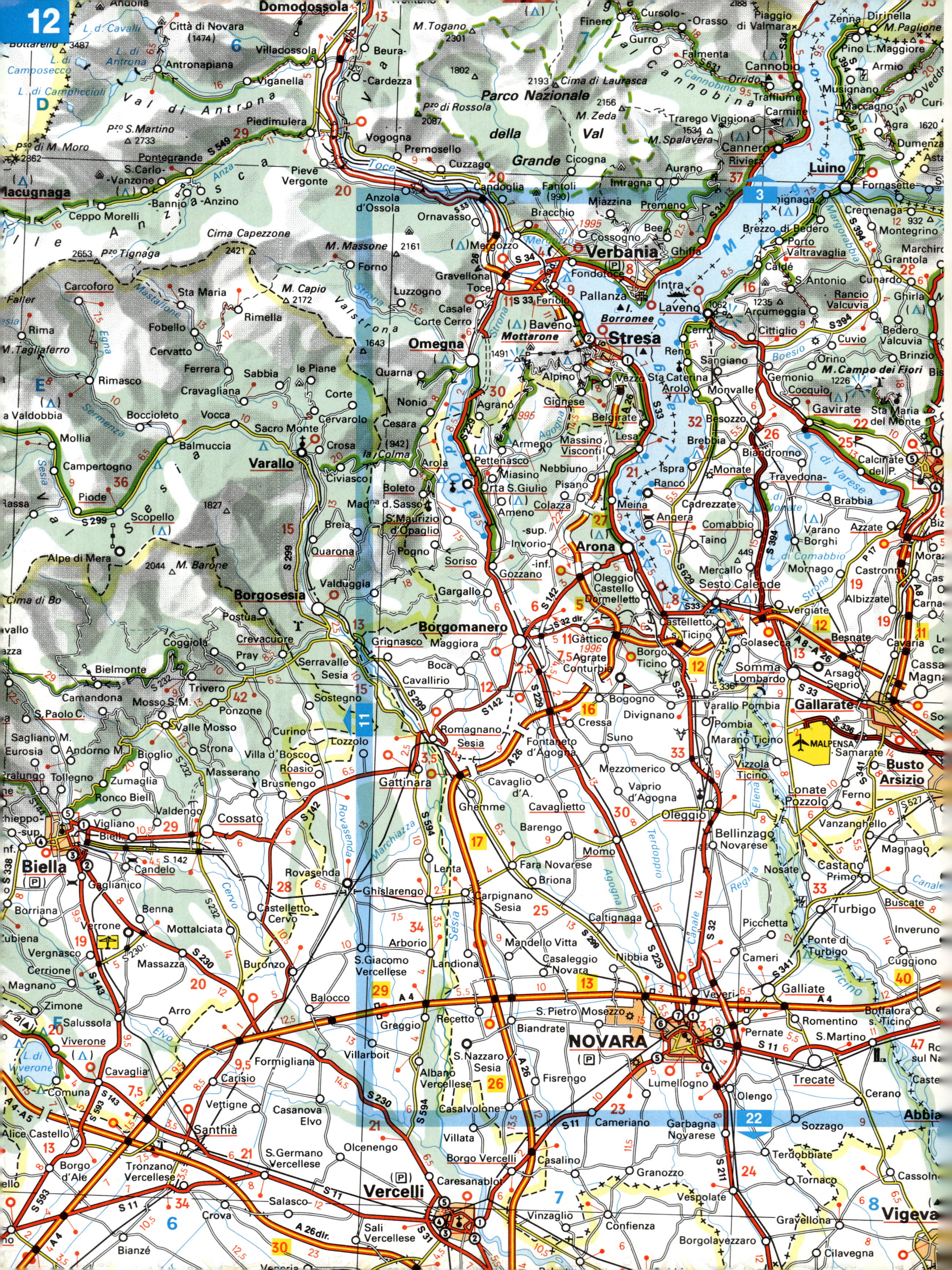

12
Domodossola
L. di Cavalli
Città di Novara (1474)
Bottarello 3487
Villadossola
Andolla
L. di Antrona
Camposecco
L. di Camplicciali
Antronapiana
Beura-Cardezza
Viganella
Val di Antrona
D
Pzo S.Martino 2733
Pso di M.Moro 2862
Pontegrande
S.Carlo-Vanzone
Bannio
Anzino
Anzola d'Ossola
Piedimulera
Vogogna
Premosello
Cuzzago
Pieve Vergonte
Macugnaga
Ceppo Morelli
Anza
Toce
Candoglia
Ornavasso
Fantoli (990)
Cima Capezzone
M. Massone 2161
Mergozzo
Gravellona Toce
Forno
Luzzogno
Casale
Corte Cerro
Omegna
Baveno
Mottarone
Parco Nazionale
della Val Grande
Zeda
Spalavera
Cicogna
Aurano
Cannero Riviera
Cannobio
Orrido
Traffiume
Trarego Viggiona
Carmine
Luino
Fornasette
Pino L. Maggiore
Zenna
Dirinella
M. Paglione
Musignano
Maccagno
Agra
Dumenza
Verbania
Intra
Pallanza
Laveno
Arcumeggia
Cittiglio
Cuvio
Ghirla
Bedero Valcuvia
Stresa
Belgirate
Lesa
Meina
Arona
Sesto Calende
Angera
Ranco
Comabbio
Taino
Mornago
Gallarate
MALPENSA
Busto Arsizio
Carcoforo
Sta Maria
M. Capio 2172
Rimella
Valstrona
Quarna
Nonio
Cesara
la Colma
Arola
Pettenasco
Orta S.Giulio
Ameno
Colazza
Invorio
Gozzano
Borgomanero
Maggiora
Boca
Cavallirio
Romagnano Sesi
Gattinara
Ghemme
Fobello
Cervatto
Ferrera
Sabbia
Cravagliana
Boccioleto
Vocca
Crosa
Sacro Monte
Varallo
Civiasco
Breia
Quarona
Borgosesia
Postua
Crevacuore
Pray
Serravalle Sesia
Grignasco
Rima
Rimasco
Mollia
Campertogno
Piode
Scopello
Alpe di Mera
M. Barone 2044
Valduggia
Gargallo
Soriso
Pogno
Cozzolo
Gattico
Agrate Conturbia
Borgo Ticino
Bogogno
Divignano
Suno
Cressa
Varallo Pombia
Pombia
Marano Ticino
Bielmonte
Camandona
Mosso S.M.
Trivero
Ponzone
Sostegno
Bioglio
Strona
Masserano
Brusnengo
Roasio
Lenta
Gattinara
Ghemme
Fontaneto d'Agogna
Cavaglio d'A.
Barengo
Momo
Fara Novarese
Briona
Carpignano Sesia
Mezzomerico
Vaprio d'Agogna
Oleggio
Bellinzago Novarese
Nosate
Castano Primo
Turbigo
Cuggiono
Inveruno
Magnago
Vanzaghello
Biella
Candelo
Cossato
Vigliano
Valdengo
Rovasenda
Ghislarengo
Gattinara
Caltignaga
Picchetta
Cameri
Galliate
Ponte di Turbigo
Borriana
Benna
Mottalciata
Castelletto Cervo
Buronzo
Arborio
Landiano
Mandello Vitta
Casaleggio Novara
Nibbia
Veveri
Romentino
Boffalora s. Ticino
Magnano
Zimone
Viverone
Arro
Balocco
Recetto
Biandrate
Vespolate
S.Pietro Mosezzo
NOVARA
Pernate
S.Martino
Trecate
Abbia
Salussola
Cavaglià
Formigliana
Villarboit
S.Nazzaro Sesia
Albano Vercellese
Fisrengo
Lumellogno
Olengo
Cerano
Casalino
Garbagna Novarese
Sozzago
Terdobbiate
Vigevano
Alice Castello
Borgo d'Ale
Tronzano Vercellese
Olcenengo
S.Germano Vercellese
Borgo Vercelli
Caresanablot
Granozzo
Tornaco
Cassolnovo
Bianzè
Crova
Salasco
Sali Vercellese
Vercelli
Vinzaglio
Confienza
Borgolavezzaro
Cilavegna

13
LUGANO
VARESE
COMO
LECCO
BERGAMO
MILANO
Bellano
Bellagio
Menaggio
Cadenabbia
Tremezzo
Monza
Saronno
Treviglio
Lecco
Magenta
Legnano

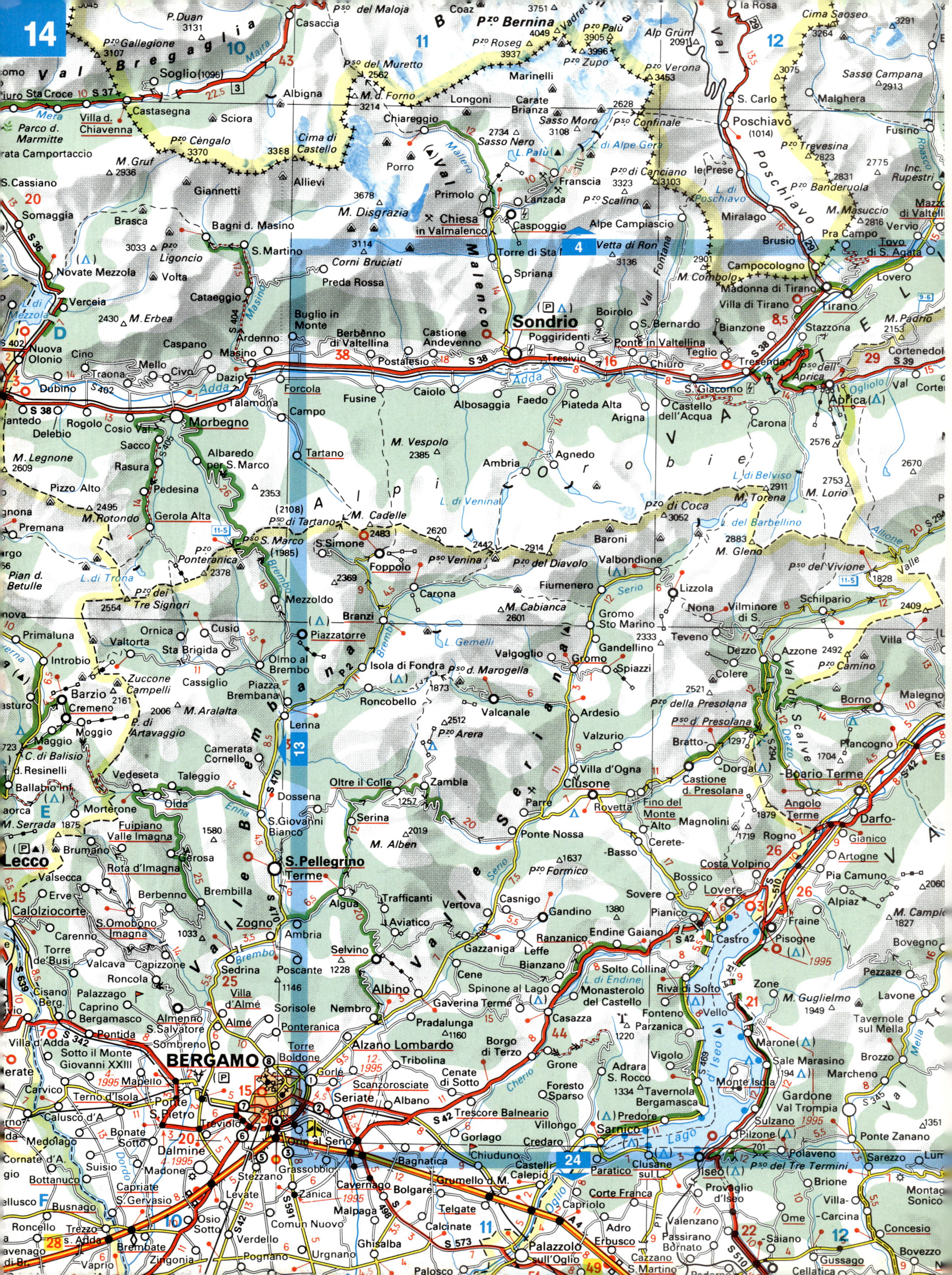

14
Val Bregaglia
10
11
12
P. Duan 3131
Gallegione 3107
Soglio (1095)
Casaccia
P.so del Maloja
Coaz
P.zo Bernina 3751
P.zo Roseg 3937
P.zo Palù 4049
Alp Grüm 2091
Cima Saoseo 3291
la Rosa
Castasegna
Sciora
Albigna
M. d. Forno 3214
P.so del Muretto 2562
Marinelli
P.zo Zupo 3996
P.zo Verona 3453
S. Carlo
Trevesina 2823
Fusino
Sasso Campana 2913
Magliera
Villa d. Chiavenna
Parco d. Marmitte
Camportaccio
P.zo Cèngalo 3370
Cima di Castello 3388
Porro
Allievi
Giannetti
Primolo
Franscia 3323
le Prese
Poschiavo (1014)
Inc. Rupestri
Sasso Nero
Sasso Moro 3108
P.so Confinale
P.zo di Cianciano 3323
P.zo Scalino 3103
Miralago
Banderuola 2831
P.zo Masuccio 2816
Mazze di Valtel
Somaggia
Brasca
Bagni d. Masino
M. Disgrazia 3678
Chiesa in Valmalenco
Lanzada
Caspoggio
Alpe Campiascio
M. Combolo 2901
Madonna di Tirano
Pra Campo
Vervio
Tovo di S. Agata
Novate Mezzola
Ligoncio
S. Martino
Corni Bruciati 3114
Preda Rossa
Torre di Sta 3136
Spriana
Vetta di Ron
Campocologno
Brusio
Tirano
Bianzone
Stazzona
Lovero
Verceia
M. Erbea 2430
Cataeggio
Buglio in Monte
Berbènno di Valtellina
Castione Andevenno
Sondrio
Poggiridenti
Boirolo
S. Bernardo
Ponte in Valtellina
Teglio
Tresenda
Cortenedol
Nuova Olonio
Cino
Caspano
Ardenno
Masino
Postalesio
S 38
Tresivio
Chiuro
Aprica
Val
Dubino
Traona
Mello
Civo
Dazio
Forcola
Caiolo
Albosaggia
Faedo
Piateda Alta
Arigna
S. Giacomo
Castello dell'Acqua
Carona
Delebio
Rogolo
Cosio Val.
Talamona
Campo
Fusine
Morbegno
Sacco
Albaredo per S. Marco
Tartano
M. Vespolo 2385
Ambria
Agnedo
L. di Belviso
M. Legnone 2609
Rasura
Pedesina
Gerola Alta
M. Rotondo 2495
L. di Veninal
P.zo di Coca 3052
M. Torena 2911
M. Lorio
del Barbellino
Pizzo Alto
Premana
S. Marco (1985)
Ponteranica 2378
M. Cadelle
S. Simone 2483
Foppolo
P.so Venina 2442
P.zo del Diavolo 2914
Valbondione
M. Gleno 2883
P.so del Vivione
Valle
Pian d. Betulle
L. di Trona
P.zo dei Tre Signori 2554
Mezzoldo
Carona
Fiumenero
Gromo
Lizzola
Nona
Vilminore di S.
Schilpario
Primaluna
Valtorta
Ornica
Cusio
Branzi
Piazzatorre
M. Cabianca 2601
Sto Marino
Gandellino
Teveno
Dezzo
Azzone
Camino
Villa
Introbio
Sta Brigida
Olmo al Brembo
Isola di Fondra
Valgoglio
Gromo
Spiazzi
Colere
Borno
Malegno
Barzio
Cremeno
Zuccone Campelli
Cassiglio
Piazza Brembana
Roncobello
Valcanale
Ardesio
P.zo della Presolana
Bratto
Dorga
Plancogno
Boario Terme
Moggio
M. Aralalta 2006
Lenna
P.zo Arera 2512
Valzurio
P.so d. Presolana
Castione d. Presolana
Darfo
Vedeseta
Taleggio
Olda
Dossena
Oltre il Colle
Zambla
Villa d'Ogna
Clusone
Fino del Monte
Angolo Terme
Gianico
Morterone
S. Giovanni Bianco
Serina
M. Alben
Parre
Rovetta
Ponte Nossa
Cerete
Rogno
Artogne
Pia Camuno
Brumano
Rota d'Imagna
Serosa
S. Pellegrino Terme
M. Serrada 1875
Ballabio
Lecco
Valsecca
Berbenno
Brembilla
Algua
Trafficanti
Vertova
Casnigo
Gandino
Sovere
Costa Volpino
Lovere
Bossico
Pisogne
Bovegno
Calolziocorte
Erve
S. Omobono Imagna
Zogno
Ambria
Aviatico
Gazzaniga
Leffe
Bianzano
Ranzanico
Endine Gaiano
Castro
Fraine
Pisogne
M. Campic
Carenno
Torre de' Busi
Valcava
Capizzone
Roncola
Sedrina
Poscante
Selvino
Cene
Spinone al Lago
Solto Collina
Riva di Solto
Zone
Cisano Berg.
Caprino Bergamasco
Almenno S. Salvatore
Ambivere
Villa d'Almè
Sorisole
Nembro
Albino
Pradalunga
Gaverina Terme
Casazza
Monasterolo del Castello
Parzanica
Fonteno
Vello
M. Guglielmo 1949
Tavernole sul Mella
Palazzago
Almè
Ponteranica
Alzano Lombardo
Tribolina
Grone
Adrara S. Rocco
Vigolo
Marone
Monte Isola
Brozzo
Marcheno
Villa d'Adda
Sotto il Monte Giovanni XXIII
Mapello
Torre Boldone
Gorle
Scanzorosciate
Cenate di Sotto
Foresto Sparso
Tavernola Bergamasca
Predore
Sale Marasino
Gardone Val Trompia
Carvico
Terno d'Isola
Ponte S. Pietro
Seriate
Albano
Trescore Balneario
Villongo
Sarnico
Pilzone
Iseo
Polaveno
Sarezzo
Calusco d'A.
Bonate Sotto
Treviolo
Albino al Serio
Gorlago
Credaro
Paratico
Clusane
Provaglio d'Iseo
Brione
Concesio
Medolago
Suisio
Madone
Stezzano
Grassobbio
Cavernago
Bolgare
Telgate
Grumello d. M.
Calepio
Corte Franca
Capriolo
Adro
Erbusco
Ome
Carcina
Bergamo
Dalmine
Zanica
Comun Nuovo
Malpaga
Calcinate
Ghisalba
Palazzolo sull'Oglio
Cazzano
Passirano
Bornato
Gussago
Cornate d'A.
Bottanuco
Capriate S. Gervasio
Levate
Verdello
Urgnano
Cologno
Martino
Cellatica
Botovezzo
Busnago
Osio Sotto
Verdellino
Pognano
Paloso
Trezzo s. Adda
Brembate
Vaprio
Zingonia
Comun Nuovo

15

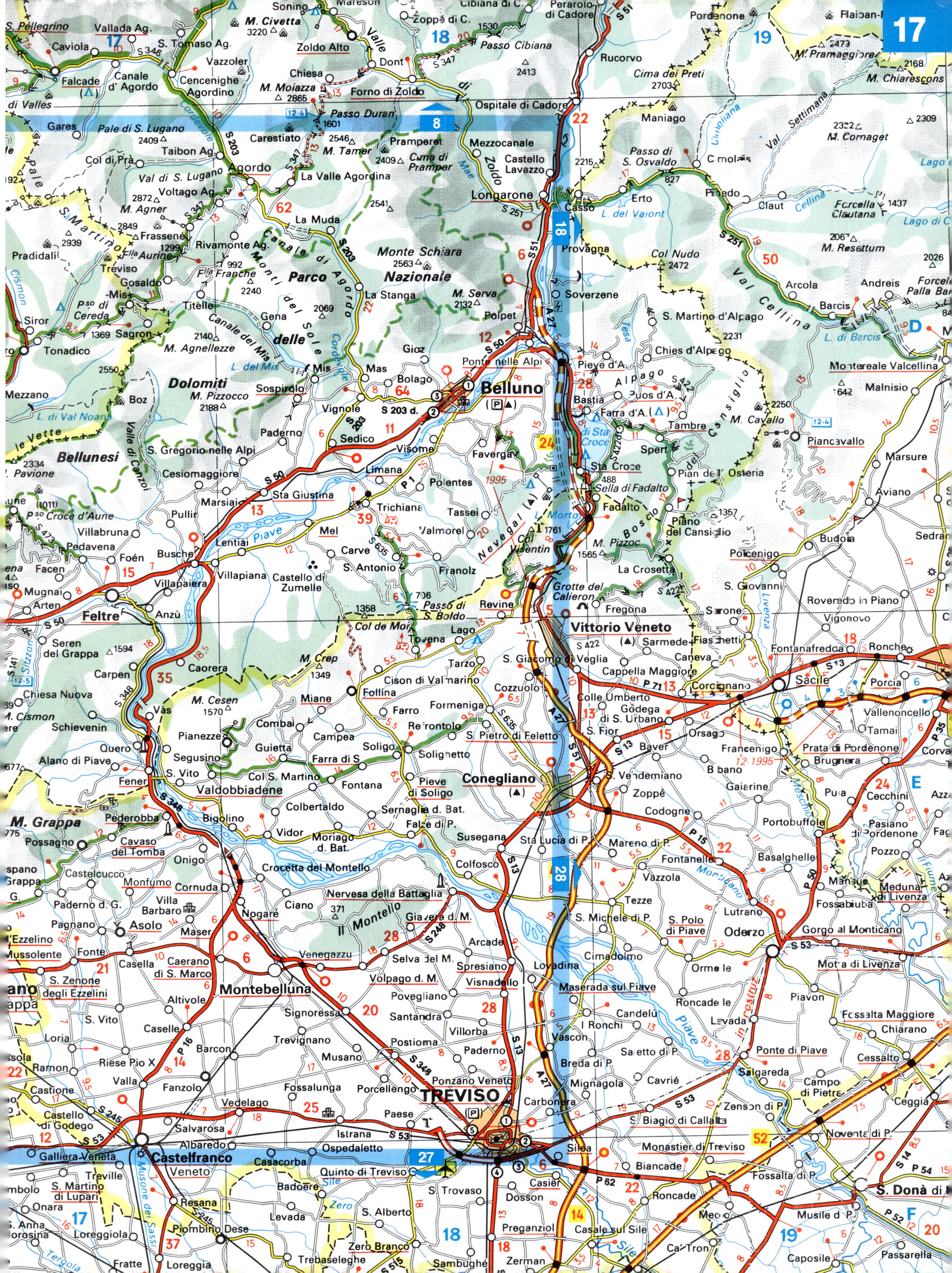

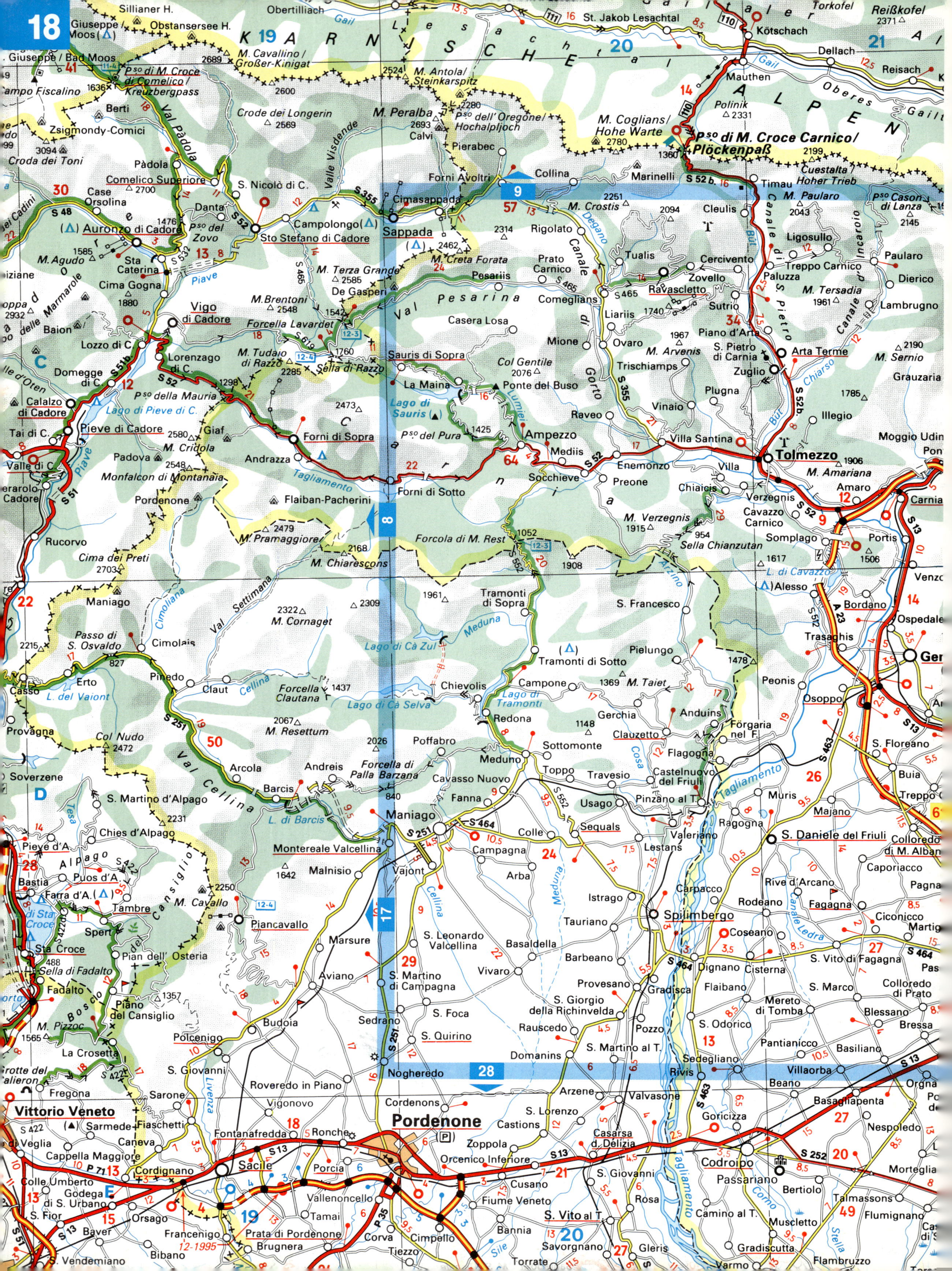

19
Weißensee
Wiederschwing
Kellerberg
Kanzelhöhe
Weißbriach
22
Kreuzen
PATERNION FEISTRITZ
Annenheim
Villach
Ossiacher See
44
VILLACH OSSIACHER SEE
100
A 10
Landskron
KN VILLACH
WERHBERG
VELDEN WEST
Spitzegel
2118
Kobesnock
1819
Villach West
Pen
Gitschtal
irchbach
Hermagor
Förolach
Windische Höhe
1110
Bad Bleiberg
Fellach
Villach
ST N KLAS
A C D
61
Rattendorf
Tröpolach
Egg
Villacher Alpe
Dobratsch
2166
St. Stefan a. d. G
Egg
Ladanitzen
ST JAKOB
Creta di Aip /
Trogkofel
2279
Gartnerkofel
2195
M. Poludnig
1999
M. Oisternig
2052
Nötsch
Faaker See
84
Fürn z
Finkenstein
VILLACH-WARMBAD
Barta-H.
Nordio-Deffar
Coccau
M. Forno
Ofen
1509
Wurzen-P. /
Korensko Sedlo
1073
Mittagskogel
1932
C
M. Cavallo
Pso di Pramollo
Naßfeld Paß
Foresta
Unterthörl
Arnoldstein
Karawankentunnel
27
Pontebba
Laglesie-
S. Leopoldo
Malborghetto
Camporosso
in Valcanale
Tarvisio
Fusine Laghi
Ratece
Gozd-Martuljek
Dovje
Zuc del Boor
2197
Dogna
Bagni
di Lusnizza
Valbruna
Fusine
in Valromana
Laghi di
Fusine
Podkoren
Kranjska
gora
Sava Dolinka
20
Mojstrana
48
51
Val
Canale
Montesanto
di Lussari
1790
Foresta di Fusine
Zacchi
Bernardinis
Grego
1392
Riofreddo
Cave
del Predil
2677
Vršič
1611
Skrlatica
2738
2015
Spod
Chiusaforte
di Tarvisio
Jôf di Montasio
2753
Sella di Sompdogna
Pellarini
Brunner
Predel
M. Mangari
Vrata
Dogna
Di Brazza
2666
Corsi
L. del Predil
Pso d. Predil / Predel
(1156)
Na Logu
Triglav
Pokljuka
Saletto
Canale d.
Canale di Raccolana
190
Sella Nevea
Passo di Nevea
Log
52
Mrzli Studenec
Bohi
Resiutta
S13
S. Giorgio
Resia
Stolvizza
Gilberti
2587
2067
Grintavec
2344
Soča
2348
Vogel
Triglavski
Park
Valle
di Resia
1959
M. Plauris
Sella Carnizza
1086
M. Canin
Bovec
Narodni
1351
Musi
Passo di
Tanamea
851
Uccea
Zaga
Cezsoča
Lepena
Stara Fužina
Srednja Vas
Jereka
Nomenj
710
Pradielis
Quarnan
1620
Gran Monte
748
Trnovo
Bohinjsko Jezero
Fibčev Laz
Bohinjska Bistrica
nona d. Friuli
Lusevera
Montemaggiore
Breginj
Soča
2245
Krn
Kuk
2086
Rodica
1966
Vogel
Montenars
Taipana
Zaiama
Platischis
Borjana
Robic
Kobarid
1923
Vogel
Podbrdo
Tarcento
Sedilis
Nimis
Nongruella
Torlano
Prossenicco
Subit
Montefosca
1124
M. Mataiur
1641
Montemaggiore
Livek
1243
Kamno
Tolmin
Baca
27
Collalto
Qualso
Attimis
1167
Stupizza
Pulfero
Drenchia
Cepletischis
Ljubinj
Kneža
Cerkno
rande
Canebola
Masarolis
Savogna
Lombai
Most na Soči
Grahovo
ricesimo
Faedis
S. Pietro al Natisone
43
Savogna
Stregna
810
58
1071
Želin
Reana del Roiale
Magredis
Ronchis
Togliano
S. Leonardo
Soča
Stopnik
Tavagnacco
Ziracco
Povoletto
Cividale del Friuli
S. Leonardo
Castelmonte
Kanal
Banjšice
Dolenja Trebuša
Idrijca
UDINE
Moimacco
Remanzacco
Orzano
Premariacco
Gagliano
Prepotto
Mernicco
Plava
Batte
Capovan
SLOVENIJ
Orsaria
Pradamano
Spessa
Oleis
Dolegna del Collio
Kojsko
Skalnica
682
Lčtve
Kodr
Campo-
formido
Paparotti
Pavia di Udine
Buttrio
Corno di Rosazzo
Manzano
Ruttars
Dobrovo
M. Sabotino
609
Trnovo
1495
M. Goljaki
29
Id
Friuli
Lauzacco
S. Giovanni
al Natisone
Brazzano
S. Floriano del Collio
Giasbana
Oslavia
Nova Gorica
1351
Predmeja
Bicinicco
Sta Maria la Longa
Trivignano
Udinese
Cormons
Mossa
Gorizia
Lucinico
M 10
Lavariano
A 23
Palmanova
Medeuzza
Moraro
Medea
Mariano
del Friuli
S. Lorenzo
Isontino
Savogna d'Is.
Miren
Volčja Draga
Selo
23
Gonars
S 252
Romans d'Is.
Gradisca d'Is.
Gabria
Prvačina
Ajdovščina
Vipava
Go
E

21
TORINO
Rivoli
Chivasso
Moncalieri
Chieri
Asti
Carmagnola
Bra
Alba
Savigliano
Fossano
Saluzzo
Dogliani
Canelli
Moncalvo

25
Vobarno
Toscolano-Maderno
Prada
Pai
Spiazzi
Peri
Fosse
Agnosine
Odolo
Sabbio Chiese
il Vittoriale
S. Zeno di Montagna
Breonio
Erbezzo
M. Doppo
Caino
S. Eusebio
Vallio Terme
Volciano
Salò
Gardone Riviera
Torri del Benaco
Lumini
Pazzon
Caprino Veronese
Dolcè
S. Anna d'Alfaedo
Bosco Chiesanuova
Velo V.
Rovere V.
Castello
Gavardo
Villanuova sul Clisi
Tormini
Portese
I. di Garda
Costermano
Garda
Rivoli V.
Cavalo
Fane
Prun
Bellor
Cerro Veronese
S. Mauro di Saline
Serle
Prevalle
Puegnago s.G.
S. Felice del Benaco
S. Vigilio
Bardolino
Affi
Fumane
Marano Valp.
Lugo
Azzago
Nuvolento
Cavalgese d. Riviera
Manerba d. Garda
Cisano
Cavaion V.
Volargne
Negrar
Grezzana
Rezzato
Mocasina
Soiano d. Lago
Moniga d. Garda
Calmasino
S. Ambrogio di Valp.
S. Pietro in Cariano
Fedemonte
Sta Maria in Stelle
Bedizzole
Padenghe sul Garda
Lazise
Sega
Domegliara
Quinto di Valpantena
Mizzole
Molinetto
Ponte S. Marco
Lido di Lonato
Colà
Pescantina
Parona di Valpolicella
Montorio
Marcellise
Desenzano del Garda
Colombare
Sirmione
Peschiera del Garda
Pacengo
Sandrà
Pastrengo
Settimo
VERONA
Castenedolo
Lonato
Calcinato
Rivoltella
S. Benedetto
Castelnuovo d.Garda
Bussolengo
Sona
Lugagnano
S. Martino Buon Albergo
S. Giovanni Lupatoto
Montichiari
Esenta
Castel Venzago
S. Martino d.Battaglia
Ponti sul Mincio
Salionze
S. Giorgio i. Salici
Sommacampagna
Alpo
Castiglione d. Stiviere
Solferino
Castellaro Lagusello
Monzambano
Custoza
Povegliar Veronese
Castel d'Azzano
Ca'di David
Raldon
Buttapietra
Viadana Bresciana
Carpenedolo
Pozzolengo
Cavriana
Valeggio sul Mincio
Villafranca di Verona
Quaderni
Vigasio
Villafont
Calvisano
Mezzane
Medole
Guidizzolo
Volta Mantovana
Mozzecane
Nogarole Rocca
Trevenzu
Isola d.Scala
Tarmassia
Visano
Acquafredda
Castel Goffredo
Pozzolo
Belvedere
Tormine
Bagnolo
Salizzole
Isorella
Sopra
Casalpoglio
Vasto
Cerlongo
Roverbella
Castiglione Mantovano
Roncolevà
Erbè
Pellegrina
Gottolengo
Remedello
Sotto
Casalmoro
Casaloldo
Ceresara
Goito
Marengo
Canedole
Villanuova Maiardina
Castelbelforte
Sorgà
Nogara
Gambara
Fiesse
Cadimarco
Castelnuovo
Piubega
Sacca
Marmirolo
Porto Mantovano
Gazzo
Susano
Bonferraro
Volongo
Mariana Mantovana
Gazoldo degli Ippoliti
Rodigo
Rivalta sul Mincio
Soave
Castel d'Ario
Asola
Casalromano
Acquanegra sul Chiese
Sarginesco
MANTOVA
Cadé
Villa Garibaldi
Villimpenta
Isola Dovarese
Redondesco
Castellucchio
Curtatone
Roncoferraro
Gazzo Veronese
Drizzona
Canneto sull'Oglio
Mosio
Casatico
Frassino
Prade lo
Calvatone
Montanara
S. Silvestro
Formigosa
Barbasso
Nosedole
Casale
S. Lorenzo de' Picenardi
Piadena
Ospitaletto
Cerese (Virgilio)
Pietole
Bagnolo S.Vito
Governolo
Serravalle a Po
Voltido
Tornata
Marcaria
S. Michele in Bosco
Serraglio
Cappelletta
Piubega
Bozzolo
S. Martino dall'Argine
Pilastro
Campione
Camatta
Mirasole
Sustinente
Quingentole
Solarolo Rainero
Rivarolo Mantovano
Belforte
Campitello
Cesole
S. Nicolò Po
Motteggiana
Portiolo
Sta Lucia
Pieve di Coriano
S. Giovanni in Croce
Casteldidone
Cividale Mantovano
Spineda
Gazzuolo
Borgoforte
Villa Saviola
Pegognaga
Nuvolato
Scandolara Ravara
Villanova
Rivarolo del Re
Bocca Chiavica
Torricella
Tabellano
Sailetto
Quistello
Villa Poma
Martignana di Po
Squarzanella
Breda Cisoni
Cizzolo
Camatte
Schivenoglia
Toricella del Pizzo
Gussola
Sabbioneta
Villa Pasquali
S. Matteo d.Chiaviche
Suzzara
S. Giacomo di Segnate
Casalmaggiore
Villastrada
Codisotto
Polesine
Bondanello
Torricella
Sacca
Vicomoscano
Casalbellotto
Salina
Palidano
Luzzara
Gonzaga
Marzette
S Giovanni del Dosso
Vallata
Coltaro
Cicognara
Cogozzo
Pomponesco
Dosolo
Casoni
Bondeno
Moglia
Fossa
Nazzaro
Sanguigna
Mezzano Sup.
Viadana
Guastalla
Villarotta
Reggiolo
Concordia sulla Secchia
Mirando
Torrile
Colorno
Parmetta
Gualtieri
S. Giacomo
Novi di Modena
S. Possidonio
Gainago
Mezzano Inf.
Brescello
Boretto
S. Antonio in Mercadello
Bellaria
Mortizz
Ravadese
Lentigione
Sta Vittoria
S. Rocco
Fabbrico
Rolo
S. Giacomo
Pioppa
Sorbolo
S. Sisto
Novellara
Campagnola Emilia
Pai
Spiazzi
Breonio
Verona

29
SLOVENIJA
UDINE
GORIZIA
NOVA GORICA
TRIESTE
KOPER
Lignano Sabbiadoro
Grado
Monfalcone
Cividale del Friuli
Palmanova
Cervignano del Friuli
Aquileia
Muggia
Piran
Portoroz
Koprski Zaliv
Golfo di Trieste
Golfo di Panzano
Baia di Muggia
Piranski Zaliv
Laguna
di Marano
Tagliamento
21
22
23

30
Larche
M. Oronaye 3104
Viviere
Preit
Colle della Maddalena (Col de Larche)
20
Tête de Fer 2885
Argentera
S 21
M. Tibert 2647
Castelmagno
Grana
Pradleves
Montemale di Cuneo
Caraglio
S 589
Busca
Castelletto Busca
S 20
Villata
MICHELIN
Cunèo
S 22
Trucc
Bersezio
R.ca la Meia 2831
Chiappi
Frise
Monterosso Grana
S. Matteo
Bernezzo
S 564
Spinetta
M. Encrastraia 2955
C. di Valcavera 2416
M. Bram 2357
Sta. Lucia
S. Anna
Cervasca
Vignolo
S. Lorenzo
Ferrère
Pietraporzio
M. Nebius 2600
S. Giacomo
1931
Gorrè
Rittana
Gaiola
Fontanelle
Peve
D 64
Sambuco
S 21
Vinadio
60
Aisone
Demonte
S 21
Moiola
Borgo
S. Dalmazzo
Roccavione
Boves
Chiusa
Talarico
Zanotti (2100)
Pianche
Forani
Stura
Festiona
Andonno
Robilante
S. Giacomo
St. Dalmas le-Selvage
D 2205
M. Ténibre 303
Lac de Rabuons
Bagni di Vinadio
Valdieri
Roaschia
S. Bartolom
Côte de l'Ane
St. Etienne de-Tinée
S. Bernolfo
P.ta Maladecia 2745
L. della Sella
S. Anna
Entracque
Vernante
B.ca Costa Rossa 2404
Demandols
Auron
las Donnas 2474
C.ma di Collalunga 2759
S. Anna
C. di Lombarda 2350
M. Matto 3088
Gesso
Limone Piemonte
Cime de Pal 2818
Roya
T.ta Malinvern 2938
Terme di Valdieri
C.ma di Argentera 3297
Diga del Chiotas
Limonetto
T.ta Ciaudo 2387
Parc National
M. Mounier 2817
Isola
Isola 2000
10-6
M. St Sauveur 2711
Mollières
C.ma di Frémamorta 2730
Genova
C.ma di Mercantour 2772
M. Carbone 2807
Colle di Tenda
Tunnel de Tende
Péone
du Mercantour
Col de Salèse 2031
C. di Ciriegia 2543
E. Soria (1840)
2755
R.ca d. Abisso
N 204
Vievola
Valberg
Col de la Couillole 1678
le Boréon
Cougourde
C.ma dei Gelas
M. Clapier 3045
Valmasque
Casterino
Tende
Beuil
Roubion
Madone de Fenestre
Nice
M. Neiller 2785
M. Bégo 2872
Vallée des Merveilles
St. Dalmas de-Tende
la Brigue
Pierlas
Ilonse
St. Sauveur sur-Tinée
Col St. Martin
St. Dalmas
St. Martin-Vésubie
Vésubie
Cime du Diable 2685
les Merveilles
19
Dôme de Barrot 2137
M. Tournairet 2085
Roquebillière
2082
Fontan
Puget-Théniers
P.nte des 4 Cantons 1774
Pont-de-Clans
Granges-de-la-Brasque
la Bollène-Vésubie
l'Authion 1889
P.nte des 3 Communes
Saorge
M. Pietravec 2038
Col de St. Raphael
Villars-sur-Var
N 202
Var
Brec d'Utelle 1606
Lantosque
Col de Turini 1607
G.ges de Saorge
Breil-sur-Roya
Pigna
Utelle
St. Jean-la-Rivière
Peira-Cava
Col de Brouis 879
Roquesteron
Madone d'Utelle 1549
Lucéram
Col de Braus 1002
Fanghetto
S. Michele
Rocchetta Nervina
Isolabona
S - MARITIMES
Montagne du Cheiron
Bouyon
Levens
Coaraze
Escarène
Sospel
Olivetta
Airole
Trucco
Dolceacqua
Gréolières
Coursegoules
Castagniers
Contes
Castillon
Torri
Villatella
Villanova
Camporosso
Col de Vence
Gattières
Carros
Tourrette-Levens
Peille
Ste Agnès
Mortola Inf.
Ventimiglia
Vence
Peillon
Gorbio
Villa Hanbury
Vallecrosia
St. Vallier-de-Thiey
St. Paul
Loup
Falicon
Roquebrune
P.te S Ludovico
Cap-Martin
MENTON
MONTE-CARLO MONACO
Gourdon
le Bar-sur-Loup
la Colle-s-Loup
E74-80 A8
La Turbie
Beaulieu
Villefranche
St. Jean-Cap-Ferrat
NICE
GRASSE
Cagnes s.-M.
St Laurent du-Var

31
RIVIERA DI PONENTE
MONDOVI
SAN REMO
Imperia
Alassio
Albenga
Finale Ligure
Loano
Ceva
Garessio
Ormea
Carcare
Millesimo
Cairo Montenotte
Oneglia
Porto Maurizio
Diano Marina
Bordighera
Ospedaletti
Taggia
Andora
Pietra Lig.
Ceriale

32
RIVIERA DI PONENTE
GOLFO DI GENO
GENOVA
Savona
Acqui Terme
Finale Ligure
Varazze
Albissola Marina
Vado Ligure
Nervi

33
H
J
RIVIERA DI LEVANTE
Bobbio
Bettola
Groppovisdomo
Montacuto
Garadassi
Curone
Sta Margherita di Staffora
Ceci
Piccoli
Aglio
Pradovera
Maiolo
Obolo
S. Michele
Rabbini
Caldirola
Forotondo
Brallo di Pregola
Coli
Maiolo
Bigoti
Guselli
Morfasso
Castellaro
Volpara
Bruggi
Colleri
Corte Brugnatella
Marsaglia
Farini
M. Menegosa
Bruzzi di Sotto
M. Caramelo
Rovina
Albera Ligure
M. Gropa
Pian dell'Arma
Corbesassi
M. Aserei
Mareto
Groppallo
Pso del Pelizzone
Varsi
Cabella Ligure
M. Chiappo
Carisasca
Castelcarafurone
Grondone
Le Moline
Bardi
Pessola
M. Bossola
Montaldo di Cosola
Giovà
M. Lesima
Cerignale
Salsominore
Perotti
Pso del Mercatello
Ferriere
Pianazze
Cartasegna
Zerba
Traschio
Cattaragna
Pertuso
Sta Giustina
Ponteceno
Carpana
Casalbusone
Suzzi
Ottone
Orezzoli
Gambaro
M. Baricazzo
Noveglia
Carrega Lig
Gorreto
Foppiano
Boschi
Selva
M. Ragola
Cereseto
Stradella
Berga
Alpe
Fascia
Rovegno
Propata
Isola
Loco
Villanoce
Sto Stefano d'Aveto
M. Maggiorasca
Pso Zovallo
Cornolo
Pso Coda
M. La Tagliata
Valmozzola
Tonno
Rondanina
Fontanigorda
Casoni
Pso di Montevacca
Caffaraccia
Ostia Parmense
Pentema
Garaventa
Montebruno
Rezzoaglio
Anzola
Borgo Val di Taro
Torriglia
Costafontana
M. Collere
Drusco
Bedonia
Compiano
Laccio
Pso di Portello
Cabanne
M. Aiona
Ceno
Tornolo
Gall. d. Borgallo
Bratello
Bargagli
Neirone
Favale di Malvaro
M. Penna
Grondana
Pontestrambo
Buzzò
Valdena
Bratto
Montelungo
Ognio
Lorsica
Pso la Forcella
Prato Sopralacroce
Sta Maria del Taro
Tarsogno
Folta
Grondola
Avegno
Uscio
Gattorna
M. Ramaceto
Pso del Bocco
Pelosa
Pso di Cento Croci
Montegroppo
Cervara
Pieve Lig
Cicagna
Pian dei Ratti
Cichero
Borzonasca
M. Zatta
Comuneglia
Montegroppo
Vignola
Sori
Recco
S. Andrea di Foggia
Borgonovo Lig.
S. Siro Foce
Reppia
Varese Ligure
Caranza
Zum Zeri
Patigno
Tecchia Rossa
Camogli
S. Rocco
Ruta
N.S. di Montallegro
Mezzanego
S. Colombano Certenoli
Prato
Ossegna
S. Pietro Vara
Coloretta
Arzelato
Rapallo
Zoagli
Leivi
Terrarossa
Ne
Frisolino
Maissana
Valico d. Rastrello
Rocchetta
Sta Margherita Ligure
Chiavari
Carasco
Basilica dei Fieschi
Conscenti
Tavarone
Torza
Montereggio
Zignano
Mulazzo
Portofino
Paraggi
Lavagna
Cogorno
Monte Domenico
Bargone
Castello
Sesta Godano
Suvero
M. Cornoviglio
Pta Chiappa
S. Fruttuoso
Cavi
Casarza Lig.
Castiglione Chiavarese
Velva
Carro
Carrodano
Rocchetta di Vara
Calice al Cornoviglio
Promontorio Portofino
Sestri Levante
Riva Trigoso
Bracco
Pso d. Bracco
Mattarana
Brugnato
Cavanella di Vara
Giovagallo
Noveglia
Pta Manara
Moneglia
Deiva Marina
Framura
M. Pistone
Borghetto di Vara
Oltre Vara
Beverino
Bolano
Pta Baffe
Bonassola
Montale
Pignone
Pian di Barca
Follo
Bottagna
Levanto
Ricco d. Golfo di Spezia
Vezzano Lig.
Monterosso al Mare
Casella
LA SPEZIA
Pta Mesco
Vernazza
Corniglia
Cinque Terre
Manarola
Riomaggiore
Campiglia
S. Terenzo
Portovenere
Le Grazie
Lerici
Fiascherino
I. Palmaria
Golfo di Spezia
I. del Tino
RIVIERA DI LEVANTE
Golfo del Tigullio
9
10
11
38

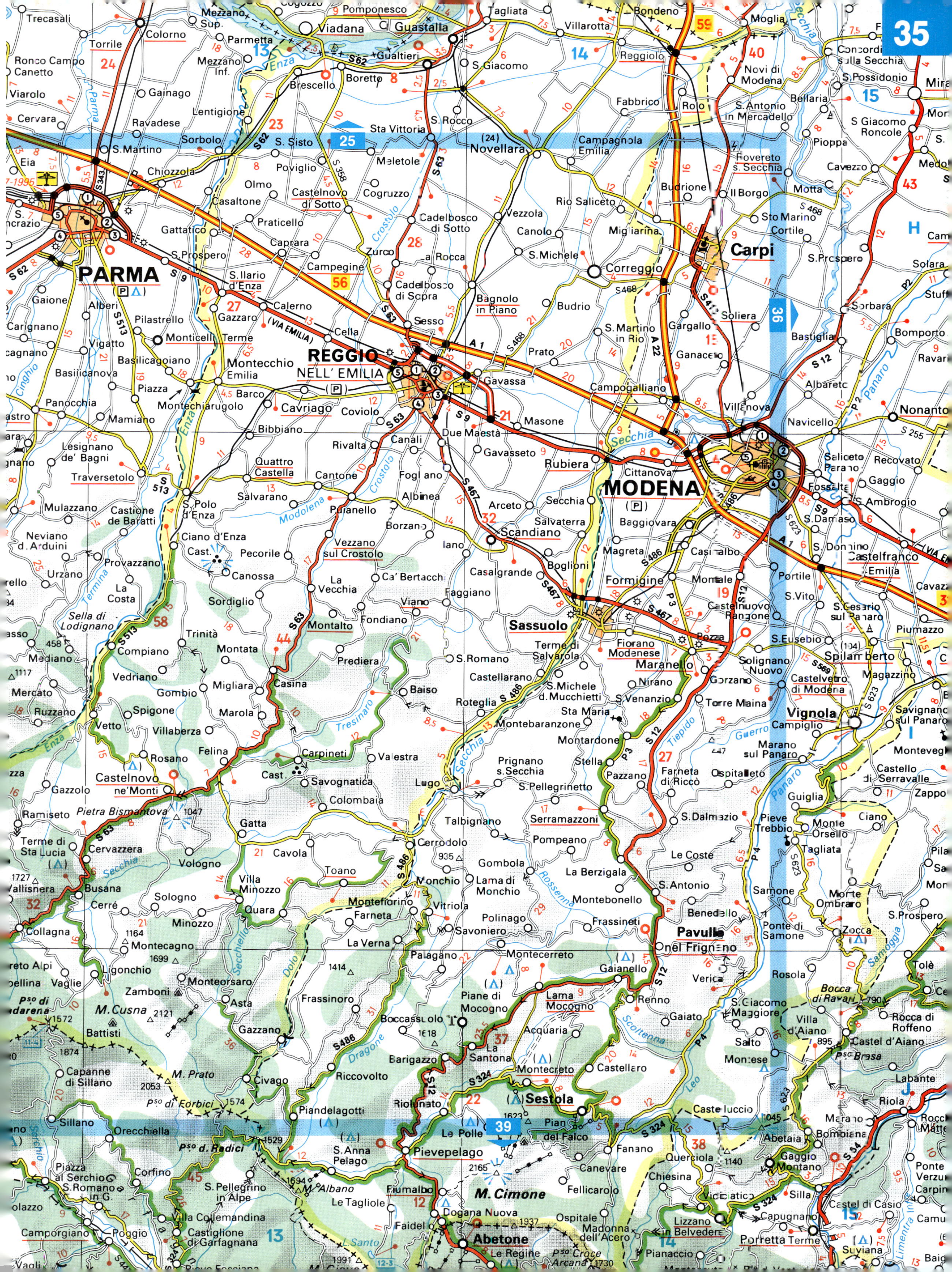

35
PARMA
REGGIO NELL'EMILIA
MODENA
CARPI
Sassuolo
Vignola
Pavullo nel Frignano
Sestola
Abetone
Pievepelago
Fiumalbo
M. Cimone
M. Cusna
Pietra Bismantova
Castelnovo ne'Monti
Guastalla
Viadana
Novellara
Correggio
Soliera
Formigine
Maranello
Scandiano

36
FERRARA
BOLOGNA
Imola
FERRARA
Mirandola
Concordia sulla Secchia
Bondeno
Cento
Crevalcore
S.Giovanni in Persiceto
Castelfranco Emilia
Vignola
Casalecchio di Reno
S.Lazzaro di Savena
Medicina
Castel S.Pietro Terme
Marzabotto
Vergato
Loiano
Passo della Raticosa
Molinella

37
Isola di Polesine
Isola della Donzella
Ca' Mello
Scardovari
Po di Tolle
19
Coccanile
Ambrogio
Contane
Grande Bonifica Ferrarese
Massenzatica
Mesola
Segalare
Donzella
Gnocca
Sacca Scardovari
Bonelli
17
Copparo
18
Mezzogoro
Bosco Mesola
Casse la d.
Tamara
Gradizza
Iolanda di Savoia
Italba
Oca
Po di Goro
Fossalta
Sabioncello S. Vittore
Gherardi
S 495
Codigoro
Abb. di Pomposa
Bosco d. Mesola
Goro
Gorino
Gnocchetta
27
Bocca del Po delle Tolle
H
Denore
Formignana
Tresigallo
Taglio d. Falce
Masi Torello
43
Finale di Rero
Massa Fiscaglia
Vaccolino
Volano
Gorino
Bocche del Po di Gnocca
Migliaro
Marozzo
Valle Bertuzzi
Bacucco
Bocca del Po di Goro
49
Rovereto
Po di Volano
S 309
Lido di Volano
Masi S. Giacomo
Migliarino
Corte Centrale
Lagosanto
16
Lido d. Nazioni
Gambulaga
Ostellato
Volania
S. Giuseppe
Lido di Pomposa
Maiero
S. Giovanni
Lidi Ferraresi
Portomaggiore
Portoverrara
Spina
Lido d. Scacchi
Ripapersico
del Mezzano
Comacchio
Porto Garibaldi
Boccaleone
Bando
Valli di Comacchio
Lido d. Estensi
S. Giorgio
Fiorana
Lido di Spina
Argenta
Menata
Foce del Reno
S. Biagio
Filo
Longastrino
S 309
Campotto
Anita
Casal Borsetti
Lavezzola
S 16
Ciapo di A. Garibaldi
Mandriole
28
Giovecca
S 610
Voltana
Taglio Corelli
S. Alberto
Marina Romea
Spazzate Sassatelli
S. Bernardino
Reno
Cruser
Porto Corsini
Chiesanuova
Savarna
Lamone
Pineta S. Vitale
Conselice
17
Ducato Fabriago
Alfonsine
35
Marina di Ravenna
S. Patrizio
S. Savino
Torri
Mondanica-Viola
Maiano Monti
Senio
Mezzano
Punta Marina
Massa Lombarda
S. Agata s. Santerno
Fusignano
Villanova
Carmerlona
S 309 dir.
RAVENNA
Lugo
S. Pietro in Silvis
Borgo Fusara
Piangipane
S 309
Porto Fuori
Lido Adriano
Barbiano
Bagnacavallo
28
Traversara
S. Michele
S. Apollinare in Classe
Lido di Dante
Cotignola
35
Godo
S. Marco
Pineta di Classe
Castelnuovo
Russi
S. Pancrazio
Molinaccio
Solarolo
Granarolo
Roncalceci
Ghibullo
16
Felisio
S 302
31
Chiesuola
S 67
Lido di Classe
Faenza
Reda
Montanari
20
Sto Stefano
22
Foce del Savio
Tebano
Celle
Villafranca di Forlì
S. Pietro in Vincoli
Campiano
Lido di Savio
Pideura
S. Barnaba
Coccolia
31
Savio
Milano Marittima
Durazzanino
S. Pietro in Campiano
Borghetto
Castiglione di Ravenna
Cervia
Scavignano
S. Giorgio
Ospedaletto
Casemurate
Pisignano
Pinarella
41
Villagrappa
Villanova
Carpinello
Mensa
Sta Maria d. Grazie di Forno
42
del Tho
Moronico
Rovere
FORLÌ
Ronco
S. Andrea
Sta Maria Nova
S. Giorgio
Cesenatico
Tossino
Castrocaro Terme
S. Martino in Strada
Forlimpopoli
Martorano
Valverde
Gatteo a Mare
17
Modigliana
S. Savino
S. Lorenzo in Noceto
Selbagnone
Diegaro
Cesena
Macerone
S. Mauro a Mare
Bellaria
Miano
Fiumana
Para
Bertinoro
Madna d. Monte
Bordonchio
Igea Marina
Meldola
Fratta
Collinello
Gambettola

38
A 12
LA SPEZIA
Sarzana
Carrara
Massa
Marina di Carrara
Marina di Massa
Marina dei Ronchi
Cinquale
Forte dei Marmi
Marina di Pietrasanta
Focette
Lido di Camaiore
Viareggio
Torre d. Lago Puccini
Marina di Torre d. Lago
Marina di Pisa
Tirrenia
Antignano
LIVORNO
Torre d. Meloria
Ardenza
Calafuria
Quercianella
Castelnuovo d.la Misericordia
Rosignano Marittimo
Isola di Gorgona
GOLFO DI GENOVA
Riviera della Versilia
Pietrasanta
Camaiore
Massarosa
Quiesa
Massaciuccoli
Lago di Massaciuccoli
Balbano
Filettole
Vecchiano
Nozzano
Lucca
Migliarino
Metato
Madonna dell'Acqua
S. Giuliano Terme
Asciano
Agnano
PISA
Cascine Vecchie
S. Rossore
Mezzana
Riglione-Oratoio
Uliveto T.
Navacchio
Cascina
Arno
Tenuta di
S. Piero a Grado
Arnaccio
Vicarello
Macerata
Lavaiano
Tombolo
Stagno
Guasticce
Nugola
Collesalvetti
Fauglia
Calambrone
Salviano
S. Martino
Parrana
S. Giusto
Torretta
Lorenzana
Crespina
Montenero
Gabbro
Nibbiaia
Orciano Pisano
Sta Luce
L. di Sta Luce
Castelnuovo di Garfagnana
Barga
Gallicano
Vergemoli
Ghivizzano
Fornaci di Barga
Coreglia Antelminelli
Pescaglia
Diecimo
Borgo a Mozzano
Ponte a Moriano
Valpromaro
S. Martino in Freddana
Nocchi
Aulla
Podenzana
Bolano
Sarzana
Fosdinovo
Vinca
Equi Terme
Minucciano
Gramolazzo
Gorfigliano
Campo Cecina
Cave di Fantiscritti e Colonnata
Forno
Resceto
M. Tambura
M. Pisanino
Vagli Sopra
Vagli Sotto
Careggine
Isola Santa
Arni
Antona
S. Antonio
Molazzana
Barga
Pania d. Croce
Stazzema
Levigliani
Seravezza
Querceta
S. Anna
Casoli
Foce di Porchette
S. Rocco
Gello
Colognora
Vallico
Fabbriche di Vallico
Fornovolasco
Grotta d. Vento
Camporgiano
Poggio
Castelnuovo di Garfagnana
Fosciandora
Castelvecchio Pascoli
Pieve Fosciana
Corfino
S. Romano in G.
Piazza al Serchio
S. Pellegrino in Alpe
Villa Collemandina
M. Albano
Le Taglio
Giuncugnano
Orecchiella
P.so d. Radici
S. Anna Pelago
Lerici
Tellaro
Montemarcello
Bocca di Magra
Ameglia
Luni
Marinella di Sarzana
Avenza
S. Carlo Terme
Canevara
Galleria d. Cipollaro
Montignoso
Strettoia
Capezzano Pianore
Valdicastello C.
M. Prano
Bargecchia
Villa Forci
S. Macario in Piano
Fiano
S. Donato
Matraia
Marlia
Segromi
Vorno
Calci
Certosa di Pisa
Caprona
Vicopis
Colle
Pieve Comp.
Monte Pisano
Portovenere
I. Palmaria
I. del Tino
Le Grazie
S. Terenzo
Fiascherino
Golfo d. Spezia
Vezzano Lig.
Trebiano
Marcola
Castelpoggio
Ortonovo
Castelnuovo Magra
Ceserano
Vezzanello
Codiponte
Monzone
Tendola
Marciaso
Beverino
Pian di Barca
Bicco d. Golfo di Spezia
Bottagna
Follo
Novegigola
Rometta
Gassano
Casola in Lunigiana
Carpinelli
Gragnola
Villa Collemandina
Renaio
Castiglione di Garfagnana
Fornoli
Piazza al Brancoli
Diecimo
Gello
M. Giovo
Foce di
Bastia
Olbia
Bastia Torres Palermo

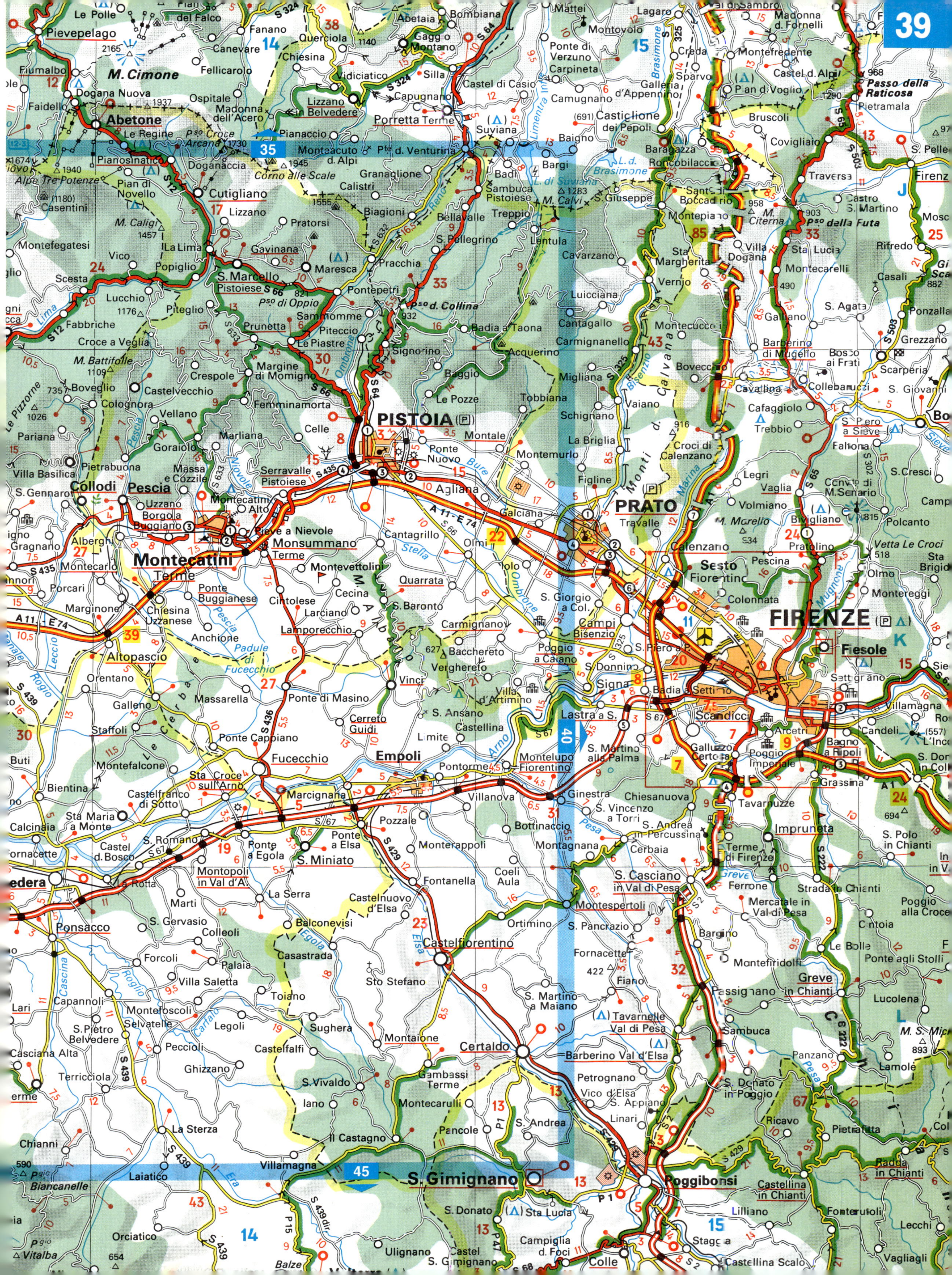

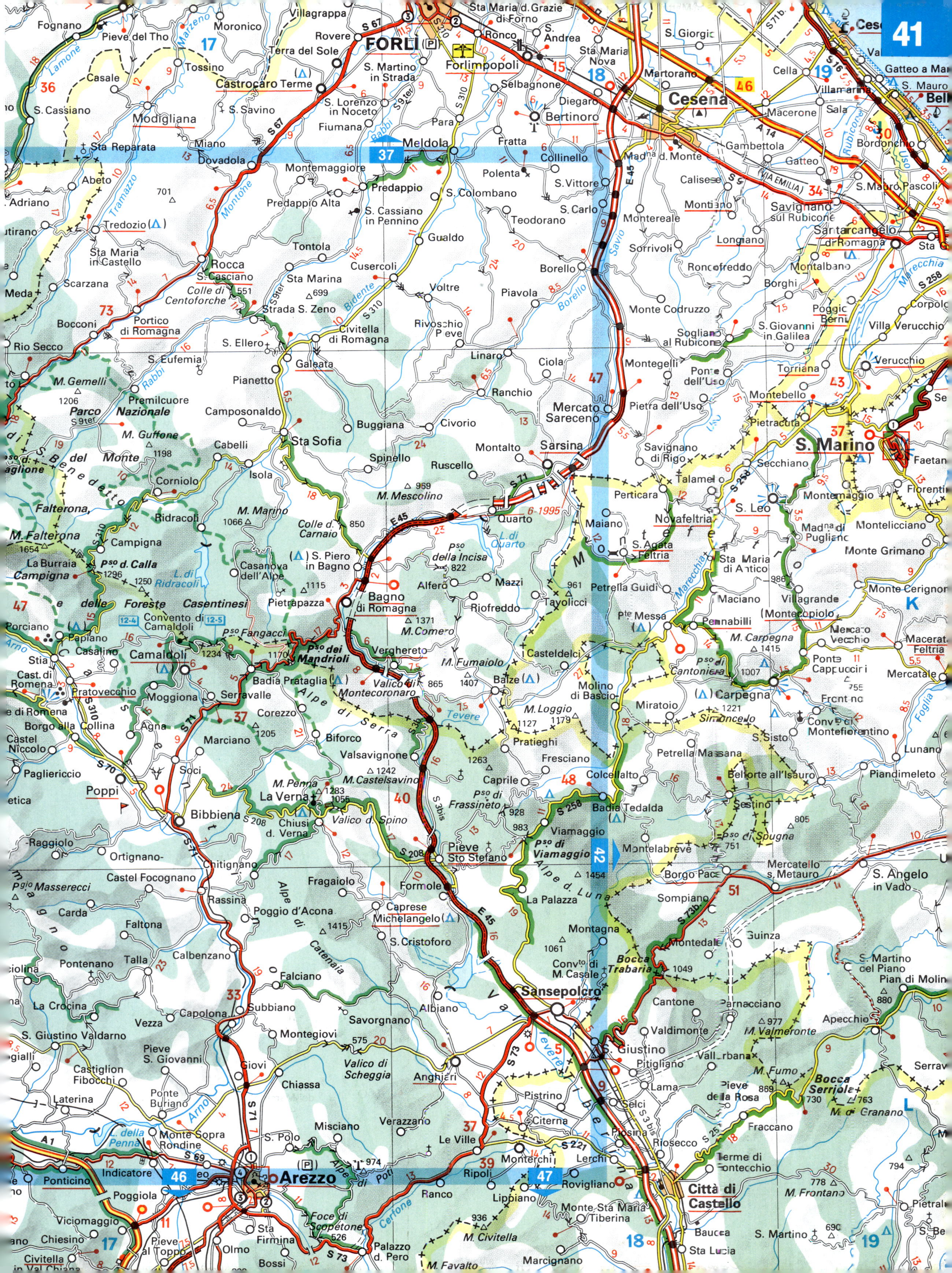

43
21
22
23
J
K
L
M A R E
A D R I A T I C O
(P ▲)
Fano
Madonna del Ponte
Torrette
S. Costanzo
Marotta
23
Mondolfo
Cesano
erasa
Stacciola (△)
al Met.
Senigallia (▲ △)
Giorgio di Pes.
Pte. del Rio
Scapezzano
263 △ Monte Porzio
Monterado
di Pes.
Roncitelli
davio
Ripe
Marzocca (△)
Zadar
Split
Dubrovnik
Kérkira (Corfu)
Igoumenitsa
Pátra (Patrasso)
Corinaldo
Brugnetto
40
Montignano
18
Michele
Bettolelle
Mar na di Montemarciano
Casine
S. Silvestro
Montemarciano
Rocca Priora
Filetto
S 16
Falconara
Ostra (△)
Cassiano
Gabella
Marittima
telleone
Ostra
142 △
Chiaravalle
Castelferretti
Palombina
ANCONA (P)
Suasa
Vetere
Morro d'Alba
11
Torrette
Pietralacroce
m Campo
Vaccarile
Monte
Camerata
Pinocchio
M. dei Corvi
S. Vito
Picena
236
Barbara
50
S 76
Montacuto
Portonovo
Monsano
13
Montesicuro
16
Sta Maria di P.
Serra de' Conti
254
14
Angeli
Badia di S. Pietro
Mazzangrugno
Aggliano
M. Conero
Montecarotto
Camerano
Poggio
Jesi
Polverigi
360
Offagna
Sirolo
S. Marcello
(▲)
Rustico
S. Paterniano
Numana (△)
Castelplanio
Moie
Sta Maria
Marcelli (△)
Rosora
Nuova
Casenuove
Osimo
Angeli
Pianello
Collina
Padiglione
Stazione
Castelfidardo
Mergo
Monte Roberto
Campocavallo
Quirico
48
Maiolati Spontini
Cupramontana
S. Paolo di Jesi
Montoro
Porto Recanati
49
Loreto
164
Staffolo
Borghetto
S. Vittore
Filottrano
Recanati
S. Elia (△)
S. Urbano
22
Bagnola
23
Falcioni
Montefano
Domo
Apiro
Strada

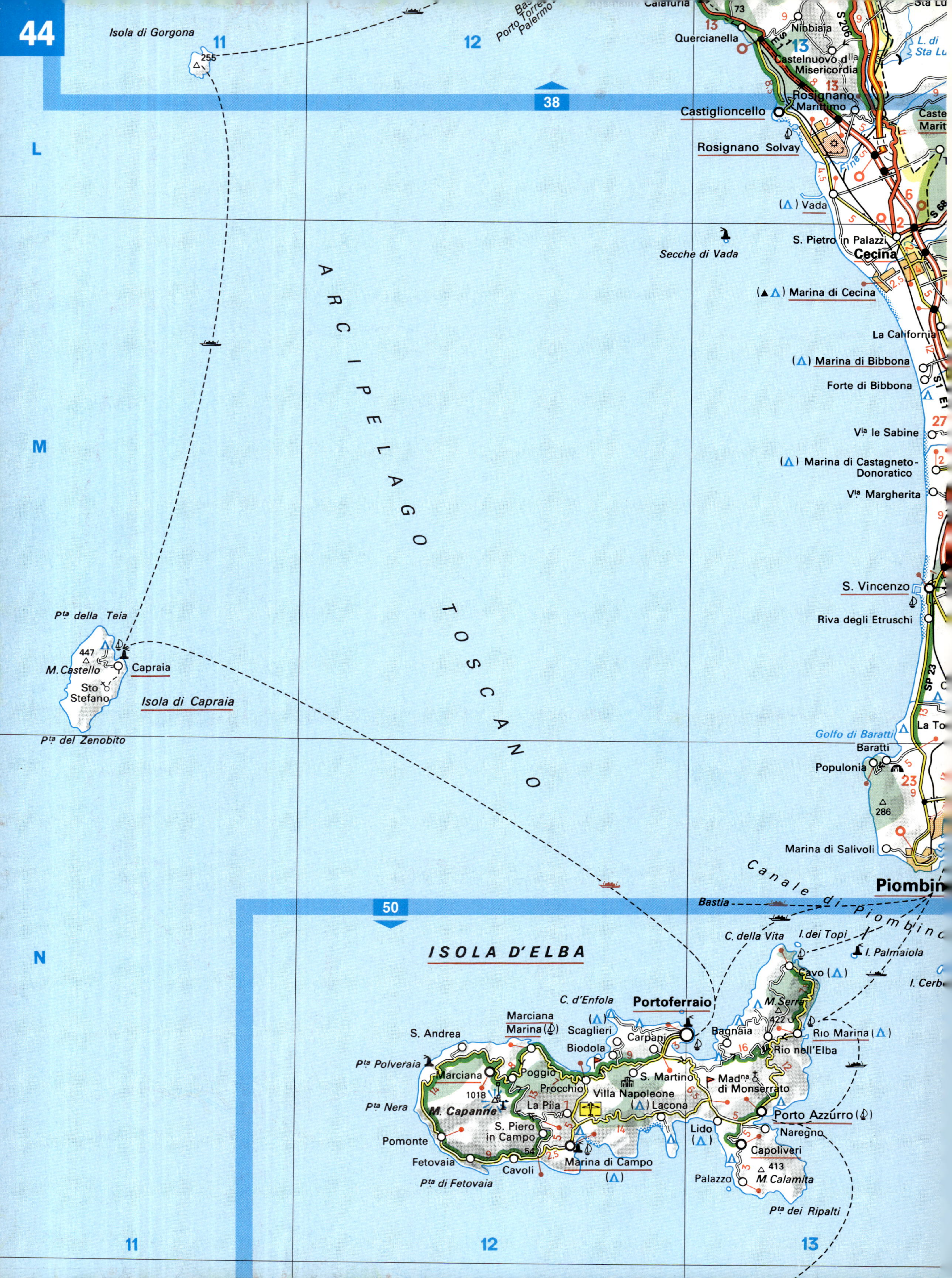

44
Isola di Gorgona
11
255
12
L
38
Calafuria
73
Nibbiaia
13
Quercianella
13
Castelnuovo d.lla
Misericordia
13
Rosignano
Marittimo
Castiglioncello
Caste
Marit
Rosignano Solvay
(△) Vada
S. Pietro in Palazzi
Cecina
Secche di Vada
(▲△) Marina di Cecina
La California
M
(△) Marina di Bibbona
Forte di Bibbona
Vⁱᵃ le Sabine
27
(△) Marina di Castagneto-
Donoratico
Vⁱᵃ Margherita
S. Vincenzo
Riva degli Etruschi
A R C I P E L A G O   T O S C A N O
Pᵗᵃ della Teia
447
M. Castello
Sto
Stefano
Capraia
Isola di Capraia
Golfo di Baratti
La To
Pᵗᵃ del Zenobito
Baratti
Populonia
23
286
Marina di Salivoli
Canale di piombino
Piombin
50
Bastia
C. della Vita
I. dei Topi
I. Palmaiola
N
I. Cerb
ISOLA D'ELBA
Cavo (△)
C. d'Enfola
M. Serrat
423
Portoferraio
Marciana
Marina
Bagnaia
Rio Marina (△)
S. Andrea
Scaglieri
Carpani
Rio nell'Elba
Biodola
Pᵗᵃ Polveraia
Marciana
Poggio
Procchio
S. Martino
Madⁿᵃ
di Monserrato
1018
Villa Napoleone
Pᵗᵃ Nera
M. Capanne
La Pila
Lacona
Porto Azzurro
S. Piero
in Campo
Naregno
Pomonte
Lido
(△)
Capoliveri
Fetovaia
54
Cavoli
Marina di Campo
413
Palazzo
M. Calamita
Pᵗᵃ di Fetovaia
(△)
Pᵗᵃ dei Ripalti
11
12
13

45
S. Gimignano
Poggibonsi
Castellina in Chianti
Lilliano
Staggia
Castellina Sca
Biancanelle
Laiatico
Villamagna
S. Donato
Sta Lucia
Campiglia d. Foci
15
Pomaia
Orciatico
S. Gimignano
Castel S. Gimignano
Colle di Val d'Elsa
Quartaia
Strove
Monteriggioni
M. Maggio
Quercegros
Vitalba
Miemo
Montecatini Val di Cecina
Balze
Volterra
40
Mensanello
Badesse
S. Dalmazio
Terriccio
Riparbella
Saline di Volterra
Ponsano
Casole d'Elsa
Collalto
Scorgiano
Casaglia
Ponteginori
Mazzolla
Psio Metato
Pievescola
Cetinale
Ancaiano
Sovicille
Costalpino
Montescudaio
Montegemoli
Mensano
Guardistallo
Pomarance
Lanciaia
Monteguidi
La Selva
Miolli
Malignano
Casale Marittimo
Querceto
Micciano
Libbiano
S. Dalmazio
Radicondoli
S. Rocco a Pilli
Rosia
Grotti
Bibbona
Sassa
S. Ippolito
Montecastelli Pisano
Psio Casalone
Belforte
Bagnaia
Bolgheri
Colline
Serrazzano
Montecerboli
Larderello
Montingegnoli
Frosini
Torri
Brenna
S. Guido
Canneto
Castelnuovo di Val di Cecina
Solaio
Montalcinello
Pento ina
Monteverdi Marittimo
Lustignano
Metalli
Fosini
Travale
Lagoni
Chiusdino
Abbª di S Galcano
S. Lorenzo a Merse
Donoratico
Castagneto Carducci
Lagoni Rossi
Lagoni d. Sasso
Terme di Bagnolo
Le Cornate
Gerfalco
Palazzetto
Monticiano
Ponte Macereto
Sassetta
Monterotondo Marittimo
Montieri
38
Fontalcinaldo
Luriano
S. Carlo
M. Calvi
Rocca di S. Silvestro
Frassine
Milia
Niccioleta
Prata
Boccheggiano
Scalvaia
Lama Iesa
Suvereto
Montebamboli
Gabellino
Belagaio
Bagni di Petriolo
Campiglia Marittima
Cafaggio
Cornia
Massa Marittima
Meleta
Sassofortino
M. Alto
Bagnolo
Casale di Pari
Pari
Venturina
Casalappi Ruschi
Montioni
Valpiana
Festa
Tatti
Perolla
Roccatederighi
Roccastrada
Casenovole
Monte Antico
Riotorto
L. dell' Accesa
Montemassi
Civitella Marittima
Rondelli
Scarlino Scalo
Gavorrano
Ribolla
Monte Lattaia
Stazione di Roccastrada
Prato Ranieri
Follonica
Scarlino
Ravi
Giuncarico
Grilli
Sticciano
Paganico
Portiglione
Caldana
Braccagni
Montepescali
Montorsaio
Campagnatico
Monte Cucco
Golfo di Follonica
Tirli
Vetulonia
Tomba di Pietrara
Ratignano
Roselle
Torre Civette
Pian d'Alma
Buriano
Poggio Ballone
Granaione
Punta Ala
Macchiascandona
Padule di Raspollino
Rose le
Istia d'Ombrone
Polveraia
Scº dello Sparviero
Roccamare
Grosseto
Preselle
Montorgiali
Le Rocchette
Riva del Sole
Arcil e
Castiglione della Pescaia
Pineta del Tombolo
Marina di Grosseto
Principina a Mare
Rispescia
Spergolaia
M. Bottigli
Scansano
Alberese
Ombrone
Bruna
Merse
Pecora
Elsa
14
39
43
16
28
52
46
51
44

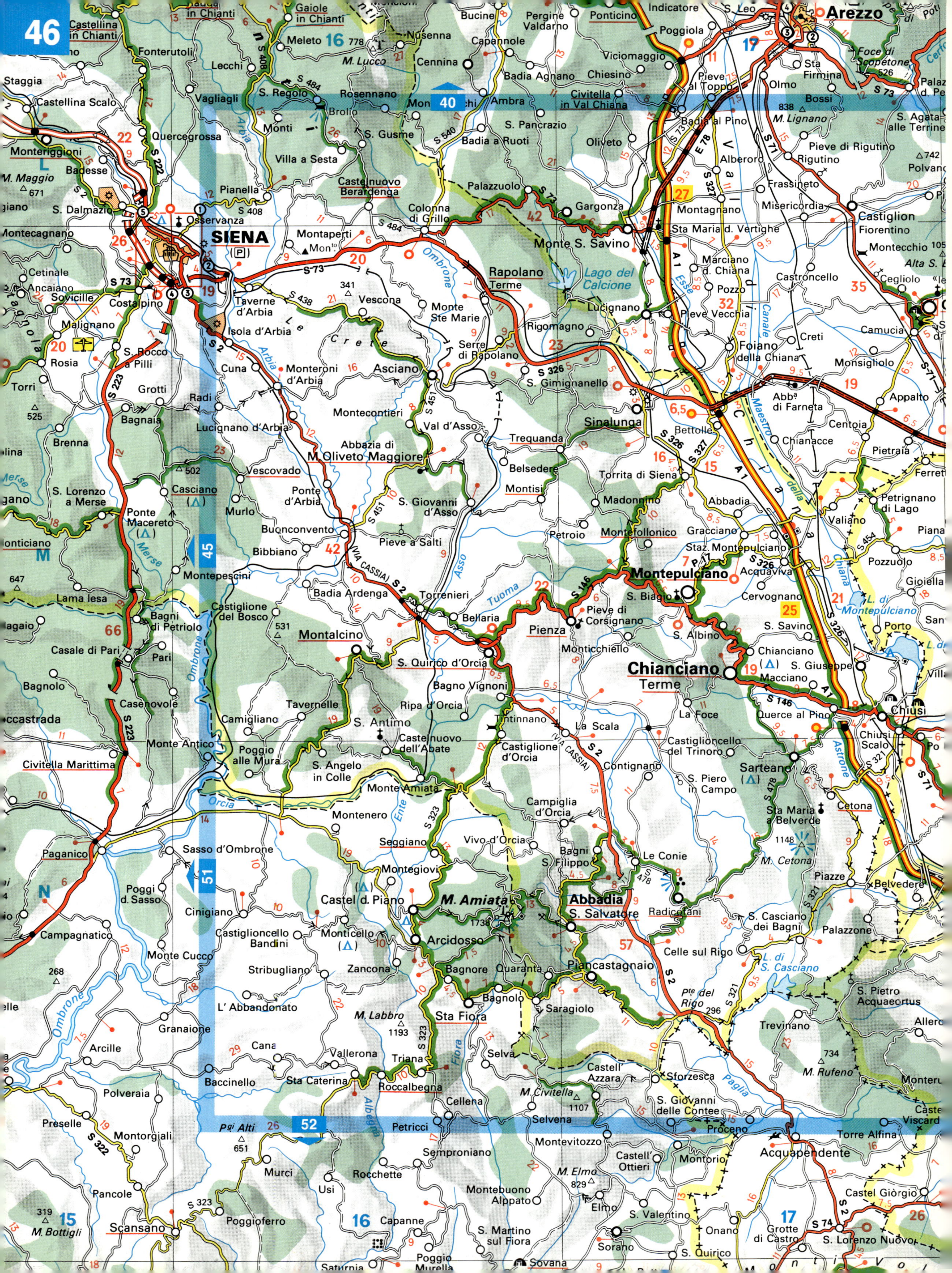

46
Castellina in Chianti
Gaiole in Chianti
Staggia
Fonterutoli
Lecchi
Meleto
M. Lucco
Cennina
Bucine
Pergine Valdarno
Ponticino
Indicatore
S. Leo
Arezzo
Foce di Scopetone
Castellina Scalo
S. Regolo
Rosennano
Nusenna
Capannole
Viciomaggio
Poggiola
Pieve al Toppo
Sta Firmina
Olmo
Vagliagli
Brolio
Ambra
Badia Agnano
Chiesino
Bossi
Monteriggioni
Quercegrossa
Monti
S. Gusme
Badia a Ruoti
Civitella in Val Chiana
M. Lignano
S. Agata alle Terrine
M. Maggio
Badesse
Villa a Sesta
S. Pancrazio
Badia al Pino
Alberoro
Pieve di Rigutino
Rigutino
Montecagnano
Pianella
Castelnuovo Berardenga
Palazzuolo
Colonna di Grillo
Gargonza
Montagnano
Frassineto
Misericordia
Castiglion Fiorentino
SIENA
Osservanza
Montaperti
Monte S. Savino
Sta Maria d. Vertighe
Marciano d. Chiana
Castroncello
Montecchio
Cetinale
Montᵒ
Rapolano Terme
Lago del Calcione
Pozzo
Cegliolo
Ancaiano
Sovicille
Taverne d'Arbia
Vescona
Monte Ste Marie
Lucignano
Pieve Vecchia
Camucia
Costalpino
Isola d'Arbia
Rigomagno
Foiano della Chiana
Creti
Monsigliolo
Malignano
Cuna
Monteroni d'Arbia
Asciano
Serre di Rapolano
S. Gimignanello
Rosia
Grotti
Montecontieri
Val d'Asso
Trequanda
Abbᵃ di Farneta
Centoia
Appalto
Torri
Radi
Lucignano d'Arbia
Abbazia di M. Oliveto Maggiore
Belsedere
Sinalunga
Bettolle
Chianacce
Pietraia
Brenna
Vescovado
Montisi
Madonnino
Torrita di Siena
Abbadia
Valiano
S. Lorenzo a Merse
Casciano
Murlo
Ponte d'Arbia
S. Giovanni d'Asso
Petroio
Montefollonico
Gracciano
Staz. Montepulciano
Pozzuolo
Gioiella
Ponte Macereto
Bibbiano
Buonconvento
Pieve a Salti
Montepulciano
Acquaviva
L. di Montepulciano
Montepescini
Pieve a Salti
Torrenieri
Tuoma
S. Biagio
S. Savino
Porto
Castiglione del Bosco
Badia Ardenga
Bellaria
Pienza
Pieve di Corsignano
S. Albino
Cervognano
Lama lesa
Bagni di Petriolo
Montalcino
S. Quirico d'Orcia
Monticchiello
Chianciano Terme
Macciano
Chiusi
Casale di Pari
Pari
Bagno Vignoni
Querce al Pino
Chiusi Scalo
Bagnolo
Casenovole
Tavernelle
Ripa d'Orcia
La Foce
Castiglioncello del Trinoro
Sarteano
Civitella Marittima
S. Antimo
La Scala
Contignano
S. Piero in Campo
Cetona
Monte Antico
Poggio alle Mura
Castelnuovo dell'Abate
Castiglione d'Orcia
Sta Maria a Belverde
Paganico
S. Angelo in Colle
Monte Amiata
Campiglia d'Orcia
Piazze
Belvedere
Sasso d'Ombrone
Montenero
Le Conie
M. Cetona
Poggi d. Sasso
Seggiano
Vivo d'Orcia
Bagni S. Filippo
Campagnatico
Montegiovi
Cinigiano
Castel d. Piano
M. Amiata
Abbadia S. Salvatore
Radicofani
S. Casciano dei Bagni
Palazzone
Monte Cucco
Castiglioncello Bandini
Monticello
Arcidosso
Celle sul Rigo
L. di S. Casciano
Stribugliano
Zancona
Bagnore
Quaranta
Piancastagnaio
Pte del Rigo
Trevinano
S. Pietro Acquaeortus
L'Abbandonato
Bagnolo
Saragiolo
M. Rufeno
Granaione
Cana
M. Labbro
Sta Fiora
M. Viscard
Arcille
Vallerona
Triana
Selva
Castell' Azzara
Sforzesca
Baccinello
Sta Caterina
Roccalbegna
Cellena
M. Civitella
S. Giovanni delle Contee
Proceno
Polveraia
Petricci
Selvena
Montevitozzo
Torre Alfina
Preselle
Pgi Alti
Semproniano
Castell' Ottieri
Montorio
Acquapendente
Montorgiali
Murci
Rocchette
Usi
M. Elmo
Elmo
S. Valentino
Castel Giorgio
Scansano
Poggioferro
Capanne
Montebuono Alppato
S. Martino sul Fiora
Sorano
Onano
Grotte di Castro
S. Lorenzo Nuovo
M. Bottigli
S. Quirico
Poggio Murella
Sovana
Saturnia

47
Città di Castello
PERUGIA
Gubbio
ASSISI
Foligno
Spoleto
Orvieto
Todi
Cortona
Lago Trasimeno
Deruta
Marsciano
Montefalco
Bevagna
Spello
Città della Pieve
Passignano
Umbertide
Bastia
Trevi

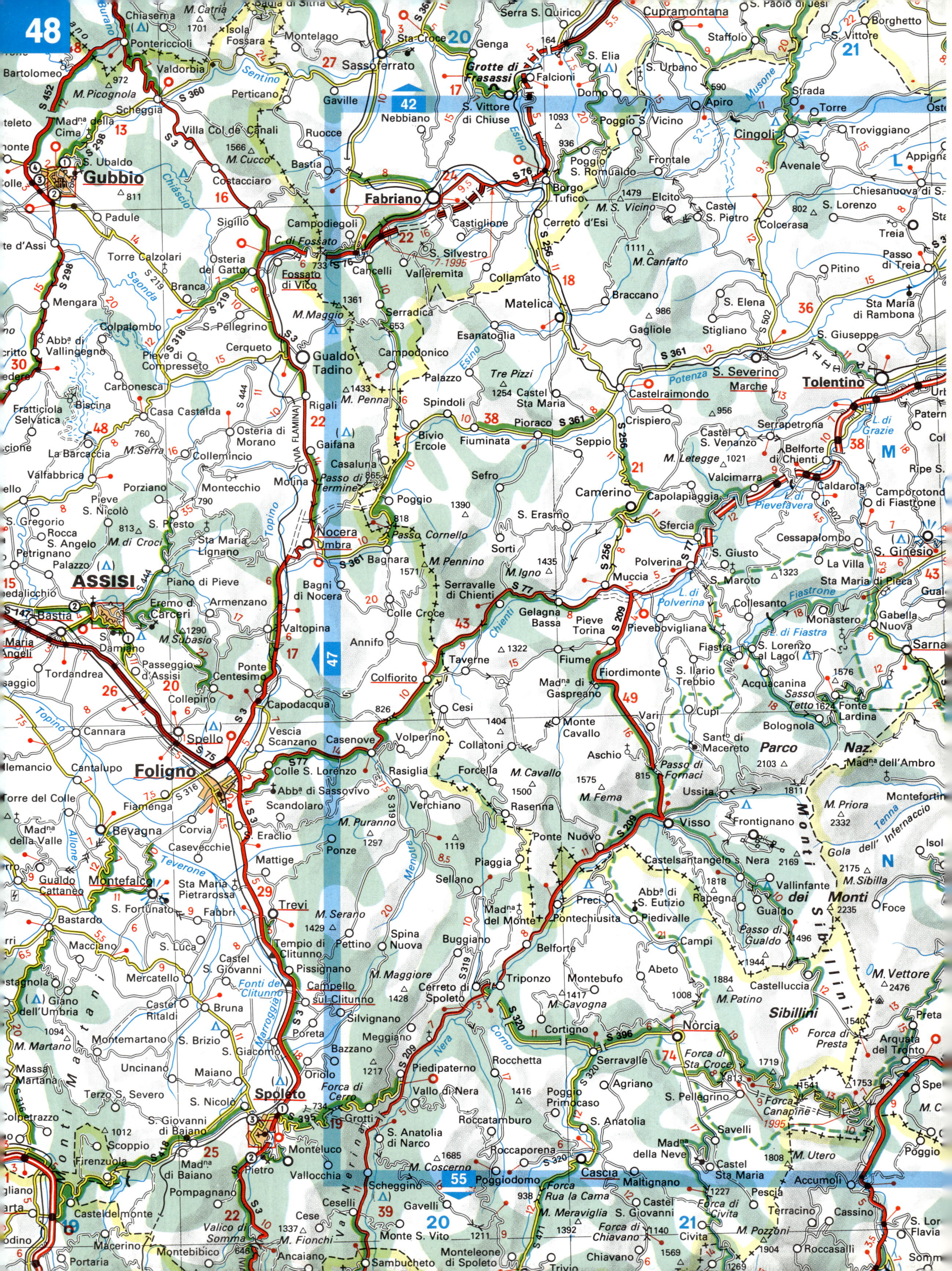

49
Montoro
Filottrano
Loreto
Porto Recanati
Musone
Fiumicella
Bagnola
Montefano
Recanati
Potenza
Montecassiano
Sombucheto
Potenza Picena
Porto Potenza Picena
Montelupone
Montecanepino
Fontespina
Civitanova Alta
Convto di Forano
Montecosaro
Civitanova Marche
Helvia Ricina
Villa Potenza
Morrovalle
Abbª di Sta Maria in Selva
S. Claudio al Chienti
Borgo di Staz. Montecosaro
Macerata
Trodica
Chienti
Piediripa
S. M. Pie di Chienti
Porto S. Elpidio
Pollenza
Sforzacosta
Casette d'Ete
Marina Faleriense
Corridonia
S. Elpidio a Mare
Abbª di Fiastra
Petriolo
Monte S. Giusto
Montegranaro
Cast. d. Rancia
Monte S. Pietrangeli
Monte Urano
Lido di Fermo
Macina
Capodarco
Porto S. Giorgio
Isabaglia
Urbs Salvia
Francavilla d'Ete
Torre S. Patrizio
Tenna
Sta Maria a Mare
Imurano
Loro Piceno
Mogliano
Massa Fermana
Rapagnano
Fermo
Marina Palmense
Ginesio
Montegiorgio
Magliano di T.
Ponte Ete
Torre di Palme
Montappone
Monte Vidon Corrado
Lapedona
Passo S. Angelo
Falerone
Faleria
Grottazzolina
Ponzano di Fermo
Altidona
Pedaso
Monte Giberto
Monterubbiano
Moresco
S. Angelo in Pontano
Sta Margherita
Piane di Falerone
Belmonte Piceno
Montottone
Petritoli
Campofilone
Saline
Servigliano
Monsampietro Morico
Monte Vidon Combatte
Massignano
Penna S. Giovanni
Monteleone di Fermo
S. Elpidio Morico
Ortezzano
Montefiore di Aso
Carassai
Cupra Marittima
Monte S. Martino
Montelparo
Monte Rinaldo
Aso
Ripatransone
Smerillo
Sta Vittoria in Matenano
Grottammare
Abbª di S. Rufino
Montefalcone Appennino
Porchia
Montalto di Marche
Cossignano
Acquaviva Picena
S. Benedetto del Tronto
Amandola
Montedinove
Tesino
Comunanza
Rotella
Castignano
Offida
Monteprandone
Force
Ripaberarda
Appignano di Tronto
Monsampolo di Tronto
Porto d'Ascoli
S. Biagio
M. d. Ascensione
Porchiano di Tronto
Castorano
Stella
Palmiano
Venagrande
Spinetoli
Martinsicuro
Montemonaco
Venarotta
Coll di Tranto
Villa Rosa
Ascoli Piceno
Villa S. Antonio
Colonnella
Uscerno
Roccafluvione
SALARIA
Tronto
Alba Adriatica
Montegallo
Agelli
Ancarano
Controguerra
Polverina
Colle S. Marco
Folignano
Maltignano
Nereto
Corropoli
Tortoreto Lido
Tallacano
Arli
S. Egidio alla Vibrata
Torano Nuovo
Vibrata
Tortoreto
Acquasanta Terme
Talvacchia
S. Giacomo
Lempa
Garrufo
S. Omero
Montegallo
Villa Passo
Ponzano
Poggiomoretto
Montone
Giulianova
S. Vito
Civitella del Tronto
S. Onofrio
M. Téglia
Macchia da Sole
Ripe
Camera
Mosciano S. Angelo
Colonga Spiaggia
Umito
Campovalano
Bellante
Morrice
Valle Castellana
Piano Maggiore
S. Nicolò a Tordino
Cologna
Comunitore
S. Giovanni
Campli
S. Martino
Rocca Sta Maria
Roseto degli Abruzzi
Mácera di Morte
Paranesi
Laga
Teramo
Zaccheo
Morro d'Oro
Montepagano
Ceppo di Rocca Sta Maria
Cona Faiete
Toricella Sicura
Castellalto
Notaresco
Scerne
Sto Stefano
Canzano
Guardia Vomano
Sta M. di Ropezzano
Vomano
Macchiatornella
Valle S. Giovanni
Tordino
Caprafico
Castelnuovo V.
Clemente
A 14
E 55
Tronto
Salinello
Tordino
Vibrata
Vomano

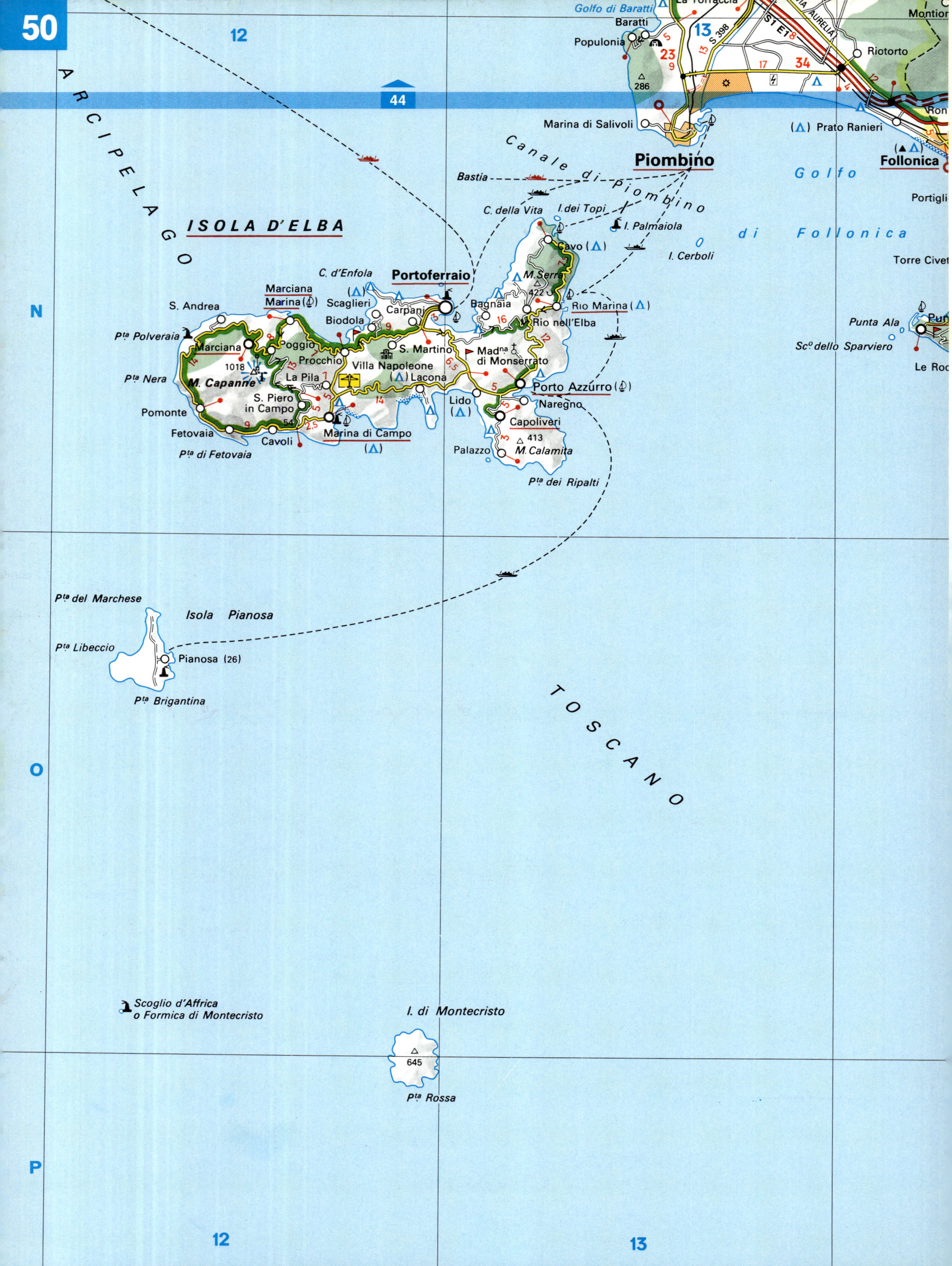

50
12
44
Golfo di Baratti
La Torraccia
Baratti
Populonia
13 S. 398
Montior
Riotorto
286
23
17
34
ST ET
VIA AURELIA
Marina di Salivoli
Piombino
(△) Prato Ranieri
(△)
Follonica
ARCIPELAGO
Canale di Piombino
Golfo
di
Follonica
Bastia
C. della Vita
I. dei Topi
Portigli
ISOLA D'ELBA
I. Palmaiola
0
Torre Civet
C. d'Enfola
Portoferraio
Cavo (△)
I. Cerboli
Marciana
Marina (⚓)
Scaglieri
Carpan
M. Serra
422
Rio Marina (△)
Punta Ala
Pun
N
S. Andrea
Biodola
Bagnaia
16
Rio nell'Elba
Scº dello Sparviero
Le Ro
Pta Polveraia
Marciana
Poggio
Procchio
S. Martino
Mad na
di Monserrato
12
1018
Villa Napoleone
Pta Nera
M. Capanne
La Pila
1
Lacona
Porto Azzurro (⚓)
S. Piero
in Campo
54
14
5
Lido
5
Naregno
Pomonte
9
(△)
Capoliveri
Fetovaia
Cavoli
Marina di Campo
(△)
413
M. Calamita
Pta di Fetovaia
Palazzo
Pta dei Ripalti
Pta del Marchese
Isola Pianosa
Pta Libeccio
Pianosa (26)
O
Pta Brigantina
TOSCANO
Scoglio d'Affrica
o Formica di Montecristo
I. di Montecristo
645
P
Pta Rossa
12
13

51
Valpiana
Resta
Montemassi
L. dell'Accesa
14
15
Ribolla
Monte Antico
Roccastrada
Civitella Marittima
Poggio al e Mura
S. Angelo in Colle
16
Monte Amiata
Montenero
S 439
S 1
45
Bruna
Stazione di Roccastrada
7
Seggiano
Monte Lattaia
39
Scarlino Scalo
Gavorrano
Sticciano
Paganico
Sassc d'Ombrone
Montegiovi
Giuncarico
M. Leoni
614
Poggi d. Sasso
Cinigano
Castel d. Piano
Scarlino
Ravi
Grilli
Braccagni
Montorsaio
Campagnatico
Castiglioncello Bandini
Monticello
Arci
Caldana
Montepescali
Monte Cucco
Stribugliano
Zancona
Vetulonia
Tomba di Pietrara
Ratignano
268
Tirli
S 223
L'Abbandonato
M. Labbro
1193
N
Pian d'Alma
630
Buriano
S 1
Roselle
Granaione
Cana
Valerona
Poggio Ballone
Bruna
Roselle
Arcille
Triana
44
Macchiascandona
Padule di Raspollino
Istia d'Ombrone
Ombrone
46
Baccinello
Sta Caterina
Roccalbegna
349
Roccamare
Grosseto
P
Polveraia
Pgi Alti
651
Petricci
Riva del Sole
Preselle
Montorgiali
Murci
Rocchette
Castiglione della Pescaia
S 322
S 322
Pancole
S 323
Usi
Marina di Grosseto
Rispescia
319
M. Bottigli
Scansano
Poggioferro
Capanne
Principina a Mare
Spergolaia
Saturnia
Poggio Murell
Alberese
28
Montiano
Pereta
56
Terme di Saturnia
Marina di Alberese
Tre Collelungo
415
Pgio Lecci
246
Magliano in Toscana
Colle-Lupo
Fomonte
Montemerano
S 74
Formiche di Grosseto
S. Bruzio
Manciano
Natural d. Maremma
Fonteblanda
La Sgrilla
Monti dell' Uccellina
S. Donato
33
Talamone
S 323
Marsiliana
Campiglio a
O
Bastia
Porto-Vecchio
Albinia
234
M. Cavallo
M. Bellir
Porto
Sto Stefano
Orbetello
Pgio del Leccio
il Giardino
Monteti
425
379
M. Maggiore
Pta Lividonia
353
Quattrostrade
Orbetello Scalo
Capalbio
M
Pescia Fiorentina
Isola del Giglio
Pta Cala Grande
Sta Liberata
S 440
Laguna di Orbetello
S 1
Carige
Caravicchio
Pta del Fenaio
Cala Piccola
Promontorio dell'Argentario
Cosa
Capalbio Stazione
4C
Campese
Giglio Castello
Cala Piccola
il Telegrafo
635
Port'Ercole
Ansedonia
L. di Burano
Pesc a Romana
Giglio Porto
498
C. d'Uomo
I. Formica di Burano
52
Pta del Capel Rosso
Pta di Torre Ciana
Marina di Pescia Romana
Montalto Ma
Villa Romana
I. di Giannutri
P
88
Pta del Capel Rosso
14
15
16

52
14
15
16
N
O
P
Pineta del Tombolo
Castiglione della Pescaia
Marina di Grosseto
Principina a Mare
Marina di Alberese
T.re Collelungo
Spergolaia
Alberese
Rispescia
M. Bottigli
319
Montiano
246
P.gio Lecci
415
Parc Natural d'Maremma
Monti dell' Uccellina
Magliano in Toscana
S. Bruzio
Fonteblanda
Talamone
S. Donato
Quattrostrade
Presette
Montorgiali
Pancole
Scansano
Poggioferro
Murci
Usi
Rocchette
Capanne
Petricci
Semproniano
P.gi Alti
651
Saturnia
46
Pereta
Terme di Saturnia
Pomonte
Montemerano
Manciano
Colle-Lupo
La Sgrilla
Campigliola
Poggio Bu
M. Bellino
516
M. Cavallo
234
Marsiliana
Monteti
425
M. Maggiore
379
L. Acquato
Bastia
Porto-Vecchio
Formiche di Grosseto
Isola del Giglio
P.ta del Fenaio
Campese
Giglio Castello
Giglio Porto
498
P.ta del Capel Rosso
Porto Sto Stefano
P.ta Lividonia
P.ta Cala Grande
Sta Liberata
Cala Piccola
Promontorio dell'Argentario
C. d'Uomo
il Telegrafo
635
Port'Ercole
P.ta di Torre Ciana
Orbetello
Orbetello Scalo
di Orbetello
Laguna
P.gio del Leccio
353
il Giardino
Capalbio
Carige
Pescia Fiorentina
Garavicchio
Capalbio Stazione
40
Pescia Romana
Cosa
Ansedonia
I. Formica di Burano
L. di Burano
Marina di Pescia Romana
Montalto Marina
Riva dei
Villa Romana
88
I. di Giannutri
P.ta del Capel Rosso
51
MARE TIRRENO
14
15
16
Albinia
VIA AURELIA(A)
S 322
S 322
S 323
S 323
S 74
S 74
S 322
S 1
S 440
S 1
28
33
56
26
27
72

53
Selvena
Montevitozzo
M. Elmo 829
Castell' Ottieri
Montorio
17
Acquapendente
Viscardo
Torre Alfina
Viceno
Proceno
Sugano
Orvieto
18
34
Corbara
Civitella de Lago
Morre
Camera
M. di Corbara
tebuono Alppato
Elmo
S. Valentino
Onano
Grotte di Castro
S 74
Castel Giòrgio
S 74
26
S 71
Porano
S. Severo
2
S 205
Easchi
Montecchio
Toscolano Avigl
Dun
N
Martino sul Fiora
Sovana
Sorano
S. Quirico
S. Lorenzo Nuovo
631
47
Serrughiano
934
M. Croce di Serra
Sta Restituta
La Rotta
9
Gradoli
S 74
Latera
S 489
Borghetto
Bolsena
Castiglione in Tev.
323
Lubriano
Civita
Tenaglie
Guardea
L. di Alviano
Frattuccia
Macchie
Pitigliano
313
45
663
639
Lago di Bolsena
(-146)
28
Bagnoregio
Civitella d'Agliano
S. Michele in Tev.
Graffignano
Alviano
Lugnano in Teverina
L. di Mezzano
I. Bisentina
S. Antonio
26
423
S. Michele in Tev.
Castel Cellesi
Roccalvecce
Celleno
342
Monteca ello
Sipicciano
40
Forchiano
Ameli
Sta Maria di Sala
Valentano
620
S 312
Capodimonte
I. Martana
S 71
Fastello
Magugnano
Attigliano
Giove
Penna in Teverin
S. Libe
Farnese
Ischia di Castro
Piansano
Marta
Montefiascone
S 2
Grotte Sto Stefano
Vezza
Mugnano in Tev.
Parco dei Mostri
Bomarzo
Bassano in Tev.
Orte
S 204
Olpeta
52
Tessennano
Arlena di Castro
18
13
308
Ferento
Vitorchiano
7.5
Chia
S 315
29
Rimmino
434
M. Canino
Canino
Marta
Leia
Viterbo
Bagnaia
S 204
Soriano nel Cimino
Vasanello
Galle
Vulci
Abbadia
Musignano
Tuscania
S. Pietro
Bagni di Viterbo
Madn. di Quercia
Villa Lante
S. Centignano
Vighanello
S. Giuliano
Castel d'Asso
16
S 312
52
Capecchio
169
S 2
13
S. Martino al Cimino
Canepina
Vallerano
Fabrica di Roma
Corchiar
Montalto di Castro
Pgio Martino 181
Montebello
Norchia
Vetralla
Tre Croci
M. Fogliano
963
M. Venere
Carbognano
Caprarola
Falerii Novi
22
Marta
Casale Cinelli
30
Villa S. Giovanni in Tuscia
Cura
S 2
Casaletto
L. di Vico
Punta del Lago
Ronciglione
54
27
Civita Castellana
Tarquini
Tarquinia
S 1 bis
Monte Romano
370
Blera
Barbarano Romano
S 493
Capanica
Sutri
Nepi
Castel S. Elia
Marina Velca
Necropoli etrusca
12
Veiano
L. di Monterosi
S 2
S 311
Gabelletta
Lido di Tarquinia
Mignone
Civitella Cesi
612
Pgio di Coccia
Bassano Romano
Monterosi
Ma Ro
Vallelu
Lombardi
La Farnesiana
526
Oriolo Romano
Bagni di Vicarello
612
Sette Vene
batax
Olbia
Cagliari
Golfo Aranci
M. le Grazie
616
Allumiere
Tolfa
Rota
Canale Monterano
Vicarello
Trevignano Romano
L. di Mart grano
Cassini
Civitavecchia
15
Aurelia
450
Monti della Tolfa
Bagni di Stigliano
541
Manziana
Lago di Bracciano
(-160)
376
433
Ca di
Terme Taurine
57
M. Tolfaccia
520
M. Acqua Tosta
421
S 493
Bracciano
Anguillara Sabazia
Cesano
35
S 2
344
Fanciullo
Sasso
430
Castel Giuliano
Vigna di Valle
29
Olgiata
Sta Marinella
E 80
A 12
58
Necropoli etrusca
Osteria Nuova
Sta Maria di Galeria
Capo Linaro
Sta Severa
S 1
Ceri
Cerveteri
78
18
Tragliata
La Giustinian
Boccea
19
17

54
Orvieto
Corbara
S. Severo
18
Porano
Baschi
Montecchio
Serruhughano
Castiglione in Tev.
Lubriano
Bolsena
28
Bagnoregio
Civita
S. Antonio
S. Michele in Tev.
26
Castel Cellesi
Roccalvecce
Graffignano
Celleno
Montecalvello
Fastello
Sipicciano
Magugnano
40
Monteflascone
Grotte Sto Stefano
13
Ferento
Vitorchiano
Viterbo
Bagnaia
Villa Lante
Bagni di Viterbo
Mad na d'Quercia
Soriano nel Cimino
Castel d'Asso
16
M. Cimino
Vasanello
S. Martino al Cimino
Canepina
Vallerano
Vignanello
Gallese
13
Monti Cimini
Tobia
M. Venere
Carbognano
Fabrica di Roma
Corchiano
Tre Croci
Caprarola
Borghetto
Vetralla
M. Fogliano
L. di Vico
Falerii Novi
28
Cura
Casaletto
Punta del Lago
Ronciglione
Civita Castellana
Villa S. Giovanni in Tuscia
Blera
27
Capranica
Sutri
53
Nepi
Castel S. Elia
Faleria
Barbarano Romano
Veiano
Bassano Romano
Gabelletta
Calcata
Civitella Cesi
P gio di Coccia
L. di Monterosi
Monterosi
Mazzano Romano
Rignano Flaminio
Monti Sabatini
Bagni di Vicarello
Vicarello
Sette Vene
Vallelunga
Magliano Romano
Oriolo Romano
Canale Monterano
Rota
Trevignano Romano
L. di Martignano
Campagnano di Roma
Capena
Bagni di Stigliano
Manziana
Lago di Bracciano
Sacrofano
Castelnuovo di Porto
Sasso
Bracciano
Anguillara Sabazia
Vigna di Valle
Formello
M. Aguzzo
Riano
Girardi
Castel Giuliano
Osteria Nuova
Olgiata
Veio
Necropoli etrusca
Ceri
29
Prima Porta
Settebagni
78
Cerveteri
Tragliata
Sta Maria di Galeria
Isola Farnese
Ladispoli
Boccea
La Giustiniana
Ottavia
Monte Sacro
Palo
Palidoro
La Bottaccia
Casalotti
Città del Vaticano
Monte Mario
Civitella del Lago
Morre
Camera
Montenero
21
Casigliano
Acquasparta
Collescipoli
Dunarobba
19
Casteldelmonte
22
M. Fionchi
Toscolano
Avigliano Umbro
Casteltodino
Macerino
Montebibico
Ancaiano
M. Croce di Serra
47
Montecastrilli
Portaria
Carsulae
Strettura
Tenaglie
Sta Restituta
Castel dell'Aquila
S. Gemini Fonte
14
M. Torre Maggiore
Guardea
Frattuccia
S. Gemini
S. Erasmo
L. di Alviano
Macchie
S. Bartolomeo
Cesi
Rivo
11
Collestatte Piano
Lugnano in Teverina
Foce
Capitone
TERNI
Cascata d.
Porchiano
Amelia
22
Narni Scalo
S. Valentino
Marmore
L. di Piediluco
Sipicciano
Attigliano
Giove
Montecampano
Narni
L'Aia
Stroncone
36
Mugnano in Tev.
Penna in Teverina
S. Liberato
Altrocanto
Pie di Moggio
i Prati
Parco dei Mostri
Bomarzo
Bassano in Tev.
L. di S. Liberato
Vigne
Convto lo Speco
S. Francesco
Chia
Orte
32
S. Urbano
M. Macchialunga
Lugnola
Greccio
Spinaceto
204
S. Vito
Sta Maria
Confgni
29
A1
S 315
Otricoli
Calvi dell'Umbria
1114
Contigliano
S. Centignano
Cottanello
Montasola
S. Filippo
57
Vacone
Fianello
Montebuono
Sta Maria di Legarano
Casperia
M. Pizzuto
Magliano Sabina
Tarano
Torri in Sabina
Collevecchio
Sta Maria in Vescovio
Selci
Roccantica
Imelle
Stimigliano
Cantalupo in S.
Forano
Poggio Catino
Montopoli di S.
Castelnuovo di Farfa
M. Soratte
Nazzano
Ponzano Romano
Torrita Tiberina
Abb. di Farfa
Poggio Mirteto
Salisano
Poggio
Fillacciano
Farfa
Fara in Sabina
Talocci
Corese Terra
S. Oreste
Fiano Romano
Civitella S. Paolo
Passo Corese
Borgo Quinzio
Acquaviva
Morlupo
Montemaggiore
Montelibretti
Moricone
Cretone
Castelchiodato
Palombara Sabina
Monterotondo Scalo
S. Angelo Romano
Montecelio
Monterotondo
Mentana
Guidonia
Torre Lupara
Settebagni
G.R.A.
47
Bagni di Tivoli
Settecamini
Lunghezza
VIA TIBURTINA VALERIA

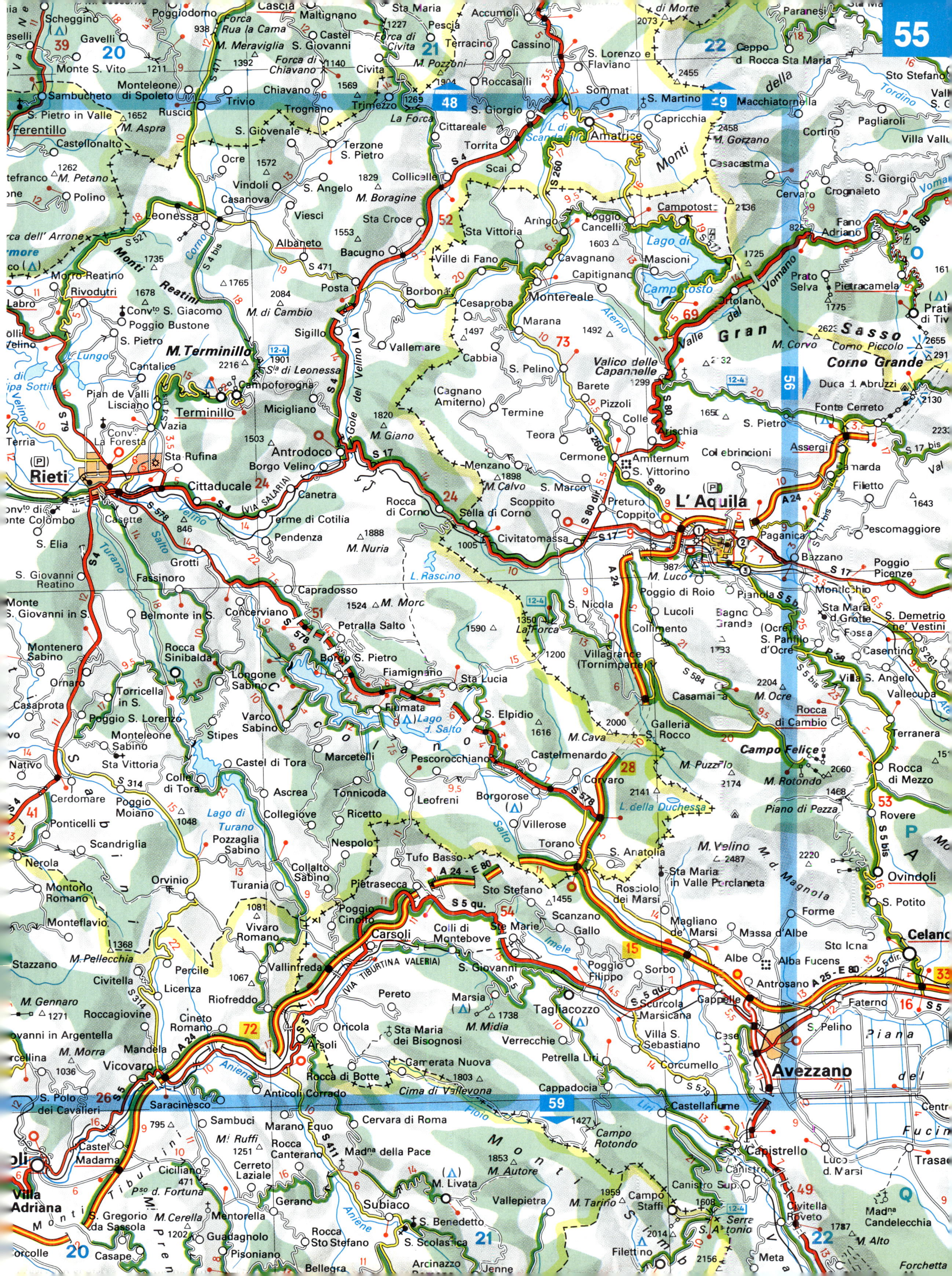

25
26
57
O
P
Q
Split
SCARA
Francavilla al Mare
Lido Riccio
Ortona
Miglianico
Aquilano
Tollo
Villa Grande
Villa
Giuliano Teatino
S. Leonardo
Crecchio
Villa Caldari
Canosa Sannita
Frisa
Treglio
Arielli
Rocca S. Giovanni
Marina di S. Vito
Vito Chietino
S. Giovanni in Venere
Fossacesia Marina
Poggiofiorito
Lanciano
Fossacesia
Orsogna
Torino di Sangro Marina
Castel Frentano
Mozzagrogna
Lido di Casalbordino
Punta di Penna
ardiagrele
Piano d. Fonti
Torino di Sangro
S. Eusanio del Sangro
Rizzacorno
Villalfonsina
Porto di Vasto
Paglieta
Guarenna
Casalbordino
Pollutri
Casoli
S. Tommaso
Scerni
Vasto
Altino
Perano
S. Giacomo
Monteodorisio
Marina di Vasto
Archi
Roccascalegna
Cupello
S. Salvo Marina
Marina di Montenero
Gessopalena
Atessa
Casalanguida
S. Salvo
Petacciato Marina
Termoli
Torricella Peligna
Bomba
Tornareccio
Gissi
Lentella
Petacciato
Pennadomo
Carpineto Sinello
S. Buono
Furci
luvanum
Colledimezzo
Guilmi
Fresagrandinaria
S. Giacomo degli Schiavoni
Montebello s. Sangro
Pietraferrazzana
Mafalda
Montenero di Bisaccia
Villa Sta Maria
Monteferrante
Liscia
Palmoli
Montazzoli
Civitaluparella
Fallo
Roccaspinalveti
Dogliola
Guglionesi
zzoferrato
Borrello
Roio del Sangro
Fraine
Tufillo
Tavenna
Montecilfone
Portocannone
Quadri
63
Rosello
Castel Fraiano
Carunchio
S. Felice del Molise
Palata
liberale
S. Angelo d'Pesco
Pescopennataro
Celenza s. Trigno
Torrebruna
Castiglione Messer Marino
Mad na di Canneto
Montemitro
Montefalcone nel Sannio
Acquaviva Collecroce
S. Martino in Pensilis
Moro
Sangro
Osento
Sinello
Treste
Trigno
Biferno
Monti dei Frentani
L. di Sangro
I. Tremiti
Cargo marin

58
17
18
19
Q
R
Sta Severa
etrusca
Ceri
Sta Maria di Galeria
Farnese
Cerveteri
Tragliata
La Giustiniana
61
78
S 1
Ladispoli
53
54
Boccea
Ottavia
Monte Sacro
Palo
Palidoro
Arrone
Torrevecchia
Monte Mario
La Bottaccia
Casalotti
Passo Oscuro
Maccarese
La Giustiniana
AURELIA
Città d. Vaticano
Malagrotta
ROMA
Fregene
Bonifica di Maccarese
A 12
S 1
Corviale
Centocel
Ponte Galeria
Cinecittà
Focene
LEONARDO DA VINCI
G.R.
E.U.R.
Cecchignola
A 12
Acilia
Vitinia
Valleranello
Fiumicino
Necropoli
Ostia
Ostia Antica
Spinaceto
Santa d. Divino Amore
Fratto
S 296
Casal Palocco
VIA C. COLOMBO
Castel Porziano
Borgata Trigoria
Falcognana
Lido di Faro
Inferneto
Tenuta di Caccia
Paglian Casale
Cast
P
Lido di Ostia
S 601
Lido di Castel Fusano
S 148
Tor Paterno
Pomezia
Guardapasso
Pratica di Mare
S. Procu Maggio
Zingarini
Borgo S. Rita
Tor Vaianica
45
Ardea
Spiaggia de Rio Torto
Casale la Fossa
Tor S. Lo
Marina di S. Lorenzo
S 601
Lido
Lavinio - Lido di Enea
Lido di Cincinn
Lido d. S
19

Nettuno
Priverno
LATINA
Anzio
Fondi
Sabaudia
Itri
Terracina
Formia
S. Felice Circeo
Gaeta
Isole Ponziane o Pontine
I. Zannone
I. Palmarola
I. di Ponza
I. Ventotene
Ischia
1/800 000

59
Lupara
Guidonia
S. Polo dei Cavalieri
Saracinesco
Sambuci
Marano Equo
Cervara di Roma
Campo Rotondo
20
795
M. Ruffi 1251
Rocca Canterano
Madna della Pace
1353
M. Autore
M. Livata
21
Monti
Tivoli
Bagni di Tivoli
Castel Madama
Ciciliano
Pso d. Fortuna
S411
Subiaco
1959
M. Tarino
Campo Staffi
1608
Villa Adriana
Lunghezza
S. Gregorio da Sassola
M. Cerella
Mentorella
55
Gerano
S. Benedetto
S. Scolastica
2014
Vallepietra
Settecamini
32
S5
VIA TIBURTINA VALERIA
1202
Guadagnolo
Rocca Sto Stefano
Filettino
2156
Tor Sapienza
A24
Osteria dell'Osa
Corcolle
Casape
Pisoniano
Bellegra
Arcinazzo Romano
Trevi nel Lazio
M. Cantari 1530
1997
Torrenova
Finocchio
VIA CASILINA
44
Gallicano nel Lazio
Poli
S. Vito Romano
Capranica Prenestina
Affile
Roiate
51
Jenne
S6
Colonna
A1 ter
Palestrina
Rocca di Cave
Olevano Romano
Serrone
Altipiani di Arcinazzo 1011
Colle Cimetta
Campocatino
Morena
Monte Porzio C.
S216
Zagarolo
Cesareo
Genazzano
Paliano
1402
Fumone
1951
La Monna
Ciampino
Frascati
Rocca Priora
766
Carchitti
Cave
Labico
Valmontone
S6
Sta Maria di Pugliano
Fuggi
Acuto
S551
Torre Caietani
Guarcino
Vico nel Lazio
Grottaferrata
Marino
Colli
Macere
A1
48
Sacco
46
Anagni
551
L. di Canterno
S155
Coll
Rocca di Papa
S216
S215
Albani
19
Artena
Colleferro
S600dir
Casellaccio
41
Ferentino
VIA CASILINA
La Madonn
Alatri
17
el Gandolfo
M. Cavo 949
M. Artemisio 925
Lariano
727
Giulianello
Segni
Gavignano
Terme Pompeo
Albano Laziale
Nemi
L. di Nemi
S600
Rocca Massima
Sgurgola
Frosinone
Ariccia
Cecchina
Genzano di Roma
S7
Velletri
Castel Ginnetti
Cori
M. Lupone 1378
Montelanico
Gorga
Microlo
Supino
853
Carpineto Romano
Patrica
Fontana di Papa
Lanuvio
Presciano
Monti
il Rio
Pian d. Croce
637 d.
Ceccano
Aprilia
S207
Cisterna di Latina
Norba
Norma
M. Malaina 1480
Cona di Serapiana
695
1095
Giuliano di Roma
Carano
35
Doganella
709
1536
M. Semprevisa
935
S. Sosio
M. Camp Lupir
Isola Bella
Ninfa
Abba di Valvisciolo
Maenza
40
Prossedi
Macchioni
S148
Campoverde
Borgo Flora
Borgo Carso
Sermoneta
Bassiano
Roccagorga
Villa Sto Stefano
B. di Padiglione
Le Ferriere
Casale delle Palme
Latina Scalo
612
Sezze
S156
Pisterzo
Roccasecca dei Volsci
Amase
Borgo Montello
Borgo Podgora
Borgo Piave
FAITI
VIA APPIA
Priverno
415
Amaseno
Tre Cancelli
Borgo Bainsizza
Latina
10
Bocca di Fiume
Abbazia di Fossanova
Madna dell'Au
L. di S. Antonio
Borgo Sta Maria
S156
S. Michele
Codarda
Le Monache
1090
1038
Anzio
Nettuno
Acciarella
Borgo Sabotino
S148
44
Borgo Isonzo
Borgo Grappa
Pontinia
28
Mesa
54
Sonnino
M. delle Fate
Torre Astura
Foce Verde
Capo Portiere
Borgo S. Donato
Galleria di Mont'Orso
Monte S. Biagio
Lido di Latina
Borgo Vodice
Campo Soriano 362
733
M. Sto Stefano
69
L. di Caprolace
Parco
Borgo Ermada
Tempio di Giove Anxur
M. Leano 676
Nazionale
Borgo Montenero
Terracina
Sabaudia
L. di Sabaudia
del
S. Vito
S148
Porto Badino
Lido di Fondi
Molella
Torre Olevola
Circeo
S. Felice Circeo
20
541
M. Circeo
C. Circeo
Faro di Torre Cervia
21
I. di Ponza
I. di Ponza
I. Vonto
S

60
Canistro
Canistro Sup.
Staffi
Serra
S. Antonio
Civitella Roveto
49
22
Luco d. Marsi
Trasacco
Lecce nei Marsi
Bisegna
Villalago
Appenninia
Frattura
23
M. Rotella
2127
Rocca Pia
Pescoco
M. Alto
Madna Candelecchia
Collelongo
La Guardia
Montagna Grande
M. Argatone
2149
Scanno
Piano della Cinquemilia
Rivisond
Filettino
M. Viglio
Meta
Civita d'Antino
Forchetta Morrea
Villavallelonga
Passo del Diavolo
M. Rotondo
Mimola
56
M. Pratello
M. Zurrone
2056
M! Cantari
Morino
S. Vincenzo V. Roveto Sup.
S. Vincenzo V. Rov.
Madna d. Lanna
M. Fontecchia
Parco
Nazionale
Montagnola
Arem
Campocatino
Rendinara
Roccavivi
Balsorano
Balsorano Vecchio
M. Marcolano
Pescasseroli
Opi
Villetta Barrea
Lago di Barrea
Barrea
Scontror
Cimetta
Q
La Monna
Pizzo Deta
Certosa di Trisulti
Prato di Campoli
Ridotti
S. Vincenzo
M. Tranquillo
Forca d'Acero
d'Abruzzo
Monti della Meta
Colle d. Croce
Guarcino
Vico nel Lazio
Collepardo
M. Pedicino
Pescosolido
Campoli Appennino
M. Marsicano
Civitella Alfedena
Val di Comino
Fumone
Alatri
Sta Maria Amaseno
Sora
Lago Fibreno
Posta Fibreno
M. Petroso
La Meta
Pizzone
Ferentino
Veroli
Sta Francesca
Fontanafratta
Scifelli
Carnello
Isola d. Liri
Alvito
Vicalvi
Madna di Canneto
Settefrati
Castel Vincenzo
Frosinone
Il Giglio
S. Angelo in Villa
Abb. di Casamari
Castelliri
Fontechiari
Civitavecchia
Roselli
Gallinaro
Settignano
Rosanisco
S. Biagio Saracinisco
Castelnuovo a Volturno
Scapoli
Torrice
Boville Ernica
Anitrella
Arpino
Casalvieri
Casalàttico
Atina
Villa Latina
Vallegrande
Cardito
Ripi
Monte S. Giovanni Campano
Fontana Liri
Arce
Santopadre
Belmonte Castello
Valvori
M. Monna Casale
Casalcassinese
S. Antonio
Strangolagalli
Fraioli
Villafelice
Roccasecca
Colle S. Magno
Terelle
Vallerotonda
Acquafondata
Arnara
Pofi
Ceprano
Colle Alto
(Colfelice)
Melfa
Castrocielo
M. Cairo
Caira
S. Elia Fiumerapido
Passo di Serre
Viticuso
Conca Casa
Ceccano
Giuliano di Roma
S. Sosio
Isoletta
Sacco
Piedimonte Alta
Sta Lucia
Abb. di Montecassino
Cassino
Cervaro
Venafro
R
Villa Sto Stefano
M. Campo Lupino
Castro dei Volsci
Falvaterra
S. Giovanni Incarico
Aquino
Piedimonte S. Germano
S. Vittore del Lazio
S. Pietro Infine
Macchioni
Grotte di Pastena
Pontecorvo
A 1
Taverna
Amaseno
Pastena
Pico
S. Oliva
Pignataro Interamna
S. Angelo in Theodice
Mignano Monte Lungo
Vallecorsa
Madna dell'Auricola
Monticelli
S. Pietro in Curolis
S. Giorgio a Liri
S. Apollinare
Rocca d'Evandro
Galluccio
Le Monache
M. delle Fate
Lenola
La Taverna
Esperia
Ausonia
Vallemaio
S. Andrea di Gar.
S. Clemente
Campo Soriano
Passo d. Quercia del Monaco
Campodimele
Selvacava
Coreno Ausonio
Sta Maria d. Lattani
M. Sto Stefano
Fondi
Monti
Sta Maria del Plano
Spigno Saturnia Sup.
Terme di Suio
M. Sta Croce
Roccamonfina
Tempio di Giove Anxur
Itri
Maranola
Castellonorato
Castelforte
Corigliano
Terracina
Lido di Fondi
Formia
Minturno
Gaeta
Lauro
Ponte
Preta
Sessa Aurunca
Cascano
Sperlonga
Grotta di Tiberio
Tomba di Cicerone
S. Croce
Scauri
Marina di Minturno
Minturnae
Cupa
39
Cellole
Piedimonte Massicano
Carinola
Serapo
Baia Domizia
44
Falciano del Massico
Ciamprisco
21
22
Golfo di Gaeta
23
M. Massico
Le Vagnole

62
Isole Tremiti (▲)
I. Capraia
I. S. Nicola
S. Domino
Sta Maria a Mare
I. S. Domino
Petacciato Marina (△)
Termoli
Petacciato
Montenero di Bisaccia
S. Giacomo degli Schiavoni
Campomarino
Lido di Campomarino (△)
Montecilfone
Guglionesi
Portocannone
Cliternia Nuova
Marina di Chieuti
P.ta Pietre Nere
Marina di Lesina
Cornone
Lago di Lesina
Palata
Acquaviva Collecroce
S. Martino in Pensilis
Chieuti
Ripalta
Lesina
Casa Caniglia di Sotto
Sant° S. Nazario
Poggio Imperiale
elmauro
Larino
Ururi
(265)
Serracapriola
P.te di Civitate
Staz. di Apricena
Apricena
(73)
uardialfiera
Lago del Liscione
669
697
Casacalenda
Rotello
Montorio nei Frentani
Montelongo
Mass. Piscicelli
S. Paolo di Civitate
Staz. di S. Marco in Lamis
S. Matteo
Morrone del Sannio
Provvidenti
Bonefro
Sta Croce di Magliano
S. Giuliano di Puglia
Mass. la Marchesa
Torremaggiore
S. Severo
Castellino del Biferno
Ripabottoni
Cofletorto
Mass. Vallevona
Ponte del Porco
Ponte Sta Giusta
a Maria la Strada
Campolieto
922
S. Elia a Pianisi
Casalnuovo Monterotaro
Mass. Petrulli
Masseria Visciglieto
rice
Monacilioni
Macchia Valf.
Lago di Occhito
Carlantino
550
Casalvecchio di Puglia
Mass. Stilla
Mass. Motta Panetteria
anni aldo
Toro
Pietracatella
Celenza Valfortore
785
M. Miano
Castelnuovo d. Daunia
(456)
Pietramontecorvino
Mass. Parisa
La Marchesa
La Motticella
Palmori
Duanera la Rocca
lipietra
41
Fonte 13 Archi
S. Marco la Catola
M. Sambuco
981
Motta Montecorvino
Lucera
Jelsi
Gambatesa
Volturara Appula
791
(526)
Volturino
Carignano
Volturino
Gildone
Riccia
Tufara
Castelvetere in Val Fortore
Mass. Mezzana Gr.de
P.te di Troia
Tertiveri
Borgo S. Giusto
FOGGIA
1086
Sella Canale
756
805
S. Bartolomeo in Galdo
Alberona
M. Pagliarone
1029
Vado Mistongo
Decorata
Baselice
Biccari
Castelpagano
Troia
Tavernazza
Circello
Colle Sannita
1007
78
Foiano di Val Fortore
Roseto Valfortore
1151
M. Cornacchia
Castelluccio Valmaggiore
Giardinetto
Cuffiano
Montefalcone di Val Fortore
Faeto
Celle di S. Vito
1060
1015
M. S. Vito
Sant° di Valleverde
S. Marco dei Cavoti
Reino
Molinara
706
Orsara di Puglia
Radogna
Bovino
Deliceto
Campolattaro
Fragneto l'Abate
Bivio di Reino
S. Giorgio la Molara
Ginestra d. Schiavoni
Castelfranco in Miscano
946
Greci
Montaguto
Palazzo
Fragneto
Pago Veiano
Buonalbergo
Casalbore
Malvizza
Savignano Irpino

63
28
29
30
Peschici
Manacore
S. Menaio
Rodi
Garganico
S. Mª di Merino
Lido del Sole
I. la Chianca
40
Foce di Varano
S 89
Spiaggia Scialmarino
Lido di Torre Mileto
Capoiale
Vico del Gargano
Faro di S. Eufemia
Mileto
L'Isola
Ischitella
P53
260
Vieste
M. d'Elio
S 52
Lago di Varano
Spiaggia del Castello
S. Nicola Varano
Lido di Portonuovo
Gattarella
Bagno
Carpino
M. Nicola
Testa del Gargano
S 89
490
Baia di Campi
Sannicandro Garganico
Cagnano Varano
Casa Forestale
Portogreco
Foresta
Pugnochiuso
M. Coppa Ferrata
913
Gargano
Umbra
Valico di Lupo
408
Promontorio
del
Baia dei Gabbiani
685
M. Spigno
1008
682
Grotta Campana Grande
Baia delle Zagare
M. Sacro
872
Mattinatella
S. Marco in Lamis
751
Mattinata
Montenero
M. Calvo
627
1014
755
S 272
Santo d. Madna di Stignano
902
668
S. Giovanni Rotondo
884
6-1995
S. Matteo in Lamis
527
Ruggiano
Pto di Mattinata
Pta Rossa
Monte S. Angelo
32
Bgo Celano
Coppa d. Macchia
683
Tomaiolo
Rignano Garganico
L'Annunziata
S. Salvatore
Santo di Pulsano
512
234
Mass. Torre Varcaro
Madonna di Cristo
S 89
Manfredonia
Ponte di Ciccalento
Mass. Russo
Lido di Siponto
Sta Maria di S.
Candelaro
Mass. Polluce
Mass. S. Chirico
S. Leonardo di S.
GOLFO
Mass. Candelaro
110
DI
Salsola
Celone
Villaggio Amendola
Staz. di Candelaro
33
Scalo dei Saraceni
C
Arpinova
Amendola
S 89
Ippocampo
MANFREDONIA
Azienda Beccarini
Lido di Rivoli
Cervaro
34
Tavernola
Zapponeta
67
Macchia Rotonda
Sette Poste
S 545
51
Torre Pietra
S 544
Mass. Inacquata
Saline
Borgo Mezzanone
La Pescia
Tressanti
Montaltino
Margherita di Savoia
Borgo Segezia
35
Lupara
Trinitapoli
Foce dell'Ofante
Cervaro
S 544
Santo d'Incoronata
Incoronata
S. Ferdinando di Puglia
Pte Cervaro
Carapelle
Passo d'Orta
Ofanto
S 153
Orta Nova
S 161
S 16
A 14
Canne
Montaltino
56
37
S 655
Ordona
Mass. Paolillo
14
34
S 93
Carapelle
Ponte Nuovo
Stornara
S 545
Mass. Ciminarella
21
Mass. S. Vincenzo
24
A 14
Madna dei Miracoli
Mass. Ferranti
Stornarella
Cerignola
S 98
Mass. Tre di Bocca
S. Salvatore
d'Ascoli
S. Giovanni in Fonte
S 529
Le Torri
Canosa di Puglia
30
Mass. Conte di Noia
Pozzo Terraneo
A 16
Canale Castello
Istit. Agrario
Corleto
Le Palombe
28
29
22

64
23
66
24
25
58
61
D
E
F
23
24
25
Sta Croce
d. Lattani
Roccamonfina
Poza
Versano
Caianello
CAIANELLO
Pietramelara
Roccaromana
Latina
Dragoni
Gioia Sannitica
Faicchio
S. Lorenzello
Cerreto Sannita
Guardia
Sanframondi
Corigliano
Lauro
Cupa
Ponte
Preta
Casi
Teano
Riardo
Rocchetta
Calvi Vecchia
Calvi Risorta
Alvignano
S. Salvatore
Telesino
Castelvenere
S. Lo
Magg
Sessa
Aurunca
(VIA APPIA)
Cascano
Piedimonte
Massicano
Carinola
Sto Ianni
Montanaro
Sparanise
Francolise
Nocelleto
Cales
Pignataro Magg.
Pastorano
Vitulazio
Giano
Vetusto
Formicola
Pontelatone
Villa Sta Croce
M. Maggiore
Liberi
Castel di Sasso
Ruviano
Puglianello
Telesia
Amorosi
Solopaca
M. Camposauro
Frasso
Telesino
Paupis
Vitulano
Cautano
Falciano
del Massico
M. Massico
Ciamprisco
S. Andrea
Bellona
Sto Iorio
Piana
di M. Verna
Caiazzo
Biancano
Limatola
Castel
Campagnano
Castel Morrone
Dugenta
Tocco
Caudio
Mondragone
Volturno
Brezza
Grazzanise
Sta Maria
la Fossa
Capua
Sta Maria
Capua Vetere
S. Tammaro
Carditello
Macerata
S. Angelo in Formis
S. Prisco
Caserta
Vecchia
Casagiove
Caserta
S. Nicola
la Strada
Maddaloni
Sta Maria
a Vico
Cervino
Valle di Madd.
Moiano
Durazzano
Airola
S. Agata
de' Goti
Bucciano
M. Taburno
Bonea
Paolisi
Rotondi
Cervinara
Castel
Volturno
Pineta Grande
S. 264
Casal
di Principe
Villa
di Briano
Villa Literno
Casaluce
Teverola
Frignano
S. Cipriano
d'Aversa
Trentola Ducenta
Parète
Aversa
Cesa
Orta
di Atella
S. Antimo
S. Arpino
Cardito
Carvano
Acerra
Marcianise
Recale
Casaluce
Marano
Evano
S. Marco
Cancello
S. Angelo
Roccarainola
Cicciano
Avella
Schiava
Camposano
Cimitile
Baiar
Visciano
Nola
S. Paolo Bel Sito
Marzano
Nola
Saviano
Liveri
Domicella
Palma Campani
Pineta Mare
Sta Maria
a Pantano
Pineta Mare
Ischitella Lido
Marina di Lago
di Patria
L. di Patria
Liternum
Marina di Lago
di Patria
Giugliano
in Campania
Qualiano
Villaricca
Frattamaggiore
Afragola
Pomigliano
d'A.
Castello
di Cisterna
Marigliano
S. Vitaliano
Somma Ves.
Zaccaria
Marina
di Varcaturo
Licola Mare
Cuma
Quarto
Marano
di N.
Magnano
Arzano
Casoria
Casalnuovo
Capodimonte
Pianura
Camaldoli
CAPODICHINO
Cercola
Pollena-Trocchia
Ottaviano
M. Somma
VESUVIO
S. Gennaro
Vesuv.
S. Giuseppe
Vesuviano
Terzigno
Striano
S. Valentino
Torio
San
Campi Flegrei
Solfatara
Agnano
Posillipo
Portici
Herculanum
NAPOLI
S. Giovanni
S. Sebastiano
al Vesuvio
S. Giorgio a Cr.
S. Anastasia
M. Somma
Poggiomarino
Pozzuoli
Bacoli
Baia
Miseno
Marechiaro
I. di Nisida
Ercolano
Torre
del Greco
Bosco-
trecase
Pompei
Scafati
Angri
Pagani
Torregaveta
Monte di Procida
C. Miseno
Torre Annunziata
Leopardi
Corbara
S. Antonio Abate
Stabiae
Lettere
M. Cerreto
Gragnano
Porto Vecchio
Palau
Casamicciola
Terme
Lacco
Ameno
Lido di
Procida
Porto
Ponte
Procida
Isola di Procida
GOLFO
DI
NAPOLI
Castellammare
di Stabia
M. Faito
Pimonte
S. Michele
Scala
Ravello
M. Epomeo
Forio
Ischia
Barano d'Ischia
Lido di Maronti
S. Angelo
Pta
Imperatore
Isola d'Ischia
Bocca
Grande
Vico Equense
Moiano
Agerola
Penisola
Sorrentina
S. Agnello
Sorrento
Massa Lubrense
Piano di Sorr.
Meta
S. Pietro
Positano
Vettica Magg.
Praiano
Furore
S. Lazzaro
Conca de
Gta d. S.
S. Agata s. Due Golfi
Bocca
Piccola
Termini
Marina
Grande
Pta Campanella
Marina d. Cantone
Li Galli
COSTIERA
Amalfita
Cagliari
Palermo
Anacapri
Grotta Azzurra
M. Solaro
Pta Carena
Marina
Grande
Capri
I. Faraglioni
Marina
Piccola
Isola di Capri
COSTIERA   Amalfita

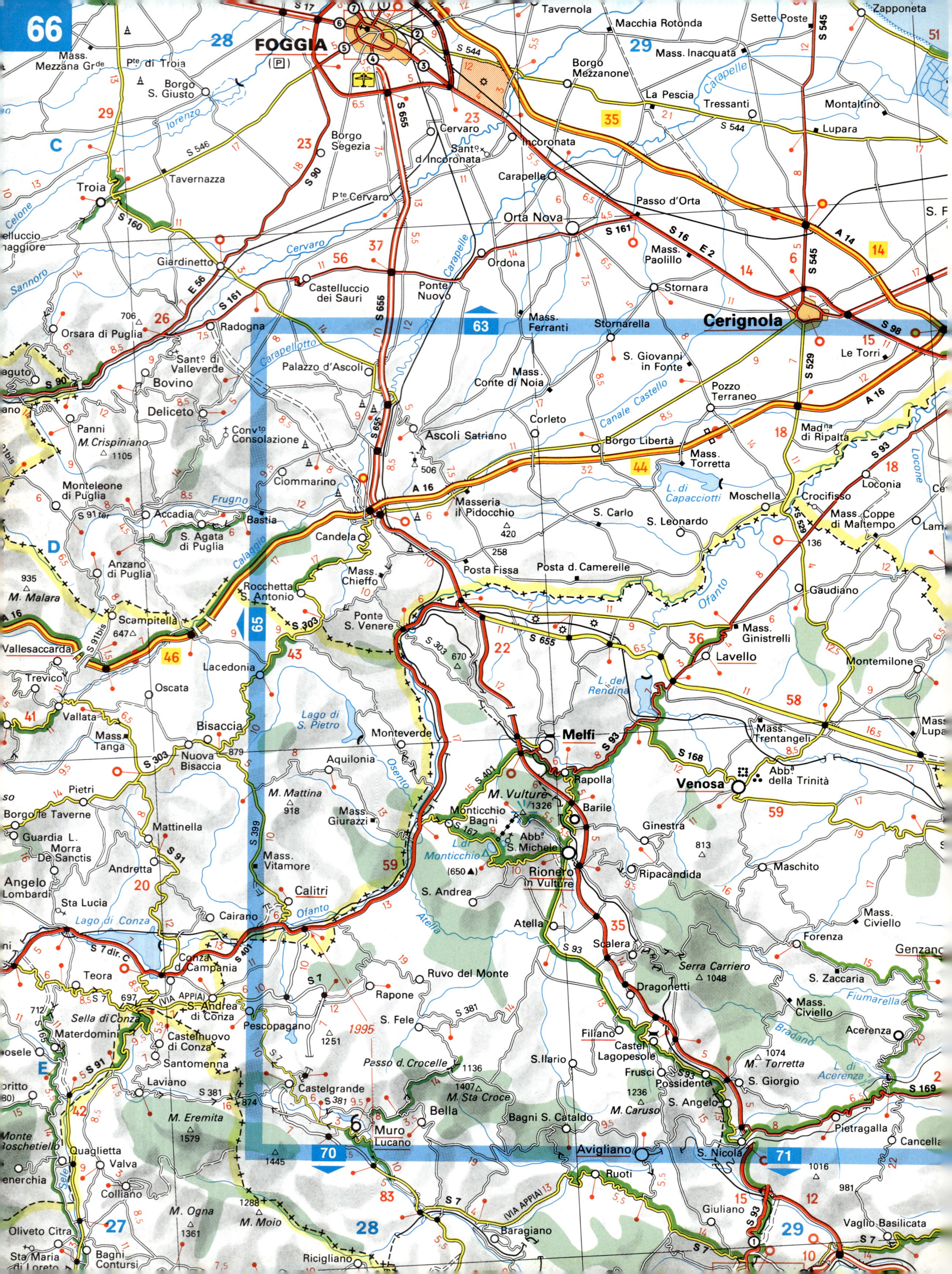

66
FOGGIA
Cerignola
Melfi
Venosa
Troia
Orsara di Puglia
Bovino
Deliceto
Ascoli Satriano
Candela
Lacedonia
Bisaccia
Calitri
Lavello
Rionero in Vulture
Avigliano
M. Vulture

67
30
31
32
Torre Pietra
Margherita di Savoia
Foce dell' Ofanto
Trinitapoli
S 544
S 159
Barletta
Mad.na di Sterpeto
Trani
Conv.to Sta Maria d. Colonna
Ferdinando di Puglia
Ofanto
S 16
Canne
Montaltino
S 93
Bisceglie
Casino di Monsignore
Sta Maria di Giano
Mass. S. Vincenzo
Molfetta
Giovinazzo
Mass. Ciminarella
A 14
Mad.na dei Miracoli
Andria
Chianca
il Pulo
Sto Spirito
Canosa di Puglia
S. Salvatore
Mass. T.re di Bocca
Istit. Agrario
S 98
Le Palombe
Corato
Pale
S 387
Ruvo di Puglia
Terlizzi
Bitonto
Modugno
M.to alla Disfida di Barletta
Montegrosso
Troianelli
Mass. Cariati
S 170 d. A
Palombaio
Palo del Colle
Bitet
il Marziano
Torre del Vento
S 170
Marotto
Mass. Spagnoletti
Castel del Monte
Mass. le Matine di Latta
Mass. Panfresco
Grumo Appula
Minervino Murge
Mass. Piano del Monaco
S 170
Mass. Citulo
S. Magno
S 378
Mass. Nuova del Duca
Binetto
Torito
M. Caccia
Mass. Giuncata
P 138
M.na di Mellitto
Mass. Servedio
Cant.na dell'Ulmeta
Mass. Taverna Nuova
Mass. Olivieri
Mass. Modesti
Fornisono
Murgia del Ceraso
Quasano
Mellitto
Mass. Trullo
Murgia di Serra Ficaia
Mass. De Lorenzis
Spinazzola
Ponte Impiso
Gurlamanna
il Pulo
B.co dei Pini Mercadante
S 168
Mass. Epitaffio
Mass. Salomone
Mass. Maiorana
M. Belvedere
Foresta di Mercadante
Palazzo S. Gervasio
Poggiorsini
Mass. Oliveto
S 97
Mad.na del Buon Cammino
S 96
Banzi
L. di Serra del Corvo
Murgetta
S 378
Altamura
Murgia Sgolgore
di Lucania
S 655
L. Genzano
Dolcecanto
Gravina in Puglia
S 96
Mass. Lama la Noce
Mass. Stasulli
S 171
Casal Sabini
Taccone
Mass. Pescarella
Mass. Sava
Oppido Lucano
S 96bis
S 96
Irsina
Sta Maria d'Irsi
Serra d. Stella
S 99
Mass. Iesce
Venusio
Masseria Viglione
S 169
M. Verrutoli
72
Mad.na di Picciano
Matera
Masseria Torre Spagnola
Tolve
Chiese rupestri
S 277
La Martella
VIA AP
S. Chirico Nuovo
Timmari
31
Valico Tre Cancelli
Grassano
Bilioso
S 175

68
32
33
Split
Dubrovnik
Bar
olfetta
Giovinazzo
S 16
6,5
25
Sto Spirito
Palese
BARI
Bitonto
S 98
Modugno
S Giorgio
Torre a Mare
26 D
Palo
del Colle
Carbonara
di B.
Triggiano
Mola di Bari
S 96
Balsignano
Ceglie
d. Campo
Ognissanti
Capurso
Cozze
Bitritto
Valenzano
Noicattaro
S. Vito
Bitetto
Loseto
Cellamare
Rutigliano
Polignano a Mare
Binetto
Sannicandro
di Bari
Adelfia
Mass. Roberti
Mass.
Panfresco
Grumo
Appula
Conversano
Monopoli
Toritto
Casino
d'Erchia
Cozzana
Lamar
Losci
Casamassima
Mad^{na}
di Mellitto
Mass.
Servedio
39
Triggianello
Cristo
Re
Monte
S. Nicola
Mellitto
Turi (250)
Antonelli
Gorgofreddo
Macchia
di Monte
Egna
B^{go} dei Pini
Mercadante
Acquaviva
delle Fonti
Sammichele
di Bari
Cast.
Marchione
Grotte di
Castellana
Castellana
Grotte
Impalata
Sta Lucia
Fasa
Foresta
di Mercadante
Cassano
d. Murge
Grotta di
Putignano
Putignano
Zona dei
Selva di Fasano
Murgia Sgolgore
Mass. Cimino
Mass.
Petrosino
M. Sannace
Mass.
dell' Erba
M. Serio
Mass.
Balsente
Coreggia
Lau
tamura
Santeramo
in Colle
Noci
Alberobello
S. Marco
Casal Sabini
Casino Eramo
a Marzagaglia
Madonna d. Scala
Locoro
Mass.
Sava
Mass.
Morea
Mass.
Zippo
Carpari
Mass.
lesce
Mass.
Di Santo
Lebbrosario
M. Angiulli
Mass. Piscinella
Ma
Fra
nusio
Masseria
Viglione
Pizzoferro
Monsignore
Mass.
Monaci
Mass. Orimini
Masseria
Torre Spagnola
Mass.
Tafuri
S. Basilio
Mass. Pandoro
M. Orsetti
Mass. Piccoli
Mass.
Fragneto
S. Paol
Chiese rupestri
di
Mad^{na}
d. Carmine
Mass.
Cangiulli
Mass.
Del Vecchio
S. Francesco
M. S. Elia
Mass.
Piovacqua
VIA APPIA
Castellaneta
Mottola
Villaggio di
Petruscio
Mass.
Pizziferro
S. Simone
Mass. Orim
Mass.
Parco
dei Monaci
Laterza
Palagianello
Sant^o d.
Mad^{na} d. Scala
Crispiano
Masseria
S. Domenico
Palagiano
Statte
Ginosa
Mass.
d'Anela
Masseria
Conca d'Oro
Quartiere
Paolo VI
Montescaglioso
Sta Maria
d'Attoli
Masseria
Follerato
Chiatona
Lido Azzurro
TARANTO
marico
Mass.
Magliati
Case Perrone
Pineto
Castellaneta
Marina
I. S. Pietro
Mare Grande
Mare Piccolo
Mass.
d. Palme
Mass. Paolo
31 49
32
29
33

69
34
35
36
D
E
F
Savelletri
Torre Canne
S 379
Pezze di Greco
Pozzo Guacito
Rosa Marina
Marina di Ostuni
Speziale
Costa Merlata
Torre Pozzella
S.ta Sabina
Caranna
Montalbano
56
S 379
Specchiolla
Cisternino
Ostuni
Torre Guaceto
Casalini
24
Carovigno
P.ta Penne
Brindisi (P ▲ ⚓)
Pascarosa
Serranova
Kérkira (Corfu)
Igumenitsa
Pátra (Patrasso)
Mass. Apani
18
S 379
I. S. Andrea
S. Vito
dei Normanni
35
CASALE
Capo Bianco
C. di Torre Cavallo
Ceglie
Messapico
S 16
Paradiso
Mass. Restinco
4
Mass. Palagogna
S 581
Mass. Belloluogo
S 605
3
2
Mass. Villanova
P.ta d. Contessa
S. Michele
Salentino
Torre Mattarelle
M. Trazzonara
△ 425
Mass. S. Giacomo
S 7 (VIA APPIA)
Mass. Palmarini
S 16
S 613
75
Lido Cerano
Mass. del Duca
Mass. Castelluzzo
Canale Reale
Mesagne
Cerrito
Tuturaro
Torre S. Ge
Mass. Cortemaggiore
Villa Castelli
Lindinus
Mass. Lella
69
Latiano
38
Grottaglie
S 7
Francavilla
Fontana
Tavoliere
70
S. Pietro
Vernotico
Torchiarolo
Oria
di Lecce
S 605
Cellino
S. Marco
Squinzano
S 613
Torre Sta Susanna
S. Donaci
Villa
Baldassarri
Trepuzzi
Carosino
S. Marzano
di S. Giuseppe
S. Cosimo
della Macchia
Erchie
Sant'
Antonio
Campi
Salentina
Monteparano
S 7ter
Fragagnano
Guagnaro
S. Pancrazio

70
26
27
28
83
66
65
67
30
32
35
36
38
F
G
SALERNO
Battipaglia
Eboli
Paestum
Agropoli
Castellabate
Sta Maria di Castellabate
S. Marco
Montecorice
Serramezzana
Ogliastro Marina
Acciaroli
Pollica
Casal Velino
Marina di Casal Velino
Velia
Marina di Ascea
Ascea
Marina di Pisciotta
Pisciotta
Marina di Camerota
Capo Palinuro
Palinuro
Grotta Azzurra
Camerota
Lentiscosa
S. Giovanni a Piro
Licusati
M. Bulgheria
Centola
Caprioli
Foria
S. Nicola
S. Mauro la Bruca
Poderia
Celle di Bulgheria
Acquavena
Torre Orsaia
Roccagloriosa
Montano Antilia
Laurito
Abatemarco
Futani
Cuccaro Vetere
Rofrano
Alfano
M. Centauro
M. Sacro
Novi Velia
Mad^{na} di Novi Velia
S. Biase
Vallo d. Lucania
Ceraso
Castelnuovo Cilento
Sta Barbara
Terradura
Rodio
Cannalonga
Moio d. Civitella
Salento
Omignano Scalo
Omignano
Stella Cil.
Sessa Cil.
S. Mango
Mercato Cil.
Lustra
Acquavella
Casal Velino
Celso
Casal Sottano
Pioppi
S. Mauro Cilento
Perdifumo
Vatolla
M. Licosa
Isola Licosa
P.ta Licosa
P.ta Tresino
M. Tresino
Torchiara
Laureana Cil.
Rutino
Perito
Orria
Gioi
Perdifumo
Prignano Cilento
Cicerale
Ostigliano
Gorga
Stio
Campora
M. Raialunga
M. Cervati
M. Faiatella
Piaggine
Laurino
Sacco
Roscigno-Nuovo
Roscigno-Vecchio
Sella del Corticato
S. Marco
M. Motola
Mad^{na} del M. Vivo
Villa Littorio
Felitto
Monteforte Cilento
Magliano Vetere
Mad^{na} di Costantinopoli
M. Vesole
Giungano
Trentinara
Ogliastro Cil.
Capaccio
Roccadaspide
Castel S. Lorenzo
Bellosguardo
Corleto Monforte
S. Rufo
Sacco
Volparo
M. Soprano
Gromola
Laura
Ponte Barizzo
Albanella
Matinella
Scanno
Persano
Sta Lucia
S. Berniero
S. Bernieri
Serre
Postiglione
Sicignano d. Alburni
Controne
Castelcivita
Grotta di Castelcivita
Ottati
Aquara
Fasanella
S. Angelo a Fasanella
Corleto Monforte
Monti Alburni
M. Alburno
Tempa del Prato
Bosco di Corleto
Madonna del Carmine
S. Arsenio
S. Pietro al Tanagro
Polla
Grotta di Pertosa
Petina
Auletta
Pertosa
Salvitelle
Caggiano
Buccino
Romagnano al Monte
S. Gregorio Magno
Ricigliano
Balvano
S. Gregorio
Castelluccio Cosentino
Zuppino
Scorzo
Serre
Bivio Palomonte
Palomonte
Contursi Terme
Bagni Contursi
Palomonte
Camaldoli
Serradarce
Sta Maria di Loreto
Oliveto Citra
Colliano
Senerchia
Valva
Quaglietta
Acerno
M. Ogna
M. Moio
Montenero
Campagna
Salitto
Olevano sul Tusciano
Rovella
Montecorvino
Giffoni V. Piana
Giffoni S. Cas.
Mercato
Capitignano
Pezzano
Montecorvino Pugliano
Faiano
Fuorni
Pontecagnano
Bellizzi
La Picciola
Spineta Nuova
Cipriano Picentino
S. Mango
Castiglione d. Genovesi
Sieti
Curticelle
Gaiano
M. Raia
Piegolelle
Piem.
Mad^{na} di Costantinopoli
Foce del Sele
Piana del Sele
Calore
Sele
Tanagro
Alento
Torno
Lambro
Mingardo
Punta degli Infr.
Punta degli Infreschi
ERNO

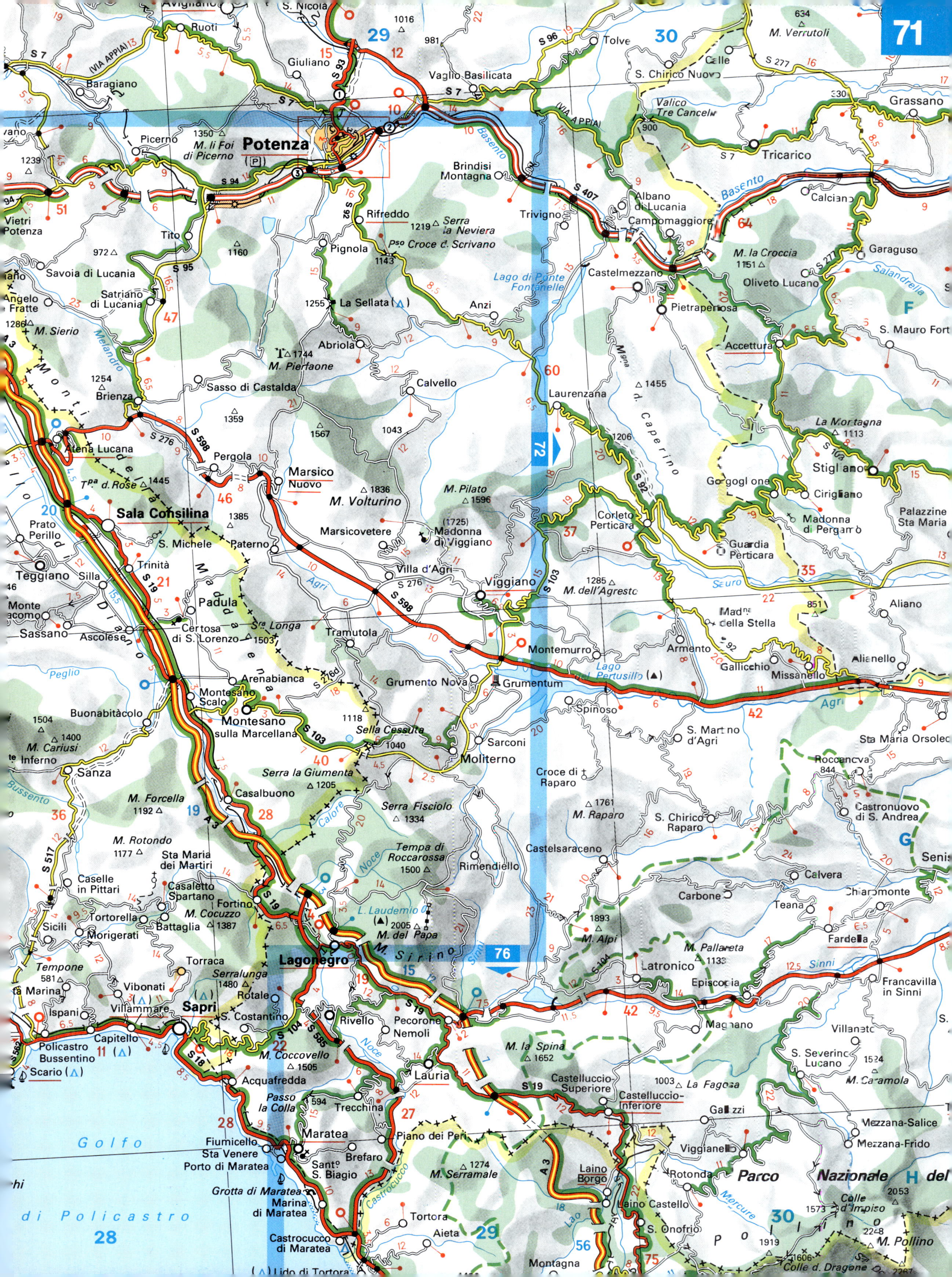
71
29 30
M. Verrutoli 634
Avigliano
S. Nicola
Ruoti
Giuliano
Vaglio Basilicata
Tolve
Celle
S. Chirico Nuovo
Baragiano
Potenza
Picerno
M. li Foi di Picerno
Tito
Brindisi Montagna
Trivigno
Albano di Lucania
Campomaggiore
Grassano
Tricarico
Basento
Valico Tre Cancelli
Calciano
Vietri Potenza
Savoia di Lucania
Satriano di Lucania
Rifreddo
Serra la Neviera
Pso Croce d. Scrivano
Pignola
Castelmezzano
M. la Croccia
Garaguso
Salandrella
Angelo Fratte
M. Sierio
La Sellata
Abriola
M. Pierfaone
Calvello
Anzi
Lago di Ponte Fontanelle
Laurenzana
Pietrapertosa
Accettura
S. Mauro Fort
F
Brienza
Sasso di Castalda
Caperino
La Mortagna
Oliveto Lucano
Atena Lucana
Pergola
Marsico Nuovo
M. Volturino
M. Pilato
Stigliano
Cirigliano
Sala Consilina
S. Michele
Paterno
Marsicovetere
Madonna di Viggiano
Gorgoglione
Madonna di Pergaro
Palazzine Sta Maria
Teggiano
Silla
Trinità
Padula
Villa d'Agri
Viggiano
M. dell'Agresto
Guardia Perticara
35
Monte acomo
Sassano
Ascolese
Certosa di S. Lorenzo
Tramutola
Montemurro
Mad della Stella
Aliano
Peglio
Arenabianca
Grumento Nova
Grumentum
Spinoso
Armento
Gallicchio
Missanello
Alianello
Buonabitacolo
Montesano Scalo
Montesano sulla Marcellana
Sella Cessuta
Sarconi
Moliterno
Lago Pertusillo
Agri
42
M. Cariusi
Inferno
Sanza
Serra la Giumenta
Croce di Raparo
S. Martino d'Agri
Sta Maria Orsoleo
Roccanova
M. Forcella
Casalbuono
Serra Fisciolo
M. Raparo
S. Chirico Raparo
Castronuovo di S. Andrea
M. Rotondo
Sta Maria dei Martiri
Tempa di Roccarossa
Rimendiello
Castelsaraceno
Calvera
G
Senis
Caselle in Pittari
Casaletto Spartano
Fortino
Carbone
Teana
Chiaromonte
Tortorella
Sicili
Morigerati
M. Cocuzzo
Battaglia
L. Laudemio
M. del Papa
M. Alpi
M. Pallareta
Latronico
Fardella
Francavilla in Sinni
Tempone
ta Marina
Ispani
Vibonati
Villammare
Sapri
Torraca
Serralunga
Rotale
S. Costantino
Lagonegro
M. Sirino
Rivello
Pecorone
Nemoli
Episcopia
Magnano
Villanet
S. Severino Lucano
Policastro Bussentino
Scario
Capitello
Acquafredda
M. Coccovello
Noce
Lauria
Castelluccio Superiore
Castelluccio Inferiore
Galizzi
M. Caramola
Mezzana-Salice
Mezzana-Frido
Passo la Colla
Trecchina
Maratea
Piano dei Peri
M. Serramale
Castrocucco
Laino Borgo
Viggianel
Parco Nazionale
H del
Golfo
di Policastro
Fiumicello Sta Venere
Porto di Maratea
Santo S. Biagio
Brefaro
Rotonda
M. Caramola
Colle d'Impiso
M. Pollino
Grotta di Maratea
Marina di Maratea
Tortora
Aieta
Laino Castello
S. Onofrio
Mercure
Parco
Nazionale
M. Pollino
Castrocucco di Maratea
Lido di Tortora
Montagna
Colle d. Dragone

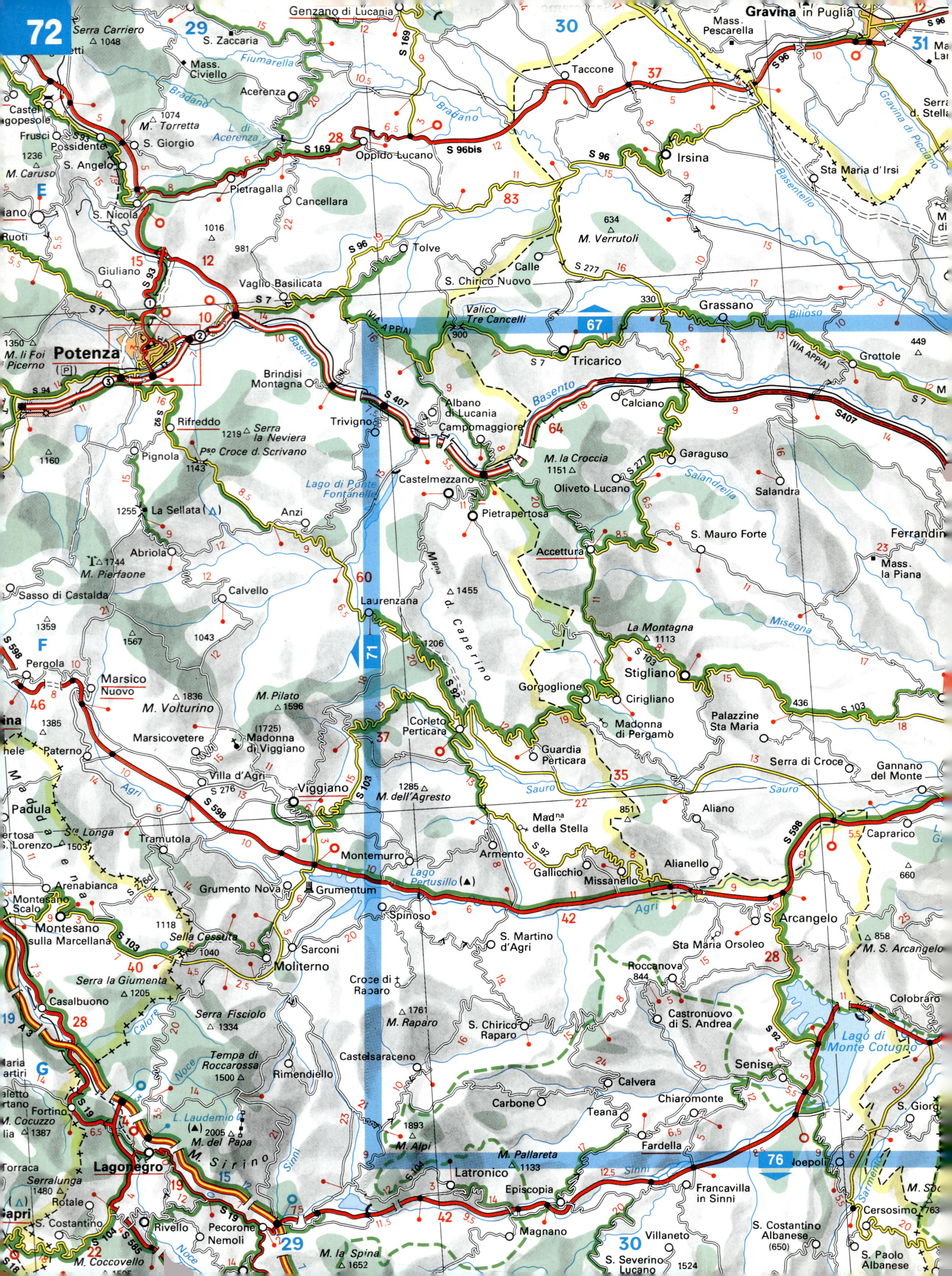

72
Serra Carriero
S. Zaccaria
Mass. Civiello
Genzano di Lucania
Gravina in Puglia
Mass. Pescarella
Acerenza
Taccone
37
Castel gopesole
Frusci
Possidente
M. Torretta
S. Giorgio
S. Angelo
M. Caruso
S. Nicola
Pietragalla
Cancellara
Oppido Lucano
Irsina
Sta Maria d'Irsi
28
83
Giuliano
Vaglio Basilicata
Tolve
M. Verrutoli
S. Chirico Nuovo
Calle
Grassano
Potenza
Picerno
Brindisi Montagna
Valico Tre Cancelli
67
Tricarico
Grottole
Rifreddo
Serra la Neviera
Pso Croce d. Scrivano
Trivigno
Albano di Lucania
Campomaggiore
Calciano
64
Garaguso
Salandra
Pignola
La Sellata
Anzi
Castelmezzano
M. la Croccia
Oliveto Lucano
S. Mauro Forte
Ferrandin
Abriola
M. Pierfaone
Calvello
Pietrapertosa
Accettura
Mass. la Piana
Sasso di Castalda
Laurenzana
La Montagna
Misegna
Pergola
71
Stigliano
Marsico Nuovo
M. Volturino
Gorgoglione
Cirigliano
Palazzine Sta Maria
46
Marsicovetere
Madonna di Viggiano
Corleto Perticara
Madonna di Pergamo
37
35
Serra di Croce
Gannano del Monte
Paterno
Villa d'Agri
Viggiano
M. dell'Agresto
Guardia Perticara
Padula
Sauro
Sauro
Tramutola
Mad.na della Stella
Aliano
Caprarico
Montemurro
Armento
Alianello
Arenabianca
Grumento Nova
Grumentum
Lago Pertusillo
Gallicchio
Missanello
S. Arcangelo
Montesano Scalo
Spinoso
42
Agri
Montesano sulla Marcellana
Sella Cessuta
Sarconi
S. Martino d'Agri
Sta Maria Orsoleo
M. S. Arcangelo
Moliterno
Roccanova
28
Serra la Giumenta
Croce di Raparo
Castronuovo di S. Andrea
Colobraro
Casalbuono
40
Serra Fisciolo
M. Raparo
S. Chirico Raparo
Senise
Lago di Monte Cotugno
19
28
Tempa di Roccarossa
Rimendiello
Castelsaraceno
Calvera
Chiaromonte
S. Giorg
Carbone
Teana
Fortino
M. Cocuzzo
M. del Papa
M. Alpi
M. Pallareta
Fardella
76
Lagonegro
M. Sirino
Latronico
Sinni
Francavilla in Sinni
Serralunga
Episcopia
Magnano
S. Costantino Albanese
Cersosimo
Rotale
Rivello
Pecorone Nemoli
29
M. la Spina
42
Villaneto
30
S. Severino Lucano
S. Paolo Albanese
M. Coccovello
Noce

73
Santeramo in Colle
S 171
S 604
Madonna c. Scala
S 604
E
Casal Sabini
Casino Eramo a Marzagaglia
66
Mass. Morea
Mass. Zippo
Mass. Stasulli
Mass. Iesce
Mass. Sava
Mass. Di Santo
Lebbrosario
S 100
Pizzoferro Monsignore
M. Angi Ili
Mass. Piscinella
Venusio
Masseria Viglione
S. Basilio
Mass. Pandoro
Mass Mcnaci
Mass. Piovacqu
Matera
Masseria Torre Spagnola
Mass. Cangiulli
Mass. Tafuri
Mad.na d. Carmine
S. Francesco
M. Orsetti
M. S. Elia
Mass. Pizziferro
Mass Piccoli
Chiese rupestri di
S 7
Mass. Del Vecchio
Castellaneta
Mottola
Villaggio di Petruscio
Sant.o d. Mad.na d. Scala
Crispiano
La Martella
Laterza
Palagianello
A 14
Massafra
Timmari
Mass. Parco dei Monaci
S 580
Masseria S. Domenico
S 7
Palagiano
Statte
Ginosa
Gravina di Laterza
Masseria Conca d'Oro
S 106
Chiatona
Lido Azzurro
F
Montescaglioso
Sta Maria d'Atoli
Masseria Follerato
Mass. d'Anela
Bradano
S 380
Mass. Magliati
Case Perrone
TARANTO
I. S. Pietro
Mare Grande
Pomarico
Bosco il Pineto
Isole Cheradi
I. S. Paolo
Praia a Mare
Mass. d. Palme
Castellaneta Marina
Capo S. Vito
Lido Bruno
Masseria Serra Marina
Riva dei Tessali
Tavole Palatine
Ginosa Marina
S 106
Pisticci Scalo
Bernalda
Metapontum Metaponto
Pisticci
S 407
Lido di Metaponto
Peschiera
Marconia
Tinchi
Lido Quarantotto
Basento
Andriace
Marina di Pisticci
Montalbano Ionico
S 103
S 598
Recoleta
Lido di Scanzano
Sta Maria d'Anglona
Agri
Scanzano Ionico
Tursi
Eraclea
S 653
Policoro
Lido di Policoro
Sinni
S 104
Valsinni
Rotondella
M. Coppolo
Nova Siri
Nova Siri Stazione
S.ra Maggiore
Rocca Imperiale
Rocca Imperiale Marina
Nocara
Canna
M. Soprano
S 106
77
Montegiordano
Montegiordano Marina
M. Rotondella
G

74
33
35
34
S. Giacomo
Mass. Pizziferro
Crispiano
S. Simone
Mass. Orimiri
Mass. del Duca
Mass. Castelluzzo
Canale Reale
Sant° d. Mad^na d. Scala
Massafra
33
30
Mass. Cortemaggiore
Villa Castelli
35
Latiano
Palagiano
Statte
14
S 7
S 172
Mass. Lella
Montemesola
Grottaglie
69
Francavilla
10
17
16
S 106
Montemesola
S 7
Fontana
Tavoli
Chiatona
Lido Azzurro
Quartiere Paolo VI
Oria
di Lec
8,5
TARANTO
(P)
Mare Piccolo
Monteiasi
Mass. Caprarica
Mass. Laurito
Torre Sta Susa
S. Cosimo della Macchia
Erchie
I. S. Pietro
Isole Cheradi
Mare Grande
S. Giorgio Ionico
Carosino
S. Marzano di S. Giuseppe
1995
Mass. S. Paolo
Monteparano
Fragagnano
69
S 7ter
F
I. S. Paolo
68
Roccaforzata
36
Sava
Manduria
Praia a Mare
S. Donato
Faggiano
7,5
Uggiano Montefusco
Capo S. Vito
Lido Bruno
La Lama
Talsano
S. Crispieri
Lizzano
S 174
Avetrana
Lido Gandoli
Leporano
Pulsano
Torricella
M. Bagnolo 124
Marina di Pulsano
Lido Silvana
Torretta
Monacizzo
Maruggio
Avetrana
Le Conche
Librari
S. Pietro in Bevagna
Torre Colimena
P.ta Pro
Torre dell'Ovo
Campomarino
73
G
G O L F O
D I   T A R A N T O
H
77
33
34

Mesagne
Mass. Palmarini
Cerrito
Tuturano
Lido Cerano
Torre S. Gennaro
Lindinuso
Casalabate
T.re Rinalda
T.re Chianca
Frigole
S. Cataldo
36
37
S. Pietro Vernotico
Torchiarolo
Cellino S. Marco
Abb.a Sta Maria di Cerrate
Case Simini
Squinzano
Villa Baldassarri
Trepuzzi
Campi Salentina
Surbo
Borgo Piave
S. Donaci
Guagnano
Lecce
12
S. 543
S. Cataldo
S. Pancrazio Salentino
50
Novoli
Carmiano
Arnesano
Acaia
Vanze
Torre Specchia
Salice Salentino
Merine
Cavallino
Pisignano
Struda
Acquarica di Lecce
S. Foca
Roca Vecchia
Mass. Monteruga
Masseria Marchioni
Veglie (49)
Monteroni di Lecce
Lequile
Lizzanello
Vernole
Torre dell'Orso
S. Pietro in Lama
S. Cesario di Lecce
45
Boncore
Leverano
S. Donato di L.
Caprarica di L.
Castri di L.
Borgagne
Melendugno
33
S. Andrea
Mass. Salmenta
Galugnano
Calimera
Frassanito
Torre Lapillo
Porto Cesareo
S. 174
Mass. Scianne
Copertino (34)
25
Collemeto
Sternatia
Martignano
Martano
Carpignano Salentino
Alimini Grande
(Corfu) Kérkira Igoumenitsa
S. Isidoro
Villaggio Resta
29
Zollino
Alimini Piccolo
Nardò
Galatina
Soleto
Castrignano de' Greci
Canrole
Otranto
Cenate
Galatone
Voha
Corigliano d'Otranto
Melpignano
Cursi
Bagnolo del Salento
16
Giurdignano
Capo d'Otranto (82)
Sta Caterina
Aradeo
Sogliano Cavour
Maglie
Palmariggi
S. 16
Uggiano la Chiesa
Sta Maria al Bagno
S. 497
Cutrofiano
Muro Leccese
Minervino di Lecce
Porto Badisco
Lido d. Conchiglie
14
Neviano
Scorrano
S. 459
Giuggianello
Cocumola
Rivabella
Sannicola
Collepasso
32
Sanarica
Botrugno
Poggiardo
Sta Cesarea Terme
Gallipoli
Tuglie
Alezio
Parabita
195
Nociglia
Surano
Ortelle
Castro
Romanelli Zirzulusa
I. S. Andrea
Baia Verde
Matino
Supersano
Sponrano
Diso
Castro Marina
Torre del Pizzo
Casarano
Ruffano
39
Montesano Salentino
Castiglione
Andrano
Marina di Andrano
Taviano
Melissano
S. 475
51
Marina di Mancaversa
Racale
Taurisano
Miggiano
Lucugnano
Porto Tricase
Torre Suda
Alliste
46
Specchia
Tricase
Marina Serra
Ugento
Acquarica del Capo
Tiggiano
Capilungo
Gemini
Fresicce
Alessano
Corsano
Marina di Posto Rossi
Montesardo
Marina di Novaglie
50
Salve
Morciano di Leuca
Marina di Torre S. Giovanni
Patù
Gagliano de Capo
Torre Mozza
Castrignano del C.
Lido Marini
Torre Vado
Torre Pali
Marina di Pescoluse
S. Gregorio
Marina di Leuca
Sant.o di Sta Maria di Leuca
Pta Ristola
Capo Sta Maria di Leuca (60)
35
36
37
F
G
H

M. Soprano
713
Montegiordano
Montegiordano Marina
M. Rotondella
666
48
Roseto
Capo Spulico
d. Foresta
Amendolara
803
Albidona
Marina Roseto
Capo Spulico
Capo Spulico
S 106
Marina di
Amendolara
774
Saraceno
Trebisacce
lapiana
32
33
73
74
H
Villapiana Lido
Villapiana Scalo
Sybaris Marine
Sybaris
Crati
S 106
Thurio
29
Cantinella
Torricella
Marina
Schiavonea
o Frasso
S 106
Lido S. Angelo
Capo Trionto
Corigliano
Cal. Stazione
S 106 r.
Mirto Crosia
12
S 106
S 106
Rossano
Stazione
Amica
Foresta
scarizzo Alb.
Corigliano
Calabro
Rossano
8
15
Crosia
S. Giorgio
Albanese
Sant°
Sta Maria
del Patire
Calopezzati
S 531
St. di Pietrapaola
Piana Caruso
1183
S 448
20
S 106
St. di Mandatoriccio-Campana
d'Acri
S 106
Paludi
Cropalati
Cariati Marina
P.ta Fiume Nicà
23
Caloveto
962
Cariati
S 383
S. Giacomo d'Acri
1310
S.ta Castagna
Pietrapaola
S. Morello
624
Destro
S 108 ter
Terravecchia
Crucoli Torretta
M. Paleparto
1481
S 177
Mandatoriccio
Scala Coeli
M. Serino
948
Longobucco
Crucoli
P.ta Ali
Trionto
59
M. Altare 1651
S 660
Campana
Cappella
Mass.
Cosentino
1298
Mucone
S 282
Bocchigliero
Nica
M. Lelo
529
Cirò
Cirò Mari
M. Sordillo
1601
77
938
127
Umbriatico
S. Anastasia
Lipuda
54
S 108
Nazionale
M. Pettinascura
della Calabria
170
Mezzocampo
1001
654
M. Suvaro
631
79
32
Pino
Grande
Savelli
Verzino
Carfizzi
Melissa
Torre Melissa
astello Sil.
Germano
S 492
Pallagorio
S. Nicola
dell'Alto
11
Croce di Magara
L. di Arvo
cina
1730
Monte
Donato
Silvana
ansio
Palla Palla
S 108 ter
645
Castelsilano
20
Vitravo
Le Murge
404
Zinga
Casabona
Strongoli
33

78
29
Paola
Marina di Paola
S 107
S 107
Gesuiti
S. Fili
Camigliatello Sil.
Croce di Magara
S. Pietro
in Guarano
31
Moccone
Monte Botte Donato
1928
Silvana Mansio
S. Lucido
76
Marano Marchesato
Rende
Castrolibero
Rovito
S 107
Spezzano d. Sila
Crocetta
(979)
Marano Principato
Cosenza
Trenta
Spezzano Picc.
Baracchella
Cerisano
Casole Bruzio
Pedace
Pietrafitta
Aprigliano
Falconara Albanese
Mendicino
Carolei
Dipignano
Figline Vegliaturo
Abb. di Sta Domenica
Fiumefreddo Bruzio
Domanico
Paterno Calabro
Mangone
Rogliano
Colle d'Ascione
Poverella
Longobardi Marina
M. Cocuzzo
Longobardi
Potame
Belsito
Marzi
Parenti
Savuto
Marina di Belmonte
Lago
Belmonte Calabro
Malito
Carpanzano
Bocca di Piazza
Terrati
Grimaldi
Attilia
Agrifoglio
Colosimi
C. Bastarda
Serbat. del Passante
Amantea
S. Pietro in Amantea
Aiello Calabro
Scigliano
Gorati
Serradipiro
Bianchi
Serra d'Aiello
Cleto
Pedivigliano
Soveria Mannelli
Campora S. Giovanni
Savuto
Martirano
Motta Sta Lucia
Adami
Panettieri
Carlopoli
Martirano Lombardo
Conflenti
Decollatura
Castagna
S. Mango d'Aquino
M. Reventino
Cerrisi
Cicala
Nocera Terinese
S. Mazzeo
Pso di Acquabona
Serrastretta
Falerna
M. Mancuso
Platania
S. Pietro Apostolo
Angoli
Falerna Marina
Gizzeria
Terme Caronte
Nicastro
Zangarona
Miglierina
Tiriolo
Castiglione Marittimo
Sambiase
Feroleto Antico
Pianopoli
Amato
Marcellinara
Capo Suvero
S. Eufemia Vetere
Lamezia Terme
Gizzeria Lido
S 280 - E 848
Vena
Caraffa di Catanzaro
S. Eufemia Lamezia
S. Pietro a Maida Scalo
Maida Marina
Maida
Iacurso
Cortale
Golfo
S. Pietro a Maida
Girifalco
di S. Eufemia
Acconia
Curinga
Montesoro
M. Contessa
Amaroni
Vallefiorita
Squillace
I. Stromboli
Filadelfia
Francavilla Angitola
Amaroni
Palermiti
Lago dell'Angitola
Polia
Serralta di S. Vito
Centrache
Gasperina
Pizzo
Cenadi
Olivadi
Montepaone
Briatico
Vibo Valentia
Marina
Monterosso Calabro
Capistrano
Petrizzi
Pta di Zambrone
Maierato
Chiaravalle Centrale
Argusto
Gagliato
Marina di Zambrone
S 522
Vibo Valentia
S. Onofrio
Filogaso
Torre di Ruggiero
Zambrone
Pannaconi
S. Nicola da Crissa
Davoli
Tropea
S. Cono
Stefanaconi
Piscopio
Vallelonga
Cardinale
S. Sostene
Sta Domenica
Parghelia
Vena
S. Gregorio d'Ippona
Vazzano
Ancinale
Satriano
Zaccanopoli
Drapia
Zungri
Cessaniti
S. Costantino Calabro
Pizzoni
Simbario
M. Tremeterra
Caria
80
Mesiano
Filandari
Francica
Soriano Calabro
Spadola
Brognaturo
Lago di Lacina
C. Vaticano
S. Nicolò
Spilinga
Pernocari
Mileto
S. Angelo
C. Morone
Serra S. Bruno
M. S. Nicola
Ricadi
M. Poro
Rombiolo
Paravati
S. Giovanni
Gerocarne
Sorianello
Pso Croce di Panaro
Joppolo
Comerconi
S. Calogero
Limbadi
Dasà
Arena
Sta Maria
Acquaro
Mesima

79
33
Torre Melissa
Melissa
Carfizzi
Verzino
Savelli
Pino Grande
Germano
S. Nicola dell'Alto
Pallagorio
Strongoli
Le Murgie
404
Zinga
Casabona
Castelsilano
32
77
20
S 492
Marina di Strongoli
Cerenzia
S. Giovanni in Fiore
Arvo
Cagno
Infantino
645
Bagni di Repole
Belvedere di Spinello
Fasana
Caccuri
528
189
Bucchi
Croce di Agnara
137
Rocca di Neto
Trepidò Sott.
STA Rania
S 107
Sop.
Altilia
Neto
29
S 107
Gabella Grande
J
1745
Cotronei
Sta Severina
44
Parco Nazionale
Roccabernarda
22
Scandale
S 107b
della
M-Gariglione
1765
Pagliarelle
S 109
21
S. Mauro Marchesato
260
Crotone
Calabria
1665
Petilia Policastro
Foresta
S 109 ter
Papanice
S 106
Santa Hera Lacinia
Tirivolo
1723
M. Femminamorta
S 109
Mesoraca
33
159
Cutro
Capo Colonna
Villaggio Racise
Buturo
1240
Arietta
S. Anna
Salica
1402
Petrona
Marcedusa
Termine Grosso
Rosito
Vermica
Taverna
Albi
Cerva
Belcastro
Vil. Turistico
Magisano
70
S 109
Andali
Capo Cimiti
S. Giovanni
Sersale
S. Leonardo di Cutro
Isola di Capo Rizzuto
Fossato Serralta
Zagarise
S 180
Campolongo
31
Pentone
Cropani
S 109
Capo Rizzuto
S. Elia
Steccato
Le Castella
Crichi
Soveria Simeri
14
Simeri
Botricello
Capo Rizzuto
Pontegrande
Calabricata
Capo Rizzuto
Catanzaro
S 106
Cropani Marina
Sellia Marina
33
La Petrizia
Sta Maria
Le Croci
12
S 19bis
Belladona
S 19
Catanzaro Lido
Roccella
Corace
Copanello
Staletti
P.ta di Staletti
20
Montepaone Lido
GOLFO
Soverato
Marina di Davoli
DI SQUILLACE
S. Andrea Apostolo d. Ionio
81
S. Andrea Apostolo d. Ionio Marina
Isca Marina
K
L
Badalato Marina
Badolato
28
31
32
33
Sta Caterina d. Ionio
Sta Caterina d. Ionio Marina

80
28
29
30
L
Capo Vaticano (124)
S. Nicolò
Caria
608
Mesiano
Calabro
Francica
Spilinga
M. Poro 710
Pernocari
Filandari
Mileto
S. Angelo
Ricadi
Coccorino
Rombiolo
Paravati
S. Giovanni
Geroca
Comerconi
Joppolo
S. Calogero
Limbadi
Dasa
78
Nicotera
Calimera
23
Mesima
S. Pietro di Ca
Nicotera Marina
Dinami
Gioia del Tirreno
67
Serrata
Candidoni
GOLFO
S. Ferdinando
Rosarno
Laureana di Borrello
4
Plaesano
Feroleto d.
Chiesa
Galatro
S 18
Metramo
S 281
S 536
Marina di Gioia Tauro
Anoia
Giffone
DI GIOIA
Drosi
Melicucco
Maropati
Cinquefrondi
Gioia Tauro
Rizziconi
Polistena
37
S 111
Macchia
Lagana
S. Giorgio
Morgeto
Taureana
Cirello
Amato
Trappeto
Bambino
Cittanova
Palmi
Capo Barbi
Marina di Palmi
Taurianova
M. S. Elia
579
Seminara
Terranova
Pso di Mercante 952
Viola
Castellace
Varapodio
Sappo Minulio
Zomaro
39
18
S. Anna
Molochio
Ceramida
Melicuccà
Messignadi
948
Pso di Cancelo
Pellegrina
35
S. Procopio
Calabretto
Oppido Mamertina
Piminoro
Antonimina
Bagnara Calabra
Cosoleto
Ciminà
Costa
Favazzina
38
S 18
S. Eufemia d'Aspr.
Sinopoli
S 112
Scilla
Solano
Scido
Delianuova
Sta Cristina d'Aspr.
Plati
S. Ilario d
Melia
1057
Cirella
S. Roberto
Piani di Carmelia
Sanatorio
S. Nicola
Careri
30
Campo Calabro
Cippo Garibaldi (1204)
1572
M. Scorda
Villa
Rosali
S 670
22
Natile Nuovo
Bovalino Sup.
S. Giovanni
Calanna
S. Alessio in Aspr.
Gambarie
1660
Santuario di Polsi
1955
S. Luca
Concessa
S 184
Sto Stefano in Aspr.
Casignana
Catona
1056
Montalto (M.Cocuzza)
Parco Nazionale della Calabria
1426
M. Antenna
MESSINA
Orti
Arasi
1408
Sella Entrata
S. Agata del Bianco
Tremestieri
Terreti
Vinco
Caraffa del Bianco
REGGIO DI CALABRIA
Mosorrofa
Samo
Cataforio
Cardeto
P. d'Ato 1379
Casalnuovo
Africo
Cardeto Sud
Scrisà
Ferruzzano
S. Gregorio
Armo
Oliveto
M. Embrisi 1051
49
Roghudi
Moticella
Bruzzano Zeffirio
S. Leo
Bagaladi
Roccaforte del Greco
Staiti
Pellaro
1043
M. Cerasia 1013
53
Punta di Pellaro
Fossato Ionico
S. Lorenzo
Codonfuri
Bova
Pietrapennata
Bocale
Motta S. Giovanni
Chorio
S. Pantaleone
Amendolea
Razzà
Brancale
Lazzaro
Montebello Ionico
Molaro
S. Carlo
Pallizi
Iermanata
25
Pentedattilo
Prunella
Bova Marina
Galati
Capo Spartive
Capo dell' Armi
Saline Ioniche
S 106
Condofuri Marina
Pallizi Marina
Stracia
Spropolo
89
S. Elia
E 90
Marina di S. Lorenzo
Melito di Porto Salvo
Costa
28
29

81
Pizzoni
Simbario
Spadola
Brognaturo
Soriano Calabro
C. Morone
962
Serra S. Bruno
S 182
Sorianello
M. S. Nicola
1260
Sta Maria
1210
Pso Croce
di Panaro
Arena
Acquaro
M. Pecoraro
1423
Guardavalle
C. Bellardina
1130
Mongiana
Ferdinandea
1335
Pso di Pietra Spada
Bivongi
Pazzano
Stilo
M. Crocco
1276
Fabrizia
Bivio
Guardavalle
Monasterace
Prateria
Nardodipace
Sto Todaro
Camini
(300)
Nardodipace
Vecchio
Pso Croce Ferrata
1110
857
Riace
1143
M. Seduto
M. Granieri
Ursini
Stignano
S. Nicola
Placanica
Allaro
Popelli
Caulonia
Piano della Limina
Strano
Focà
M. Limina
888
Grotteria
Mammola
S. Giovanni
Prisdarella
Martone
Marina di Caulonia
Torbido
Gioiosa Ionica
Chiusa
Giardini
di Gioiosa
Roccella Ionica
Canolo
Ferraro
Agnana
Calabra
Siderno
Sup.
Marina di Gioiosa Ionica
Pso di Ropola
465
Gerace
Siderno
Bagni
Minerali
Locri
Portigliola
Locri Epizefiri
ello Ionio
Marina di S. Ilario
Ardore
estare
Ardore Marina
Bovalino Marina
Bianco
S. Anna
Capo Bruzzano
one Marina
mini
nto
Isca s. Ionio
d. Ionio Marina
Isca Marina
Lago di Lacina
Badolato Marina
Badolato
Sta Caterina
d. Ionio
Sta Caterina d. Ionio Marina
Marina di S. Antonio
Vinciarello
Caulonia
Punta Stilo
Monasterace Marina
Riace Marina
M A R E   I O N I O
L
M
N
27
28
31
32
30
31
32
79
51
27
S 106
S 110
S 501

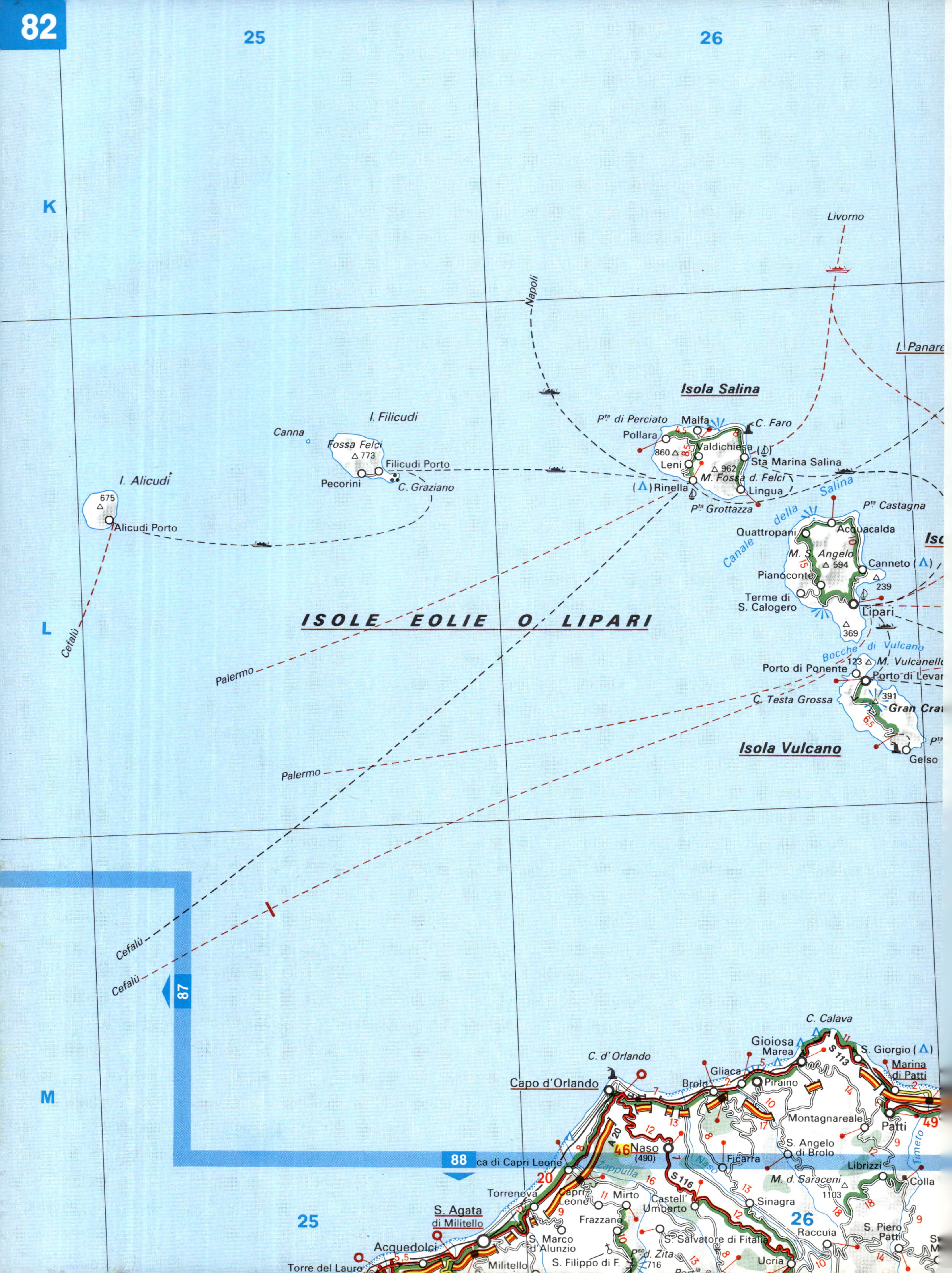

82
25
26
K
Livorno
Napoli
I. Panare
Isola Salina
P.ta di Perciato
Malfa
C. Faro
Pollara
Valdichiesa
Canna
I. Filicudi
860
Leni
Sta Marina Salina
Fossa Felci
773
962
Filicudi Porto
M. Fossa d. Felci
I. Alicudi
Pecorini
C. Graziano
Rinella
Lingua
675
P.ta Grottazza
della
P.ta Castagna
Alicudi Porto
Quattropani
Acquacalda
Canale
Iso
M. S. Angelo
594
Canneto
Salina
ISOLE EOLIE O' LIPARI
Pianoconte
239
Terme di
S. Calogero
Lipari
Cefalù
369
Palermo
Bocche di Vulcano
123
M. Vulcanello
Porto di Ponente
Porto di Levan
C. Testa Grossa
391
Palermo
Gran Cra
Isola Vulcano
Gelso
Cefalù
Cefalù
87
C. Calava
Gioiosa
S. Giorgio
Marea
S 113
Marina
di Patti
C. d'Orlando
Gliaca
Piraino
Brolo
Capo d'Orlando
Montagnareale
Patti
49
A 20
Naso
(490)
S. Angelo
di Brolo
88
ca di Capri Leone
Ficarra
Librizzi
20
Zappulla
S 116
Sinagra
M. d. Saraceni
Colla
Torrenova
Capri
1103
Mirto
Castell'
S. Piero
Leone
Umberto
Raccuia
Patti
25
Frazzano
S. Salvatore di Fitalia
Ucria
26
S. Agata
di Militello
S. Marco
Acquedolci
d'Alunzio
Militello
S. Filippo di F.
Zita
Torre del Lauro
716

83
27
28
29
K
L
M
Napoli
S. Bartolo
I. Strombolicchio
Sciara del Fuoco
S. Vincenzo
924
i Vancori
Ginostra
P.ta Lena
Isola Stromboli
Reggio di Calabria
I. Basiluzzo
I. Lisca Bianca
420
S. Pietro
P.ta Milazzese
Isola Lipari
Messina
Reggio di Calabria
Bandiera
80
I. Stromboli
I. Vulcano
Lipari
C. Rasocolmo
Sparta
S. Saba
S 113d
Massa
S. Giorgio
Mortelle
C. Peloro
Favazzina
Rodia
Castanea
d. Fur e
Faro Sup.
Torre Faro
Scilla
Golfo di Milazzo
M. Ciccia
609
Ganzirri
Canitello
ticello
S. T ada
S. Rober
C. di Milazzo
Divieto
A 20
Pace
Villa
S. Giovanni
Campo
Calabro
S. Rob
Croce al Promontorio
Villafranca Tirrena
S 113
Gesso
511
S 67
Tono
Spadafora
38
Concessa
Rosali
Calanna
Milazzo
Scala
29
Valdina
Venetico
Saponara
Catona
Gallico
S 184
Fossazzo
14
Roccavaldina
5
2
Gallico
Marina
Sta Maria delle Grazie
Torregrotta
Rometta
600
MESSINA
Archi
Orti
Arasi
Pace d. Mela
Cond o
Antennamare
P
Catona
Olivarella
S. Filippo
1127
A 18
Caldera
Meri
d. Mela
Monforte
S. Giorgio
S. Pier
Niceto
Larderia
Tremestieri
REGGIO
DI CALABRIA
Terreti
Vinco
C. Tindari
Castroreale
Terme
Sicamino
Pellegrino
Mili S. Pietro
P
Mosorr
Tyndaris
Barcellona
Pozzo di Gotto
Sta Lucia
del Mela
Sto Stefano
di Briga
Galati Marina
Cataforio
S. Ag
Oliveri
S. Biagio
215
Pezzolo
Armo
Falcone
La Gala
Altolia
S 114
Ravagrese
575
74
Terme Vigliatore
Rodi
394
89
P.zo d. Moda
1015
Giampilieri
S. Gregorio
Moreri
Furnari
Castroreale
M. Poverello
1279
Itala
S. Leo
Oliveto
Mazzara
S. Andrea
Milici
Bafia
488
1214
Scaletta Zanclea
P.ta di Pellaro
Basicò
1180
27
1246
M. Fossazza
950
Itala Marina
S. Giovanni
Braidi
1066
Ali
28
Sta Barbara
Tripi
S. Marco
Fiumedinisi
60
Golfo di Patti
Golfo di Milazzo
Stretto di Messina
Fantina
Mela
Fiumpotena
Elicona

84

21
K
Secca Colombara
Scº d. Medico
Secca Apollo
Pta d. Spalmatore
C. Falconiera
238
Ustica
Pta dell' Arpa
Palermo
I. di Ustica
M

ISOLE

Cagliari

I. Asinelli
Tonnara
Pizzolungo
Lido di S. Giuliano
Eri
Trapani
C. Grosso
I. Levanzo
I. Colombata
Saline
Grotta del Genovese
278
I. Maraone
I. Formica
Levanzo
Xitta
Nubia
Pta Mugnone
Pta Troia
Cast.
686
M. Falcone
Pietretagli
Palma
Marettimo
Marausa
Pta Libeccio
EGADI
Pta Faraglione
Lido Marausa
Pta Bassana
Pta Sottile
7,5
BIRGI
I. Marettimo
M. Sta Caterina
314
Favignana
Birgi Novo
Saline
5
Birgi Vecchi
19
31
I. Favignana
42
O
Rilievo

Pta Marsala
I. Grande
Isole d.
Stagnone
I. S. Pantaleo
Mozia
Granatello
Ss. Filippo e Giacomo
Madc
d. Ca

Pta d' Alga
Abaccaro
Paolini
Nuccio
Matar
Tunis
C. Lilibeo o Boeo
I. di Pantelleria
Marsala
Digerbato
Ponte
Sto Padre d. P
Lido Mediterraneo
Lido Delfino
Lido Signorino
Terrenove
Strasatti
S 115
Pta Parrino
Petrosino
Pizzolato

N
Q
O

Trapani
Pantelleria
8,5
Cala Cinque Denti
Pta Spadillo
Cuddie Rosse
56
Bagno dell'Acqua
Gadir
Sesi
289
Pta Tracino
Pta Fram
S. Vito
Khamma
Tracino
Sataria
Mª Grande
836
M. Gibele
Siba
700
Pta d. Tre Pietre
10,5
20
Scauri
560
Nica
Pto Dietro Isola
Balata dei Turchi
I. di Pantelleria

C. Feto
Mazara del

17
18
18
19

85
20
21
Capo S. Vito
P.ta di Solanto
(Δ) S. Vito lo Capo
532 Δ
M. Monaco
P.ta Tannure
Torre dell'Impiso
Golfo del Cofano
Macari
P.ta del Saraceno
M. Cofano
659
Castelluzzo
Custonaci
Purgatorio
M. Speziale
913 Δ
Scopello
C. Puntazza
G. di Bonagia
Bonagia (Δ)
S. Andrea Bonagia
Sperone-Assieni
Crocevie
Baglio Messina
Balata di Baida
P.ta Calabianca
Castellammare del Golfo (Δ)
Alcamo Marina
(751)
Valderice
Chiesa Nuova
S 187
M. Sparagio
P.zo d. Niviere
1042 Δ
Crocci
S 113
Battaglia
S 187
Castello Inici
Napola
Tangi
Buseto Palizzolo
642 Δ
M. Scorace
855
ceco
Dattilo
Ballata
Bruca
436 Δ
Fulgatore
Ummari
Segesta
S 113
Mendola
Baglionuovo
L. Rubino
M.gna Grande
751
Calatafimi
(338)
Bordino
Cuddia
230 Δ
Borgo Fazio
713
M. Polizzo
M. Baronia
630 Δ
Vita
Gallitello
22
M. Sette Soldi
543 Δ
A 29
Salemi
(410)
Posillesi
Borgo Rinazzo
Ulmi
S. Ciro
Gibellina
(250)
Ruderi di Gibellina
S 188
Calamita Vecchia
S 188
44
M. del Coco
317 Δ
63
S.ta Ninfa
Ruderi di Salaparuta
8,5
Poggioreale
Salaparuta
Mad.na d. Libera
212
(414)
Partanna
41
L. d. Trinità
T.re Grimesi
SS. Trinità di Delia
11
17
13
90
Montevago
S.ta Margherita di Belice
Borgata Costiera
(190) Castelvetrano
3
M. Magaggiaro
399
Port.a Misilbesi
22
A 29
S 115
Campobello di Mazara
S 115
Cave di Cusa
Selinunte
Menfi
(119)
L. di Preola
Modione
Triscina
Marinella
Porto Palo
Torretta-Granitola
Tre Fontane
Bivio S. Bartolo
Kartibubbo
P.ta Granitola
327 Δ
76 Δ
C. S. Marco
Sciacca
(60)
S. Giorgio
19
20
Punta Raisi
(Δ) Isola d. Femmine
Golfo di Carini
I. d. Femmine
Δ 561
PUNTA RAISI
30
Sferracavallo
Partan
Cinisi
44
S 113
Tommaso Natale
Capaci
(35) Terrasini
Villagrazia di Carini
Δ 890
M. Castellaccio
C. Rama
Carini (181)
Port.a Torretta
M
Mad.na del Furi
Torretta
Golfo di Castellammare
964 Δ
Δ 1050
P.zo Montanello
Boccadifalco
Zoo Fattoria
34
S. Martino d. Scala
Monreale (301)
766 Δ
Lo Zucco
Montelepre
Castellacc
Trappeto
Giard nello
Aquino
Balestrate
Borgetto
29
M. Gibilmesi
S 186
S 187
Partinico (175)
Pioppo
Δ 1152
Sant d. Rosmi
Altof
1194 Δ
Giacolone
S 624
lato
63
M. Gradara
P.to d.
P.zo Mirabella
1078
S 113
1165 Δ
Paglia
15
M. d. Fiera
971
S. Giuseppe Iato
1333
Piana d
L. Poma
855
Port.a Cinestra
La Pizzuta
Alcamo (256)
S. Cipirello
Grisi
825 Δ
M. Ferricini
601 Δ
477 Δ
18
M. Bonifato
Mad.na dell'Alto
16
86
S 119
M. Pietroso
531 Δ
S. Loe
Sant.o del Rosari
672 Δ
53
M. Castellaccio di Frattacchia
317 Δ
Camporeale
Borgo Schirò
47
S.re del Parrino
326 Δ
S 624
574 Δ
M. Galiello
355
Port.a di Poira
24
11
75
Belice Destro
Roccamena
N
24
Corleone
(542)
M. Giammaria
560 Δ
Ruderi di Poggioreale
683 Δ
Port.a di
644 Δ
P.zo di Gallo
S 188c
Borgo Foccella
Campofiori
20
Carr ba Nuova
6,5
22
P.zo
14
Contessa Entellina
M. Triona
1215
S 188
M. Genuardo
S.ta Maria del Bosco
Bisaquino
Δ 1180
L. di
17
La a Lunga
644
Giuliana
Chiusa
(658)
M. Ac anone
S 188
33
40
Δ 950
Sambuca di Sicilia
295
S. Biagio
S. Carlo
8
17
L. Arancio
P.zo Telegrafo
Δ 950
S 624
M. Cirami
516 Δ
Caltabellotta
(949)
Bur
14
R.ca Ficuzza
901 Δ
Lucca Sicula
O
S. Anna
Favara
S 386
386 Δ
Monte Kronio
S. Calogero
Cast.
Verdura
Ribera
(233)
16
S 115
21

86
21
22
Livorno
Napoli
Genova
I. di Ustica
Cagliari
Capo Gallo
I. d. Femmine
Punta Raisi
(Δ) Isola d. Femmine
Golfo di Carini
Sferracavallo
Mondello
P.ta di Priola
Golfo di
Partanna
Tommaso Natale
M. Pellegrino
Palermo
Capaci
M. Castellaccio
Vergine Maria
890
606
PUNTA RAISI
Crisi
44
S 113
Port.la Torretta
PALERMO
(P)
C. Mongerbino
(35) Terrasini
Villagrazia di Carini
Carini (181)
559
Capo Zafferano
C. Rama
Mad.na del Furi
Torretta
Aspra
Solunto
964
P.zo Montanello
Boccadifalco
1050
Ficarazzi
Porticello
85
34
S. Martino d. Scale
Castellacio
766
Sta Flavia
Solanto
Zoo Fattoria
Lo Zucco
Montelepre
Monreale (301)
Aquino
Sta Maria di Gesù
Ciaculli
Bagheria
Giardinello
Villagrazia
Trappeto
M. Gibilmesi
1152
S 186
Villabate
Casteldaccia
37
Balestrate
S 187
Borgetto
Pioppo
S 624
Altofonte
Gibilrossa
Belmonte Mezzagno
Altavilla Milicia
C. Grosso
Partinico (175)
Iato
1194
M. Gradara
Giacolone
1078
Port.la d. Pianetto
588
Misilmeri
Port.la d. Accia
294
47
S. Nicola l'Are
63
P.zo Mirabella
1165
Port.la d. Paglia
797
P.zo Cervo
945
874
A 19
Trab
Alcamo Marina
S 113
15
M. d. Fiera
971
1333
Piana d. Albanesi
La Pizzuta
855
Port.la Ginestra
Sta Cristina Gela
Eleutero
Milicia
P.zo d. Leone
1119
P.zo d. Trigna
1257
540
S. Giuseppe Iato
S. Cipirello
di Piana d. Albanesi
Marineo (531)
Bolognetta
Mangiatoriello
620
18
Alcamo (256)
M. Ferrcini
601
825
M. Bonifato
Mad.na dell'Alto
Grisi
1016
M. Leardo
786
M. Balatelle
Baucina
58
Caccamo
S 119
M. Pietroso
531
60
L. d. Scanzano
S 118
62
Cefalà Diana
1007
Cast.
Villafrati
Ventimiglia di Sicilia
35
Freddo
M. Castellaccio di Frattacchia
317
Camporeale
S. Loe
Sant.o del Rosario
672
Ficuzza
Godrano
777
Serre
Ciminna (521)
Sambuchi
S 285
S 624
Borgo Schirò
574
M. Galiello
355
Port.la di Poira
Bosco della Ficuzza
Mezzoiuso
S 121
S Leonardo
47
S.ne del Parrino
326
Roccamena
Frattina
1613
Rocca Busambra
Giardinello
Vicari (70)
La Montagna
24
75
Belice Destro
1057
C.zo Donna Giacoma
Campofelice di Fitalia
Valle della Margana
Vicari
Regalgioffoli
Rocc
N
Ruderi di Gibellina
Ruderi di Poggioreale
644
P.zo di Gallo
Borgo Roccella
683
Port.la Scorciavacche
23
Mendola
491
Port.la d. Croce
Bivio Manganaro
S 189
8,5
Ruderi di Salaparuta
Poggioreale
Carruba Nuova
Campofiorito
1457
Port.la Imbriaca
718
917
P.zo Lanzone
(660)
Lercara Friddi
Lerca
430
Salaparuta
20
22
P.zo Cangialoso
(1007)
Prizzi
M. Carcaci
1196
Po
anna
41
S 188
Sta Margherita di Belice
644
Contessa Entellina
Sta Maria del Bosco
M. Triona
1215
Bisacquino
16
S 118
31
Filaga
B.ta Carcaciotto
S 188
23
Castronuovo di Sicilia
18
Montevago
Giuliana (658)
Chiusa Sclafani
Palazzo Adriano
L. di Gammauta
S 118
90
L. Pian del Leone
M. Magaggiaro
399
M. Genuardo
1180
M Adranone
905
L. Fanaco
S Giov
Ge
Sambuca di Sicilia
33
40
P.zo di Gallinaro
1220
1346
Stagnataro
Cammarata
1436
M. Rose
Port.la Misilbesi
295
S. Biagio
S. Carlo
Sta Rosalia
(986)
17
8
17
L. Arancio
M. Cirami
516
Bivona (503)
Sto Stefano Quisquina
1578
M. Cammarata
Menfi (119)
S 624
Burgio
910
P.zo la Menta
1246
M. d. Rondine
Alessandria della Rocca (533)
Palo
14
R.ca Ficuzza
901
Caltabellotta (949)
Villafranca Sicula
519
M. S. Nicola
Bivio S. Bartolo
327
S. Anna
S 386
Lucca Sicula
Magazzolo
22
Port.la Tanabuto
544
Castelter
20
21
Bivio Tamburello
596
Cianciana

87
23
24
25
M
Marina di C
Golfo di
Termini Imerese
Cefalù
C. Plaia
S 113
C. Raisigerbi
Canneto
S. Ambrogio
Finale
Milianni
32
Castel di Tusa
Torremuzza
S.to Stefano
di Camastra
Campofelice
di Roccella
Lascari
28
Osservatorio
Geofisico
S 286
Halæsa
Tusa
Motta d'Afferno
Termini Imerese
Sant'
Gibil manna
Pollina
(764)
Borrello
P.zo Taverna
Pettineo
Reitano
M. Tre
Imera
Buonfornello
Gratteri
927
P.zo S. Angelo
304
Port.a di
Montenero
P.zo Voturo
Mistretta
(900)
M. S. Calogero
1326
430
P.zo Dipilo
1385
Isnello
50
Castelbuono
(423)
1223
1070
P.zo Malopasseto
M. Ca
1567
36
Villaurea
Collesano
(468)
Mongerati
10
S. Mauro
Castelverde
Timpa del Grillo
1346
Castel di Lucio
52
Colle del
Contrasto
107
Sciara
S 120
M. d'Oro
808
Zucchi
(1105)
P.zo Carbonara
1979
S 286
P.zo Cosimo
901
M. Sambughetti
1558
Cerda
(274)
582
Port.a di Mare
Piano
Battaglia
Piano
dei Cervi
Port.a
Mandarini
1206
Geraci Siculo
1660
N
Aliminusa
692
Torto
34
Scillato
1794
M. dei Cervi
M a d o
n i
e
1000
Port.a d. Bifolchi
1120
Masseria
S. Agrippina
839
Portelle
54
Montemaggiore
Belsito
1145
M. Roccelito
1912
M. S. Salvatore
1147
Petralia
Sottana
Petralia Soprana
Gangi
1011
33
S 120
Sperlinga
Sclafani Bagni
Caltavuturo
Nociazzi
Calcarelli
32
991
Port.a Madonnuzza
M. Zimmara
1332
B. di Sperlinga
P.so Conca
1002
M. Piombino
947
Polizzi
Generosa
(920)
Fasano
Pianello
Verdi
971
Nicosia
Alia (726)
658
Port.a d. Lupo
24
Port.a
Mangiante
871
Masseria
Balate
16
S 120
Castellana
Sicula
Blufi
Bompietro
Locati
S 290
Salso
Casalgiordana
1025
M. La Guardia
19
arcatobianco
10
Valledolmo
(769)
1081
P.zo Sampieri
Mass. Xireni
32
12
740
Alimena
1055
S.ra d. Vento
Villadoro
874 Port.a Creta
Bassa
Port.a
d. Scavo
566
68
Torto
S 121
1042
M. Catuso
58
Cacchiamo
1193
M. Altesina
Leonforte
(603)
rgo Regalmici
Garcia
Vallelunga
Piatameno
Belici
Tudia
Resuttano
Villapriolo
Morello
Erbavuso
24
Nicoletti
772
Montoni-
Vecchio
Villalba
S 121
15
Port.a di Morto
833
Impera Merid.
91
S 290
M. Giulfo
761
L
Villarosa
Calascibetta
Dittaino
P.zo Ficuzza
781
Cozzo
Pitursiddo
891
Port.a Recattivo
832
Recattivo
M. Chibbò
951
M. Matarazzo
825
Villarosa
16
30
L. Villarosa
O
Sparacia
Casalicchio
Polizzello
676
Port.a Palermo
S 121
Bivio
Barriera Noce
16
S 117
Enna
942
S 192
67
M. S. Vito
899
18
Marianopoli
13
Belici
Sta Caterina
Villarmosa
(606)
611
Port.a
di Vento
17
A 19
Pergusa
12
Manfredonico
Mappa
14
Mussomeli
(726)
23
614
Cozzo Campana
Salito
Xirbi
S 640
14
S 122b
15
Port.a Castro
559
Mulinello
di Pergusa
Acquaviva
Platini
S 189
819
Sutera
M. S. Paolino
Fanzarotta
S.to
Spirito
24
M. Sabbucina
33
S 122
M. Carangiaro
Perusa

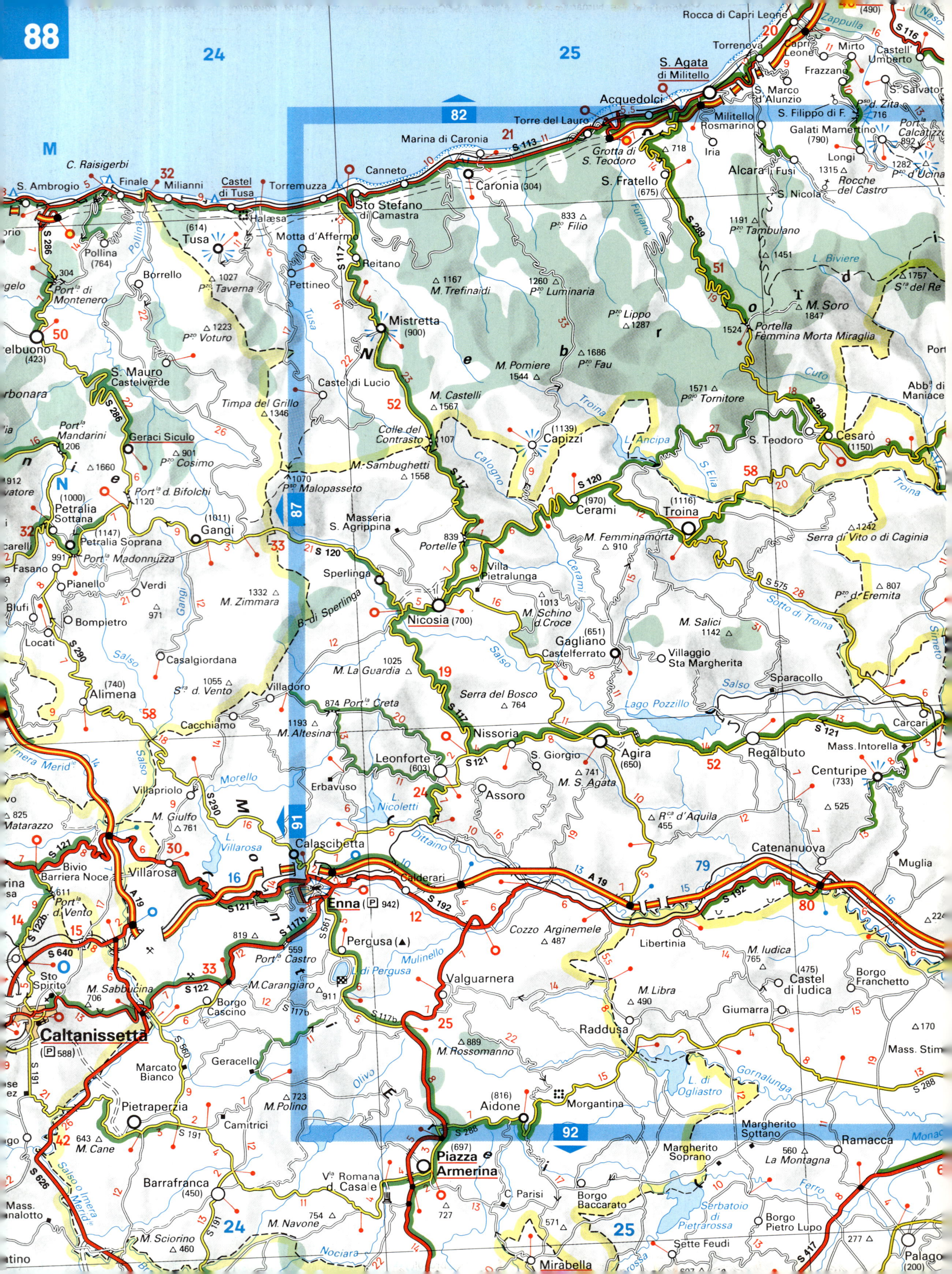

88
24
25
82
M
Rocca di Capri Leone
Zappulla
Naso
S 116
Torrenova
Capri Leone
Mirto
Castell'Umberto
S. Agata di Militello
Acquedolci
S. Marco d'Alunzio
Frazzanò
Galati Mamertino
S. Salvator
Torre del Lauro
Militello
Rosmarino
S. Filippo di F.
Port d'Zita
Marina di Caronia
21
S 113
Grotta di S. Teodoro
Iria
Longi
Alcara li Fusi
Port d'Ucina
C. Raisigerbi
32
Milianni
Castel di Tusa
Torremuzza
Canneto
Caronia (304)
718
Galati
1282
S. Ambrogio
Finale
Rocche del Castro
S. Fratello
1315
Sto Stefano di Camastra
Alcara
50
Halaesa
Tusa (614)
Motta d'Affermo
833
Pzo Filio
S. Nicola
M. Soro
1847
S 289
Pollina (764)
Reitano
1191
Pzo Tambulano
1757
Sta del Re
Borrello
1027
Pzo Taverna
Pettineo
1260
Pzo Luminaria
1451
L. Biviere
Portta di Montenero
S 286
1223
Pzo Voturo
1167
M. Trefinaidi
1287
Pzo Lippo
51
Port'a Mandarini
Mistretta (900)
N
Pzo Fau
1524
Portella Femmina Morta Miraglia
Port
S. Mauro Castelverde
Castel di Lucio
e
M. Pomiere 1544
1686
1571
Pzo Tornitore
18
Geraci Siculo
Timpa del Grillo 1346
52
M. Castelli 1567
b
r
S 289
Abbia di Maniace
Pzo Cosimo
Colle del Contrasto
Capizzi (1139)
L'Ancipa
S. Teodoro
Cesarò (1150)
N
1660
Portta d. Bifolchi
1070
Pzo Malopasseto
107
S 117
S 120
Cerami (970)
58
Petralia Sottana (1000)
Gangi (1011)
Masseria S. Agrippina
839
Portelle
M. Femminamorta 910
Troina (1116)
20
S 575
Pzo d'Eremita
32
Petralia Soprana (1147)
33
S 120
Sperlinga
Villa Pietralunga
1242
Serra di Vito o di Caginia
991
Portta Madonnuzza
M. Zimmara 1332
B. di Sperlinga
Nicosia (700)
1013
M. Schino d Croce
807
Fasano
Pianello
Verdi
971
16
M. Salici 1142
Bompietro
1025
M. La Guardia
19
Gagliano Castelferrato (651)
Villaggio Sta Margherita
Locati
Casalgiordana
Serra del Bosco 764
Sparacollo
Carcari
S 290
Salso
Alimena (740)
Villadoro
Salso
S 121
58
Sta d. Vento 1055
Cacchiamo
874 Portta Creta
Nissoria
Agira (650)
52
Regalbuto
Mass. Intorella
1193
M. Altesina
Leonforte (603)
S 121
S. Giorgio
741
M. S. Agata
Centuripe (733)
Villapriolo
Morello
Erbavuso
24
Assoro
525
M
M. Giulfo 761
L. Nicoletti
Rca d'Aquila 455
Catenanuova
Muglia
30
S 290
16
Calascibetta
Dittaino
A 19
79
Bivio Barriera Noce
Villarosa
16
Calderari
S 192
80
Port'a d'Vento 611
A 19
S 121
Enna (P) 942
S 192
14
15
Pergusa (▲)
12
Cozzo Arginemele 487
Libertinia
M. Iudica 765
819
Portta Castro 559
Mulinello
M. Libra 490
Castel di Iudica
Borgo Franchetto
S 640
Sto Spirito
33
S 122
M. Carangiaro 911
L. di Pergusa
Valguarnera
Giumarra
170
M. Sabbucina 706
Borgo Cascino
S 117b
25
Radusa
Mass. Stim
Caltanissetta (P) 588
Marcato Bianco
Geracello
889
M. Rossomanno
L. di Ogliastro
Pietraperzia
723
M. Polino
Aidone (816)
Morgantina
Gornalunga
Margherito Sottano
Ramacca
42
643
M. Cane
Camitrici
S 191
E
S 288
Margherito Soprano
560
La Montagna
S 288
S 626
Barrafranca (450)
Via Romana d. Casale
Piazza Armerina (697)
C. Parisi
Borgo Baccarato
Borgo Pietro Lupo
277
Palago
24
M. Sciorino 460
754
M. Navone
727
571
25
Sette Feudi
Serbatoio di Pietrarossa
S 417
Mirabella
Nociara

89
M
N
O
MARE IONIO
Golfo
di
Catania
CATANIA
Taormina (250)
Giardini-Naxos
Acireale (161)
Giarre
Riposto
Mascali
Fiumefreddo di Sicilia
Piedimonte Etneo
Calatabiano
Linguaglossa
Castiglione di Sicilia
Francavilla di Sicilia
Randazzo (754)
Bronte
Adrano
Paternò (225)
Misterbianco
Nicolosi (698)
Pedara
Trecastagni
Viagrande
Aci Catena
Aci Castello
Aci Trezza
Cannizzaro
Zafferana Etnea (600)
Sta Venerina
MONTE ETNA
Maletto
Sta Maria di Licodia
Belpasso
Mascalucia
Camporotondo Etneo
Gravina di C.
S. Giovanni Galermo
Motta S. Anastasia
S. Giorgio
FONTANAROSSA
Lido di Pla a
Foce di Simeto
Vaccarizzo
Agnore Bagni
Lentini
Palazzelli
S. Demetrio
Brucoli
C. Campolato
Riviera dei Limoni
Riviera dei Ciclopi
Pozzillo
Stazzo
Sta Tecla
Guardia
Carruba
Macchia
S. Alfio
Milo
Fornazzo
Sarro
Fleri
Linera
Tarderia
Sapienza (1910)
Cantoniera d. Etna
La Montagnola 2640
M. Piniteddu 1398
M. Turchio 1291
M. Ruvolo 1410
M. La Nave 1273
M. Sta Maria 1632
M. Nero 2049
M. Pizzillo 2414
Mareneve (1425)
Citelli (1741)
Valle d. Bove
Puntalazzo
Nunziata
Sta Venera
Vena
S. Marco
Naxos
C. Schisò
Fondachello
Mola
Castel Mola
Mazzaro
C. Taormina
Letojanni
C. S. Alessio
S. Alessio Siculo
Forza d'Agro (429)
Gallodoro
Mongiuffi-Melia
Rocca Fiorita
Graniti
Motta Camastra
Gaggi
Gole d. Alcantara
Rovitello
Solicchiata
Passopisciaro
Montelaguardia
Moio Alcantara
Malvagna
Sta Domenica Vittoria
Roccella Valdemone
M. Colla 1611
M. Croce Mancina 1341
M. Rosso
Favoscuro
Port.ta d. Zoppo 1264
M. d. Morro 1433
M. Castellazzo 1311
Polverello
Floresta
Tortorici
Maru
Ucria
Montalbano Elicona (920)
Sta Barbara
Sta Maria
Sta Piero Patti
Raccuia
Sinagra
M. d. Saraceni 1103
Colla
Librizzi
Braidi
Basicò
Tripi
S. Marco
Novara di Sicilia (650)
S. Basilio
Port.ta Pertusa
Port.ta Mandrazzi 1125
M.gna Grande 1374
Mazzarà S. Andrea
Milici
Bafia (488)
Castroreale
Furnari
Moreri
Fiumedinisi
Mandanici
Rimiti
Antillo
Casalvecchio Siculo
Savoca
Limina
Ss. Pietro e Paolo
Misserio
Pagara
Ali Terme
Nizza di Sicilia
Roccalumera
Furci Siculo
Sta Teresa di Riva
Alì
Itala Marina
Scaletta Zanclea
Giampilieri
Itala
Altolia
Pezzolo
M. Poverell
M. Fossazza
P.zo di Vernà 1286
Fondachelli-Fantina 974
Fantina
Treare
ticelle Soprane
di Fitali
Sferro
Gerbini
Bivio Jannarello
Dittaino
Simeto
Benante
Serb.o di Lentini
Piana di Catania
MARE IONIO
Fiascio
Alcantara
Brancavilla
Ragalna
Massa Annunziata
S. Giovanni la Ph
S. Pietro Clarenza
S. Antonio
Aci Bonaccorsi
Valverde
S. Gregorio
Abata
Parco Zoo di Sicilia
Mandanici (417)
Rimiti (470)
Antillo
MonteETNA
3340

90
20
21
33
40
22
a
M. Magaggiaro
399
M. Adranone
Giuliana
(658)
del Leone
M. Rose
1436
346
G
Stagnatar
del Belice
12
S 188
905
Sambuca
di Sicilia
Port.la Misilbesi
295
S 115
S 115d
Modione
Menfi
(119)
17
S 624
14
17
8
17
Bivio S. Bartolo
S. Biagio
L. Arancio
M. Cirami
516
R.ca Ficuzza
901
Caltabellotta
(949)
P.zo Telegrafo
950
S. Carlo
Burgio
Villafranca Sicula
P.zo di Gallinaro
1220
22
Bivona
(503)
Sto Stefano
Quisquina
910
P.zo la Menta
Alessandria
della Rocca
(533)
Marinella
Porto Palo
327
Lucca Sicula
S. Anna
L. Favara
M. S. Nicola
519
S 386
12
S. Biagio
Platani
Bivio Tamburello
86
Cianciana
(390)
596
S 118
Platani
85
O
Monte Kronio
386
S. Calogero
Calamonaci
Ribera
(233)
M. Sara
434
M. Iazzo
Vecchio
587
17
83
S. An
Muxa
C. S. Marco
76
Sciacca
(60)
S. Giorgio
16
S 115
Cast.
Cattolica Eraclea
(180)
M. Giafaglione
674
M. le Fos
653
Raffadali
(420)
6
8,5
Seccagrande
Borgo Bonsignore
2
3
2,5
4
9,5
Laghetto
Gorgo
10
21
Eraclea Minoa
C. Bianco
Bovo
Marina
4
4
Montallegro
M. Sedita
428
362
M. Suzza
509
253
G
18
I. di Lampione
U
47
11
9
Port.a Milione
16
Mo
( ) Siculiana Marina
Siculiana
S 115
338
Realmonte
19
Capo Rossello
P.ta Grande
326
Agrige
V
5
Porto
Empé
Porto Empedocle
P.ta Paranzello
M.
Vulcano
195
Linosa
P.ta Calcarella
I. di Linosa
I. di Linosa
T
I S O L E
P E L A G I E
U
I. di Lampedusa
Sc.o del Sacramento
M. Albero Sole
C. Ponente
133
I. dei Conigli
C. Grecale
Lampedusa
Mad.na di
Porto Salvo
P.ta Sottile
19
20

91
L. Fanaco
Cammarata
S. Giovanni Gemini
M. Cammarata
d. Rondine
67
Casalicchio
P.zo Ficuzza
Sparacia
Casabe
Villalba
Cozzo Pi ursiddo
23
Polizzello
M. S. Vito
Manfredonico
Acquaviva Platani
Mussomeli
Mappa
Marianopoli
Port.la Palermo
Port.la Recattivo
Recattivo
M. Chibbo
M. Matarazzo
24
Villapriolo
M. Giuffo
Villarosa
L. Villarosa
30
16
S. Giovanni
Sta Caterina Villarmosa
B.vio Barriera Noce
Port.la di Vento
15
Xirbi
Sto Spirito
33
M. Sabbucina
Borgo Cascino
M. Carangia
Port.la Cas
Castelterminì
Sutera
M. S. Paolino
Campofranco
Gallo d'Oro
Torretta
Fanzarotta
87
Borgata Palo
S. Cataldo
Caltanissetta
Geracello
Marcato Bianco
Pietraperzia
Milena
Bompensiere
Roccella
Serradifalco
Case Martinez
Barrafranca
Camitrici
S. Elisabetta
Aragona
Comitini
Grotte
M. Campanella
Montedoro
M. Castelluccio
Gallo d'Oro
Canicatti
Prestianni
Marcato d'Arrigo
M. Cane
Case Ramilia
Sta Rita
Mass. Canalotto
M. Sciorino
Giardina Gallotti
Castrofilippo
M. Grotticelle
Delia
Sommatino
Riesi
Mazzarino
M. Gibli
ento
Villaseta
Favara
Naro
M. Malvizzo
S.ra La Guardia
Serbatoio Laura
Ravanusa
M. Saraceno
Campobello di Licata
docle
Valle dei Templi
Villaggio Mosè
Camastra
C.zo Montagna
Fattoria Diliella
S. Leone
Bivio Burrainiti
M. Pozzillo
Port.la di Naro
18
Fatt. Ficuzza
M. Desusino
Butera
Lido Cannatello
P.ta Bianca
38
Palma di Montechiaro
Montechiaro
Port.la Corso
M. Gricuzzo
30
Marina di Palma
Palma
Salso
Falconara
Manfria
Licata
Golfo di Gela
Gela
22
23
24
Q

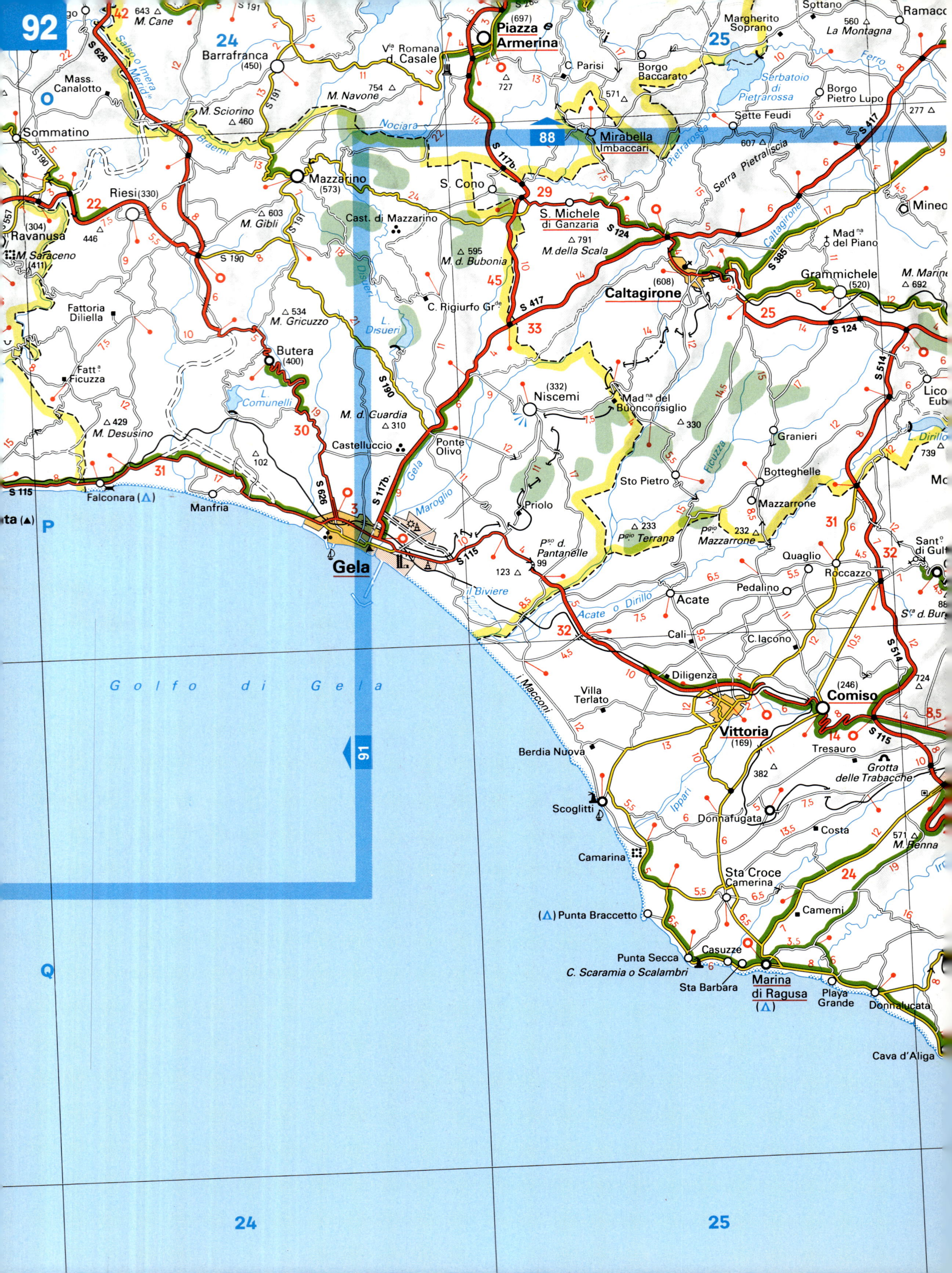

92
643 △
M. Cane
S 191
24
Barrafranca
(450)
S 626
O
22
Mass. Canalotto
754 △
M. Navone
V^ia Romana
d. Casale
697
Piazza Armerina
C. Parisi
727
Borgo Baccarato
Margherito Soprano
560
La Montagna
25
Sottano
Ramacca
571 △
277 △
Sette Feudi
Borgo Pietro Lupo
S 417
Sommatino
S 190
Nociara
Braemi
Salso o Imera Meri
Riesi (330)
22
304
Ravanusa
M. Saraceno
411
446
M. Sciorino
460 △
Mazzarino
(573)
603 △
M. Gibli
S 190
Cast. di Mazzarino
S. Cono
88
Mirabella Imbaccari
Pietrarossa
Serbatoio di Pietrarossa
607 △
Serra Pietraliscia
Caltagirone
29
S. Michele di Ganzaria
791 △
M. della Scala
S 124
595 △
M. d. Bubonia
45
Mineo
Mad^na del Piano
Grammichele
(520)
M. Marine
692 △
Fattoria Diliella
534 △
M. Gricuzzo
Disueri
L. Disueri
C. Rigiurfo Gr^de
S 417
33
(332)
Niscemi
Mad^na del Buonconsiglio
330 △
608
Fatt^a Ficuzza
429 △
M. Desusino
30
Butera
(400)
L. Comunelli
M. d. Guardia
310 △
Castelluccio
102
25
S 124
S 514
Lico Eub
L. Dirillo
739
Granieri
Ficuzza
Botteghelle
Sto Pietro
Mazzarrone
31
S 115
Falconara (△)
31
Manfria
3
S 626
S 117b
Gela
Maroglio
Ponte Olivo
Gela
Priolo
P^so d. Pantanelle
99
123 △
Il Biviere
Acate o Dirillo
32
123
Cali
Acate
233 △
P^gio Terrana
P^gio Mazzarrone
232 △
Quaglio
Roccazzo
Pedalino
C. Iacono
Sant' di Gulf
S^a d. Bur
88
32
P
Golfo di Gela
61
Q
i Macconi
Villa Terlato
Diligenza
Berdia Nuova
Scoglitti
Ippari
Camarina
Donnafugata
Costa
382
Vittoria
(169)
Tresauro
Grotta delle Trabacche
571 △
M. Renna
Comiso
(246)
S 115
8,5
14
24
Sta Croce Camerina
Punta Braccetto (△)
Camemi
Punta Secca
Casuzze
C. Scaramia o Scalambri
Sta Barbara
Marina di Ragusa (△)
Playa Grande
Donnalucata
Cava d'Aliga
24
25

93
26
27 Catania
28
64
Monaci
Benante
Vaccarizzo
S. Demetrio
S 385
Palazzelli
17
Serb.
di Lentini
S 194
Agnone Bagni
68
Palagonia
(200)
22
(53)
Lentini
C. Campolato
89
21
S 114
Brucoli
83
Scordia
(130)
Carlentini
626
Militello
in Val di Catapia
Leontinoi
C. Sta Croce
13
9
Augusta
Villasmundo
P.to
di
Augusta
Golfo
34
S 194
535
M. Carrubba
14
Megara
Hyblaea
di
Francofonte
(281)
Risicone
13
Pedagaggi
510
(310) Melilli
Thapsos
Augusta
Foreto
Priolo Gargallo
(30)
Penisola Magnisi
(438)
870
M. Sta Venere
Sortino
25
Marina di Melilli
39
Vizzini
(619)
S 124
Monti Climiti
24
Buccheri
Necropoli
di Pantalica
416
Sta Fanaga
S 114
C. Sta Panagia
986
M. Lauro
Ferla
Solarino
42
Belvedere
Anapo
Euríalo
Monterosso
Almo
914
M. Contessa
Cassaro
C. Melilli
Floridia
(111)
S 124
2
SIRACUSA
Catania
Buscemi
695
M. Grosso
Anapo
P.to
Grande
Valletta (Malta)
Giarratana
(520)
(697)
Palazzolo
d'Acreide
Akrai
S 124
Monasteri
Cavadonna
Fonte Ciane
Penisola della
Maddalena
Chiaramonte Gulfi
(668)
717
S.ra Vetrano
678
S 287
38
Canicattini
Bagni
20
Terrauzza
C. Murro
di Porco
Rigolizia
30
10,5
A 18
S 115
23
Arenella
S. Giacomo
Testa
dell'Acqua
Villa Vela
Cassibile
Cassibile
Ognina
C. Ognina
Balata di Modica
Bellocozzo
639
Fatt.
Iudica
480
Fontane Bianche
P.ta del Cane
Castelluccio
Noto Antica
S 287
S. Corrado
d. Fuori
Gianforma
Mass.
Granieri
Avola
(P) 498
Ragusa
Frigintini
Noto Antica
(159) Noto
Marina di Avola
Golfo
300
M. Renna
S.ra Meta
537
il Prainito
Tellaro
V.a Romana
d. Tellaro
Calabernardo
Cava d'Ispica
S 115
Lido di Noto
Eloro
di
Modica
(381)
Rosolini
(154)
S. Paolo
382
Bimmisca
40
di
S 115
Scicli
(106)
C. Zappulla
Ispica
Villa
Modica
Fatt.
S. Lorenzo
I. Vendicari
Pant.o Roveto
Noto
Zimardo
Pant.o
Gariffi
S. Lorenzo Vecchio
Marzamemi
Sampieri
Burgio
Pant.
Longarini
Pachino (65)
Pozzallo
Marina di Modica
Marza
P.ta Religione
P.ta Ciriga
Maucini
Portopalo
di C. Passero
C. Passero
I. di Capo Passero
P.ta delle
Formiche
I. delle Correnti
P
Q
R
26
27
28

94
7
Toulon
Marseille
Golfe
de Valinco
8
Porto-Pollo
Olmeto-Plage
P.te de Zibo
983
1033
Levie
D 59
Fiumicic
Arbellara
D 19
Sainte-Lucie
de Tallano
9
Carbini
Propriano
Viggianello
Rizzanese
D 248
Tirolo
P.ta d'a
Vacca Morta
1315
P.te de Campomoro
D 121
Granace
D 148
Col de Baci
Belvédère-Campomoro
17
605
D 221
699
Foce-Bilzese
809
Montagne de Cagna
P.ta d'Eccica
Grossa
404
D 65
Sartène
(305)
P.ta di
Compolelli
1300
Castello
di Cagalla
383
Giuncheto
P.ta Ovace
1339
Po
P.ta di Senetosa
Tizzano
D 48
17
N 196
Ortolo
Gianuccio
Pruno
276
Poggiale
D 22
54
Monacia-
d'Aullène
D 50
D 59
P.ta d'Arcivale
352
Saparelli
Cap de Roccapina
Pianottoli-
Caldarello
68
Figari
Ile des Moines
I. Bruzzi
15
B.ge
de Figari
N 19
MARE
Golfe de
Ventilegne
239
M.te Corbo
N 196
D 58
Capo di Feno
Bonifacio
Capo Pertusato
MEDITERRANEO
Bocche
Sta Teresa
Gallura
Capo Testa
127
Sta Reparata
Buo
Va
M
Ciuchesu
Cala Vall'Alta
96
97
P.ta di li
Francesi
S.ra Paulor
Vignola
Mare
19
Campo
Portobello
di Gallura
4
P.ta Cappeddu
314
Ba
Cala Sarraina
5
9
Costa Paradiso
P.ta Cruzitta
267
Aglientu
(417)
80
5.5
Costa Paradiso
S. Pancrazio
640
Bassacutena
P.ta li Canneddi
Isola Rossa
M. Tinnari
216
3
10
Vignola
GOLFO
I. Rossa
0
M. Abbalata
636
S.ra di lu Tassu
765
S 133
L
A
(365)
Trinità d'Agultu
e Vignola
462
M. S. Pietro
502
ASINARA
Badesi Mare
S. Pietro
di Ruda
Izzana
Carana
G
Luras
E
Badesi
693
S. Filippo
Muntiggioni
(514)
Aggius
9
Maiori
Nuchis
Cala
7
Castelsardo
Valledoria
8
Viddalba
P.ta Salici
911
Bortigiadas
Lu Bagnu
La Muddizza
5.5
Sta Maria
Coghinas
Terme di
23
Multeddu
348
9

95
374
10
11
91
Bocca d'Illarata
Ste Lucie de-Porto-Vecchio
Pinarellu
Lecci
l'Ospedale
Forêt de l'Ospedale
la Trinité
N 198
I. de Pinarellu
Marseille
Porto S. Stefano
Pta Capicciola
Cala Rossa
Porto-Vecchio
Golfe de Porto-Vecchio
Pozzuoli
Pnte de la Chiappa
Piccovagia
Palau
Pta di u Cerchio
325
Iles Cerbicale
Golfe de Sta Giulia
I. di u toro
C
Sotta
Pta di Rondinara
Golfe de Santa Manza
Pnte de Capicciola
104
Gurgazu
Ile Cavallo
Iles Lavezzi
Ecueil de Lavezzi
di
Bonifacio
I. la Presa
I. Sta Maria
Porto-Vecchio
I. Razzoli
I. Budelli
Pta Marginetto
Pta Falcone
Punta Abbatoggia
I. Maddalena
Arcipelago della Maddalena
I. La Marmorata
Pta Galera
La Ficaccia
I. Spargi
155
Isole Monaci
Marazzino
Moneta
Casa di Garibaldi
oncammino
25
La Maddalena
Pta Sardegna
Isola Caprera
Porto Raphael
I. Sto. Stefano
l di
Porto Pozzo
Palau
Stagnali
Barrabisa
S 133 b
S 133
Capo d'Orso
Formia
S. Pasquale
Capannaccia
Pta Rossa
I. delle Bisce
Napoli
361
6
Capo Ferro
D
48
Baia Sardinia
vaglio
M.Canu
396
G. di Arzachena
Porto Cervo
59
9
14
La Conia
Poltu Quatu
G. Pero
assacutena
S125
Cannigione
M. Moro
422
M. Ruiu
260
Capo Capaccia
Baldu
Pta Occhione
387
Abbiadori
I. Mortorio
14
19
Capriccioli
Necropoli di li Muri
Arzachena
(83)
Cala di Volpe
99
(315)
Mulino di Arzachena
I. Soffi
uogosanto
Albucciu
Padru
17
Pta della Volpe
587
Tomba di Capichera
S. Pantaleo
(169)
Portisco
Pta del Canigione
Livorno
Civitavecchia
26
Porto Rotondo
G. di Marinella
La Spezia
Pirazzolu
650
Pta Cugnana
30
Livorno
L
U
R
A
Genova
L. della Liscia
Pta Littu Petrosu
642
S 125
Capo Figari
Civitavecchia
S. Antonio di Gallura
340
52
18
Golfo Aranci
Golfo di Olbia
M.sa Curi
415
M. Pinu
743
Santo Nuragico Cabu Abbas
Priatu
Olbia
Lido di Pittulongu
Capo Ceraso
Pta Timone
Arbatax
ngianus
M. Tundu
831
S 127
234
Lido d. Sole
218
11
E

96
Isola Asinara
(Divieto d'accesso)
P.ta Caprara o dello Scorno
Capo Molla
P.ta d. Scomunica
408
P.ta Sabina
P.to Mannu della Reale
Cala d'Oliva
La Reale
P.ta Trabuccato
8
P.ta Tumbarino
13
Rada della Reale
265
Fornelli
I.Piana
P.ta Barbarossa
GOLFO
Capo del Falcone
Spiaggia d. Pelosa
Torre Falcone
P.ta Negra
(190)
P.ta Scoglietti
DELL'
ASINARA
Stintino
Marseille
Genova
94
Castels
Stagno di Casaraccio
Lu Bagnu
Multedo
I. dei Porri
Stagno di Pilo
P.ta Tramontana
14
Tergu
5
12
10
Porto Torres
S 200
M. Tudderi
435
Pozzo S. Nicola
12
Platamona Lido
Marina di Sorso
10
Silis
M. STA Giusta
251
Monte d'Accoddi
21
M. Cau
233
Sorso
Biancareddu
4
Sennori
Capo Mannu
Santo
M. Alvaro
342
19
S. Michele di Plaianu
(250)
S. Lorenzo
Nulvi
(478)
Canaglia
13
10
S 200
18
Sta Vittoria
La Pedraia
Campanedda
La Crucca
S. Giovanni
M. Iscoba
629
(144)
Mannu
Li Punti
SASSARI
Osilo
(673)
Palmadula
Capo dell' Argentiera
Monteforte
5
Bancali
14
5
225
S 127
Argentiera
8
La Corte
11
Caniga
16
N.S di Bonaria
(766)
464
M. Forte
36
9
L. Bunnari
444
Mascari
14
L. Baratz
36
Bagni di S. Martino
Porto Ferro
Tottubella
S 291
Tissi
Ossi
Muros
S.S.Trinità di Saccargia
Filibertu
7,5
Sta Maria la Palma
Cargeghe
(338)
Codrongianos
9
Usini
S. Michele di Salvenero
Necropoli Anghelu Ruiu
I.Piani
Olmedo
S 127 bis
Florinas
(417)
S 131
M. Doglia
436
Tomba Santu Pedru
M. Miale Ispina
267
Uri
Mannu
13
M. Timidone
361
Palmavera
Serra
7
14
I.Piana
Conte
Porto
Conte
27
Fertilia
Iscala Mola
L. Cuga
Ittiri
(400)
Tramariglio
Maristella
6
Banari
I. Foradada
Rada di Alghero
Cuga
S 131 bis
Siligo
(424)
Grotta di Nettuno
Alghero
Putifigari
558
658
20
Bessude
Capo Caccia
Sant° di Valverde
M. Unturzu
M. Gherra
19
L. Bidighinza
Borutta
Temo
Melas
M. Frusciu
583
Thiesi
(461)
Villanova Monteleone
(567)
Romana
Cheremule
N.S. de Cabu Abbas
Necropoli di Pottu Codinu
719
M. Traessu
Giave
Pedra Ettori
718
22
45
Monteleone Rocca Doria (360)
644
M. Minerva
Bonu Ighinu
Cossoine
Valle dei
M.Ruiu
668
15
Mara
S 292 dir
10
Semestene
Scuola Agraria
100
M. Mannu
802
7
(405)
Montresta
Padria
2
Pozzomaggiore
(438)
S. Nicolò di Trullas
8
I. sa Pagliosa
M. Pittada
788
520
Badu Crab
292

97
8
80
10
9
48
59
14
19
D
26
R
95
46
E
66
56
21
42
22
19
52
F
100
101
9
48
10
Ciuchesu
Cala Vall'Alta
S 133 b
S 133
Cabannaccia
Capo d'Crso
Sardinia
S. Pasquale
Campovaglio
Arzachena (83)
La Conia
Poltu Quatu
M. Moro 422
M. Canu 196
M. Ruiu 260
P.ta Occhione 387
Cannigione
G. di Arzachena
Bassacutena
Liscia
Baldu
Necropoli di li Muri
Albucciu
Mulino di Arzachena
S. Pantaleo
Tomba di Capichera
P.ta Cugnana 650
Portobello di Gallura
Vignola Mare
P.ta di li Francesi
P.ta Cappeddu 314
S. Paulon i 361
S 125
Cala Sarraina
P.ta Cruzitta 267
Aglientu 417
Bassacutena
Luogosanto 315
M. Padru 587
Pirazzo u
P.ta Littu Petrosu 642
Costa Paradiso
S. Pancrazio
640
S.ta di lu Tassu 765
S 133
L. della Liscia
S 427
S. Antonio di Gallura
S 125
P.ta li Canneddi
M. Tinnari 216
Isola Rossa
I. Rossa
M. Abbalata 636
462
M. S. Pietro 502
Carana
Priatu
M. Pinu 743
52
Olbia
Trinità d'Agultu e Vignola 365
Izzana
Luras
M. la Eltica 598
Badesi Mare
S. Pietro di Ruda
S. Filippo
Aggius 514
Ma ori
Nuchis
Calangianus (518)
M. Tundu 831
46
Telt
S 127
M. Telti 234
Badesi
Muntiggioni 693
Valledoria
P.ta Salici 911
Viddalba
Bortigiadas
Tempio-Pausania (566)
22
S 199
S. Simone
Aratena
La Muddizza
Sta Maria Coghinas
Terme di Casteldoria
Lu Colbu 828
P.ta Balistreri 1359
Enas
Loiri
L'Elefante
L. di Casteldoria
Scala Ruia
S 127
Vallicciola
Passo del Limbara 676
M. LIMBARA
Su Canale
348
S. Giovanni
Sedini
Bulzi
S. Pietro di Simbranos
Perfugas
Lumbaldu 399
787
M. Olia 811
Berchiddeddu
S 134
Campudulimu
Berchidda (289)
46
Monti (300)
S. Paolo
Piana Ederas 597
Laerru
Erula 700
Coghinas
M. Acuto 493
Badu Atzolas
M. su Castedduzzu
522
S'Eleme
Ma nusi 350
M. sa Pianedda 819
Martis
Su Bullone
M. Sassu 640
Tula
Lago del Coghinas
Oschiri
M. Orriola 346
P.ta Ittia 883
Pilosu 677
465
S 132
N.S di Castro 202
P.ta di Senalonga 1076
13
loaghe 425
M. Pittu 488
S. Antioco di Bisarcio
S 199
490
Oschiri
P.ta sa Mesa 925
Alà dei Sardi 663
Piras
S 597
42
M. Pedralunga 729
Ardara 297
Chilivani
S 132
21
M. Lerno 1094
Sta Reparata
S 389
M. Santo 733
Ozieri 375
Bantine
Pattada 794
836
Buddusò 690
Loelle
P.ta sa Donna 1019
Marrore 860
Mores
22
S 128bis
Nughedu di S. Nicolò
L. sos Canales
Nortiddi
Cogoli
Bonnaro
Pietro di Sorres
Ittireddu
Mad.na di Fatima 1002
M. Paidorzu
574
Osidda 650
Onani
Lula 521
Torralba
Santu Antine
Sa Fraigada 562
P.ta Masiennera 1157
Bultei
52
M. Medaris 766
Bitti 549
M. Saraloi 854
M. Turud
Oes Nuraghi 595
M. Cuiaru 496
979
Nule
Tirso
P.ta Comoretta 857
Bonorva 508
Rebeccu
Necropoli di S. Andria Priu
Foresta di Burgos
1042
M. Rasu 1259
Anela
Benetutti 406
Minore
Mannu
914
Orune 745
Burgos 575
Bottidda
Bono 536
Terme di S. Saturnino
Esporlatu
Sta Restituta
M. Tiria 800
M. Nuschele
793
795

98
GOLFO
ASINARA
Costa
P.ta li Canneddi
Costa Paradiso
Isola Rossa
I. Rossa
M. Tinnari
216
Luogosanto
M. Padru
587
S.a di lu Tassu
765
S 133
Trinità d'Agultu e Vignola
(365)
Badesi Mare
Badesi
693
Muntiggioni
S. Pietro di Ruda
Izzana
S. Filippo
M. Abbalata
636
Vignola
Carana
Luras
L.
Lisc
M. S. Pietro
502
Valledoria
Viddalba
P.ta Salici
911
Aggius
(514)
Maiori
Nuchis
Calangianu
Castelsardo
Lu Bagnu
Multeddu
La Muddizza
348
Sta Maria Coghinas
94
Terme di Casteldoria
Bortigiadas
Tempio Pausania (566)
M.
Tergu
L'Elefante
S. Giovanni
L. di Casteldoria
Scala Ruia
S 127
Lu Colbu
828
P.ta Balistreri
1359
P.ta Tramontana
S 200
M. Tuddari
435
S 134
Bulzi
S. Pietro di Simbranos
Coghinas
Vallicciola
Passo del Limbara
676
M. Limbara
Marina di Sorso
Sedini
Laerru
Perfugas
Lumbaldu
(399)
Campudulimu
787
S 392
Berchidda (289)
Sorso
Sennori
(250)
M. Cau
233
Piana Ederas
597
Martis
Su Bullone
Erula
700
M. su C`stedduzzu
Coghinas
M. Acuto
493
S. Michele di Plaianu
S. Lorenzo
Nulvi
(478)
56
Tula
S. Giovanni
Sta Vittoria
M. Iscoba
629
Sta Maria Maddalena
Chiaramonti
M. Sassu
640
Lago del Coghinas
Oschiri
(202)
M. Orriola
346
SASSARI
Osilo (673)
(766)
N.S di Bonaria
677
M. Pilosu
465
M. Sassu
132
N.S di Castro
Caniga
L. Bunnari
S. Antioco di Bisarcio
P.ta sa Mesa
925
Mascari
Bagni di S. Martino
490
Ossi
Muros
S.S. Trinità di Saccargia
M. Pittu
488
S 597
42
S 199
M. Pedralunga
729
Tissi
Usini
Cargeghe
(338)
Codrongianos
Ploaghe
(425)
21
M. Lerno
1094
Sta Reparata
Uri
Florinas
(417)
S. Michele di Salvenero
S 131
96
Ardara
(297)
Chilivani
S 132
Ozieri
(375)
Bantine
Pattada
(794)
836
L. Cuga
Ittiri (400)
M. Santo
733
Mores
22
Ittireddu
Nughedu di S. Nicolò
S 128bis
S 389dir
Cuga
S 131 bis
Banari
19
Siligo
(424)
Bessude
Bonnanaro
M. Calvia
760
Mad.na di Fatima
M. Paidorzu
1002
574
52
M. Unturzu
558
M. Gherra
658
Borutta
S. Pietro di Sorres
Butule
Oletto
Goceano
766
M. Medaris
Villanova Monteleone
(567)
M. Frusciu
583
L. Bidighinzu
Thiesi
(461)
Torralba
562
Sa Fraigada
M. Calvia
979
P.ta Masiennera
1157
Bultei
Nule
Romana
Cheremule
N.S. de Cabu Abbas
Santu Antine
Oes
496
M. Cuiaru
1042
Anela
Benetutti
(406)
Monteleone Rocca Doria (360)
719
M. Traessu
Valle dei Nuraghi
Necropoli di S. Andria Priu
Foresta di Burgos
1259
M. Rasu
S 128b
Terme di S. Saturnino
M. Minerva
644
Bonu Ighinu
Cossoine
Giave (595)
Rebeccu
Bonorva
(508)
Bono
(536)
Bosa
Mara
S 292dir
Semestene
S. Nicolò di Trullas
100
Campeda
Burgos
(575)
Bottidda
Sta Restituta
M. Tir
800
Padria
Pozzomaggiore
(438)
Esporlatu
793
M. Nuschele
Montresta
520
Nuradeo
35
Badde Salighes
P.ta Palai
1200
Illorai
978
S 128bis
Serra d'Orotelli
593
P.ta Corra Cherbina
M. Rughe
666
Catena di Marghine
Bolotana
(472)
Cantoniera del Tirso
15
Suni
Tinnura
Sagama
Sindia (509)
S 129b
Lei
1026
Silanus
Bortigali
S 129
Canales
Orotelli
Ola
S 128
Tresnuraghes
(257)
Modolo
Abb. di Sta Maria di Corte
Macomer
(551)
Sta Barbara
Birori
Sta Sabina
25
Murtazzolu
672
Funtaneddas
S 131 d.c.n.
Oniferi
(476)
Orani
33
M. S. Antonio
808

99
Albucciu
Arzachena
Tomba di Capichera
S. Pantaleo (169)
Portisco
I. Soffi
P.ta de la Volpe
Pirazzolu
Porto Rotondo
P.ta del Canigione
Livorno
Civitavecchia
La Spezia
Livorno
Genova
11
S. Antonio di Gallura
(350)
S 427
P.ta Littu Petrosu
642
P.ta Cugnana
26 10
30
S 125
52
M.sa Curi
415
18
Golfo Aranci
Capo Figari
340
Civitavecchia
Genova
Golfo di Olbia
M. Pinu
743
Priatu
Sant° Nuragico Cabu Abbas
Olbia
Lido di Pittulongu
Sa Testa
Capo Ceraso
P.ta Timone
95
Arbatax
S 127
234
M. Telti
Lido d. Sole
218
Porto Istana
564
I. Tavolara
22 46
M. la Eltica
598
Telti
S. Simone
Murta Maria
S 125
Costa Dorata
158
I. Molara
Aratena
Porto S. Paolo
108
Capo Coda Cavallo
S 199
Enas
Loiri
317
M. Ruiu
Monte Petrosu
Su Canale
Marina di lu Impostu
Berchiddeddu
389
Monti (300)
4,5
M. Olia
811
622
Su Lernu
58
Stagno di S. Teodoro
S'Eleme
S. Paolo
Mamusi (350)
Padru (165)
M. sa Pianedda
819
S. Teodoro
P.ta Ittia 883
M. Nieddu
P.ta Maggiore 971
Straulas
P.ta d'Ottiolu
Agrustos
S 131 d.c.n.
P.ta di Senalonga
1076
657
P.ta di Colloredda 819
Cala di Budoni
M. Sempio 828
Brunella
Budoni
Limpiddu
P.ta dell'Asino
Alà dei Sardi (663)
Piras
Sa Pedrabianca (599)
Concas
S. Lorenzo
Tanaunella
513
S 369
Altana
Posada
L. di Posada
Torpè
Buddusò (690)
Loelle
P.ta sa Donna 1019
Lodè
M Tundu 675
Siniscola
La Caletta
sos Canales
Mamone (860)
Mannu
Sta Lucia
825
Nortiddi
Cogoli
Cant. Guzzurra (799)
P.ta Cupetti 1029
Siniscola
433
P.ta Unnichedda
I. Ruia
Capo Comino
244
P.ta Ioanneddu
Onani
P.ta Catirina 1127
Lula (521)
Monte Albo
M. Senes 863
P.ta su Anzu 448
Bitti (549)
P.ta Comoretta
857
M. Saraloi 854
M. Turuddo
1127
S 131 d.c.n.
826
P.ta su Grebellu
Mannu
914
S 389
Orune (745)
101
48
Irgoli
Loculi
Onifai
S 125
Baronia
Cala Liberotto
795
Galtelì
Sologo
Orosei
57
MARE TIRRENO
Lollove
805
M. Tuttavista
P.ta Nera
Marina di Orosei
P.ta Murittu 698
S 129
Isalle
Cedrino
N.S. della Solitudine
Serra Orrios
Ispinigoli
955
Nuoro
M. Ortobene
32
Motorra
M. Irveri E16
11
553
N.S. di Monserrato
L. del Cedrino
Dorgali
Cala Gonone
Oliena (379)
Sorgente su Gologone
387
915
M. Tului
Golfo
745
P.ta Corraxi

100
6
96
7
8
35
98
I. sa Pagliosa
M. Mannu △ 802
Montresta
M. Pittada 788 △
520
(405)
Pozzomaggiore (438)
S. Nicolò di Trullas
773
Campe
Caten
Burgos (575)
Espo
978 △
Capo Marargiu
Nuradeo
Badu Crabolu
S 292
23
S 131
Badde Salighes
P.ta Palai △ 1200
Bolot
M. Rughe 666 △
29
Sindia (509)
S 129b
Catena di Marghine
△ 1026
Lei
472
Bosa Marina
Bosa
S. Pietro
Corte
Abb. di Sta Maria di Corte
Macomer (551)
Sta Barbara
Bortigali
Silanus
Sta Sabina
25
S 129
Canales
Modolo
Suni
Tinnura
13
Borore
Birori
Sta Sabina
Magomadas
Sagama
Murtazzolu
Porto Alabe
Tresnuraghes
(257)
MI S. Antonio △ 808
Borore
Dualchi
Noragugume
Sennariolo
Scano di Montiferro
Merchis
Torre
P.ta di Foghe
△ 276
Cuglieri
(479)
S. Leonardo de Siete Fuentes
S. Ignazio
Sedilo (283)
Sant°
Santu Antine
Sta Caterina di Pittinuri
M. Urtigu 1050
Mannu
S 292
Santu Lussurgiu (543)
18
Aidomaggiore
Norbello
Abbasanta
Ghilarza
Soddi
Zuri
Tadasuni
Bidoni
Lago Omodeo
Fattoria Pilli
M. Ferru
Altopiano di Abbasanta
Losa
Boroneddu
Sorradile
Nughedu Sta Vittor
Cornus
M. Mesu e Roccas
584 △
Bonarcado
Sta Cristina
Paulilatino
Ardauli
S' Archittu
Seneghe (305)
Sta Cristina
Sta Chiara
Neoneli
Cala su Pallosu
Narbolia
Milis
Cispiri
Ulà Tirso
578
Ortue
Rocca Tunda
Capo Mannu
Porto Mandriola
Putzu Idu
N.ghe s'Urachi
S. Vero Milis
Bauladu
Pitzu
Busachi
Cala Saline
Stagno de is Benas
Tramatza
32
Tirso
Bau Ischios
S 388
I. di Mal di Ventre
Mari Ermis
Stagno Sale Porcus
Riola Sardo
Zeddiani
Villanova Truschedu
Santu Lussurgiu
Fordongianus
Sinis
Nurachi
Baratili S. Pietro
S 131
Solarussa
Zerfaliu
Allai
Samugheo (370)
P.ta is Arutas
Stagno di Cabras
Donigala Fenughedu
Siamaggiore
Massama
Ollastra Simaxis
M. Grighini △ 673
S. Salvatore
Cabras
Mad.na del Rimedio
Sili
Simaxis
Siapiccia
Ruinas
Scala s' Ebba 497 △
595
21
Marina di Torre Grande
Oristano
Sta Giusta
Siamanna
I. Catalano
Stagno di Mistras
S. Giovanni di Sinis
Tharros
Foce del Tirso
Palmas Arborea
Villaurbana
S. Antonio Ruinas
Senis (256)
S 442
Nureci
Capo S. Marco
Stagno di Sta Giusta
S 126
Mogorella
Asuni
Golfo di Oristano
S. Anna
P.ta Laccu sa Vitella △ 630
Tumboi
Granaxiu
Arbore
Usellus
Capo d Frasca
Arborea Lido
S'Ungroni
Genna Spina △ 738
Pau
Villa Verde
Escovedu
Assolo
Genoni
S. Antonio di Santadi
Arborea
M. Arci △ 812
Morgongiori (351)
Ales (194)
Albagiara
Zeppara
Gonnosnò
Sini
Genuri
Giara di Gesturi
580
609
Tanca Marchese
Marrubiu
S 131
Curcuris
M. Maiori 293 △
Marceddi
Terralba
48
Pompu
Simala
Baradili
Baressa
Setzu
Su Nuraxi
S. Antonio di Santadi
Stagno di Marceddi
S. Nicolò d'Arcidano
Uras
S 442
Siris
Masullas
Gonnoscodina
Turri
Tuili
Torre del Corsari
Mogoro (132)
Gonnostramatza
Siddi
Pauli Arbarei
45
Las P
Porto Palma
Mogoro
Sitzerri
N.ghe
Lunamatrona
Villano Fran
M. Funesu △ 555
Collinas
102
7
8
Pardu Atzei
Sa Zeppara
52
Terme di Sardara
Genna Maria
Villanovaforru (324)
Sardara (163)
Marina di Arbus
M. Arcuentu 785
S 126
Monreale (274)
Pabillonis
S 197

102
Marina di Arbus
M. Arcuentu
785
100
Terme di Sardara
Villanovaforru
Sardara
(163)
(324)
Villam
Monreale
(274)
Pabillonis
S. Gavino
Monreale
(135)
Sanluri
(108)
P.ta Nuracciolu
338
(370)
Montevecchio
S 126
Belu
S 197
Piscinas
Arcu sa Tella
343
728
P.ta s'Accorradroxiu
Guspini
(137)
Strovina
Ingurtosu
Arbus
(311)
Seddanus
Bau
492
Gonnosfanadiga
S 196
S. Michele
Samass
Costa Verde
P.so Bidderdi
724
M. Linas
1236
Villacidro
(267)
Capo Pecora
P.ta Mumullonis
499
S 126
52
Fluminimaggiore
(63)
P.ta Perda de sa Mesa
P.ta di S. Miali
1062
Leni
S 196 dir
Portixeddu
Mannu
S. Pietro
44
Serr
Villa
Buggerru
S.ta Trigus
651
Grugua
Tempio di Antas
Leni
P.ta Cuccurdoni Mannu
1021
910
Vallermosa
S 293
NO
Acqua Resi
Arcu Genna Bogai
549
939
Malacalzetta
S. Benedetto
906
P.ta Gennarta
S. Giovanni
S.
Pan di Zucchero
Masua
L. Monteponi
Domusnovas
(148)
Decimoputzu
P.to Flavia
661
M. S. Pietro
P.ta S. Michele
6
Nebida
Monteponi
Iglesias
(174)
S 130
39
Villaspeciosa
Fontanamare
S 126
Musei
Siliqua
Ass
22
Gonnesa
455
Cixerri
Villamassargia
(121)
Cixerri
Acquafredda
(253)
Nuraghe Seruci
Bacu Abis
Zinnigas
L. di Medau Zirimilis
Capo Altano o Giordano
28
Nuraxi Figus
Troncia
614
M. S. Miai
723
M. Orri
Portoscuso
112
Cortoghiana
Barbusi
Terraseo
948
M. Arcosu
Sta Lucia
I. Piana
Portovesme
Sirri
Riomurtas
L. Bau Pressiu
Capoter
(54)
Tonnare
La Punta
Paringianu
Sta Maria di Flumentepido
Carbonia
(111)
Narcao
Acquacadda
M.is Caravius
1116
Capo Sandalo
221
Guardia d. Mori
Carloforte
Monte Sirai
Perdaxius
Pesus
Nuxis
1087
M. sa Mirra
720
M.is Pauceris Mann.
I. del Corno
P.ta s'Aliga
Bruncu Teula
M. S. Michele Arenas
492
481
M. Narcao
Villaperuccio
Santadi
(135)
La Caletta
Saline
Matzaccara
S. Giovanni Suergiu
Santadi Basso
Pantaleo
P.ta Maxia
1017
Isola di S. Pietro
9
P.ta delle Colonne
Calasetta
Cussorgia
Tratalias
Sta Maria
L. di M. Pranu
Piscinas
601
Monte Nieddu
9,5
S 126 dir
S. Antioco
Palmas
Giba
S 195
Masainas
Santo
Villa S
231
16
Villarios
Is Zuddas
979
P.ta Sebera
Perdas de Fogu
271
Porto Botte
S.no di Porto Botte
Is Scattas
Is Cannoneris
(715)
864
P.ta sa Cresia
Cala Lunga
Golfo di Palmas
S. Anna Arresi
443
M. Orbai
688
Isola di S. Antioco
Cannai
Stagno di Maestrale
Teulada
(63)
M. Perdaia
437
P.ta Eva
551
M. Arbus
239
Is Pillonis
S. Isidoro
Valico Nuraxi de Mesu
300
Domus de Maria
(66)
Capo Sperone
Porto Pino
S.no de is Brebeis
S 195
Punta Menga
Porto Pino
M. Lapanu
317
M. Filau
363
I. la Vacca
I. Rossa
P.to di Teulada
Torre
Bithia
I. il Toro
P.ta di Cala Piombo
P.to Scudo
P.to Zafferano
Costa del Sud
223
Capo Malfatano
Capo Spartivento
Cala Piombo
Capo Teulada

103
101
Escalaplano
Perda is Furonis
Cuc.tu Luggerras
P.ta s'Accettori
Gesico
M. S. Mauro
Donigala
Seuni
Piscu
Siurgus-
Goni
Pranu Mutteddu
Goni
Ballao
Perda Lada
M. Cardiga
M. Parredis
Segariu
Guamaggiore
Guasila
Selegas
Suelli
Sisini
M. Turri
Silius
Armungia
Gruppa
M. su Piroi
I. di Quirra
Ortacesus
Arixi
S. Basilio
S. Lucia
S. Nicolo Gerrei
Villasalto
M. Ordini
Quirra
Piano Lasina
Senorbi
M. Ixi
Tolu
Flumendosa
Capo S. Lorenzo
Serrenti
Samatzai
Pimentel
Barrali
S. Andrea Frius
Cuc.tu Orru
M. Casargius
S. Vito
Villaputzu
P.ta sa Medditzi
Villagreca
M. Uda
Coxinas
Br.cu Salamu
M. Genis
Gennargiolas
Muravera
P.to Corallo
Face del Flumendosa
Nuraminis
Donori
M. Narba
Ussana
Monastir
Dolianova
Serdiana
Ollastu
Brabaisu
S. Cro
Torre Salinas
Sperate
Soleminis
P.ta Serpeddi
Burcei
Gola di Rio Cannas
S. Priamo
Stagno di Colostrai
S. Gemiliano
Is Cannas
Laghi di Corongiu
Cannas
M. Liuru
Decimomannu
Sestu
Sinnai
S. Gregorio
Valico Arcu 'e Tidu
Annunziata
Casa Ferrato
M. Ferru
Capo Ferrato
Uta
Settimo San Pietro
Maracalagonis
M. dei Sette Fratelli
Camisa
Elmas
Selargius
Arcu sa Ruinedda
Olia Speciosa
Costa Rei
Monserrato Pirri
Quartucciu
S. Isidoro
M. Arbu
Castiadas
M. Nai
Macchiareddu
CAGLIARI
Quartu S. Elena
S. Andrea
Flumiri
M. Nicola Bove
Saline
Foxi
Capitana
M. Minniminni
Casa della Marina
Poetto
Cala Mosca
Capo S. Elia
Golfo di Quartu
Geremeas
Solanas
M. Maria
M. Macioni
Cala di Sinzias
Cala Pira
Stagno di Cagliari
Golfo d. Angeli
Torre Cala Regina
Villasimius
I. Serpentara
Genova
Arbatax-Civitavecchia
Napoli
Palermo
Trapani-Tunis
Torre d. Stelle
Solanas
G. di Carbonara
P.ta Molentis
Maddalena Spiaggia
GOLFO
Capo Boi
Sgno Notteri
Villa d'Orri
DI CAGLIARI
Capo Carbonara
I. dei Cavoli
Giorgio
Porto Foxi
Sarroch
Sa Domu 'e s'Orcu
Pietro
Perd 'e Sali
Pula
I. S. Macario
S. Efisio
Capo di Pula
Nora
Sta Margherita

A

Abano Terme	27	F 17
Abatemarco	70	G 28
Abatemarco (Fiume)	76	H 29
Abbadia (Siena)	46	M 17
Abbadia (Viterbo)	53	O 16
Abbadia Lariana	13	E 10
Abbadia S. Salvatore	46	N 17
Abbalata (Monte)	94	D 9
Abbasanta	100	G 8
Abbasanta (Altopiano di)	100	G 8
Abbateggio	56	P 24
Abbatoggia (Punta)	95	D 10
Abbiadori	95	D 10
Abbiategrasso	13	F 8
Abetaia	35	J 14
Abeto (Firenze)	41	J 17
Abeto (Perugia)	48	N 21
Abetone	35	J 14
Abisso (Rocca del)	30	J 4
Abriola	71	F 29
Abruzzese	56	P 22
Abruzzo (Parco Nazionale d')	60	Q 23
Abtei / Badia	7	C 17
Acaia	75	F 36
Acate	92	P 25
Acate (Fiume)	92	P 25
Accadia	66	D 28
Acceglio	20	I 2
Accellica (Monte)	65	E 27
Accesa (Lago dell')	45	N 14
Accettori (Punta s')	103	I 10
Accettura	72	F 30
Accia (Portella dell')	86	M 22
Acciano	56	P 23
Acciarella	59	R 20
Acciaroli	70	G 27
Acconia	78	K 30
Accorradroxiu (Punta s')	102	I 7
Accumoli	48	N 21
Acerenza	66	E 29
Acerenza (Lago di)	66	E 29
Acerno	65	E 27
Acerno (Le Croci di)	65	E 27
Acero (Forca d')	60	Q 23
Acerra	64	E 25
Aci Bonaccorsi	89	O 27
Aci Castello	89	O 27
Aci Catena	89	O 27
Aci S. Antonio	89	O 27
Aci Trezza	89	O 27
Acilia	58	Q 19
Acireale	89	O 27
Acone S. Eustachio	40	K 16
Acqua (Bagno dell')	84	Q 17
Acqua Resi	102	I 7
Acqua Tosta (Monte)	53	P 17
Acquabianca	32	I 7
Acquabona (Passo di)	78	J 31
Acquacadda	102	J 8
Acquacalda	82	L 26
Acquacanina	48	M 21
Acquafondata	60	R 23
Acquaformosa	76	H 30
Acquafredda (Brescia)	25	G 13
Acquafredda (Cagliari)	102	J 8
Acquafredda (Potenza)	71	G 29
Acqualagna	42	L 20
Acqualoreto	47	N 19
Acqualunga	24	G 11
Acquanegra Cremonese	24	G 11
Acquanegra sul Chiese	25	G 13
Acquapendente	46	N 17
Acquappesa	76	I 29
Acquaria	35	J 14
Acquarica del Capo	75	H 36
Acquarica di Lecce	75	G 36
Acquaro	80	L 30
Acquasanta	32	J 8
Acquasanta Terme	49	N 22
Acquaseria	3	D 9
Acquasparta	47	N 19
Acquato (Lago)	52	O 16
Acquavella	70	G 27
Acquavena	70	G 28
Acquaviva (Roma)	54	P 20
Acquaviva (Siena)	46	M 17
Acquaviva Collecroce	62	B 26
Acquaviva delle Fonti	68	E 32
Acquaviva d'Isernia	61	Q 24
Acquaviva Picena	49	N 23
Acquaviva Platini	91	O 23
Acquedolci	88	M 25
Acquerino	39	J 15
Acquevive	61	R 25
Acqui Terme	32	H 7
Acri	76	I 31
Acuto	59	Q 21
Acuto (Monte) (Perugia)	47	M 18
Acuto (Monte) (Sassari)	97	E 9
Adalicu (Monte)	101	H 10
Adamello	15	D 13
Adamello (Monte)	15	D 13
Adami	78	J 31
Adda	5	C 12
Addolorata (Santuario dell')	61	R 24
Adelfia	68	D 32
Adige	6	C 14
Adige (Foce dell')	27	G 18
Adone (Monte)	36	I 15
Adrano	89	O 26
Adranone (Monte)	86	N 21
Adrara S. Rocco	14	E 11
Adret	20	G 3
Adria	27	G 18
Adro	24	F 11
Aeclanum	65	D 27
Afers / Eores	7	B 17
Affi	25	F 14
Affile	59	Q 21
Affrica (Scoglio d')	50	O 12
Afragola (Napoli)	64	E 24
Africo	80	M 30
Agaggio Inferiore	31	K 5
Agarina	3	D 7
Agazzano	23	H 10
Agelli	49	N 22
Agello	47	M 18
Agerola	64	F 25
Aggius	97	E 9
Agira	88	O 25
Agliana	39	K 15
Agliano	21	H 6
Aglié	11	F 5
Aglientu	94	D 9
Aglio	23	H 10
Agna (Arezzo)	41	K 17
Agna (Padova)	27	G 17
Agnadello	13	F 10
Agnana Calabra	81	M 30
Agnano	38	K 13
Agnano Terme (Napoli)	64	E 24
Agnara (Croce di)	79	J 32
Agnedo	14	D 11
Agnellezze (Monte)	17	D 18
Agnello (Colle dell')	20	H 2
Agner (Monte)	17	D 17
Agnino	34	J 12
Agno (Val d')	26	F 16
Agnone	61	Q 25
Agnone Bagni	93	P 27
Agnosine	25	F 13
Agogna	12	E 7
Agordo	17	D 18
Agordo (Canale di)	17	D 18
Agostini (Rifugio)	15	D 14
Agra	3	D 8
Agrano	12	E 7
Agrate Brianza	13	F 10
Agrate Conturbia	12	E 7
Agresto (Monte dell')	72	F 30
Agri	71	F 29
Agriano	48	N 21
Agrifoglio	78	J 31
Agrigento	91	P 22
Agropoli	70	F 26
Agrustos	99	E 11
Agudo (Monte)	8	C 19
Agugliano	43	L 22
Agugliaro	26	G 16
Aguzzo (Monte)	54	P 19
Ahrntal / Aurina (Valle)	7	A 17
Ahrntal / Valle Aurina	7	B 17
Aidomaggiore	100	G 8
Aidone	88	O 25
Aielli	56	P 22
Aiello Calabro	78	J 30
Aiello del Friuli	29	E 21
Aiello del Sabato	65	E 26
Aieta	76	H 29
Aiguille de Trio et	10	E 3
Aiguilles de Bionnassay	10	E 2
Ailano	61	R 24
Aiona (Monte)	33	I 10
Aip (Greta di) / Trogkofel	19	C 21
Airasca	21	H 4
Airola	64	D 25
Airole	30	K 4
Airuno	13	E 10
Aisone	30	J 3
Akrai (Palazzolo Acreide)	93	P 26
Ala	15	E 14
Ala (Val di)	10	G 3
Ala di Stura	10	G 3
Ala (Punta)	45	N 14
Alagna	22	G 8
Alagna Valses a	11	E 5
Alanno	56	P 23
Alano di Piave	17	E 17
Alassio	31	J 6
Alatri	60	Q 22
Alba (Cuneo)	21	H 6
Alba (Trento)	7	C 17
Alba Adriatica	49	N 23
Alba Fucens	55	P 22
Albagiara	100	H 8
Albairate	13	F 8
Albanella	65	F 27
Albaneto	55	O 21
Albani (Colli)	59	Q 20
Albano	14	E 11
Albano (Lago)	59	Q 20
Albano (Monte) (Modena)	38	J 13
Albano (Monte) (Pistoia)	39	K 14
Albano di Lucania	72	F 30
Albano Laziale	59	Q 19
Albano Vercellese	12	F 7
Albaredo (Trento)	16	E 15
Albaredo Arnaboldi	23	G 9
Albaredo (Treviso)	17	E 18
Albaredo d'Adige	26	G 15
Albaredo per S. Marco	4	D 10
Albarella (Iscla)	27	G 19
Albareto (Modena)	35	H 14
Albareto (Parma)	34	I 11
Albaretto della Torre	21	I 6
Albaro	26	F 15
Albate	13	E 9
Albavilla	13	E 9
Albe	55	P 22
Albegna	46	N 16
Alben (Monte)	14	E 11
Albenga	31	J 6
Albera Ligure	33	H 9
Alberese	45	N 15
Alberghi	39	K 14
Albergian (Monte)	20	G 2
Alberi	35	H 12
Alberino	36	I 16
Albero Sole (Monte)	90	U 19
Alberobello	68	E 33
Alberona	62	C 27
Alberone	23	G 10
Alberone (vicino a Cento)	36	H 15
Alberone (vicino a Guarda F.)	27	H 17
Alberoni	27	G 18
Alberoro	46	L 17
Albes	7	B 16
Albettone	26	F 16
Albi	79	J 31
Albiano (Arezzo)	41	L 18
Albiano (Trento)	16	D 15
Albiano d'Ivrea	11	F 5
Albidona	77	H 31
Albignano	13	F 10
Albignasego	27	F 17
Albinea	35	I 13
Albinia	51	O 15
Albino	14	E 11
Albiolo	13	E 8
Albisola Superiore	32	I 7
Albissola Marina	32	J 7
Albizzate	12	E 8
Albo (Monte)	99	F 10
Albonese	22	G 8
Albonico	4	D 10
Albosaggia	14	D 11
Albuccio	95	D 10
Albugnano	21	G 5
Alburni (Monti)	65	F 27
Alburno (Monte)	65	F 27
Albuzzano	23	G 9
Alcamo	85	N 20
Alcamo Marina	85	M 20
Alcantara	89	N 27
Alcantara (Gole dell')	89	N 27
Alcara li Fusi	88	M 26
Aldein	7	C 16
Aldeno	16	E 15
Aldino / Aldein	16	C 16
Alento (Salerno)	70	G 27
Alento (Chieti)	57	O 24
Ales	100	H 8
Alessandria	22	H 7
Alessandria del Carretto	76	H 31
Alessandria della Rocca	90	O 22
Alessano	75	H 36
Alesso	18	D 21
Alezio	75	G 36
Alfano	70	G 28
Alfedena	60	Q 24
Alfero	41	K 18
Alfianello	24	G 12
Alfiano Natta	21	G 6
Alfonsine	37	I 18
Alga (Punta d')	84	N 19
Alghero	96	F 6
Alghero (Rada di)	96	F 6
Algone (Val d')	15	D 14
Algua	14	E 11
Ali	83	M 28
Ali Terme	89	M 28
Alia	87	N 23
Alianello	72	G 30
Aliano	72	G 30
Alice Bel Colle	22	H 7
Alice Castello	11	F 6
Alice (Punta)	77	I 33
Alicudi (Isola)	82	L 25
Alicudi Porto	82	L 25

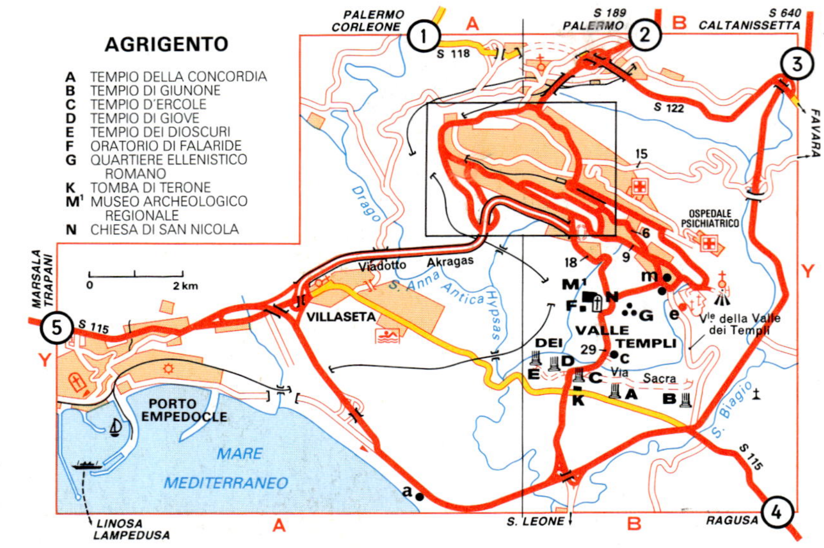

ALESSANDRIA

Martiri (Via dei)	Y	24
Roma (Corso)	YZ	
Bergamo (Via)	Z	2
Brigata Ravenna (Viale)	Z	3
Carducci (Piazza)	Y	4
Carlo Marx (Corso)	Y	6
Casale (Via)	Y	7
Cavallotti (Corso)	Z	8
Crimea (Corso)	Z	9
Dante Alighieri (Via)	Y	10
Fiume (Via)	Y	12
Garibaldi (Piazza)	Z	14
Gobetti (Piazza)	Z	15
Gramsci (Via)	Z	16
Lamarmora (Corso)	Z	18
Libertà (Piazza della)	Y	19
Machiavelli (Via)	YZ	20
Magenta (Lungo Tanaro)	Y	21
Marini (Corso Virginia)	Y	23
Morbelli (Via)	Y	26
Pistoia (Via Ernesto)	YZ	27
Pontida (Via)	YZ	28
S. Dalmazzo (Via)	Y	30
S. Giacomo d. Vittoria (Via)	YZ	31
S. Martino (Lungo Tanaro)	Y	32
S. Pio V (Via)	Y	34
S. Caterina da Siena (Via)	Y	35
S. Maria di Castello (Via)	Y	36
Savona (Via)	Z	38
Solferino (Lungo Tanaro)	Y	39
Tivoli (Via)	Y	40
Tripoli (Via)	YZ	42
Turati (Piazza)	YZ	43
Valfré (Piazza)	Y	44
Vittorio Veneto (Piazza)	Z	45
Vochieri (Via)	Y	46
1821 (Via)	Y	48

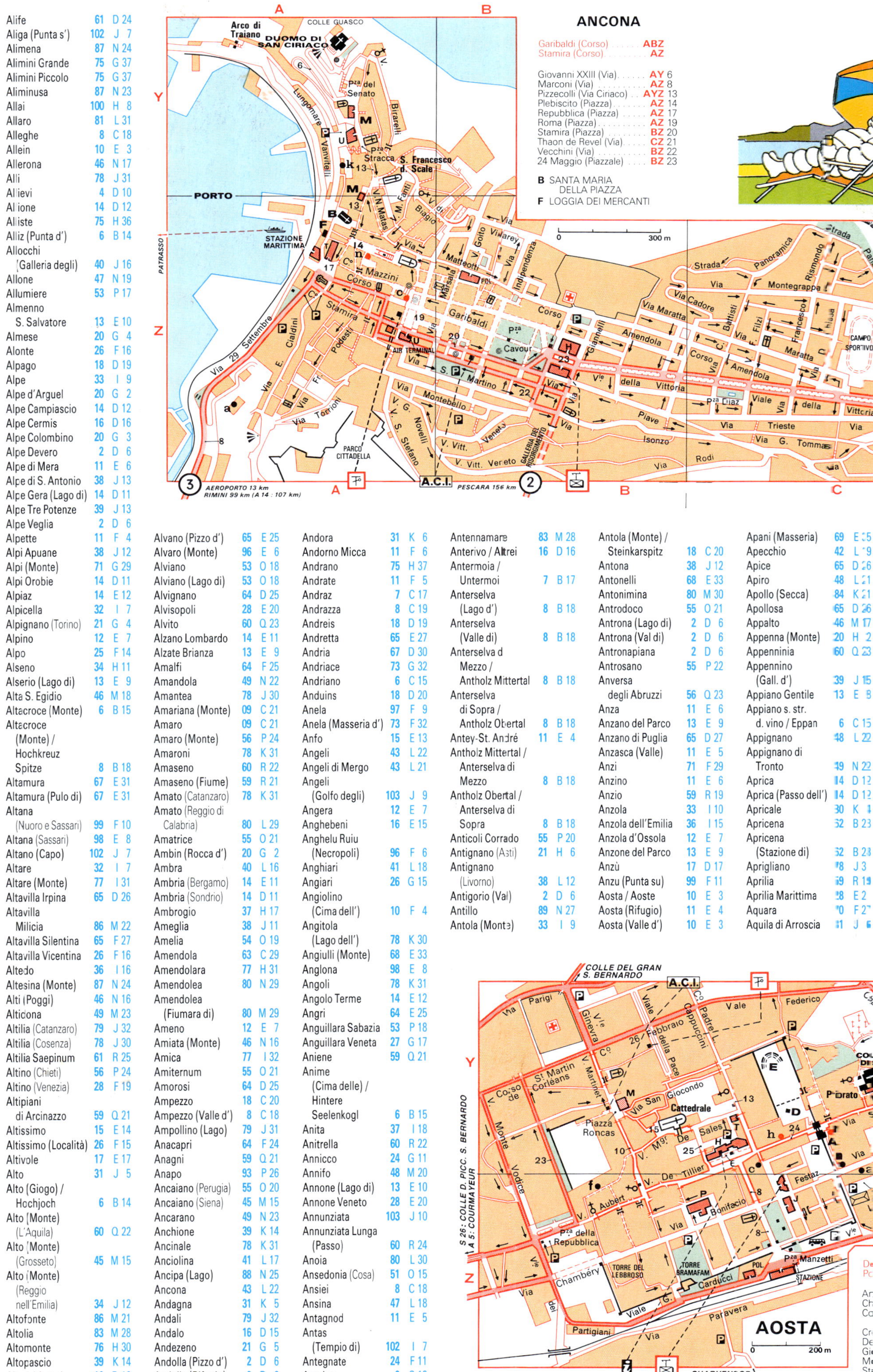

Località		
Alife	61	D 24
Aliga (Punta s')	102	J 7
Alimena	87	N 24
Alimini Grande	75	G 37
Alimini Piccolo	75	G 37
Aliminusa	87	N 23
Allai	100	H 8
Allaro	81	L 31
Alleghe	8	C 18
Allein	10	E 3
Allerona	46	N 17
Alli	78	J 31
Allievi	4	D 10
Allione	14	D 12
Alliste	75	H 36
Alliz (Punta d')	6	B 14
Allocchi (Galleria degli)	40	J 16
Allone	47	N 19
Allumiere	53	P 17
Almenno S. Salvatore	13	E 10
Almese	20	G 4
Alonte	26	F 16
Alpago	18	D 19
Alpe	33	I 9
Alpe d'Arguel	20	G 2
Alpe Campiascio	14	D 12
Alpe Cermis	16	D 16
Alpe Colombino	20	G 3
Alpe Devero	2	D 6
Alpe di Mera	11	E 6
Alpe di S. Antonio	38	J 13
Alpe Gera (Lago di)	14	D 11
Alpe Tre Potenze	39	J 13
Alpe Veglia	2	D 6
Alpette	11	F 4
Alpi Apuane	38	J 12
Alpi (Monte)	71	G 29
Alpi Orobie	14	D 11
Alpiaz	14	E 12
Alpicella	32	I 7
Alpignano (Torino)	21	G 4
Alpino	12	E 7
Alpo	25	F 14
Alseno	34	H 11
Alserio (Lago di)	13	E 9
Alta S. Egidio	46	M 18
Altacroce (Monte)	6	B 15
Altacroce (Monte) / Hochkreuz Spitze	8	B 18
Altamura	67	E 31
Altamura (Pulo di)	67	E 31
Altana (Nuoro e Sassari)	99	F 10
Altana (Sassari)	98	E 8
Altano (Capo)	102	J 7
Altare	32	I 7
Altare (Monte)	77	I 31
Altavilla Irpina	65	D 26
Altavilla Milicia	86	M 22
Altavilla Silentina	65	F 27
Altavilla Vicentina	26	F 16
Altedo	36	I 16
Altesina (Monte)	87	N 24
Alti (Poggi)	46	N 16
Alticona	49	M 23
Altilia (Catanzaro)	79	J 32
Altilia (Cosenza)	78	J 30
Altilia Saepinum	61	R 25
Altino (Chieti)	56	P 24
Altino (Venezia)	28	F 19
Altipiani di Arcinazzo	59	Q 21
Altissimo	15	E 14
Altissimo (Località)	26	F 15
Altivole	17	E 17
Alto	31	J 5
Alto (Giogo) / Hochjoch	6	B 14
Alto (Monte) (L'Aquila)	60	Q 22
Alto (Monte) (Grosseto)	45	M 15
Alto (Monte) (Reggio nell'Emilia)	34	J 12
Altofonte	86	M 21
Altoia	83	M 28
Altomonte	76	H 30
Altopascio	39	K 14
Altrei / Anterivo	16	D 16
Altrocanto	54	O 19
Alvano (Pizzo d')	65	E 25
Alvaro (Monte)	96	E 6
Alviano	53	O 18
Alviano (Lago di)	53	O 18
Alvignano	64	D 25
Alvisopoli	28	E 20
Alvito	60	Q 23
Alzano Lombardo	14	E 11
Alzate Brianza	13	E 9
Amalfi	64	F 25
Amandola	49	N 22
Amantea	78	J 30
Amariana (Monte)	09	C 21
Amaro	09	C 21
Amaro (Monte)	56	P 24
Amaroni	78	K 31
Amaseno	60	R 22
Amaseno (Fiume)	59	R 21
Amato (Catanzaro)	78	K 31
Amato (Reggio di Calabria)	80	L 29
Amatrice	55	O 21
Ambin (Rocca d')	20	G 2
Ambra	40	L 16
Ambria (Bergamo)	14	E 11
Ambria (Sondrio)	14	D 11
Ambrogio	37	H 17
Ameglia	38	J 11
Amelia	54	O 19
Amendola	63	C 29
Amendolara	77	H 31
Amendolea	80	N 29
Amendolea (Fiumara di)	80	M 29
Ameno	12	E 7
Amiata (Monte)	46	N 16
Amica	77	I 32
Amiternum	55	O 21
Amorosi	64	D 25
Ampezzo	18	C 20
Ampezzo (Valle d')	8	C 18
Ampollino (Lago)	79	J 31
Anacapri	64	F 24
Anagni	59	Q 21
Anapo	93	P 26
Ancaiano (Perugia)	55	O 20
Ancaiano (Siena)	45	M 15
Ancarano	49	N 23
Anchione	39	K 14
Ancinale	78	K 31
Anciolina	41	L 17
Ancipa (Lago)	88	N 25
Ancona	43	L 22
Andagna	31	K 5
Andali	79	J 32
Andalo	16	D 15
Andezeno	21	G 5
Andolla (Pizzo d')	2	D 6
Andolla (Rifugio)	2	D 6
Andonno	30	J 4
Andora	31	K 6
Andorno Micca	11	F 6
Andrano	75	H 37
Andrate	11	F 5
Andraz	7	C 17
Andrazza	8	C 19
Andreis	18	D 19
Andretta	65	E 27
Andria	67	D 30
Andriace	73	G 32
Andriano	6	C 15
Anduins	18	D 20
Anela	97	F 9
Anela (Masseria d')	73	F 32
Anfo	15	E 13
Angeli	43	L 22
Angeli di Mergo	43	L 21
Angeli (Golfo degli)	103	J 9
Angera	12	E 7
Anghebeni	16	E 15
Anghiari	41	L 18
Angiari	26	G 15
Angiolino (Cima dell')	10	F 4
Angitola (Lago dell')	78	K 30
Angiulli (Monte)	68	E 33
Anglona	98	E 8
Angoli	78	K 31
Angolo Terme	14	E 12
Angri	64	E 25
Anguillara Sabazia	53	P 18
Anguillara Veneta	27	G 17
Aniene	59	Q 21
Anime (Cima delle) / Hintere Seelenkogl	6	B 15
Anita	37	I 18
Anitrella	60	R 22
Annicco	24	G 11
Annifo	48	M 20
Annone (Lago di)	13	E 10
Annone Veneto	28	E 20
Annunziata	103	J 10
Annunziata Lunga (Passo)	60	R 24
Anoia	80	L 30
Ansedonia (Cosa)	51	O 15
Ansiei	8	C 18
Ansina	47	L 18
Antagnod	11	E 5
Antas (Tempio di)	102	I 7
Antegnate	24	F 11
Antelao	8	C 18
Antenna (Monte)	80	M 29
Antennamare	83	M 28
Anterivo / Altrei	16	D 16
Antermoia / Untermoi	7	B 17
Anterselva (Lago d')	8	B 18
Anterselva (Valle di)	8	B 18
Anterselva d Mezzo / Antholz Mittertal	8	B 18
Anterselva di Sopra / Antholz Obertal	8	B 18
Antey-St. André	11	E 4
Antholz Mittertal / Anterselva di Mezzo	8	B 18
Antholz Obertal / Anterselva di Sopra	8	B 18
Anticoli Corrado	55	P 20
Antignano (Asti)	21	H 6
Antignano (Livorno)	38	L 12
Antigorio (Val)	2	D 6
Antillo	89	N 27
Antola (Monte)	33	I 9
Antola (Monte) / Steinkarspitz	18	C 20
Antona	38	J 12
Antonelli	68	E 33
Antonimina	80	M 30
Antrodoco	55	O 21
Antrona (Lago di)	2	D 6
Antrona (Val di)	2	D 6
Antronapiana	2	D 6
Antrosano	55	P 22
Anversa degli Abruzzi	56	Q 23
Anza	11	E 6
Anzano del Parco	13	E 9
Anzano di Puglia	65	D 27
Anzasca (Valle)	11	E 5
Anzi	71	F 29
Anzino	11	E 6
Anzio	59	R 19
Anzola	33	I 10
Anzola dell'Emilia	36	I 15
Anzola d'Ossola	12	E 7
Anzone del Parco	13	E 9
Anzù	17	D 17
Anzu (Punta su)	99	F 11
Aosta / Aoste	10	E 3
Aosta (Rifugio)	11	E 4
Aosta (Valle d')	10	E 3
Apani (Masseria)	69	E 35
Apecchio	42	L 19
Apice	65	D 26
Apiro	48	L 21
Apollo (Secca)	84	K 21
Apollosa	65	D 26
Appalto	46	M 17
Appenna (Monte)	20	H 2
Appenninia	60	Q 23
Appennino (Gall. d')	39	J 15
Appiano Gentile	13	E 9
Appiano s. str. d. vino / Eppan	6	C 15
Appignano	48	L 22
Appignano di Tronto	49	N 22
Aprica	14	D 12
Aprica (Passo dell')	14	D 12
Apricale	30	K 4
Apricena	32	B 23
Apricena (Stazione di)	32	B 23
Aprigliano	78	J 3
Aprilia	59	R 19
Aprilia Marittima	28	E 21
Aquara	70	F 27
Aquila di Arroscia	31	J 6
Aquila (Rocca d')	88	C 25
Aquilano	57	O 25
Aquileia	29	E 22
Aquilinia	29	F 23
Aquilonia	68	E 28
Aquino (Frosinone)	60	R 23
Aquino (Palermo)	86	M 21
Arabba	7	C 17
Aradeo	75	G 36
Aragona	91	O 22
Arai	103	I 9
Aralalta (Monte)	13	E 10
Arancio (Lago)	90	O 21
Arasi	80	M 29
Aratena	99	E 10
Aratu	101	G 9
Araxisi	100	H 8
Arba	18	D 20
Arbatax	101	H 11
Arbia	46	L 16
Arbola (Punta d')	2	C 6
Arbola (Bocchetta d')	2	C 6
Arborea	100	H 8
Arborea (Località)	100	H 7
Arborea Lido	100	H 7
Arborio	12	F 7

Place	Page	Grid
Arbu (Monte) (Cagliari)	103	J 10
Arbu (Monte) (Nuoro)	101	G 10
Arburese	102	I 7
Arbus	102	I 7
Arbus (Monte)	102	K 7
Arcade	17	E 18
Arcavacata	76	I 30
Arce	60	R 22
Arcene	13	F 10
Arceto	35	I 14
Arcetri	39	K 15
Arcevia	42	L 20
Archi (Chieti)	57	P 25
Archi (Reggio di Calabria)	83	M 28
Archittu (S')	100	G 7
Arci (Monte)	100	H 8
Arcidosso	46	N 16
Arcille	45	N 15
Arcinazzo Romano	59	Q 21
Arcisate	13	E 8
Arco	15	E 14
Arcola (La Spezia)	38	J 11
Arcola (Pordenone)	18	D 19
Arcole	26	F 15
Arcore	13	F 9
Arcosu (Monte)	102	J 8
Arcu (S')	101	H 9
Arcu Correboi	101	G 10
Arcu de Sarrala de Susu	101	H 10
Arcu de Tascussi (S')	101	G 9
Arcu 'e Tidu (Valico)	103	J 10
Arcu Genna Bogai	102	I 7
Arcu Guddetorgiu	101	G 9
Arcu sa Ruinedda	103	J 10
Arcu sa Tella	102	I 7
Arcuentu (Monte)	102	I 7
Arcueri (Valico)	101	H 10
Arcugnano	26	F 16
Arcumeggia	12	E 8
Arda	34	H 11
Ardali	101	G 10
Ardara	98	F 8
Ardauli	100	G 8
Ardea	58	R 19
Ardenno	4	D 10
Ardenza	38	L 12
Ardesio	14	E 11
Ardivestra	23	H 9
Ardore	81	M 30
Ardore Marina	81	M 30
Area Sacra	61	Q 25
Aremogna	60	Q 24
Arena	78	L 30
Arena Po	23	G 10
Arenabianca	71	G 29
Arenella (Siracusa)	93	Q 27
Arenzano	32	I 8
Arera (Pizzo)	14	E 11
Arese	13	F 9
Arezzo	41	L 17
Argatone (Monte)	60	Q 23
Argegno	13	E 9
Argelato	36	I 16
Argenta	37	I 17
Argentario (Promontorio d')	51	O 15
Argentera (Cuneo)	30	I 2
Argentera (Torino)	10	G 5
Argentera (Cima di)	30	J 3
Argentiera	96	E 6
Argentiera (Capo dell')	96	E 6
Argentina	31	K 5
Argentina (Val)	31	K 5
Arginemele (Cozzo)	88	O 25
Argiolas (Genn')	103	I 10
Argusto	78	K 31
Ari	57	P 24
Ariamacina (Lago di)	78	J 31
Ariano (Isola d')	27	H 18
Ariano Ferrarese	27	H 18
Ariano Irpino	65	D 27
Ariano nel Polesine	27	H 18
Ariccia	59	Q 20
Arielli	57	P 24
Arienzo	64	D 25

Place	Page	Grid
Arietta	79	J 32
Arigna	14	D 11
Arina	16	D 17
Aringo	55	O 21
Arischia	55	O 22
Aritzo	101	H 9
Arixi	103	I 9
Arlena di Castro	53	O 17
Arli	49	N 22
Arluno	13	F 8
Arma di Taggia	31	K 5
Armeno	12	E 7
Armentarola	7	C 17
Armento	72	G 30
Armenzano	48	M 20
Armi (Capo dell')	80	N 29
Armio	3	D 8
Armo (Imperia)	31	J 5
Armo (Reggio di Calabria)	80	M 29
Armungia	103	I 10
Arnaccio	38	L 13
Arnara	60	R 22
Arnas (Punta d')	10	G 3
Arnasco	31	J 6
Arnesano	75	F 36
Arni	38	J 12
Arno	39	K 15
Arno (Fosso d')	38	L 13
Arno (Lago d')	15	D 13
Arnoga	5	C 12
Arola	12	E 7
Arolo	12	E 7
Arona	12	E 7
Arosio	13	E 9
Arpa (Punta dell')	84	K 21
Arpaia	64	D 25
Arpaise	65	D 26
Arpino	60	R 22
Arpinova	63	C 28
Arquà Petrarca	26	G 17
Arquà Polesine	26	G 17
Arquata del Tronto	48	N 21
Arquata Scrivia	32	H 8
Arramene (Genna)	101	G 10
Arre	27	G 17
Arro	11	F 6
Arrobbio	22	H 7
Arrone (Roma)	58	Q 18
Arrone (Terni)	54	O 20
Arrone (Viterbo)	53	O 17
Arrone (Forca dell')	54	O 20
Arroscia	31	J 5
Arrubiu	101	H 9
Arsago Seprio	12	E 8
Arsego	27	F 17

Place	Page	Grid
Arsiè	16	E 17
Arsiero	16	E 16
Arsita	56	O 23
Arsoli	55	P 21
Arta Terme	09	C 21
Artegna	18	D 21
Artemisio (Monti)	59	Q 20
Arten	17	D 17
Artena	59	Q 20
Artesina	31	J 5
Artogne	14	E 12
Arutas (Punta is)	100	H 7
Arvenis (Monte)	18	C 20
Arvier	10	E 3
Arvo	79	J 31
Arvo (Lago)	78	J 31
Arzachena	95	D 10
Arzachena (Golfo di)	95	D 10
Arzago d'Adda	13	F 10
Arzana	101	H 10
Arzano (Napoli)	64	E 24
Arzelato	34	I 11
Arzene	28	E 20
Arzercavalli	27	G 17
Arzergrande	27	G 18
Arzignano	26	F 15
Arzino	18	C 20
Ascea	70	G 27
Ascensione (Monte dell')	49	N 22
Aschi Alto	56	Q 23
Aschio	48	N 21
Asciano (Pisa)	38	K 13
Asciano (Siena)	46	M 16
Ascione (Colle d')	78	J 31
Ascolese	71	F 28
Ascoli Piceno	49	N 22
Ascoli Satriano	66	D 28
Ascrea	55	P 20
Aselogna	26	G 15
Aserei (Monte)	33	H 10
Asiago	16	E 16
Asigliano Veneto	26	G 16
Asigliano Vercellese	22	G 7
Asinara (Golfo dell')	96	D 7
Asinara (Isola)	96	D 6
Asinaro	93	Q 27
Asinelli (Isola)	84	M 19
Asino (Punta dell')	99	E 11
Aso	49	M 22
Aso (Fiume)	49	N 22
Asola	25	G 13
Asolo	17	E 17

Place	Page	Grid
Aspra	86	M 22
Aspra (Monte)	55	O 20
Aspromonte	80	M 29
Assa	16	E 16
Assemini	102	J 8
Assenza di Brenzone	15	E 14
Assergi	55	O 22
Assieni	85	M 20
Assietta (Colle dell')	20	G 2
Assino	47	L 19
Assisi	47	M 19
Asso (Como)	13	E 9
Asso (Siena)	46	M 16
Asso (Castel d')	53	O 18
Assolo	100	H 8
Assoro	88	O 25
Asta	35	J 13
Asta (Cima d')	16	D 16
Asta (Giogo d')	7	B 17
Astfeld / Campolasta	7	C 16
Asti	21	H 6
Astico	16	E 16
Astico (Val d')	16	E 15
Astrone	46	N 17
Astroni (Pozzuoli)	64	E 24
Astura	59	R 20
Asuai	101	H 9
Asuni	100	H 8
Ateleta	61	Q 24

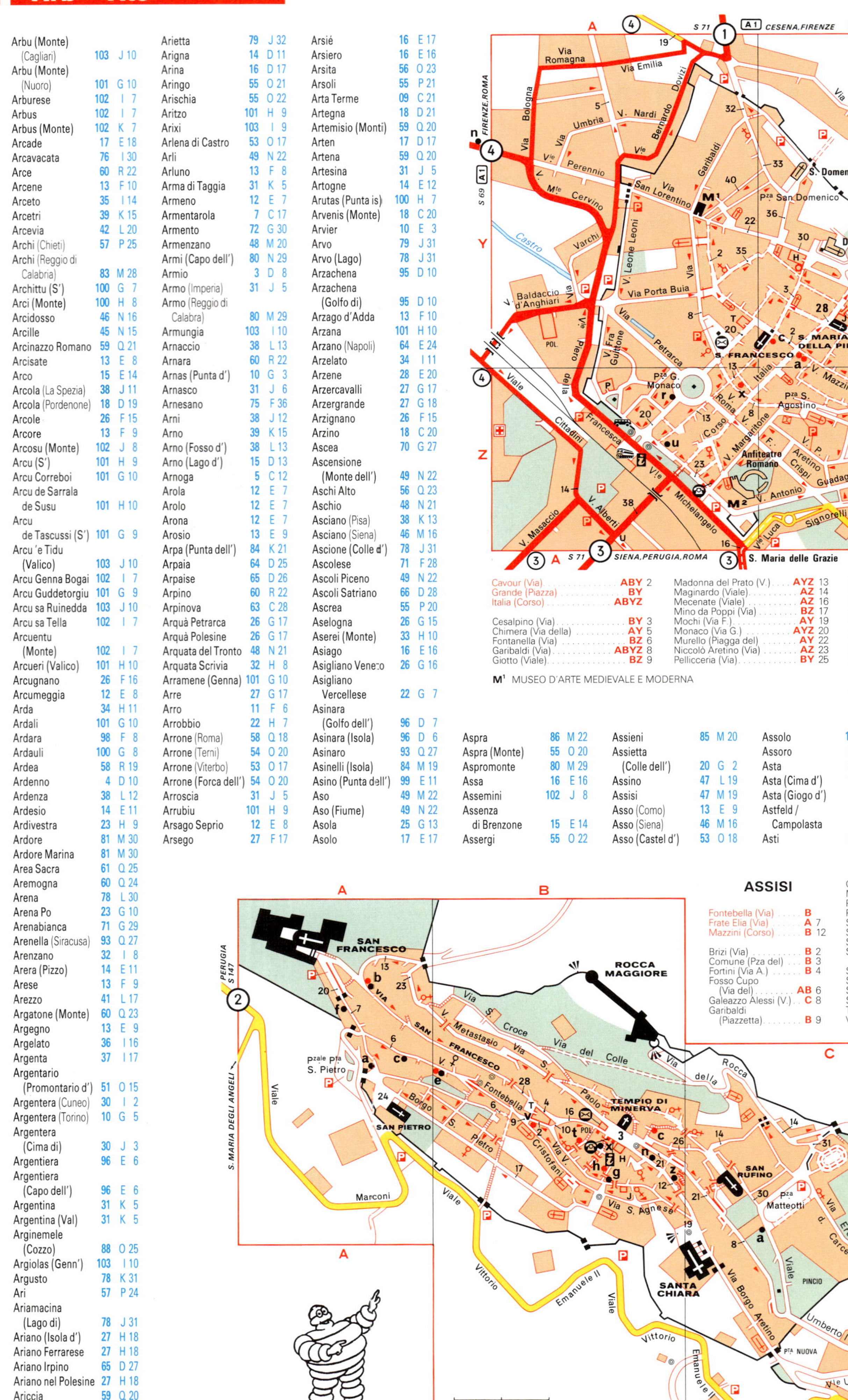

AREZZO

Street	Grid	No.
Cavour (Via)	ABY	2
Grande (Piazza)	BY	
Italia (Corso)	ABYZ	
Cesalpino (Via)	BY	3
Chimera (Via della)	AY	5
Fontanella (Via)	BZ	6
Garibaldi (Via)	ABYZ	8
Giotto (Viale)	BZ	9
Madonna del Prato (V.)	AYZ	13
Maginardo (Viale)	AZ	14
Mecenate (Viale)	AZ	16
Mino da Poppi (Via)	BZ	17
Mochi (Via F.)	AY	19
Monaco (Via G.)	AYZ	20
Murello (Piagga del)	AZ	22
Niccolò Aretino (Via)	AZ	23
Pellicceria (Via)	BY	25
Pescioni (Via)	BZ	26
Pileati (Via dei)	BY	28
Ricasoli (Via)	BY	30
S. Clemente (Via)	AY	32
S. Domenico (Via)	AY	33
Saracino (Via del)	AY	35
Sasso Verde (Via)	AY	36
Vittorio Veneto (Viale)	AZ	38
20 Settembre (Via)	AY	40

M1 MUSEO D'ARTE MEDIEVALE E MODERNA
M2 MUSEO ARCHEOLOGICO

ASSISI

Street	Grid	No.
Fontebella (Via)	B	
Frate Elia (Via)	A	7
Mazzini (Corso)	B	12
Brizi (Via)	B	2
Comune (Pza del)	B	3
Fortini (Via A.)	B	4
Fosso Cupo (Via del)	AB	6
Galeazzo Alessi (V.)	C	8
Garibaldi (Piazzetta)	B	9
Giotto (Via)	B	10
Merry del Val (Via)	A	13
Porta Perlici (Via)	C	14
Portica (Via)	B	16
S. Apollinare (Via)	B	17
S. Chiara (Piazza)	BC	19
S. Francesco (Pza)	A	20
S. Gabriele della Addolorata (Via)	BC	21
S. Giacomo (Via)	A	23
S. Pietro (Piazza)	A	24
S. Rufino (Via)	B	26
Seminario (V. del)	B	28
Torrione (Via del)	C	30
Villamena (Via)	C	31

Atella	66	E 28
Atella (Fiumara d')	66	E 28
Atena Lucana	71	F 28
Aterno	55	O 21
Atessa	57	P 25
Atina	60	R 23
Ato (Punta d')	80	M 29
Atrani	64	F 25
Atri	56	O 23
Atripalda	65	E 26
Attigliano	53	O 18
Attilia	78	J 30
Attimis	19	D 21
Atzara	101	H 9
Auditore	42	K 19
Auer / Ora	6	C 15
Augusta	93	P 27
Augusta (Golfo di)	93	P 27
Augusta (Porto di)	93	P 27
Aulella	38	J 12
Auletta	70	F 28
Aulla	34	J 11
Aune	17	D 17
Aupa	19	C 21
Aurano	12	E 7
Aurelia	53	P 17
Aurina (Valle) / Ahrntal	7	A 17
Aurine (Forcella)	17	D 17
Aurino	7	B 17
Aurisina	29	E 23
Auronzo (Rifugio)	8	C 18
Auronzo di Cadore	8	C 19
Aurunci (Monti)	60	R 22
Ausa	42	K 19
Ausoni (Monti)	59	R 21
Ausonia	60	R 23
Aussa-Corno	29	E 21
Ausser Sulden / Solda di Fuori	5	C 13
Austis	101	G 9
Autaret (Col de l')	10	G 3
Autore (Monte)	59	Q 21
Avacelli	42	L 20
Avegno	33	I 9
Avelengo / Hafling	6	C 15
Avella	64	E 25
Avella (Monti d')	65	E 26
Avellino	65	E 26
Avena	76	H 29
Avenale	48	L 21
Aventino	56	P 24
Avenza	38	J 12
Averau (Monte)	8	C 18
Averno (Lago d')	64	E 24
Aversa	64	E 24
Aveto	33	I 9
Avetrana	74	F 35
Avezzano	55	P 22
Aviano	18	D 19
Aviatico	14	E 11
Avic (Monte)	11	E 4
Avigliana	20	G 4
Avigliano	66	E 29
Avigliano Umbro	54	O 19
Avigna	6	C 16
Avio	15	E 14
Avise	10	E 3
Avisio	7	C 16
Avola	93	Q 27
Avolasca	23	H 8
Avosso	32	I 9
Ayas	11	E 5
Ayas (Valle d')	11	E 5
Ayasse	11	F 5
Aymavilles	10	E 3
Azeglio	11	F 5
Azzago	26	F 15
Azzanello (Cremona)	24	G 11
Azzanello (Pordenone)	28	E 19
Azzano	23	H 10
Azzano d'Asti	21	H 6
Azzano Decimo	28	E 20
Azzano Mella	24	F 12
Azzate	12	E 8
Azzone	14	E 12
Azzurra (Grotta) (Anacapri)	64	F 24
Azzurra (Grotta) (Palinuro)	70	G 27

B

Bacchereto	39	K 14
Bacchiglione (Padova)	27	G 17
Bacchiglione (Vicenza)	26	F 16
Baccinello	46	N 16
Bacedasco	34	H 11
Bacedasco (Terme di)	34	H 11
Baceno	2	D 6
Bacoli	64	E 24
Bacu Abis	102	J 7
Bacucco	37	H 19
Bacugno	55	O 21
Bad Moos / Bagni di S. Giuseppe	8	B 19
Bad Rahmwald / Bagni di Selva	7	B 17
Bad Salomonsbrunn / Bagni di Salomone	8	B 18
Bad Salt / Bagni di Salto	6	C 14
Badagnano	34	H 11
Badalucco	31	K 5
Badde Salighes	98	F 8
Badesi	98	E 8
Badesi Mare	98	E 8
Badesse	45	L 15
Badi	39	J 15
Badia (Bologna)	36	I 15
Badia (Perugia)	47	M 19
Badia / Abtei	7	C 17
Badia (Val) / Gadertal	7	B 17
Badia a Ruoti	46	L 16
Badia a Settimo	39	K 15
Badia a Taona	39	J 14
Badia Agnano	40	L 16
Badia al Pino	46	L 17
Badia Ardenga	46	M 16
Badia Calavena	26	F 15
Badia Coltibuono	40	L 16
Badia di Susinana	40	J 16
Badia Morronese	56	P 23
Badia Pavese	23	G 10
Badia Polesine	26	G 16
Badia Prataglia	41	K 17
Badia Tedalda	41	K 18
Badoere	27	F 18
Badolato	81	L 31
Badolato Marina	81	L 31
Badolo	36	I 15
Badu Abzolas	97	E 9
Badu Crabolu	96	F 7
Baffadi	40	J 16
Baffe (Punta)	33	J 10
Bafia	83	M 27
Bagaladi	80	M 29
Baganza	34	I 12
Baggio	39	K 14
Baggiovara	35	I 14
Bagheria	86	M 22
Baglio Messina	85	M 20
Baglionuovo	85	N 20
Bagna (Punta)	20	G 2
Bagnacavallo	37	I 17
Bagnaia (Livorno)	50	N 13
Bagnaia (Siena)	45	M 15
Bagnaia (Viterbo)	53	O 18
Bagnara	48	M 20
Bagnara Calabra	80	M 29
Bagnara di Romagna	37	I 17
Bagnaria	23	H 9
Bagnaria Arsa	29	E 21
Bagnarola (Bologna)	36	I 16
Bagnarola (Pordenone)	28	E 20
Bagnasco	31	J 6
Bagnatica	14	F 11
Bagni	32	I 7
Bagni Contursi	65	E 27
Bagni del Masino	4	D 10
Bagni di Bormio	5	C 13
Bagni di Craveggia	3	D 7
Bagni di Lavina Bianca	7	C 16
Bagni di Lucca	39	J 13
Bagni di Lusnizza	19	C 22
Bagni di Nocera	48	M 20
Bagni di Pervalle	8	B 18
Bagni di Petriolo	45	M 15

Bagni di Rabbi	6	C 14
Bagni di Repole	79	J 32
Bagni di Salomone / Bad Salomonsbrunn	8	B 18
Bagni di Salto / Bad Salt	6	C 14
Bagni di S. Giuseppe / Bad Moos	8	B 19
Bagni di S. Martino	98	E 8
Bagni di Selva / Bad Rahmwald	7	B 17
Bagni di Stigliano	53	P 18
Bagni di Tivoli	59	Q 20
Bagni di Vicarello	53	P 18
Bagni di Vinadio	30	J 3
Bagni di Viterbo	53	O 18
Bagni Froi	7	C 16
Bagni Minerali	80	M 30
Bagni S. Cataldo	68	E 28
Bagni S. Filippo	46	N 17
Bagno	63	B 29
Bagno a Ripoli	39	K 15
Bagno di Romagna	41	K 17
Bagno Grande	55	P 22
Bagno Vignoni	46	M 15
Bagnola	43	L 22
Bagnoli del Trigno	61	Q 25
Bagnoli di Sopra	27	G 17
Bagnoli Irpino	65	E 26
Bagnolo (vicino a Roccastrada)	45	M 15
Bagnolo (vicino a Sta Fiora)	46	N 16
Bagnolo (Monte)	74	F 34
Bagnolo (Verona)	25	G 14
Bagnolo (Vicenza)	26	F 16
Bagnolo Cremasco	13	F 10
Bagnolo del Salento	75	G 37
Bagnolo di Po	26	G 16
Bagnolo in Piano	35	H 14
Bagnolo Mella	24	F 12
Bagnolo Piemonte	20	H 3
Bagnolo S. Vito	25	G 14
Bagnone	34	J 11
Bagnore	46	N 16
Bagnoregio	53	O 18
Bagnu (Lu)	98	E 8
Bagolino	15	E 13
Baia (Caserta)	64	D 24
Baia (Napoli)	64	E 24
Baia delle Zagare	63	B 30
Baia Domizia	60	S 23
Baia Sardinia	95	D 10
Baia Verde	75	G 36
Baiano	64	E 25
Baiardo	31	K 5
Baigno	39	J 15
Baion (Rifugio)	8	C 19
Baiso	35	I 13
Baitone (Monte)	15	D 13
Balangero	11	G 4
Balata di Baida	85	M 20
Balata di Modica	93	Q 26
Balate (Masseria)	87	N 23
Balatelle (Monte)	86	N 22
Balbano	38	K 13
Balconevisi	39	L 14
Baldichieri d'Asti	21	H 6
Baldissero d'Alba	21	H 5
Baldissero Torinese	21	G 5
Baldo (Monte)	15	E 14
Baldu	94	D 9
Balestrate	86	M 21
Balestrino	31	J 6
Balisio (Colle di)	13	E 10
Balistreri (Punta)	97	E 9
Ballabio Inferiore	13	E 10
Ballao	103	I 10
Ballata	85	N 20
Ballino	15	E 14
Ballone (Poggio)	45	N 14
Balme	10	G 3
Balmuccia	11	E 6
Balocco	11	F 6
Balossa Bigli	22	G 8
Balsente (Masseria)	68	E 33
Balsignano	68	D 32
Balsorano	60	Q 22
Balsorano Vecchio	60	Q 22

BARI — indice delle vie

Cavour (Corso)	DYZ	
Piccini (Via)	CY	
Sparano (Via)	DYZ	76
Vittorio Emanuele II (C.)	CDY	82
Amendola (Via Giovanni)	DZ	3
Battisti (Piazza Cesare)	CDZ	5
Carmine (Strada del)	DY	15
Cognetti (Via Salvatore)	DY	17
Crociate (Strada delle)	DZ	22
De Cesare (Via Raffaele)	DZ	24
De Giosa (Via)	DZ	26
Diaz (Piazza Armando)	DY	28
Federico II (Piazza)	CY	30
Ferrarese (Piazza del)	DY	32
Fragigena (Rua)	DY	35
Gimma (Via Abate)	CDY	38
Isabella d'Aragona (Giardini)	CY	41
Luigi di Savoia (Piazza)	DZ	43
Martinez (Strada)	CY	45
Massari (Piazza G.)	DY	51
Odegitria (Piazza dell')	CDY	62
Petroni (Via Prospero)	DZ	
Putignani (Via)	CDYZ	
Sandra (Viale)	CZ	68
S. Francesco d'Assisi (Via)	CY	70
S. Marco (Strada)	DY	72
S. Pietro (Piazza)	DY	74
Sonnino (Corso Sidney)	CZ	75
Unità d'Italia (Via)	DY	80
Venezia (Via)	CZ	82
Zuppetta (Via Luigi)	CZ	83
20 Settembre (Ponte)	CZ	84
24 Maggio (Via)	CY	86
B CATTEDRALE		

Balvano	70	F 28
Balze (Volterra)	45	L 14
Balze (Località)	41	K 18
Balzola	22	G 7
Banari	98	F 8
Bancali	96	E 7
Banchetta (Monte)	20	H 2
Banderuola (Pizzo)	14	D 12
Bandiera (Punta)	83	L 27
Bandita	32	I 7
Bando	37	I 17
Banna	21	G 5
Bannia	28	E 20
Bannio	11	E 6
Bantine	97	F 9
Banzi	67	E 30
Baone	26	G 17
Bar	20	G 2
Baracchella	78	J 31
Baraccone	61	R 24
Baradili	100	H 8
Baragazza	39	J 15
Baragiano	66	E 28
Baranci (Croda dei)	8	B 18
Baranello	61	R 25
Barano d'Ischia	64	E 23
Baratili S. Pietro	100	H 7
Baratti	50	N 13
Baratti (Golfo di)	44	M 13
Baratz (Lago)	96	E 6
Barbagia Belvi	101	H 9
Barbagia Ollolai	101	G 9
Barbagia Seulo	101	H 9
Barbania	11	G 4
Barbara	43	L 21
Barbarano Romano	53	P 18
Barbarano Vicentino	26	F 16

Barbaresco	21	H 6
Barbariga	24	F 12
Barbarossa (Punta)	96	E 6
Barbasso	25	G 14
Barbeano	18	D 20
Barbellino (Lago del)	14	D 12
Barberino di Mugello	39	J 15
Barberino Val d'Elsa	39	L 15
Barbi (Capo)	80	L 29
Barbianello	23	G 9
Barbiano	37	I 17
Barbona	26	G 17
Barbusi	102	J 7
Barbuste	11	E 4
Barcellona Pozzo di Gotto	83	M 27
Barchi	42	K 20
Barcis	18	D 19
Barcis (Lago di)	18	D 19
Barco (Reggio nell'Emilia)	35	H 13
Barco (Trento)	16	D 15
Barcola	29	E 23
Barcon	17	E 18
Bard	11	F 5
Bardi	34	I 11
Bardineto	31	J 6
Bardolino	25	F 14
Bardonecchia	20	G 2
Bareggio	13	F 8
Barengo	12	F 7
Baressa	100	H 8
Barete	55	C 21
Barga	38	J 13

Bargagli	33	I 9
Barge	20	H 3
Bargecchia	38	K 12
Barghe	15	E 13
Bargi	39	J 15
Bargino	39	L 15
Bargnano	24	F 12
Bargone	33	J 10
Bari	68	D 32
Bari Sardo	101	H 10
Bariano	24	F 11
Baricella	36	I 16
Barigazzo	35	J 13
Barigazzo (Monte)	34	I 11
Barile	66	E 29
Barisciano	56	P 22
Barisciano (Lago di)	56	O 22
Barletta	67	D 30
Barni	13	E 9
Barolo	21	I 5
Barone (Monte)	11	E 6
Baroni (Rifugio)	14	D 11
Baronia	99	F 11
Baronia (Monte)	85	N 20
Baronissi	65	E 26
Barrabisa	94	D 9
Barrafranca	88	O 24
Barrali	103	I 9
Barrea	60	Q 23
Barrea (Lago di)	60	Q 23
Barricata	16	E 16
Barriera Noce (Bivio)	88	O 24
Barumini	101	H 9
Barzago	13	E 9
Barzana (Forcella di Pella)	18	D 19

Barzanga	24	G 11
Barzanò	13	E 9
Barzio	13	E 10
Basaglapenta	28	E 21
Basaldella (Pordenone)	18	D 20
Basaldella (Udine)	19	D 21
Basalghelle	28	E 19
Basaluzzo	22	H 8
Bascapè	23	G 9
Baschi	47	N 18
Bascianella	56	O 23
Basciano	56	O 23
Baselga di Piné	16	D 15
Baselice	62	C 26
Basentello	67	E 30
Basento	71	F 29
Basicò	83	M 27
Basiglio	13	F 9
Basiliano	18	D 21
Basilicagoiano	35	H 13
Basilicanova	35	H 13
Basiluzzo (Isola)	83	L 27
Basodino (Monte)	3	C 7
Basovizza	29	F 23
Bassacutena	94	D 9
Bassacutena (Rio)	94	D 9
Bassana (Punta)	84	N 18
Bassano Bresciano	24	G 12
Bassano del Grappa	16	E 17
Bassano in Teverina	53	O 18
Bassano Romano	53	P 18
Bassiano	59	R 21
Bassignana	22	G 8
Bastarda (Cima)	73	J 31
Bastardo	47	N 19

Bastelli	34 H 12	Bedizzole	25 F 13	Bellino	20 I 3
Bastia	66 D 28	Bédole	15 D 13	Bellino (Monte)	52 O 16
Bastia (Ancona)	48 L 20	Bedollo	16 D 15	Bellinzago Novarese	12 F 7
Bastia (Perugia)	47 M 19	Bedonia	33 I 10	Bellisio Solfare	42 L 20
Bastia (Belluno)	17 D 18	Bee	12 E 7	Bellizzi	65 F 26
Bastia (Monte)	32 I 9	Begosso	26 G 16	Bellizzi Irpino	65 E 26
Bastia (Padova)	26 F 16	Beigua (Monte)	32 I 7	Bellocozzo	93 Q 26
Bastia Mondovì	31 I 5	Beinasco (Torino)	21 G 4	Belloluogo (Masseria)	69 F 35
Bastida Pancarana	23 G 9	Beinette	31 I 4	Bellona	64 D 24
Bastiglia	34 H 15	Belagaio	45 M 15	Bellori	25 F 14
Battaglia (Salerno)	71 G 28	Belbo	31 I 6	Bellosguardo	70 F 27
Battaglia (Trapani)	85 M 20	Belcastro	79 J 32	Belluno	17 D 18
Battaglia (Piano)	87 N 24	Belfiore	26 F 15	Belluno Veronese	15 E 14
Battaglia Terme	26 G 17	Belfiore (Cima)	34 J 12	Bellusco	13 F 10
Battaglione Monte Granero	20 H 3	Belforte	25 G 13	Belmonte Calabro	78 J 30
Battifolle (Monte)	39 K 14	Belforte (Perugia)	48 N 20	Belmonte Castello	60 R 23
Battifollo	31 J 6	Belforte (Siena)	45 M 15	Belmonte del Sannio	61 Q 25
Battipaglia	65 F 26	Belforte all'Isauro	42 K 19	Belmonte in Sabina	55 P 20
Battisti (Rifugio)	35 J 13	Belforte di Chienti	48 M 21	Belmonte Mezzagno	86 M 22
Bau	102 I 7	Belgioioso	23 G 9	Belmonte Piceno	49 M 22
Bau Ischios	100 G 8	Belgirate	12 E 7	Belpasso	89 O 26
Bau Pressiu (Lago)	102 J 8	Belice	85 N 20	Belprato / Schöna	6 B 15
Baucca	41 L 18	Belice (Valle)	85 O 20	Belsedere	46 M 16
Baucina	86 N 22	Belice Destro	86 N 21	Belsito	78 J 30
Baudenasca	20 H 4	Belici	87 N 23	Belu	102 I 8
Bauernkohlern / Colle di Villa	6 C 16	Bella	66 E 28	Belvedere	93 P 27
Bauladu	100 G 8	Belladona	79 K 31	Belvedere (Mantova)	25 G 14
Baunei	101 G 10	Bellagio	13 E 9	Belvedere (Perugia)	47 M 19
Baura	36 H 17	Bellamonte	16 D 16	Belvedere (Pesaro e Urbino)	42 K 20
Baveno	12 E 7	Bellano	3 D 9	Belvedere (Terni)	46 N 17
Baver	28 E 19	Bellante	49 N 23	Belvedere (Udine)	29 E 22
Bazzano (L'Aquila)	55 O 22	Bellardina (Colle)	81 L 30	Belvedere (Monte)	67 E 31
Bazzano (Bologna)	36 I 15	Bellaria (Modena)	35 H 14	Belvedere di Spinello	79 J 32
Bazzano (Perugia)	48 N 20	Bellaria (Pesaro e Urbino)	42 L 19	Belvedere Langhe	21 I 5
Beano	28 E 21	Bellaria (Siena)	46 M 16	Belvedere Marittimo	76 I 29
Beaulard	20 G 2	Bellaria-Igea Marina	42 J 19		
Beauregard (Lago di)	10 F 3	Bellariva	42 J 19		
Beccarini (Azienda)	63 C 29	Bellavalle	39 J 14		
Becco (Croda di)	8 B 18	Bellavista	7 C 16		
Becetto	20 I 3	Bellavista (Capo)	101 H 11		
Bedero Valcuvia	12 E 8	Bellecombe	11 E 4		
		Bellegra	59 Q 21		

Baschenis (Via Evaristo)	AZ 2
Battisti (Via C.)	BY 3
Belotti (Largo Bortolo)	BZ 4
Bonomelli (Via G.)	BZ 6
Borgo Canale (Via)	AY 7
Brembate (Via P. da)	BZ 9
Duomo (Piazza del)	AY 12
Libertà (Piazza della)	ABZ 17
Marconi (Piazzale)	BZ 18
Matteotti (Piazza)	BZ 19
Mercato delle Scarpe (Pza.)	AY 22
Mille (Rotonda dei)	AZ 23
Muraine (Via)	BY 26
Porta Dipinta (Via)	ABY 28
Previtali (Via Andrea)	AZ 29
S. Tomaso (Via)	BY 30
S. Vigilio (Via)	AY 32
Tasca (Via)	AZ 34
Tiraboschi (Via)	BZ 37
Vecchia (Piazza)	AY 38

Camozzi (Via)	BZ
Colleoni (Via)	AY 10
Giovanni XXIII (Viale)	BZ 13
Gombito (Via)	AY 14
S. Alessandro (Via)	AZ
Tasso (Via T.)	BZ
20 Settembre (Via)	AZ 40

Circolazione stradale regolamentata nella « Città Alta »

M¹ ACCADEMIA CARRARA

BOLOGNA
PIANTA D'INSIEME

Alberto Mario (Via)	FU 2	Bandiera (Via Irma)	EU 8	Codivilla (Via Alessandro)	FU 25	Jacopo della Lana (Via)	FU 43
Amaseo (Via Romolo)	FT 3	Barbieri (Via Francesco)	FT 9	Colombo (Via Cristoforo)	ET 27	Marconi (Via Guglielmo)	DU 47
Arno (Via)	GU 5	Barca (Via della)	EU 12	Dagnini (Via Giuseppe)	FU 28	Marco Polo (Via)	ET 48
Artigiano (Via dell')	FT 6	Battaglia (Via della)	FU 13	De Coubertin (Via)	EU 31	Martelli (Via Tommaso)	GU 49
		Bentivogli (Via Giuseppe)	FU 15	Firenze (Via)	GU 36	Matteotti (Via Giacomo)	FT 52
		Beverara (Via della)	EFT 16	Foscheraia (Via della)	FU 37	Mazzini (Via Giuseppe)	FU 54
		Cadriano (Via)	FT 17	Gagarin (Via Yuri)	ET 38	Mezzofanti (Via Giuseppe)	FU 55
		Castiglione (Via)	FU 18	Gandhi (Viale M. K.)	ET 42	Montefiorino (Via)	EU 57
		Cavazzoni (Via Francesco)	GU 19			Oriani (Viale Alfredo)	FU 61

Ospedaletto (Via dell')	DT 62	Sabotino (Via)	EU 82
Palagi (Via Pelagio)	FU 64	Saffi (Via Aurelio)	ET 83
Panigale (Via)	DT 65	San Mamolo (Via)	EU 87
Persicetana Vecchia (Via)	DT 67	Santa Barbara (Via)	FU 89
Pietra (Via della)	DT 68	Sigonio (Via Carlo)	FU 92
Pirandello (Via Luigi)	GT 69	Sturzo (Via Don Luigi)	EU 93
Porrettana (Via)	DEU 72	Timavo (Via del)	ET 96
Putti (Via Vittorio)	FU 75	Tolmino (Via)	EU 97
Sabbioni (Via dei)	FU 81	Tosarelli (Via Bruno)	GT 98

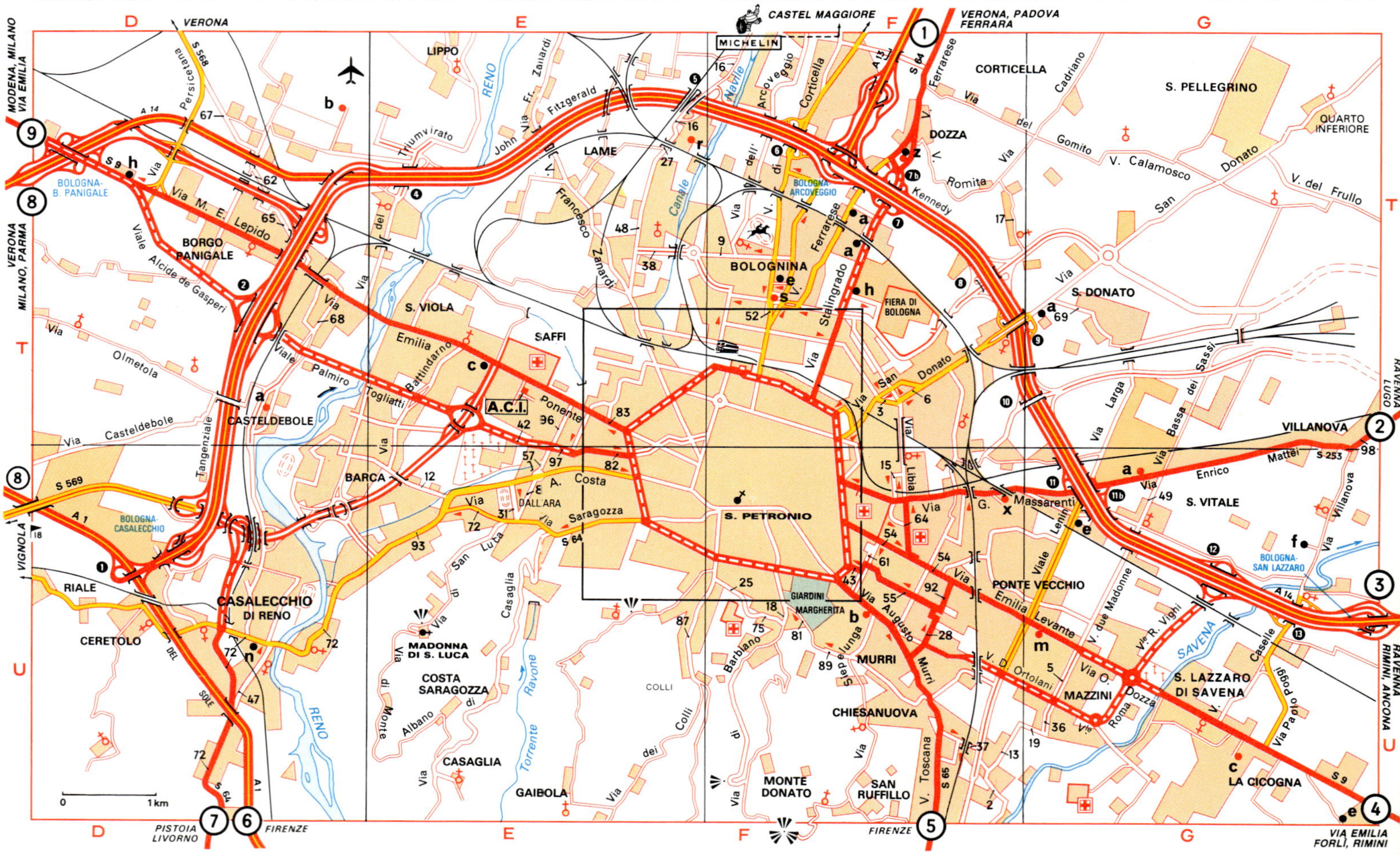

Place	Page	Grid
Belvedere Ostrense	43	L 21
Belvi	101	H 9
Belviso (Lago di)	14	D 12
Benante	89	O 26
Benas (Stagno de is)	100	G 7
Bene Lario	3	D 9
Bene Vagienna	21	I 5
Benedello	35	I 14
Benestare	80	M 30
Benetutti	97	F 9
Benevello	21	I 6
Benevento	65	D 26
Benévolo	10	F 3
Benna	11	F 6
Benne	11	G 4
Bentivoglio	36	I 16
Benvignante	36	H 17
Benzone (Lago di)	101	G 9
Berbenno	13	E 10
Berbenno di Valtellina	14	D 11
Berceto	34	I 11
Berchidda	97	E 9
Berchiddeddu	99	E 10
Berdia Nuova	92	Q 25
Bereguardo	23	G 9
Berga	33	I 9
Bergamasco	22	H 7
Bergamo	14	E 11
Bergantino	26	G 15
Bergeggi	32	J 7
Bergeggi (Isola di)	32	J 7
Bergolo	21	I 6
Berici (Monti)	26	F 16
Bernalda	73	F 32
Bernardinis (Rifugio)	19	C 22
Bernareggio	13	F 10
Bernezzo	30	I 4
Bernina (Pizzo)	4	C 11
Berra	27	H 17
Berretta (Col della)	16	E 17
Bersano	41	J 18
Bersezio	30	I 2
Berta (Capo)	31	K 6
Bertacchi (Rifugio)	4	C 10
Bertesina	26	F 16
Berti (Rifugio)	8	C 19
Bertinoro	37	J 18
Bertiolo	28	E 21
Bertonico	24	G 11
Bertrand (Monte)	31	J 5
Bertuzzi (Valle)	37	H 18
Berzano di S. Pietro	21	G 5
Berzano di Tortona	23	H 8
Berzo	15	E 12
Besana in Brianza	13	E 9
Besano	13	I 9
Besate	23	G 8
Beseno (Castello)	16	E 15
Besnate	12	E 8
Besozzo	12	E 7
Besozzola	34	H 11
Bessude	98	F 8
Bettenesco	24	G 12
Bettola (Verona)	26	F 15
Bettola (Piacenza)	23	H 10
Bettole (Brescia)	24	F 12
Bettolelle	43	L 21
Bettole (Siena)	46	M 17
Bettona	47	M 19
Beura-Cardezza	2	D 6
Bevagna	47	N 19
Bevano	41	J 18
Bevazzana	28	E 21
Beverare	27	G 17
Beverino	33	J 11
Bevilacqua (Ferrara)	36	H 15
Bevilacqua (Verona)	26	G 15
Bezzecca	15	E 14
Bezzi (Rifugio)	10	F 3
Biagioni	39	J 14
Biana	23	H 10
Bianca (Cima)	5	C 13
Bianca (Palla) / Weißkugel	6	B 14
Bianca (Punta)	91	P 22
Biancade	28	F 19
Biancanelle (Poggio)	39	L 13
Biancano	64	D 25
Biancareddu	96	E 6
Biancavilla	89	O 26
Bianchi	78	J 31
Bianco	81	M 30
Bianco (Canale) (Ferrara)	27	H 17
Bianco (Canale) (Rovigo)	26	G 16
Bianco (Capo) (Agrigento)	90	O 21
Bianco (Capo) (Brindisi)	69	F 36
Bianco (Fiume)	70	F 28
Bianconese	34	H 12
Biandrate	12	F 7
Biandronno	12	E 8
Bianzano	14	E 11
Bianzé	11	G 6
Bianzone	14	D 12
Biasi (Rifugio)	6	B 15
Biassono	13	F 9
Bibano	28	E 19
Bibbiano (Reggio nell'Emilia)	35	I 13
Bibbiano (Siena)	46	M 16
Bibbiena	41	K 17
Bibbona	45	M 13
Bibiana	20	H 3
Bibione	28	F 21
Bibione Pineda	28	F 21
Biccari	62	C 27
Bichl / Colle	6	B 15
Bicinicco	29	E 21
Bidderdi (Passo)	102	I 7
Bidente	41	J 17
Bidighinzu (Lago)	98	F 3
Bidoni	100	G 3
Bielciuken	11	E 5
Biella	11	F 6
Bielmonte	11	F 6
Bienno	15	E 12
Bieno	16	D 16
Bientina	39	K 13
Biferno	61	R 25
Bifolchi (Portella dei)	87	N 24
Biforco	41	K 17
Biglio	34	I 11
Bignone (Monte)	31	K 5
Bigolino	17	E 18
Bigoti	23	H 10
Bilioso	73	F 31
Bimmisca	93	Q 27
Binago	13	E 8
Binasco	23	G 9
Binetto	68	D 32
Binio	15	D 14
Biodola	50	N 12
Bioglio	11	F 6
Bionaz	10	E 4
Bionde di Visegna	26	G 15
Birgi Novo	84	N 19
Birgi Vecchi	84	N 19
Birnlücke / Picco (Forcella del)	8	A 18
Birori	100	G 8
Bisaccia	66	D 28
Bisacquino	86	N 21
Bisano	36	I 16
Bisbino (Monte)	13	E 9
Bisce (Isola delle)	95	E 10
Bisceglie	67	C 31
Biscina	47	N 19
Bisegna	60	C 23
Bisenti	56	C 23
Bisentina (Isola)	53	C 17
Bisenzio	15	E 13
Bisenzio (Fiume)	39	K 15
Bisignano	76	I 30
Bissone	23	G 10
Bistagno	32	I 7
Bisuschio	13	E 8
Bitetto	68	D 32
Bitonto	68	D 32
Bitritto	68	D 32
Bitti	99	F 10
Biviere (il)	92	P 25
Biviere (Lago)	88	N 26
Bivigliano	39	K 15
Bivio Acri	76	I 30
Bivio di Reino	62	D 26
Bivio Ercole	48	M 20
Bivio Guardavalle	81	L 31
Bivio Palomonte	65	F 27
Bivona	90	O 22
Bivongi	81	L 31
Bizzarone	13	E 8
Bizzozero	13	E 8
Blacca (Corna)	15	E 13
Blavy (vicino a Nus)	10	E 4
Blavy (vicino a St-Christophe)	10	E 4
Blera	53	P 18
Blessaglia	28	E 20
Blessano	18	D 21
Blevio	13	E 9
Blinnenhorn	2	C 6
Blufi	37	N 24
Blumau, Prato all'Isarco	7	C 16
Blumone (Corno di)	15	E 13
Bo (Cima di)	11	E 6
Boara	36	H 17
Boara Pisani	26	G 17
Boara Polesine	27	G 17
Boario Terme	4	E 12
Bobbiano	23	H 10
Bobbio	23	H 10
Bobbio Pellice	20	I 3
Boca	12	E 7
Bocale	80	M 28
Bocca Chiavica	25	G 13
Bocca di Fiume	59	R 20
Bocca di Magra	38	J 11
Bocca di Piazza	28	J 31
Bocca Grande	64	E 24
Bocca Piccola	64	E 24
Boccadasse (Genova)	32	I 8
Boccadifalco	86	M 21
Boccadirio (Santuario di)	39	J 15
Boccaleone	37	I 17
Boccasette	27	H 19
Boccassuolo	35	J 13
Boccea	53	O 18
Bocche (Cima)	7	C 17
Boccheggiano	45	M 15
Bocchetta (Passo della)	32	I 8
Bocchigliero	77	I 32
Boccioleto	11	E 6
Bocco (Passo del)	33	I 10
Bocconi	41	J 17
Bocenago	15	D 14
Bodio Lomnago	12	E 7
Boeo (Capo)	84	N 19
Boesio	12	E 8
Boffalora d'Adda	13	F 10
Boffalora sopra Ticino	12	F 8
Bogliaco	15	E 13
Bogliasco	32	I 9
Boglietto	21	H 6
Boglioni	39	I 14
Bognanco	2	D 6
Bogogno	12	F 7
Boi (Capo)	100	J 10
Boirolo	14	D 11
Boissano	31	J 6
Boite	8	C 18
Bojano	61	R 25
Bolago	17	D 18
Bolano	33	J 11
Bolbeno	15	D 14
Bolca	26	F 15
Boleto	12	E 7
Bolgare	24	F 11
Bolgheri	45	M 13
Bollate (Milano)	13	F 9
Bollengo	11	F 5
Bologna	36	I 15
Bolognano (Pescara)	56	P 23
Bolognano (Trento)	15	E 14
Bolognetta	86	N 22
Bolognola	48	N 21
Bolotana	100	G 8
Bolsena	53	O 17
Bolsena (Lago di)	53	O 17
Bolzaneto	32	I 8
Bolzano / Bozen	7	C 16
Bolzano Vicentino	26	F 16
Bomarzo	53	O 18
Bomba	57	P 25
Bombiana	35	J 14
Bombile	81	M 30
Bominaco	56	P 22
Bompensiere	91	O 23
Bompensiero	24	F 11

BOLOGNA

Street index

Street	Grid	No.
Bassi (Via Ugo)	BX	6
Indipendenza (Via dell')	BX	
Marconi (Via)	BVX	
Rizzoli (Via)	BCY	79
Archiginnasio (Via dell')	BY	4
Cavour (Piazza)	BY	21
Clavature (Via)	CY	24
Collegio di Spagna (Via)	BY	26
D'Azeglio (Via M.)	BYZ	29
Falegnami (Via de')	BX	32
Galileo (Piazza)	BY	39
Galvani (Piazza)	BY	41
Jacopo della Lana (V.)	CZ	43
Jacopo della Quercia (V.)	CV	44
Maggiore (Piazza)	BY	45
Malpighi (Piazza)	BY	46
Massarenti (Via)	CY	51
Nettuno (Piazza del)	BXY	58
Portanova (Via)	BXY	73
Porta Ravegnana (Pza)	CY	74
Ranzani (Via)	CV	76
S. Donato (Via)	CX	85
S. Giacomo (Via)	CX	86
Selmi (Via)	CX	91
Tagliapietre (Via)	BY	95
Venezian (Via Giacomo)	BY	101
4 Novembre (Via)	BXY	102

C MERCANZIA	**E** PALAZZO BEVILACQUA
D SAN GIACOMO MAGGIORE	**F** SANTO STEFANO
K SAN DOMENICO	**M²** PINACOTECA NAZIONALE
M¹ MUSEO ARCHEOLOGICO	**N** SAN FRANCESCO

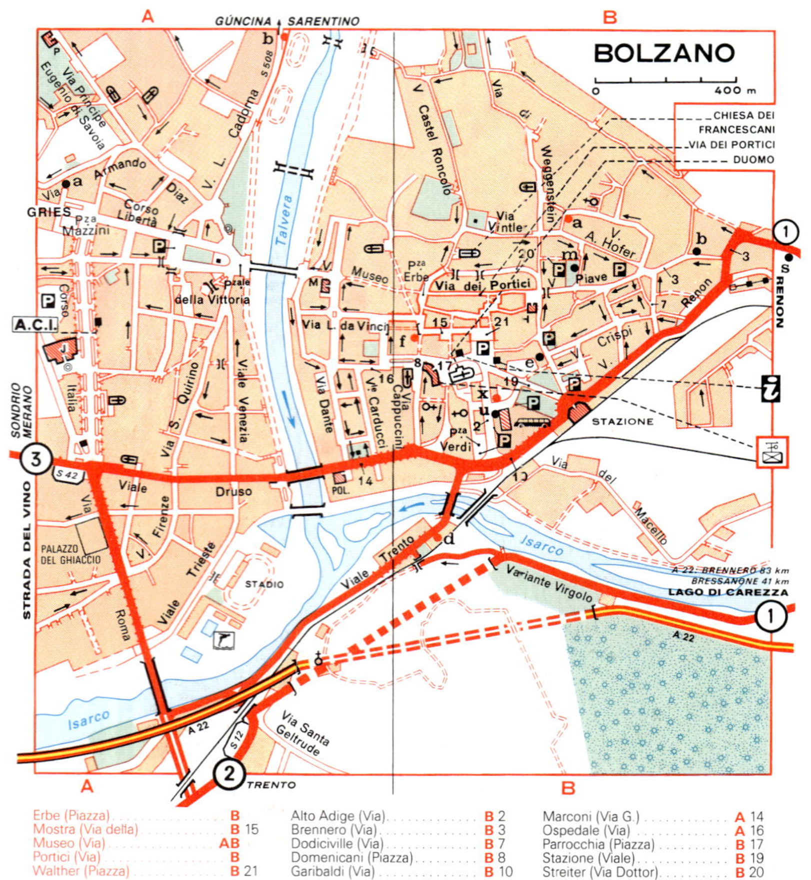

Bolzano – street index		
Erbe (Piazza)	B	
Mostra (Via della)	B	15
Museo (Via)	AB	
Portici (Via)	B	
Walther (Piazza)	B	21
Alto Adige (Via)	B	2
Brennero (Via)	B	3
Dodiciville (Via)	B	7
Domenicani (Piazza)	B	8
Garibaldi (Via)	B	10
Marconi (Via G.)	A	14
Ospedale (Via)	A	16
Parrocchia (Piazza)	B	17
Stazione (Viale)	B	19
Streiter (Via Dottor)	B	20

Name	Page	Grid
Boretto	35	H 13
Borgagne	75	G 37
Borgallo (Galleria del)	34	I 11
Borgaro Torinese	21	G 4
Borgata Costiera	85	N 19
Borgata Palo	91	O 23
Borgata Pirastera	101	H 9
Borgata Trigoria	58	Q 19
Borgetto	86	M 21
Borghetto (Macerata)	43	L 21
Borghetto (Ravenna)	37	J 18
Borghetto (Trento)	15	E 14
Borghetto (vicino a Bolsena)	53	O 17
Borghetto (vicino a Viterbo)	54	O 19
Borghetto d'Arroscia	31	J 5
Borghetto di Borbera	22	H 8
Borghetto di Vara	33	J 11
Borghetto Lodigiano	23	G 10
Borghetto Sto Spirito	31	J 6
Borghi	42	J 19
Borgia	78	K 31
Borgiallo	11	F 5
Borgio-Verezzi	31	J 6
Borgo (il)	35	H 14
Borgo a Buggiano	39	K 14
Borgo a Mozzano	38	K 13
Borgo alla Collina	41	K 17
Borgo Baccarato	88	O 25
Borgo Bainsizza	59	R 20
Borgo Bonsignore	90	O 21
Borgo Carso	59	R 20
Borgo Cascino	88	O 24
Borgo Celano	63	B 28
Borgo d'Ale	11	F 6
Borgo dei Pini Mercadante	68	E 32
Borgo di Stazione Montecosaro	49	M 22
Borgo di Terzo	14	E 11
Borgo Ermada	59	S 21
Borgo Fazio	85	N 20
Borgo Flora	59	R 20
Borgo Fornari	32	I 8
Borgo Franchetto	88	O 26
Borgo Fusara	37	I 18
Borgo Grappa	59	R 20
Borgo Isonzo	59	R 20
Borgo le Taverne	65	E 27
Borgo Libertà	66	D 29
Borgo Mezzanone	63	C 29
Borgo Montello	59	R 20
Borgo Montenero	59	S 21
Borgo Pace	41	L 18
Borgo Panigale (Bologna)	36	I 15
Borgo Piave (Latina)	59	R 20
Borgo Piave (Lecce)	75	F 36
Borgo Pietro Lupo	88	O 25
Borgo Podgora	59	R 20
Borgo Priolo	23	H 9
Borgo Quinzio	54	P 20
Borgo Redena	36	H 15
Borgo Regalmici	87	N 23
Borgo Rinazzo	85	N 19
Borgo Rivola	36	J 17
Borgo Roccella	86	N 21
Borgo Sabotino	59	R 20
Borgo S. Dalmazzo	30	J 4
Borgo S. Donato	59	R 20
Borgo S. Giacomo	24	F 11
Borgo S. Giovanni	23	G 10
Borgo S. Giusto	62	C 28
Borgo S. Lorenzo	40	K 16
Borgo Sta Maria	59	R 20
Borgo S. Martino	22	G 7
Borgo S. Pietro	55	P 21
Borgo Sta Rita	58	R 19
Borgo S. Siro	22	G 8
Borgo Schirò	86	N 21
Borgo Segezia	66	C 28
Borgo Ticino	12	E 7
Borgo Tossignano	36	J 16
Borgo Tufico	48	L 20
Borgo Val di Taro	34	I 11
Borgo Valsugana	16	D 16
Borgo Velino	55	O 21
Borgo Vercelli	12	F 7
Borgo Vodice	59	R 21
Borgoforte (Mantova)	25	G 14
Borgoforte (Padova)	27	G 17
Borgofranco d'Ivrea	11	F 5
Borgofranco sul Po	26	G 15
Borgolavezzaro	22	G 8
Borgomanero	12	E 7
Borgomaro	31	K 5
Borgomasino	11	F 5
Borgone Susa	20	G 3
Borgonovo Ligure	33	I 10
Borgonovo Val Tidone	23	G 10
Borgoratto Alessandrino	22	H 7
Borgoratto Mormorolo	23	H 9
Borgoricco	27	F 17
Borgorose	55	P 21
Borgosatollo	24	F 12
Borgosesia	11	E 6
Borlasca	32	I 8
Bormida	31	J 6
Bormida (Fiume)	32	I 7

Name	Page	Grid
Bompietro	87	N 24
Bomporto	36	H 15
Bonagia (Golfo di)	85	M 19
Bonamico	80	M 30
Bonarcado	100	G 7
Bonassola	33	J 10
Bonate Sotto	13	F 10
Bonavicina-Borgo	26	G 15
Bonavigo	26	G 15
Boncore	75	G 35
Bondanello	25	H 14
Bondeno (Ferrara)	36	H 16
Bondeno (Mantova)	25	H 14
Bondo	15	E 14
Bondone	15	E 13
Bondone (Monte)	16	D 15
Bonea	64	D 25
Bonefro	62	B 26
Bonelli	37	H 19
Bonferraro	26	G 15
Bonghi (Monte)	101	H 10
Bonifacio (Bocche di)	94	D 9
Bonifati	76	I 29
Bonifati (Capo)	76	I 29
Bonifato (Monte)	85	N 20
Bonito	65	D 26
Bonnanaro	98	F 8
Bonne	10	F 3
Bono	97	F 9
Bonorva	98	F 8
Bonu Ighinu	96	F 7
Bonze (Cima)	11	F 5
Boor (Zuc del)	19	C 21
Boragine (Monte)	55	O 21
Borbera	23	H 8
Borbona	55	O 21
Borbore	21	H 6
Borca di Cadore	8	C 18
Borcola (Passo della)	16	E 15
Bordano	18	D 21
Bordighera	30	K 4
Bordino	85	N 19
Bordolano	24	G 11
Bordolona	6	C 14
Bordonchio	42	J 19
Bore	34	H 11
Borello	41	J 18
Borello (Torrente)	41	J 18

Brescia – street index		
Palestro (Corso)	BY	
Zanardelli (Corso)	BZ	21
10 Giornate (Via delle)	BY	22
Castellini (Via N.)	CZ	3
Fratelli Porcellaga (Via)	BY	7
Loggia (Piazza della)	BY	9
Martiri della Libertà (Corso)	AZ	13
Mercato (Piazza del)	BY	15
Paolo VI (Piazza)	BY	16
Pastrengo (Via)	AY	17
Vittoria (Piazza)	BY	20
A CHIESA DI SANTA MARIA DEI MIRACOLI		

Index (Bor – Buz)

Name	Map	Ref
Bormida di Millesimo	31	J 6
Bormida di Spigno	21	I 6
Bormina	5	C 12
Bormio	5	C 13
Bormio 2000	5	C 13
Bornago	13	F 10
Bornato	24	F 12
Borno	14	E 12
Boroneddu	100	G 8
Borore	100	G 8
Borrello (Chieti)	61	Q 24
Borrello (Palermo)	87	N 24
Borriana	11	F 6
Borromee (Isole)	12	E 7
Borroselli	40	K 16
Borso del Grappa	16	E 17
Borta Melone (Monte)	101	G 9
Bortigali	100	G 8
Bortigiadas	97	E 9
Borutta	98	F 8
Borzano	35	I 13
Borzonasca	33	I 10
Bosa	100	G 7
Bosa Marina	100	G 7
Bosaro	26	H 17
Boschetiello (Monte)	65	E 27
Boschetto	34	I 12
Boschi (Bologna)	36	H 16
Boschi (Piacenza)	33	I 10
Boschi di Carrega (Gaiano)	34	H 12
Boschi S. Anna	26	G 16
Bosco	70	G 28
Bosco (Parma)	34	I 12
Bosco (Perugia)	47	M 19
Bosco (Vicenza)	16	E 16
Bosco ai Frati	39	K 15
Bosco Chiesanuova	26	F 15
Bosco della Fontana	25	G 14
Bosco Marengo	22	H 8
Bosco Mesola	37	H 18
Bosco (Serra del)	88	N 25
Boscone Cusani	23	G 10
Bosconero	11	G 5
Boscoreale	64	E 25
Boscoriva	7	B 16
Boscotrecase	64	E 25
Bosio	32	I 8
Bosisio Parini	13	E 9
Bosnasco	23	G 10
Bossea	31	J 5
Bossea (Grotta di)	31	J 5
Bossi	41	L 17
Bossico	14	E 12
Bossola (Monte)	33	I 9
Bossolasco	21	I 6
Botricello	79	K 32
Botrugno	75	G 36
Bottagna	33	J 11
Bottanuco	13	F 10
Bottarello (Pizzo)	2	D 6
Bottarone	23	G 9
Botte Donato (Monte)	78	J 31
Botteghelle	92	P 25
Botticino-Mattina	25	F 12
Botticino-Sera	25	F 12
Bottidda	97	F 9
Bottigli (Monte)	45	N 15
Bottinaccio	39	K 15
Bottrighe	27	G 18
Bousson	20	H 2
Bova	80	N 29
Bova Marina	80	N 29
Bovalino Marina	81	M 30
Bovalino Superiore	80	M 30
Bove (Valle del)	89	N 27
Bovecchio	39	K 15
Boveglio	39	K 13
Bovegno	14	E 12
Boves	30	J 4
Bovezzo	24	F 12
Bovile	20	H 3
Boville Ernica	60	R 22
Bovina	27	G 17
Bovino	66	D 28
Bovisio Masciago	13	F 9
Bovolenta	27	G 17
Bovolone	26	G 15
Boz (Rifugio)	17	D 17
Bozen / Bolzano	7	C 16
Bozzente	13	E 8
Bozzole	22	G 7
Bozzolo	25	G 13
Bra	21	H 5
Brabaisu	103	I 10
Brabbia	12	E 8
Braccagni	45	N 15
Braccano	48	M 21
Bracchio	12	E 7
Bracciano	53	P 18
Bracciano (Lago di)	53	P 18
Bracco	33	J 10
Bracco (Passo del)	33	J 10
Bracigliano	65	E 26
Bradano	66	E 29
Braemi	92	P 24
Braidi	83	M 27
Braies / Prags	8	B 18
Braies (Lago di)	8	B 18
Brallo di Pregola	23	H 9
Bram (Monte)	30	I 3
Branca	48	M 20
Branca (Rifugio)	5	C 13
Brancaleone Marina	80	N 30
Brandizzo	21	G 5
Branzi	14	D 11
Branzoll / Bronzolo	6	C 15
Brasa (Passo)	35	J 14
Brasca (Rifugio)	4	D 10
Brasimone	39	J 15
Brasimone (Lago di)	39	J 15
Bratello (Passo del)	34	I 11
Bratto	34	I 11
Bratto-Dorga	14	E 12
Brazzano	29	E 22
Brebbia	12	E 7
Brebeis (Stagno de is)	102	K 7
Breda Cisoni	25	G 13
Breda di Piave	17	E 18
Brefaro	76	H 29
Bregagno (Monte)	3	D 9
Breganze	16	E 16
Breguzzo	15	D 14
Breia	11	E 6
Breithorn	11	E 5
Brembana (Valle)	13	E 10
Brembate	13	F 10
Brembilla	13	E 10
Brembio	23	G 10
Brembo	14	E 11
Breme	22	G 7
Brendola	26	F 16
Brenna	45	M 15
Brennerbad / Terme di Brennero	7	B 16
Brennero (Passo del) / Brennerpaß	7	A 16
Brennerpaß / Brennero (Passo del)	7	A 16
Brennerpaß / Brennero (Passo del)	7	A 16
Breno (Brescia)	15	E 12
Breno (Piacenza)	23	G 10
Brenta	16	D 16
Brenta (Cima)	15	D 14
Brenta (Foce del)	27	G 18
Brenta (Gruppo di)	15	D 14
Brenta (Riviera del)	27	F 18
Brenta (Taglio di)	27	G 18
Brenta d'Abbà	27	G 18
Brentari (Rifugio)	16	D 16
Brentoni (Monte)	8	C 19
Brentonico	15	E 14
Brenzone	15	E 14
Breonio	25	F 14
Brescello	35	H 13
Brescia	24	F 12
Bresimo	6	C 14
Bresimo (Val di)	6	C 14
Bressa	18	D 21
Bressana Bottarone	23	G 9
Bressanone / Brixen	7	B 16
Bresso (Milano)	13	F 9
Breuil Cervinia	11	E 4
Brez	6	C 15
Brezza	64	D 24
Brezzo di Bedero	12	E 8
Briaglia	31	I 5
Brian	28	F 20
Briatico	78	K 30
Bric Bucie	20	H 3
Bric Ghinivert	20	H 2
Bricherasio	20	H 3
Brienno	13	E 9
Brienza	71	F 28
Brigantina (Punta)	50	O 12
Brignano	23	H 9
Brignano Gera d'Adda	13	F 10
Brindisi	69	F 35
Brindisi-Casale (Aeroporto)	69	F 35
Brindisi Montagna	71	F 29
Brinzio	12	E 8
Briona	12	F 7
Brione	24	F 12
Briosco	13	E 9
Brisighella	37	J 17
Brissogne	10	E 4
Brittoli	56	P 23
Brivio	13	E 10
Brixen / Bressanone	7	B 16
Brizzolara	33	I 10
Brocon (Passo del)	16	D 17
Brognaturo	81	L 31
Brolio (S. Regolo)	46	L 16
Brolo	82	M 26
Brondello	20	I 4
Broni	23	G 9
Bronte	89	N 26
Bronzolo / Branzoll	6	C 15
Brossasco	20	I 4
Brosso	11	F 5
Brozolo	21	G 6
Brozzo	14	E 12
Bruca	35	N 20
Bruciati (Corni)	14	D 11
Brucoli	93	P 27
Brückele / Ponticello	8	B 18
Bruffa	47	M 19
Bruggi	23	H 9
Brugherio	13	F 9
Brugine	27	G 17
Brugnato	33	J 11
Brugnera	28	E 19
Brugneto (Lago del)	33	I 9
Brugnetto	43	L 21
Bruino	21	G 4
Brumano	13	E 10
Bruna	48	N 20
Bruna (Fiume)	45	N 15
Brunate	13	E 9
Bruncu 'e Pisu	101	G 11
Bruncu Spina	101	G 9
Bruncu Teula	102	J 7
Bruneck / Brunico	7	B 17
Brunella	99	E 10
Brunico / Bruneck	7	B 17
Brunner (Rifugio)	19	C 22
Bruno	22	H 7
Brusago	16	D 15
Brusasco	21	G 6
Bruscoli	39	J 15
Brusimpiano	13	E 8
Brusnengo	11	F 6
Brussa	28	F 20
Brusson	11	E 5
Bruzolo	20	G 3
Bruzzano (Capo)	81	M 30
Bruzzano Zeffirio	80	M 30
Bruzzi di Sotto	33	H 10
Bubbio	32	I 6
Bubonia (Monte di)	92	P 25
Buccheri	93	P 26
Bucchi	79	J 33
Bucchianico	56	P 24
Bucciano	64	D 25
Buccino	70	F 28
Bucine	40	L 16
Buco	70	F 28
Buda	36	I 17
Buddusò	97	F 9
Budelli (Isola)	95	D 10
Budoia	18	D 19
Budoni	99	E 11
Budoni (Cala di)	99	E 11
Budrie	36	I 15
Budrio (Bologna)	36	I 16
Budrio (Reggio nell'Emilia)	35	H 14
Budrione	35	H 14
Bue Marino (El)	101	G 10
Buggerru	102	I 7
Buggiana	41	K 17
Buggiano	48	N 20
Buggio	31	K 6
Buglio in Monte	14	D 11
Bugnara	56	P 23
Buia	18	D 21
Bulgheria (Monte)	70	G 28
Bullone (Su)	98	E 8
Bultei	97	F 9
Bulzi	98	E 8
Bundschen / Ponticino	7	C 16
Bunnari (Lago)	96	E 7
Buole (Passo)	16	E 15
Buonabitàcolo	71	G 28
Buonalbergo	65	D 26
Buoncammino	94	D 9
Buonconvento	46	M 16
Buonfornello	87	N 23
Buonvicino	76	H 29
Burago di Molgora	13	F 10
Burana	36	H 16
Burano (Pesaro)	42	L 19
Burano (Venezia)	28	F 19
Burano (Lago di)	52	O 15
Burano (Serra di)	42	K 20
Burcei	103	I 10
Burco Sta Maria	42	K 20
Bure	39	K 14
Burgeis / Burgusio	5	B 13
Burgio (Agrigento)	90	O 21
Burgio (Siracusa)	93	Q 27
Burgio (Serra di)	92	P 26
Burgos	98	F 8
Burgstall / Postal	6	C 15
Burgusio / Burgeis	5	B 13
Buriano	45	N 14
Buriasco	20	H 4
Buronzo	11	F 6
Burraia (Rifug. La)	41	K 17
Burrainiti (Bivio)	91	P 23
Busachi	100	G 8
Busalla	32	I 8
Busambra (Rocca)	86	N 22
Busana	35	I 12
Busano	11	G 4
Busazza (Cima)	15	D 13
Busca	20	I 4
Buscate	12	F 8
Buscemi	93	P 26
Busche	17	D 17
Buseto Palizzolo	85	M 19
Busi	21	H 6
Busnago	13	F 10
Buso (Ponte del)	18	C 20
Bussana Vecchia	31	K 5
Bussento	71	G 28
Busseto	24	H 12
Bussi sul Tirino	56	P 23
Busso	61	R 25
Bussolengo	25	F 14
Bussoleno	20	G 3
Busto Arsizio	12	F 8
Busto Garolfo	12	F 8
Bût	3	C 21
Butera	92	P 24
Buthier	11	E 4
Buti	39	K 13
Buttapietra	25	F 14
Buttigliera	21	G 4
Buttigliera d'Asti	21	G 5
Buttrio	19	D 21
Bútule	98	F 8
Buturo	79	J 31
Buzzò	34	I 11

BRINDISI

Street	Ref
Garibaldi (Corso)	Y
Umberto I° (Corso)	YZ
Amena (Via)	Y 3
Annunziata (Via)	Y 4
Betolo (Via)	Z 8
Cappellini (Via)	Z 10
Cittadella (Via)	Y 13
Colonne (Via)	Y 15
De Marco (Via C.)	Z 17
Madonna della Neve (V.)	Y 25
Madonna della Scala (V.)	Z 26
Matteotti (Piazza)	Y 30
Montenegro (Via)	Y 33
Osanna (Via)	Z 34
Pozzo Traiano (Via)	Y 38
Regina Margherita (Lungomare)	Y 39
S. Dionisio (Via)	Y 42
S. Barbara (Via)	Y 43
S. Margherita (Via)	Y 45
Santi (Via)	Y 46
Sauro (Via Nazario)	Z 47
Tarantini (Via)	Y 49
Tunisi (Via)	Y 53

C

Ca' Bazzone 36 I 16
Ca' Bertacchi 35 I 13
Ca' Bianca 27 G 18
Ca' Briani 27 G 18
Ca' Cappello 27 G 18
Ca' Corniani 28 F 20
Ca' d'Andrea 25 G 12
Ca' de' Bonavogli 24 G 12
Ca' de Fabbri 36 I 16
Ca' di Biss 13 F 8
Ca' di David 25 F 14
Ca' Gallo 42 K 19
Ca' Mello 37 H 19
Ca' Morosini 26 G 16
Ca' Noghera 28 F 19
Cà Selva (Lago di) 18 D 20
Ca' Tron 28 F 19
Ca' Venier 27 H 19
Cà Zul (Lago di) 18 D 20
Ca' Zuliani 27 H 19
Cabanne 33 I 10
Cabbia 55 O 21
Cabella Ligure 33 H 9
Cabelli 41 K 17
Caberlaba (Monte) 16 E 16
Cabianca (Monte) 14 D 11
Cabiate 13 E 9
Cabras 100 H 7
Cabras (Stagno di) 100 H 7
Cabu Abbas (Santuario Nuragico) 99 E 10
Caccamo 86 N 23
Cacchiamo 87 N 24
Caccia (Capo) 96 F 6
Caccia (Monte) 67 D 30
Caccuri 79 J 32
Cadé 25 G 14
Cadecoppi 36 H 15
Cadelbosco di Sopra 35 H 13
Cadelbosco di Sotto 35 H 13
Cadelle (Monte) 14 D 11
Cadelmonte 23 H 10
Cadenabbia 13 E 9

Cadeo 24 H 11
Caderzone 15 D 14
Cadignano 24 F 12
Cadilana 23 G 10
Cadimarco 25 G 13
Cadine 16 D 15
Cadini (Gruppo dei) 8 C 18
Cadino (Val) 16 D 16
Cadipietra / Steinhaus 7 B 17
Cadoneghe 27 F 17
Cadore 8 C 18
Cadrezzate 12 E 7
Cadria 15 E 13
Cadria (Monte) 15 E 14
Caerano di S. Marco 17 E 17
Cafaggio 45 M 13
Cafaggiolo 39 K 15
Cafasse 11 G 4
Caffaraccia 34 I 11
Caffaro 15 E 13
Caffaro (Val di) 15 E 13
Cafragna 34 H 12
Caggiano 70 F 28
Caginia (Serra di) 89 N 26
Cagli 42 L 19
Cagliari 103 J 9
Cagliari (Golfo di) 103 J 9
Cagliari (Stagno di) 103 J 9
Caglio 13 E 9
Cagnano Amiterno 55 O 21
Cagnano Varano 63 B 29
Cagno 78 J 31
Caguseli (Ianna) 101 G 9
Caianello 64 D 24
Caiazzo 64 D 25
Caicambiucci 42 L 19
Caina 47 M 18
Caina (Monte) 16 E 17
Caino 25 F 12
Caio (Monte) 34 I 12
Caiolo 14 D 11
Caira 60 R 23
Cairano 66 E 28
Cairate 13 E 8

Cairo (Monte) 60 R 23
Cairo Montenotte 31 I 6
Caivano 64 E 24
Cala d'Oliva 96 D 7
Cala Gonone 101 G 10
Cala Grande (Punta) 51 O 15
Cala Liberotto 99 F 11
Cala Mosca 103 J 9
Cala Piccola 51 O 15
Cala Piombo (Punta di) 102 K 7
Cala Regina (Torre) 103 J 10
Calabernardo 93 Q 27
Calabianca (Punta) 85 M 20
Calabretto 80 M 29
Calabria (Parco Nazionale della) 77 I 31
Calabricata 79 K 32
Calabritto 65 E 27
Calafuria 38 L 12
Calaggio 66 D 28
Calaita (Lago di) 16 D 17
Calalzo di Cadore 8 C 19
Calamandrana 22 H 7
Calambrone 38 L 12
Calamento (Val di) 16 D 16
Calamita (Monte) 50 N 13
Calamita Vecchia 85 N 19
Calamonaci 90 O 21
Calangianus 97 E 9
Calanna 80 M 29
Calaresu 101 G 10
Calascibetta 88 O 24
Calascio 56 P 23
Calasetta 102 J 7
Calatabiano 89 N 27
Calatafimi 85 N 20
Calava (Capo) 82 M 26
Calavino 15 D 14
Calbenzano 41 L 17
Calcara 38 I 15
Calcarella (Punta) 90 T 20
Calcarelli 87 N 24
Calcata 54 P 19
Calcatizzo (Portella) 88 M 26

Calceranica al Lago 16 D 15
Calci 38 K 13
Calciano 72 F 30
Calcinaia 39 K 13
Calcinate 25 F 13
Calcinate del Pesce 12 E 8
Calcinatello 25 F 13
Calcinato 25 F 13
Calcinelli 42 K 20
Calcinere 20 H 3
Calcio 24 F 11
Calco 13 E 10
Caldana (Grosseto) 45 N 14
Caldana (Livorno) 45 M 13
Caldaro (Lago di) 6 C 15
Caldaro s. str. d. vino / Kaltern 6 C 15
Caldarola 48 M 21
Caldé 12 E 7
Calderà 83 M 27
Caldera di Reno 36 I 15
Calderari 88 O 25
Calderino 36 I 15
Caldes 6 C 14
Caldiero 26 F 15
Caldirola 23 H 9
Caldogno 26 F 16
Caldonazzo 16 E 15
Caldonazzo (Lago di) 16 D 15
Calendasco 23 G 10
Calenzano (Firenze) 39 K 15
Caleri 27 G 18
Calerno 35 H 13
Cales 64 D 24
Calestano 34 I 12
Cali 92 Q 25
Calice / Kalch 6 B 16
Calice al Cornoviglio 33 J 11
Calice Ligure 31 J 6
Calieron (Grotte del) 18 D 19
Caligi (Monte) 39 J 14
Calignano 23 G 9
Calimera (Catanzaro) 80 L 30
Calimera (Lecce) 75 G 36

Calisese 41 J 18
Calistri 39 J 14
Calitri 66 E 28
Calizzano 31 J 6
Calla (Passo della) 41 K 17
Calle 67 E 30
Callianetto 21 G 6
Calliano (Asti) 21 G 6
Calliano (Trento) 16 E 15
Calmasino 25 F 14
Calmazzo 42 K 20
Calogero (Monte Kronio) 90 O 21
Calogno 88 N 25
Caloziocorte 13 E 10
Calopezzati 77 I 32
Calore (Avellino) 65 E 27
Calore (Benevento) 64 D 25
Calore (Salerno) 71 G 29
Caloveto 77 I 32
Caltabellotta 90 O 21
Caltagirone 92 P 25
Caltagirone (Fiume) 92 P 25
Caltana 27 F 18
Caltanissetta 88 O 24
Caltavuturo 87 N 23
Caltignaga 12 F 7
Calto 26 H 16
Caltrano 16 E 16
Calusco d'Adda 13 E 10
Caluso 11 G 5
Calvana (Monti della) 39 K 15
Calvatone 25 G 13
Calvello 71 F 29
Calvello (Monte) 65 E 27
Calvene 16 E 16
Calvenzano 13 F 10
Calvera 72 G 30
Calvi (Monte) (Bologna) 39 J 15
Calvi (Monte) (Livorno) 45 M 13
Calvi dell'Umbria 54 O 19
Calvi (Rifugio) 18 C 20
Calvi Risorta 64 D 24
Calvi Vecchia 64 D 24
Calvia (Monte) 98 F 8
Calvignano 23 H 9
Calvilli (Monte) 60 R 22
Calvisano 25 F 13
Calvisi 61 D 25
Calvo (Monte) (Foggia) 63 B 29
Calvo (Monte) (L'Aquila) 55 O 21
Calzolaro 47 L 18
Camagna Monferrato 22 G 7
Camaiore 38 K 12
Camaldoli 41 K 17
Camaldoli (Napoli) 64 E 24
Camaldoli (Salerno) 65 F 27
Camaldoli (Convento) 41 K 17
Camandona 11 F 6
Camarda 55 O 22
Camarina 92 Q 25
Camastra 91 P 23
Camatta 25 G 14
Camatte 25 G 14
Cambiago 13 F 10
Cambiano (Torino) 21 H 5
Cambio (Monte di) 55 O 21
Camemi 92 Q 25
Camera (Perugia) 47 N 19
Camera (Teramo) 49 N 23
Camerano 43 L 22
Camerano Casasco 21 G 6
Camerata Picena 43 L 22
Camerata Cornello 13 E 10
Camerata Nuova 55 P 21
Camerelle (Poste delle) 66 D 29
Cameri 12 F 7
Cameriano 12 F 7
Camerino 48 M 21
Camerota 70 G 28
Camigliano 46 M 16
Camigliatello Silano 77 I 31
Caminata / Kematen 7 B 16
Camini 81 L 31
Camino 22 G 6

Camino al Tagliam. 28 E 20
Camino (Monte) 11 F 5
Camino (Pizzo) 14 E 12
Camisa 103 J 10
Camisano 24 F 11
Camisano Vicentino 26 F 17
Camitrici 88 O 24
Cammarata 91 O 22
Cammarata (Monte) 91 O 22
Camogli 33 I 9
Camonica (Val) 14 E 12
Campagna (Pordenone) 18 D 20
Campagna (Salerno) 65 E 27
Campagna Lupia 27 F 18
Campagnano di Roma 54 P 19
Campagnatico 45 N 15
Campagnola Emilia 35 H 14
Campana (Cosenza) 77 I 32
Campana (Cozzo) 91 O 23
Campana Grande (Grotta) 63 B 30
Campana (Sasso) 5 C 12
Campanedda 96 E 7
Campanella 16 E 16
Campanella (Monte) 91 O 23
Campanella (Punta) 64 F 24
Campea 17 E 18
Campeda (Altopiano di) 100 G 8
Campegine 35 H 13
Campello sul Clitunno 48 N 20
Campertogno 11 E 5
Campese 51 O 14
Campestri 40 K 16
Campi (Perugia) 48 N 21
Campi (Baia di) 63 B 30
Campi Bisenzio 39 K 15
Campi Salentina 75 F 36
Campiano 37 J 18
Campidano 100 H 8
Campiglia 33 J 11
Campiglia Cervo 11 F 6
Campiglia dei Berici 26 F 16
Campiglia dei Foci 45 L 15
Campiglia d'Orcia 46 N 17
Campiglia Marittima 45 M 13
Campiglia Soana 11 F 4
Campiglio 35 I 14
Campigliola 52 O 16
Campiglione 20 H 3
Campill / Longiarù 7 C 17
Campione 25 G 14
Campione (Monte) 14 E 12
Campione del Garda 15 E 14
Campione d'Italia 13 E 8
Campitello 25 G 13
Campitello di Fassa 7 C 17
Campitello Matese 61 R 25
Campli 49 N 23
Campli (Montagna di) 49 N 22
Campliccioli (Lago di) 2 D 6
Campo 4 D 10
Campo (Monte) 61 Q 24
Campo Calabro 83 M 28
Campo dei Fiori (Monte) 12 E 8
Campo di Fano 56 P 23
Campo di Giove 56 P 24
Campo di Pietra 28 E 19
Campo di Trens / Freienfeld 7 B 16
Campo Felice 55 P 22
Campo Imperatore 55 O 22
Campo Ligure 32 I 8
Campo Lupino (Monte) 60 R 22
Campo Reggiano 47 L 19
Campo Rotondo 59 Q 21

Campo S. Martino 26 F 17
Campo Soriano 59 R 21
Campo Staffi 60 Q 22
Campo Tenese 76 H 30
Campo Tures / Sand in Taufers 7 B 17
Campobasso 61 R 25
Campobello di Licata 91 P 23
Campobello di Mazara 85 O 20
Campocatino 60 Q 22
Campocavallo 43 L 22
Campochiaro 61 R 25
Campochiesa 31 J 6
Campocologno 14 D 12
Campodalbero 26 F 15
Campodarsego 27 F 17
Campodiegoli 48 M 20
Campodimele 60 R 22
Campodipietra 61 C 26
Campodolcino 4 C 10
Campodonico 48 M 20
Campodoro 26 F 17
Campofelice di Fitalia 86 N 22
Campofelice di Roccella 87 N 23
Campofilone 49 M 23
Campofiorito 86 N 21
Campoformido 19 D 21
Campoforogna 55 O 20
Campofranco 91 O 23
Campogalliano 35 H 14
Campogialli 41 L 17
Campogrosso (Passo di) 16 E 15
Campolaro 15 E 13
Campolasta / Astfeld 6 B 16
Campolato (Capo) 93 P 27
Campolattaro 61 D 26
Campoleone 59 R 19
Campoli Appennino 60 Q 23
Campoli del Monte Taburno 65 D 25
Campolieto 62 C 26
Campolongo (Belluno) 8 C 19
Campolongo (Catanzaro) 79 K 33
Campolongo (Passo di) 7 C 17
Campolongo al Torre 29 E 22
Campolongo Maggiore 27 G 18
Campolongo sul Brenta 16 E 16
Campomaggiore 72 F 30
Campomarino (Campobasso) 62 B 27
Campomarino (Taranto) 74 G 34
Campomolon (Monte) 16 E 15
Campomorone 32 I 8
Campomulo 16 E 16
Campone 18 D 20
Camponogara 27 F 18
Campora 70 G 27
Campora S. Giovanni 78 J 30
Camporeale 86 N 21
Camporgiano 38 J 13
Camporosso 30 K 4
Camporosso in Valcanale 19 C 22
Camporotondo di Fiastrone 48 M 21
Camporotondo Etneo 89 O 27
Camporovere 16 E 16
Camposampiero 27 F 17
Camposano 64 E 25
Camposanto 36 H 15
Camposauro (Monte) 64 D 25
Camposecco (Lago di) 2 D 6
Camposilvano 16 E 15
Camposonaldo 41 K 17
Campotosto 55 O 21
Campotosto (Lago di) 55 O 22

Circolazione regolamentata nel centro città

Carlo Felice (Largo) ... Z
Manno (Via G.) ... Z 13
Roma (Via) ... Z

Azuni (Via) ... Y 3
Carmine (Piazza) ... Z
Costituzione (Piazza) ... Z 5
D'Arborea (Via E.) ... Z
Fiume (Via) ... Y 7
Fossario (Via) ... Y 9
Garibaldi (Piazza) ... Y
Gramsci (Piazza) ... Z 10
Indipendenza (Piazza) ... Y 12
Martini (Via) ... Y 14
Porceli (Via) ... Y 15
S. Benedetto (Piazza) ... Y 16
S. Benedetto (Piazza) ... Z 17
S. Cosimo (Piazza) ... Z 18

S. Croce (Via) ... Y 19
Sardegna (Via) ... Z 20
Trieste (Viale) ... Z 21
Università (Via) ... Z 23
Yenne (Piazza) ... Y 24
20 Settembre (Via) ... Z 25

Campotto 37 I 17
Campovaglio 94 D 9
Campovalano 49 N 22
Campoverde 59 R 20
Campremoldo Sopra 23 G 10
Campremoldo Sotto 23 G 10
Campsirago 13 E 10
Campudulimu 98 E 8
Camuzia Monsigliolo 46 M 17
Camugnano 39 J 15
Cana 46 N 16
Canaglia 96 E 6
Canal S. Bovo 16 D 17
Canale (Sella) 62 C 26
Canale (Avellino) 65 E 26
Canale (Cuneo) 21 H 5
Canale (Val) 19 C 22
Canale d'Agordo 7 C 17
Canale Monterano 53 P 18
Canale (Su) 99 E 10
Canales 100 G 8
Canales (Lago sos) 97 F 9
Canaletto 36 H 15
Canali 35 I 13
Canalotto (Masseria) 88 O 24
Canapine (Forca) 48 N 21
Canaro 26 H 17
Canavaccio 42 K 20
Canazei 7 C 17
Cancano (Lago di) 5 C 12
Cancellara 66 E 29
Cancelli 48 M 20
Cancello 64 E 25
Cancello ed Arnone 64 D 24
Cancello (Passo di) 80 M 30
Canciano (Pizzo di) 14 D 11
Canda 26 G 16
Candela 66 D 28
Candelara 42 K 20
Candelaro 62 B 27
Candelaro (Masseria) 63 C 29
Candelaro (Stazione di) 63 C 29
Candeli 40 K 16
Candelo 11 F 6
Candelù 28 E 19
Cancia Canavese 11 G 5
Cancia (Lago di) 11 G 5
Cancia Lomellina 22 G 7
Canciana 27 G 17
Cancida Parolise 65 E 26
Cancidoni 80 L 30
Cancigliano 42 L 19
Canciolo 21 H 4
Cancoglia 12 E 7
Cane (Monte) 88 O 24
Cane (Passo del) / Hundskehljoch 8 A 18
Cane (Punta del) 93 Q 27
Canebola 19 D 22
Canedole 25 G 14
Canegrate 13 F 8
Canelli 21 H 6
Canepina 53 O 18
Canesano 34 I 12
Canetra 55 O 21
Caneva 28 E 19
Canevara 38 J 12
Canevare 35 J 14
Canevino 23 H 9
Canjaito (Monte) 48 M 21
Canjaloso (Pizzo) 86 N 22
Canjiulli (Masseria) 68 E 32
Can catti 91 O 23
Can cattini Bagni 93 P 27
Caniga 96 E 7
Canigione (Punta del) 95 D 10
Caniglia di Sotto (Casa) 62 B 28
Canin (Monte) 19 C 22
Canino 53 O 17
Canino (Monte) 53 O 17
Canischio 11 F 4
Canistro 55 O 22
Canistro Superiore 55 O 22
Canitello 83 M 28
Canna (Cosenza) 73 G 31
Canna (Messina) 82 L 25
Cannai 102 J 7

Cannalonga 70 G 27
Cannara 47 N 19
Cannas 103 J 10
Cannas (Gola del Rio) 103 I 10
Cannas (Is) 103 J 9
Canne 67 D 30
Canneddi (Punta li) 94 D 8
Cannero Riviera 3 D 8
Canneto 45 M 14
Canneto (I. Lipari) 82 L 26
Canneto (vicino a Sto Stefano di Cam.) 88 M 25
Canneto Pavese 23 G 9
Canneto sull'Oglio 25 G 13
Cannigione 95 D 10
Cannizzaro 89 O 27
Cannobina (Val) 3 D 7
Cannobino 3 D 7
Cannobio 3 D 8
Cannole 75 G 37
Cannoneris (Is) 102 J 8
Canolo (Reggio di Calabria) 81 M 30
Canolo (Reggio nell'Emilia) 35 H 14
Canonica 13 F 9
Canosa di Puglia 67 D 30
Canosa Sannita 57 P 24
Canossa 35 I 13
Canove (Cuneo) 21 H 6
Canove (Vicenza) 16 E 16
Cansano 56 P 24
Cansiglio (Bosco del) 18 D 19
Cantagallo 39 J 15
Cantagrillo 39 K 14
Cantalice 55 O 20
Cantalupa 20 H 3
Cantalupo (Alessandria) 22 H 7
Cantalupo (Perugia) 47 N 19
Cantalupo in Sabina 54 P 19
Cantalupo Ligure 23 H 9
Cantalupo nel Sannio 61 R 25
Cantarana 27 G 18
Cantari (Monti) 59 Q 21
Cantello 13 E 8
Canterno (Lago di) 59 Q 21
Cantiano 42 L 19
Cantinella 77 H 31
Cantoira 10 F 4
Cantone (Perugia) 41 L 18
Cantone (Reggio nell'Emilia) 35 I 13
Cantone (Terni) 47 N 18
Cantoniera (Passo di) 41 K 18
Cantù 13 E 9
Canu (Monte) 95 D 10
Canzano 56 O 23
Canzo 13 E 9
Canzoi (Valle di) 17 D 17
Caorera 17 E 17
Caoria 16 D 17
Caorle 28 F 20
Caorso 24 G 11
Capaccia (Capo) 95 D 10
Capaccio 70 F 27
Capacciotti (Lago di) 66 D 29
Capaci 86 M 21
Capalbio 52 O 16
Capalbio Stazione 52 O 16
Capannaccia 94 D 9
Capanne (Grosseto) 46 N 16
Capanne (Perugia) 47 M 18
Capanne (Monte) 50 N 12
Capanne di Sillano 35 J 12
Capanne Marcarolo 32 I 8
Capannelle (Valico delle) 55 O 22
Capannole 40 L 16
Capannoli 39 L 14
Capannori 38 K 13
Capecchio 53 O 17
Capel Rosso (Punta del) (I. di Giannutri) 51 P 15
Capel Rosso (Punta del) (I. del Giglio) 51 P 14
Capena 54 P 19

Capergnanica 13 F 10
Caperino (Montagna de') 72 F 30
Capestrano 56 P 23
Capezzano Pianore 38 K 12
Capezzone (Cima) 11 E 6
Capichera (Tomba di) 95 D 10
Capilungo 75 H 36
Capio (Monte) 11 E 6
Capistrano 78 K 30
Capistrello 55 Q 22
Capitana 103 J 9
Capitello (Salerno) 71 G 28
Capitello (Verona) 26 G 15
Capitignano (Salerno) 65 E 26
Capitignano (L'Aquila) 55 O 21
Capitone 54 O 19
Capizzi 88 N 25
Caplone (Monte) 15 E 13
Capo Calvanico 65 E 26
Capo di Ponte 15 D 13
Capo di Ponte (Parco Naz. Inc. Rup.) 15 D 13
Capo d'Orlando 82 M 26
Capo Passero (Isola di) 93 Q 27
Capo Portiere 59 R 20
Capo Rizzuto 79 K 33
Capo Rossello 90 P 22
Capocavallo 47 M 18
Capodacqua 48 M 20
Capodarco 49 M 23
Capodimonte (Napoli) 64 E 24
Capodimonte (Viterbo) 53 O 17
Capoiale 63 B 28
Capolapiaggia 48 M 21
Capoliveri 50 N 13
Capolona 41 L 17
Caponago 13 F 10
Caporciano 56 P 23
Caporiacco 18 D 21
Caporosa 78 J 31
Caposele 65 E 27
Caposile 28 F 19
Capoterra 102 J 8
Capovalle 15 E 13
Cappadocia 55 P 21
Cappeddu (Punta) 94 D 9
Cappella 77 I 33
Cappella Maggiore 28 E 19
Cappelle 55 P 22
Cappelle sul Tavo 56 O 24
Cappelletta 25 G 14
Capracotta 61 Q 24
Capradosso 55 P 21
Caprafico 56 O 23
Capraglia 22 G 8
Capraia 44 M 11
Capraia (Isola) 62 B 28
Capraia (Isola di) 44 M 11
Capralba 13 F 10
Capranica 53 P 18
Capranica Prenestina 59 Q 20
Caprara 35 H 13
Caprara d'Abruzzo 56 O 24
Caprara (Punta) 96 D 6
Caprarica (Masseria) 74 F 34
Caprarica di Lecce 75 G 36
Caprarico 72 G 31
Capraro (Monte) 61 Q 24
Caprarola 53 P 18
Caprera (Isola) 95 D 10
Caprese Michelangelo 41 L 17
Capri 64 F 24
Capri (Isola di) 64 F 24
Capri Leone 82 M 26
Capriana 16 D 16
Capriata d'Orba 22 H 8
Capriate S. Gervasio 13 F 10
Capriati a Volturno 61 R 24
Capricchia 55 O 21
Capriccioli 95 D 10
Caprile (Arezzo) 41 K 18
Caprile (Pesaro e Urbino) 42 L 20

Capile (Belluno) 7 C 17
Capile (Bolzano) 6 C 15
Caprino Bergamasco 13 E 10
Caprino Veronese 25 F 14
Caprio 34 I 11
Caprioli 70 G 27
Capriolo 24 F 11
Capro (il) 6 B 15
Caprolace (Lago di) 59 R 20
Capua 64 D 24
Capugnano 35 J 14
Capurso 68 D 32
Caraffa del Bianco 80 M 30
Caraffa di Catanzaro 78 K 31
Caraglio 30 I 4
Caragna 31 J 6
Caramagna Ligure 31 K 5
Caramagna Piemonte 21 H 5
Caramanico Terme 56 P 23
Carameto (Monte) 34 H 11
Caramola (Monte) 71 G 30
Caramolo (Monte) 76 H 30
Carana 97 E 9
Carangiaro (Monte) 88 O 24
Carano 69 E 34
Carano 59 R 20
Caranza 33 I 10
Carapelle 63 C 29
Carapelle Calvisio 56 P 23
Carapelle (Torrente) 66 D 28
Carapelloto 66 D 28
Carasco 33 I 10
Carassai 49 M 23
Carate Brianza 13 E 9
Carate Urio 13 E 9
Caravaggio 13 E 9
Caravai (Passo di) 101 G 9
Caravino 11 F 5
Caravius (Monte is) 102 J 8
Caravonica 31 K 5
Carbognano 53 P 18
Carbonara al Ticino 23 G 9
Carbonara (Capo) 103 J 10
Carbonara di Bari 68 D 32
Carbonara di Po 26 G 15
Carbonara (Golfo di) 103 J 10
Carbonara (Pizzo) 87 N 24
Carbonare 16 E 15
Carbone 72 G 30
Carbone (Monte) 30 J 4
Carbonera 17 E 18
Carbonesca 47 M 19
Carbonia 102 J 7
Carbonin / Schluderbach 8 C 18
Carcaci (Monte) 86 N 22
Carcaciotto (Borgata) 86 N 22
Carcare 31 I 6
Carceri 88 O 26
Carceri 26 G 16
Carceri (Eremo delle) 47 M 19
Carchitti 59 Q 20
Carcina 24 F 12
Carcoforo 11 E 6
Carda 41 L 17
Cardaxius 103 I 9
Carde 20 H 4
Cardedu 101 H 10
Cardella 42 L 19
Cardeto 80 M 29
Cardeto Sud 80 M 29
Cardezza 2 D 6
Cardiga (Monte) 103 I 10
Cardinala 26 G 15
Cardinale 78 L 31
Carditello 64 D 24
Cardito Frosinone 60 R 23
Cardito Napoli 64 E 24
Carè Alto (Monte) 15 D 13
Careggine 38 J 13
Carena (Punta) 64 F 24
Carenno 13 E 10
Careri 80 M 30
Caresana (Trieste) 29 F 23
Caresana (Vercelli) 22 G 7
Caresanablot 12 F 7

Careser (Lago del) 6 C 14
Carestiato (Rifugio) 17 D 18
Carezza al Lago / Karersee 7 C 16
Carezzano 22 H 8
Carfalo 39 L 14
Carfizzi 79 J 32
Cargeghe 96 E 7
Caria 80 L 29
Cariati 77 I 32
Cariati (Masseria) 67 D 30
Cariati Marina 77 I 32
Carife 65 D 27
Carige 52 O 16
Cariglio 76 I 30
Carignano 62 C 27
Carignano (Parma) 35 H 12
Carignano (Pesaro e Urbino) 42 K 20
Carignano (Torino) 21 H 5
Carini 86 M 21
Carini (Golfo di) 86 M 21
Carinola 60 S 23
Carisasca 33 H 9
Carisio 11 F 6
Carisolo 15 D 13
Cariusi (Monte) 71 G 23
Carlantino 62 C 26
Carlazzo 3 D 3
Carlentini 93 P 27
Carlino 29 E 21
Carlo Magno (Campo) 15 D 14
Carloforte 102 J 6
Carlopoli 78 J 31
Carmagnola 21 H 5
Carmelia (Piani di) 80 M 29
Carmerlona 37 I 18
Carmiano 75 F 36
Carmignanello 39 K 15
Carmignano (Firenze) 39 K 15
Carmignano (Padova) 26 G 16
Carmignano di Brenta 26 F 17
Carmine (Cuneo) 21 I 5
Carmine (Novara) 3 D 8
Carmo (Monte) (Genova) 33 I 9
Carmo (Monte) (Savona) 31 J 6
Carnago 12 E 8
Carnaio (Colle del) 41 K 17
Carnaiola 47 N 18
Carnara (Monte) 73 G 31
Carnello 60 Q 22
Carnia 8 C 19
Carnia (Località) 09 C 21
Carnizza (Sella) 19 C 21
Carobbio 34 I 12
Carolei 78 J 30
Carona (Bergamo) 14 D 11
Carona (Sondrio) 14 D 12
Caronia 88 M 25
Caronno Pertusella 13 F 9
Caronte (Terme) 78 K 30
Carosino 74 F 34
Carovigno 69 E 34
Carovilli 61 Q 24
Carpacco 18 D 20
Carpana 34 I 11
Carpaneto Piacentino 34 H 11
Carpani 50 N 12
Carpanzano 78 J 30
Carpari 68 E 33
Carpasio 31 K 5
Carpe 31 J 6
Carpegna 42 K 19
Carpegna (Monte) 41 K 18
Carpen 17 E 17
Carpenedolo 25 F 13
Carpeneto 32 H 7
Carpi (Modena) 35 H 14
Carpi (Verona) 26 G 15
Carpi (Rifugio) 8 C 18
Carpiano 13 F 9
Carpignano Salentino 75 G 37
Carpignano Sesia 12 F 7
Carpina 47 L 19
Carpinelli (Passo) 35 J 12
Carpinello 37 J 18
Carpineta 39 J 15

Carpineti 35 I 13
Carpineto delle Nora 56 O 23
Carpineto Romano 59 R 21
Carpineto Sinello 57 P 25
Carpini 47 L 19
Carpino 63 B 29
Carpinone 61 R 24
Carrara 38 J 12
Carrara S. Giorgio 27 G 17
Carré 16 E 16
Carrega Ligure 33 I 9
Carretto 31 I 6
Carriero (Serra) 66 E 29
Carrito 56 P 23
Carro 33 I 10
Carrodano 33 I 10
Carrosio 32 I 8
Carrù 21 I 5
Carruba 89 N 27
Carruba Nuova 86 N 21
Carrubba (Monte) 93 P 27
Carsoli 55 P 21
Carsulae 54 O 19
Cartasegna 33 I 9
Cartigliano 16 E 17
Cartoceto (vicino a Calcinelli) 42 L 20
Cartoceto (vicino ad Isola del Fano) 42 L 20
Cartosio 32 I 7
Cartura 27 G 17
Carugate 13 F 10
Carunchio 61 Q 25
Caruso (Forca) 56 P 23
Caruso (Monte) 66 E 29
Carve 17 D 18
Carvico 13 E 10
Casa Castalda 47 M 19
Casa della Marina 103 J 10
Casa Ferrato 103 J 10
Casa Matti 23 H 9
Casa Riva Lunga 29 E 22
Casabella 91 O 23
Casabona 79 J 32
Casacalenda 62 B 26
Casacanditella 56 P 24
Casacorba 17 F 18
Casagiove 64 D 24
Casaglia (Pisa) 45 L 13
Casaglia (Brescia) 24 F 12
Casaglia (Ferrara) 36 H 16
Casaglia (Colla di) 40 J 16
Casal Borsetti 37 I 18
Casal Cermelli 22 H 7
Casal di Principe 64 D 24
Casal Fiumanese 40 J 16
Casal Palocco 58 Q 19
Casal Sabini 67 E 31
Casal Sottano 70 G 27
Casal Velino 70 G 27
Casalabate 75 F 36
Casalanguida 57 P 25
Casalappi Ruschi 45 M 14
Casalàttico 60 R 23
Casalbarbato 34 H 12
Casalbellotto 25 H 13
Casalbordino 57 P 25
Casalbore 65 D 27
Casalborgone 21 G 5
Casalbuono 71 G 29
Casalbusone 33 I 9
Casalbuttano ed Uniti 24 G 11
Casalcassinese 60 R 23
Casalciprano 61 R 25
Casalduni 65 D 26
Casale (Forlì) 41 J 17
Casale (Mantova) 25 G 14
Casale Cinelli 53 P 17
Casale Corte Cerro 12 E 7
Casale Cremasco 24 F 11
Casale delle Palme 59 R 20
Casale di Pari 45 M 15
Casale di Scodosia 26 G 16
Casale la Fossa 58 R 19
Casale Marittima 45 M 13
Casale Monferrato 22 G 7
Casale Monferrato (Rifugio) 11 E 5
Casale sul Sile 27 F 18
Casale (Villa Romana del) (Piazza Armerina) 88 O 25

Casalecchio dei Conti 36 I 16
Casalecchio di Reno (Bologna) 36 I 15
Casaleggio 36 I 10
Casaleggio Novara 12 F 7
Casaleone 26 G 15
Casaletto 63 P 18
Casaletto Ceredano 13 E 10
Casaletto di Sopra 24 F 11
Casaletto Spartano 71 G 28
Casalgiordana 87 N 24
Casalgrande 35 I 14
Casalgrasso 21 H 4
Casali 40 J 16
Casalicchio 31 O 23
Casaliggio 23 G 10
Casalina 34 I 11
Casalincontrada 56 P 24
Casalini 59 E 34
Casalino (Arezzo) 41 K 17
Casalino (Novara) 12 F 7
Casalmaggiore 25 H 13
Casalmaiocco 13 F 10
Casalmorano 24 G 11
Casalmoro 25 G 13
Casalnoceto 23 H 8
Casalnuovo 80 M 29
Casalnuovo di Napoli (Napoli) 64 E 25
Casalnuovo Monterotaro 62 C 27
Casaloldo 25 G 13
Casalone (Poggio) 45 M 15
Casalotti (Roma) 58 Q 19
Casalpoglio 25 G 13
Casalpusterlengo 23 G 10
Casalromano 25 G 13
Casalserugo 27 G 17
Casalta 47 N 19
Casaltone 35 H 13
Casaluce 64 D 24
Casaluna 48 M 20
Casalvecchio di Puglia 62 C 27
Casalvecchio Siculo 89 N 27
Casalvieri 60 R 23
Casalvolone 12 F 7
Casamaina 55 P 22
Casamari (Abbazia di) 60 Q 22
Casamassima 68 E 32
Casamicciola Terme 64 E 23
Casanova (Rieti) 55 O 21
Casanova (Torino) 21 H 5
Casanova dell'Alpe 41 K 17
Casanova Elvo 11 F 6
Casanova Lerrone 31 J 6
Casanova Lonati 23 G 9
Casape 59 Q 20
Casaprota 55 P 20
Casaraccio (Stagno di) 96 E 6
Casaranello (Casarano) 75 G 36
Casarano 75 G 36
Casargius (Monte) 103 I 10
Casargo 13 D 10
Casarsa della Delizia 28 E 20
Casarza Ligure 33 J 10
Casasco d'Intelvi 13 E 9
Casaselvatica 34 I 11
Casastrada 39 I 14
Casateia 7 B 16
Casatenovo 13 E 9
Casatico 25 G 13
Casatisma 23 G 9
Casazza 14 E 11
Cascano 60 S 23
Cascia 48 N 21
Casciana Alta 39 L 13
Casciana Terme 39 L 13
Casciano 46 M 15
Cascina 38 K 13
Cascina (Torrente) 39 L 13
Cascina Grossa 22 H 8
Cascine Vecchie 38 K 13
Cascinette d'Ivrea 11 F 5
Case Orsolina 8 C 19
Case Perrone 72 F 32
Case Simini 75 F 36

CATANIA

Street	Grid
Etnea (Via)	DXY
Umberto I (Via)	DEX
Angelo Custode (Via)	DZ 3
Biondi (Via)	EY 12
Bovio (Piazza G.)	EY 15
Carlo Alberto (Piazza)	EY 19
Castello Ursino (Via)	DZ 21
Conte di Torino (Via)	EY 25
Cutelli (Piazza)	EZ 26
Dante (Piazza)	DY 28
Giuffrida (Via Vincenzo)	EX 39
Guardie (Piazza delle)	EY 42
Imbriani (Via Matteo Renato)	DEX 43
Lupo (Piazza Pietro)	EY 47
Orlando (V. Vitt. E.)	EX 60
Porticello (Via)	EZ 68
Rabbordone (Via)	EY 69
Rapisarda (Via Michele)	EY 70
San Francesco (Piazza)	DZ 78
San Gaetano alle Grotte (Via)	DEY 79
San Giuseppe al Duomo (Via)	DZ 80
Spirito Santo (Piazza)	EY 87
Stesicoro (Piazza)	DY 91
Teatro Massimo (Via)	EYZ 92
Trento (Piazza)	EX 95
Università (Piazza dell')	DZ 96
Verga (Piazza)	EX 98
Vittorio Emanuele III (Piazza)	EY 100

Name	Page	Grid		Name	Page	Grid
Celle (Pistoia)	39	K 14		Centoia	46	M 17
Celle (Ravenna)	37	J 17		Centola	70	G 27
Celle (Torino)	20	G 4		Centovera	34	H 11
Celle di Bulgheria	70	G 28		Centrache	78	K 31
Celle di Macra	20	I 3		Centuripe	88	O 26
Celle di S. Vito	62	D 27		Cepagatti	56	O 24
Celle (le)	47	M 17		Cepletischis	19	D 22
Celle Ligure	32	I 7		Ceppaloni	65	D 26
Celle sul Rigo	46	N 17		Ceppo di Rocca Sta Maria	49	N 22
Cellena	46	N 16		Ceppo (Monte)	31	K 5
Celleno	53	O 18		Ceppo Morelli	11	E 6
Cellere	53	O 17		Ceprano	60	R 22
Cellina	18	D 19		Ceraino	25	F 14
Cellina (Val)	18	D 19		Cerami	88	N 25
Cellino Attanasio	56	O 23		Cerami (Fiume)	88	N 25
Cellino S. Marco	69	F 35		Ceramida	80	M 29
Cellole	60	S 23		Ceranesi	32	I 8
Celone	62	C 27		Cerano	12	F 8
Celpenchio	22	G 7		Cerasa	43	K 21
Celso	70	G 27		Cerasi	80	M 29
Cembra	16	D 15		Cerasia (Monte)	80	M 30
Cembra (Val di)	16	D 15		Ceraso	70	G 27
Cenadi	78	K 31		Ceraso (Capo)	99	E 10
Cenaia	38	L 13		Ceraso (Murgia del)	67	E 31
Cenate	75	G 36		Cerasolo	42	K 19
Cenate di Sotto	14	E 11		Cerasuolo	60	R 24
Cencenighe Agordino	7	C 17		Cerbaia	39	K 15
Cene	14	E 11		Cerboli (Isola)	50	N 13
Ceneselli	26	G 16		Cercemaggiore	61	C 26
Cenesi	31	J 6		Cercena (Passo)	6	C 14
Cèngalo (Pizzo)	4	D 10		Cercenasco	21	H 4
Cengio	31	I 6		Cercepiccola	61	R 25
Cengio (Monte)	16	E 16		Cerchiara di Calabria	76	H 31
Cengles	5	C 13		Cerchio	56	P 22
Cennina	40	L 16		Cercivento	18	C 20
Ceno	33	I 10		Cercola (Napoli)	64	E 25
Cenova	31	K 6		Cerda	87	N 23
Centa S. Nicolò	16	E 15		Cerdomare	55	P 20
Centallo	21	I 4		Cerea	26	G 15
Centaurino (Monte)	70	G 28		Cereda (Passo di)	17	D 17
Cento (Bologna)	36	I 16		Cereglio	36	J 15
Cento Croci (Passo di)	33	I 10		Ceregnano	27	G 17
Cento (Ferrara)	36	H 15		Cerella (Monte)	59	Q 20
Centocelle (Roma)	58	Q 19		Cerenzia	79	J 32
Centoforche (Colle di)	41	J 17		Ceres	10	G 4
				Ceresara	25	G 13

Name	Page	Grid
Cereschiatis (Sella di)	19	C 21
Cerese	25	G 14
Cereseto (Alessandria)	22	G 6
Cereseto (Parma)	34	I 11
Ceresole (Lago di)	10	F 3
Ceresole Alba	21	H 5
Ceresole Reale	10	F 3
Ceresolo (Scolo)	27	G 17
Cerete-Alto	14	E 11
Cerete-Basso	14	E 11
Ceretto	21	H 4
Cerfone	41	L 18
Cergnago	22	G 8
Ceri	58	Q 18
Ceriale	31	J 6
Ceriana	31	K 5
Cerignale	33	H 10
Cerignola	66	D 29
Cerisano	78	J 30
Cerlongo	25	G 13
Cermenate	13	E 9
Cermignano	56	O 23
Cermone	55	O 21
Cernobbio	13	E 9
Cernusco	13	E 10
Cernusco sul Naviglio	13	F 9
Cerqueto (vicino a Gualdo Tadino)	48	M 20
Cerqueto (vicino a Marsciano)	47	N 18
Cerratina	56	O 24
Cerré	35	I 13
Cerreto (Avellino)	65	D 27
Cerreto (Isernia)	61	D 24
Cerreto (Passo del)	34	J 12
Cerreto Abbadia	33	G 10
Cerreto Alpi	34	J 12
Cerreto d'Esi	48	M 20
Cerreto di Spoleto	48	N 20
Cerreto Grue	22	H 8
Cerreto Guidi	39	K 14
Cerreto Laziale	59	Q 20
Cerreto (Monte)	34	E 25
Cerreto Sannita	34	D 25

Name	Page	Grid		Name	Page	Grid		Name	Page	Grid
Cavallo (Monte) (Bolzano)	6	B 16		Cavenago di Brianza	13	F 10		Cece (Cima di)	16	D 17
Cavallo (Monte) (Pordenone)	18	D 19		Cavernago	24	F 11		Ceci	23	H 9
Cavallo (Monte) (Udine)	19	C 21		Cavezzo	36	H 15		Cecima	23	H 9
Cavallone (Grotta del)	56	P 24		Cavi	33	J 10		Cecina (Livorno)	44	M 13
Cavalo	25	F 14		Caviaga	23	G 10		Cecina (Pistoia)	39	K 14
Cavanella d'Adige	27	G 18		Caviola	7	C 17		Cecina (Campo)	38	J 12
Cavanella di Vara	33	J 11		Cavo	50	N 13		Cecina (Fiume)	45	M 15
Cavanella Po	27	G 18		Cavo (Monte)	59	Q 20		Cecita (Lago di)	77	I 31
Cavareno	6	C 15		Cavogna (Monte)	48	N 20		Cedegolo	15	D 13
Cavargna	3	D 9		Cavola	35	I 13		Cedra	34	I 12
Cavargna (Val)	3	D 9		Cavoli	50	N 12		Cedrino	99	F 10
Cavaria	12	E 8		Cavoli (Isola dei)	103	J 10		Cedrino (Lago del)	101	G 10
Cavarzano	39	J 15		Cavone	73	F 31		Cefalà Diana	86	N 22
Cavarzere	27	G 18		Cavour	20	H 4		Cefalicchio	67	D 30
Cavaso del Tomba	17	E 17		Cavour (Canale)	11	G 6		Cefalo (Monte)	60	S 22
Cavasso Nuovo	18	D 20		Cavrari	16	E 16		Cefalù	87	M 24
Cavatore	32	I 7		Cavrasto	15	D 14		Ceggia	28	E 19
Cavazzale	26	F 16		Cavriago	35	H 13		Ceglie del Campo	68	D 32
Cavazzo (Lago di)	18	D 21		Cavriana	25	F 13		Ceglie Messapico	69	F 34
Cavazzo Carnico	9	C 21		Cavrié	28	E 19		Cegliolo	46	M 17
Cavazzana	36	I 15		Cavriglia	40	L 16		Cei (Lago di)	16	E 15
Cave	59	Q 20		Cazoli (Punta di)	3	C 7		Celano	56	P 22
Cave del Predil	19	C 22		Cazzago S. Martino	24	F 12		Celenza sul Trigno	61	Q 25
Cavedago	16	D 15		Cazzano di Tramigna	26	F 15		Celenza Valfortore	62	C 26
Cavedine	15	E 14		Ceccano	59	R 21		Cella (Forlì)	42	J 19
Cavedine (Lago di)	15	E 14		Cecchignola (Roma)	58	Q 19		Cella (Reggio nell'Emilia)	35	H 13
Cavenago d'Adda	23	G 10		Cecchina	59	Q 19		Cella Dati	24	G 12
				Cecchini	28	E 19		Cellamare	68	D 32
								Cellarengo	21	H 5
								Cellatica	24	F 12

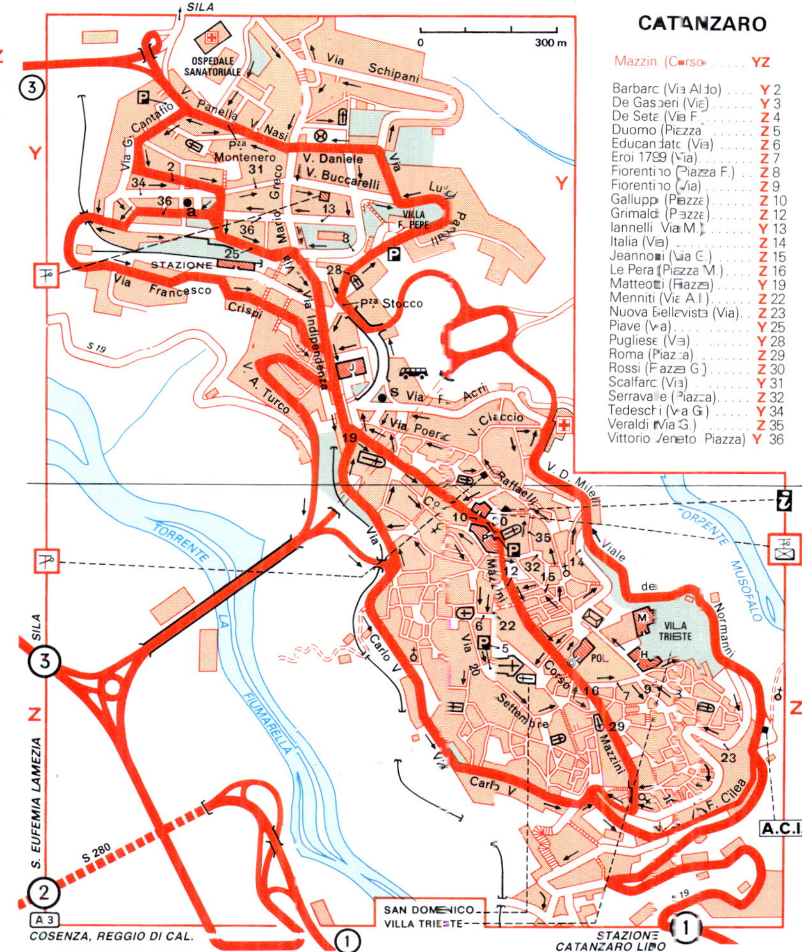

CATANZARO

Street	Grid
Mazzin (Corso)	YZ
Barbaro (Via Aldo)	Y 2
De Gasperi (Via)	Y 3
De Sete (Via F.)	Y 4
Duomo (Piazza)	Z 5
Educandato (Via)	Z 6
Eroi 1799 (Via)	Z 7
Fiorentino (Piazza F.)	Z 8
Fiorentino (Via)	Z 9
Gallupo (Piazza)	Z 10
Grimaldi (Piazza)	Z 12
Iannelli (Via M.)	Y 13
Italia (Via)	Z 14
Jeannoni (Via G.)	Z 15
Le Pera (Piazza M.)	Z 16
Matteotti (Piazza)	Z 19
Menniti (Via A.I.)	Z 22
Nuova Bellavista (Via)	Z 23
Piave (Via)	Y 25
Pugliese (Piazza)	Z 28
Roma (Piazza)	Z 29
Rossi (Piazza G.)	Z 30
Scalfaro (Via)	Y 31
Serravalle (Piazza)	Z 32
Tedeschi (Via G.)	Y 34
Veraldi (Via G.)	Z 35
Vittorio Veneto (Piazza)	Y 36

Name	Page	Ref
Cerretto Langhe	21	I 6
Cerrina Monferrato	21	G 6
Cerrione	11	F 6
Cerrisi	78	J 31
Cerrito	69	F 35
Cerro	12	E 7
Cerro (Forca di)	48	N 20
Cerro al Lambro	23	G 10
Cerro al Volturno	61	R 24
Cerro (Passo del)	23	H 10
Cerro Tanaro	22	H 7
Cerro Veronese	26	F 15
Cerrodolo	35	I 13
Cerrone (Monte)	42	L 19
Cersosimo	72	G 31
Certaldo	39	L 15
Certosa di Pesio	30	J 4
Cerusulo (Monte)	70	F 28
Cerva	79	J 32
Cervandone (Monte)	2	D 6
Cervara (Massa Carrara)	34	I 11
Cervara (Parma)	35	H 12
Cervarese Sta Croce	26	F 17
Cervaro	63	C 28
Cervaro (Frosinone)	60	R 23
Cervaro (Teramo)	55	O 22
Cervaro (Forcella di)	60	R 23
Cervaro (Ponte)	63	C 28
Cervaro (Torrente)	65	D 27
Cervarolo	11	E 6
Cervasca	30	I 4
Cervati (Monte)	70	G 28
Cervatto	11	E 6
Cervazzera	35	I 13
Cervellino (Monte)	34	I 12
Cerveno	15	D 12
Cerventosa (Passo di)	47	M 18
Cervara di Roma	59	Q 21
Cervere	21	I 5
Cervesina	23	G 9
Cerveteri	58	Q 18
Cervi (Monte dei)	87	N 23
Cervia	37	J 19
Cervialto (Monte)	65	E 27
Cervicati	76	I 30
Cervignano del Friuli	29	E 21
Cervignasco	21	H 4
Cervina (Punta)	6	B 15
Cervinara	64	D 25
Cervino	64	D 25
Cervino (Monte)/ Matterhorn	11	E 4
Cervo	31	K 6
Cervo (Pizzo)	86	M 22
Cervo (Torrente)	11	E 5
Cervognano	46	M 17
Cerzeto	76	I 30
Cesa	64	E 24
Cesacastma	55	O 22
Cesana Torinese	20	H 2
Cesano (Ancona)	43	K 21
Cesano (Roma)	59	P 19
Cesano Boscone	13	F 9
Cesano (Fiume)	43	K 21
Cesano Maderno	13	F 9
Cesaproba	55	O 21
Cesara	12	E 7
Cesarò	88	N 26
Cesarolo	28	E 21
Cese (L'Aquila)	55	P 22
Cese (Perugia)	48	N 20
Ceselli	48	N 20
Cesen (Monte)	17	E 18
Cesena	41	J 18
Cesenatico	42	J 19
Ceserano	38	J 12
Cesi (Macerata)	48	M 20
Cesi (Terni)	54	O 19
Cesiomaggiore	17	D 17
Cesole	25	G 13
Cessalto	28	E 19
Cessaniti	78	L 30
Cessapalombo	48	M 21
Cessuta (Sella)	71	G 29
Cesuna	16	E 16
Cetara	65	E 26
Cetica	40	K 16
Cetinale	45	M 15
Ceto	15	D 13
Cetona	46	N 17
Cetona (Monte)	46	N 17
Cetraro	76	I 29
Ceva	31	I 6
Cevedale (Monte)	5	C 13
Cevo	15	D 13
Chabodey	10	E 3
Challand-St. Anselme	11	E 5
Chambave	11	E 4
Chambeyron (Brec de)	20	I 2
Chamois	11	E 4
Champdepraz	11	E 4
Champoluc	11	E 5
Champorcher	11	F 4
Chanavey	10	F 3
Chardonney	11	F 4
Charvensod	10	E 3
Château des Dames	11	E 4
Châtelair	10	E 3
Châtillon	11	E 4
Chécrouit	10	E 2
Cheradi (Isole)	74	F 33
Cherasco	21	I 5
Cheremule	98	F 8
Cherio	14	E 11
Chero	34	H 11
Chero (Torrente)	34	H 11
Chia	53	O 18
Chiaicis	18	C 20
Chialamberto	10	F 4
Chiampo	26	F 15
Chiampo (Torrente)	26	F 15
Chiana (Canale Maestro della)	46	M 17
Chiana (Val di)	41	L 17
Chianacce	46	M 17
Chianale	20	I 2
Chianca	67	D 31
Chianca (Isola la)	63	B 30
Chianca (Torre)	75	F 36
Chianche	65	D 26
Chianciano	46	M 17
Chianciano Terme	46	M 17
Chiani	47	N 18
Chianni	39	L 13
Chianti	35	L 15
Chianti (Monti del)	40	L 16
Chianzutan (Sella)	18	C 20
Chiappa (Punta)	33	J 9
Chiappera	20	I 2
Chiappi	30	I 3
Chiappo (Monte)	33	H 9
Chiaramonte Gulfi	92	P 26
Chiaramonti	98	E 8
Chiarano	28	E 19
Chiaravalle	43	L 21
Chiaravalle Centrale	78	K 31
Chiaravalle della Colomba	34	H 11
Chiaravalle Milanese (Milano)	13	F 9
Chiareggio	14	D 11
Chiarescons (Monte)	8	C 19
Chiari	24	F 11
Chiaromonte	72	G 30
Chiarso	9	C 21
Chiáscio	48	L 20
Chiaserna	42	L 20
Chiassa	41	L 17
Chiatona	74	F 33
Chiauci	61	R 24
Chiavano	55	O 21
Chiavano (Forca di)	48	N 21
Chiavari	33	J 9
Chiavenna	4	D 11
Chiavenna (Torrente)	34	H 11
Chiavenna Landi	24	G 11
Chiaverano	11	F 5
Chibbò (Monte)	91	O 23
Chieffo (Masseria)	66	D 28
Chienes / Kiens	7	B 17
Chienti	48	M 20
Chieri	21	G 5
Chies d'Alpago	18	D 19
Chiesa (Belluno)	8	C 18
Chiesa (Novara)	2	C 7
Chiesa in Valmalenco	14	D 11
Chiesa Nuova (Belluno)	17	E 17
Chiesa Nuova (Trapani)	85	M 19
Chiesanuova (Firenze)	39	K 15
Chiesanuova (Ravenna)	37	I 17
Chiesanuova di S. Vito	48	L 21
Chiese	25	F 13
Chiesina	35	J 14
Chiesina Uzzanese	39	K 14
Chiesino	41	L 17
Chiesuol del Fosso	36	H 16
Chiesuola	37	I 18
Chieti	56	O 24
Chieuti	62	B 27
Chieve	13	F 10
Chievolis	18	D 20
Chignolo Po	23	G 10
Chilivani	98	F 8
Chioggia	27	G 18
Chioggia (Porto di)	27	G 18
Chiomonte	20	G 2
Chions	28	E 20
Chiotas (Digo de)	30	J 4
Chiozzola	35	H 13
Chisola	20	H 4
Chisone	20	H 3
Chisone (Valle del)	20	G 2
Chitignano	41	L 17
Chiuduno	14	F 11
Chiulano	23	H 10
Chiunzi (Valico di)	65	E 25
Chiuppano	16	E 16
Chiuro	14	D 11
Chiusa (Bolzano)	7	B 16
Chiusa (Reggio di Calabria)	81	M 30
Chiusa di Pesio	31	J 5
Chiusa / Klausen	7	C 16
Chiusa Sclafani	86	N 21
Chiusaforte	19	C 21
Chiusanico	31	K 5
Chiusano di S. Domenico	65	E 26
Chiusavecchia	31	K 5
Chiusdino	45	M 15
Chiusella	11	F 5
Chiusi	46	M 17
Chiusi (Lago di)	46	M 17
Chiusi della Verna	41	K 17
Chiusi Scalo	46	M 17
Chiusola	34	I 11
Chivasso	21	G 5
Chizzola	15	E 14
Chorio	80	N 29
Ciaculli	86	M 22
Ciagola (Monte)	76	H 29
Cialancia (Punta)	20	H 3
Ciampie	7	C 17
Ciampino	59	Q 19
Ciamprisco	64	D 24
Cianciana	90	O 22
Ciane (Fonte)	93	P 27
Ciano (Modena)	36	I 15
Ciano (Treviso)	17	E 18
Ciano d'Enza	35	I 13
Ciarforòn	10	F 3
Ciaudon (Testa)	30	J 4
Ciavolo	84	N 19
Cibiana (Passo)	8	C 18
Cibiana di Cadore	8	C 18
Cibottola	47	N 18
Cicagna	33	I 9
Cicala	78	J 31
Ciccalento (Ponte di)	63	C 28
Ciccia (Monte)	83	M 28
Cicciano	64	E 25
Cicerale	70	F 27
Cicese	27	G 17
Cichero	33	I 9
Ciciliano	59	Q 20
Ciclopi (Riviera de)	89	O 27
Cicogna	3	D 7
Cicognara	25	H 13
Cicogni	23	H 10
Cicognolo	24	G 12
Cicolano	55	P 21
Ciconicco	18	D 21
Cicoria (Masseria)	66	E 29
Cigliano (Firenze)	40	K 16
Cigliano (Vercelli)	11	G 6
Cignana (Lago di)	11	E 4
Cignano	24	F 12
Cigno	62	B 26
Cignone	24	G 11
Cigole	24	G 12
Cilavegna	22	G 8
Cilento	65	F 27
Cima Fiammante Rifugio	6	B 15
Cima Gogna	8	C 19
Cimabanche	8	C 18
Cimadolmo	28	E 19
Cimaferle	32	I 7
Cimasappada	18	C 20
Cime Nere / Hintere Schwärze	6	B 14
Cimego	15	E 13
Cimetta (Colle)	59	Q 21
Ciminà	80	M 30
Ciminarella (Masseria)	67	D 30
Cimini (Monti)	53	O 18
Ciminna	86	N 22
Cimino (Masseria)	68	E 32
Cimino (Monte)	53	O 18
Cimiti (Capo)	79	K 33
Cimitile	64	E 25
Cimolais	18	D 19
Cimoliana	18	D 19
Cimone (Monte)	35	J 14
Cimpello	28	E 20
Cinecitta (Roma)	58	Q 19
Cineto Romano	55	P 20
Cinghio	35	H 12
Cingia de' Botti	25	G 12
Cingoli	48	L 21
Cinigiano	46	N 16
Cinisello Balsamo (Milano)	13	F 9
Cinisi	86	M 21
Cino	4	D 10
Cinquale	38	K 12
Cinque Croci (Passo)	16	D 16
Cinque Denti (Cala)	84	Q 18
Cinque Terre	33	J 11
Cinquefrondi	80	L 30
Cinquemiglia (Piano della)	60	Q 23
Cinte Tesino	16	D 16
Cinto Caomaggiore	28	E 20
Cinto Euganeo	26	G 16
Cintoia	40	L 16
Cintolese	39	K 14
Cinzano (Cuneo)	21	H 5
Cinzano (Torino)	21	G 5
Cioccaro	22	G 6
Ciociaria	59	Q 21
Ciola	41	K 18
Ciommarino	66	D 28
Ciorlano	61	R 24
Cipollaro (Galleria del)	38	J 12
Cipressi	56	O 24
Cirami (Monte)	90	O 21
Circello	62	C 26
Circeo (Cap)	59	S 21
Circeo (Monte)	59	S 21
Circeo (Parco Nazionale del)	59	R 21
Cirella (Cosenza)	76	H 29
Cirella (Reggio di Calabria)	80	M 30
Cirella (Isola di)	76	H 29
Cirella (Punta di)	76	H 29
Cirello	80	L 29
Ciriano	34	H 11
Ciricilla	78	J 31
Cirié	21	G 4
Cirié (Rifugio)	10	G 3
Ciriegia (Colle di)	30	J 3
Ciriga (Punta)	93	Q 26
Cirigliano	72	F 30
Cirò	77	I 33
Cirò Marina	77	I 33
Cirone (Passo)	34	I 11
Cisa (Passo della)	34	I 11
Cisano	25	F 14
Cisano	24	G 12
Cisano Bergamasco	13	E 10
Cisano sul Neva	31	J 6
Cisigliana	34	J 12
Cislago	13	F 8
Cisliano	13	F 8
Cismon	16	D 17
Cismon del Grappa	16	E 17
Cismon (Monte)	17	E 17
Cison di Valmarino	17	E 18
Cispiri	100	G 8
Cissone	21	I 6
Cistella (Monte)	2	D 6
Cisterna	18	D 20
Cisterna d'Asti	21	H 6
Cisterna di Latina	59	R 20
Cisternino	69	E 34
Citara (Spiaggia di)	64	E 23
Citelli (Rifugio)	89	N 27
Citeriore	56	P 23
Citerna (Parma)	34	I 12
Citerna (Perugia)	41	L 18
Citerna (Monte)	39	J 15
Città della Pieve	47	N 18
Città di Castello	41	L 18
Città di Milano (Rifugio)	5	C 13
Città di Novara (Rif.)	2	D 6
Città S. Angelo	56	O 24
Cittadella	26	F 17
Cittadella del Capo	76	I 29
Cittaducale	55	O 20
Cittanova (Modena)	35	I 14
Cittanova (Reggio di Calabria)	80	L 30
Cittareale	55	O 21
Cittiglio	12	E 7
Citulo (Masseria)	67	D 30
Ciuchesu	94	D 9
Ciuffenna	40	L 16
Civago	35	J 13
Civate	13	E 10
Civé	27	G 18
Civenna	13	E 9
Civezza	31	K 6
Civezzano	16	D 15
Civiasco	11	E 6
Cividale del Friuli	19	D 22
Cividale Mantovano	25	G 13
Cividate al Piano	24	F 11
Cividate Camuno	15	E 12
Civiello (Masseria)	66	E 29
Civita	76	H 30
Civita (Perugia)	48	N 21
Civita (Viterbo)	53	O 18
Civita (Forca di)	48	N 21
Civita Castellana	54	P 19
Civita d'Antino	60	Q 22
Civita campomarano	61	B 26
Civitaluparella	57	Q 24
Civitanova Alta	49	M 23
Civitanova del Sannio	61	Q 25
Civitanova Marche	49	M 23
Civitaquana	56	P 23
Civitaretenga	56	P 23
Civitate (Ponte di)	62	B 27
Civitatomassa	55	O 21
Civitavecchia (Frosinone)	60	R 23
Civitavecchia (Roma)	53	P 17
Civitella	55	P 20
Civitella (Monte) (Grosseto)	46	N 17
Civitella (Monte) (Perugia)	41	L 18
Civitella Alfedena	60	Q 23
Civitella Casanova	56	O 23
Civitella Cesi	53	P 18
Civitella d'Agliano	53	O 18
Civitella del Lago	47	N 18
Civitella del Tronto	49	N 23
Civitella di Romagna	41	J 17
Civitella in Val Chiana	46	L 17
Civitella Licinio	61	D 25
Civitella Marittima	45	N 15
Civitella Messer Raimondo	56	P 24
Civitella Ranieri	47	M 19
Civitella Roveto	60	Q 22
Civitella S. Paolo	54	P 19
Civo	4	D 10
Civorio	41	K 18
Cixerri	102	J 7
Cizzago	24	F 11
Cizzolo	25	G 14
Claino-Osteno	3	D 9
Clapier (Monte)	30	J 4
Classe (Pineta di)	37	I 18
Claut	18	D 19
Clautana (Forcella)	18	D 19
Clauzetto	18	D 20
Clavière	20	H 2
Cles	6	C 15
Cleto	78	J 30
Cleulis	18	C 20
Climiti (Monti)	93	P 27
Cliternia Nuova	62	B 27
Clitunno (Fonti del)	48	N 20
Clitunno (Tempio di)	48	N 20
Clivio	13	E 8
Clusane sul Lago	14	F 12
Clusio	5	B 13
Clusone	14	E 11
Coazze	20	G 3
Coazzolo	21	H 6
Coca (Pizzo di)	14	D 12
Coccaglio	24	F 11
Coccanile	37	H 17
Coccau	19	C 22
Coccia (Poggio di)	53	P 18
Coccolia	37	J 18
Cocconato	21	G 6
Coccorino	80	L 29
Coccovello (Monte)	71	G 29
Coco (Monte del)	85	N 20
Cocquio Trevisago	12	E 8
Cocullo	56	P 23
Cocumola	75	G 37
Cocuzza (Monte)	80	M 29
Cocuzzo (Monte) (Cosenza)	78	J 30
Cocuzzo (Monte) (Salerno)	71	G 28
Coda Cavallo (Capo)	99	E 11
Coda (Rifugio)	11	F 5
Codarda	59	R 21
Codelago o Devero (Lago)	2	C 6
Codevigo	27	G 18
Codevilla	23	H 9
Codigoro	37	H 18
Codiponte	38	J 12
Codisotto	25	H 14
Codogne	28	E 19
Codogno	24	G 11
Codonfuri	80	M 29
Codrignano	36	J 16
Codroipo	28	E 20
Codrongianos	98	F 8
Codula de Sisine	101	G 10
Codula di Luna	101	G 10
Coeli Aula	45	K 15
Cofano (Golfo del)	85	M 19
Cofano (Monte)	85	M 20
Coggina (Genna)	101	G 10
Coggiola	11	E 6
Coghinas	97	E 9
Coghinas (Fiume)	98	E 8
Coghinas (Lago del)	97	E 9
Cogliate	13	F 9
Cogne	10	F 4
Cogne (Val di)	10	F 3
Cogoleto	32	I 7
Cogoli	99	F 10
Cogollo del Cengio	16	E 16
Cogolo	6	C 14
Cogorno	33	J 10
Cogozzo	25	H 13
Cogruzzo	35	H 13
Col Collon (Rifugio)	11	E 4
Col di Prà	17	D 18
Col S. Martino	17	E 18
Colà	25	F 14
Colazza	12	E 7
Colbertaldo	17	E 18
Colbordolo	42	K 20
Colbu (Lu)	97	E 9
Colcavagno	21	G 6
Colcellalto	41	K 18
Colcerasa	48	M 21
Coldrano / Goldrain	6	C 14
Coleazzo (Monte)	15	D 13
Coler	6	C 14
Colere	14	E 12
Colfelice	60	R 22
Colfiorito	48	M 20
Colfosco	17	E 18
Coli	23	H 10
Colico	4	D 10
Colla	82	M 26
Colla (Monte)	89	N 26
Colla (Monte sa)	101	H 10
Colla (Passo)	34	I 11
Colla (Passo la)	71	G 29
Collagna	35	I 12
Collalbo / Klobenstein	7	C 16
Collalto (Siena)	45	L 15
Collalto (Udine)	19	D 21
Collalto / Hochgall	8	B 18
Collalto Sabino	55	P 21
Collalunga (Cima di)	30	J 3
Collamato	48	M 20
Collarmele	56	P 22
Collatoni	48	N 20
Collazzone	47	N 19
Colle	18	D 20
Colle (L'Aquila)	55	O 21
Colle (Ascoli Piceno)	48	N 21
Colle Alto	60	R 22
Colle Croce	48	M 20
Colle d'Anchise	61	R 25
Colle di Tora	55	P 20
Colle di Val d'Elsa	45	L 15
Colle di Villa / Bauernkohlern	6	C 16
Colle Don Bosco (Santuario)	21	G 6
Colle Isarco / Gossensaß	7	B 16
Colle-Lupo	52	O 16
Colle Sannita	62	C 26
Colle S. Lorenzo	48	N 20
Colle Sta Lucia	8	C 18
Colle S. Magno	60	R 23
Colle S. Marco	49	N 22
Colle Umberto	28	E 19
Collebaldo	47	N 18
Collebarucci	39	K 15
Collebeato	24	F 12
Collebrincioni	55	O 22
Collecchio	34	H 12
Collecorvino	56	O 24
Colledara	56	O 23
Colledimacine	56	P 24
Colledimezzo	57	P 25
Colledoro	56	O 23
Colleferro	59	Q 21
Collegiove	55	P 21
Collegno (Torino)	21	G 4
Collelongo	60	Q 22
Collelungo	48	N 18
Collelungo (Torre)	51	O 15
Collemancio	47	N 19
Collemeto	75	G 36
Collemincio	48	M 20
Colleoli	39	L 14
Collepardo	60	Q 22
Collepasso	75	G 36
Collepepe	47	N 19
Collepietro	56	P 23
Collepino	48	M 20
Collere (Monte)	33	I 9
Colleri	23	H 9
Collerin (Monte)	10	G 3
Collesalvetti	38	L 13
Collesano	87	N 23
Collesanto	48	M 21
Collesecco (Perugia)	47	N 19
Collesecco (Terni)	47	N 19
Collestatte Piano	54	O 20
Colletorto	62	B 26
Collevecchio	54	O 19
Colli a Volturno	61	R 24
Colli di Montebove	55	P 21
Colli di Tranto	49	N 23
Colli Euganei	26	G 17

COMO
DUOMO
BROLETTO
VILLA OLMO
LAGO
per Autostrada N2 LUGANO 32 km
A.C.I.
STAZIONE CENTRALE
STAZIONE NORD
S. FEDELE
S. ABBONDIO
OSPEDALE PSICHIATRICO
BELLAGIO 31 km S 583
BRUNATE
BRUNATE 6 km
S. MAURIZIO 8 km
LECCO 29 km BERGAMO 56 km
VARESE 27 km
MILANO 45 km per Autostrada A9 48 km
500 m
Plinio (Via) .... AY 26
V. Emanuele II (V.) .... AYZ 40
Battisti (Vle Cesare) .... AZ 3
Borgovico (Via) .... AYZ 4
Carcano (Via) .... AY 5
Cattaneo (Viale C.) .... AZ 7
Cavallotti (Viale) .... AY 8
Cavour (Piazza) .... AY 10
Gallio (Via T.) .... AZ 14
Garibaldi (Piazza) .... AYZ 15
Giulio Cesare (Vle) .... BZ 18
Lucini (Via) .... AY 19
Manzoni (Via) .... AY 21
Masia (Viale M.) .... AY 22
Matteotti (Piazza) .... AY 23
Napoleona (Via) .... BZ 25
Recchi (Via) .... AY 29
Rosselli (Viale) .... AY 30
S. Bartolomeo (Pza) .... AZ 32
S. Rochetto (Pzale) .... AZ 33
S. Teresa (Pzale) .... AY 35
Trento (Lgo Lario) .... AY 36
Trieste (Lgo Lario) .... AY 37
Vittoria (Piazza) .... AZ 39
Volta (Piazza) .... AY 42

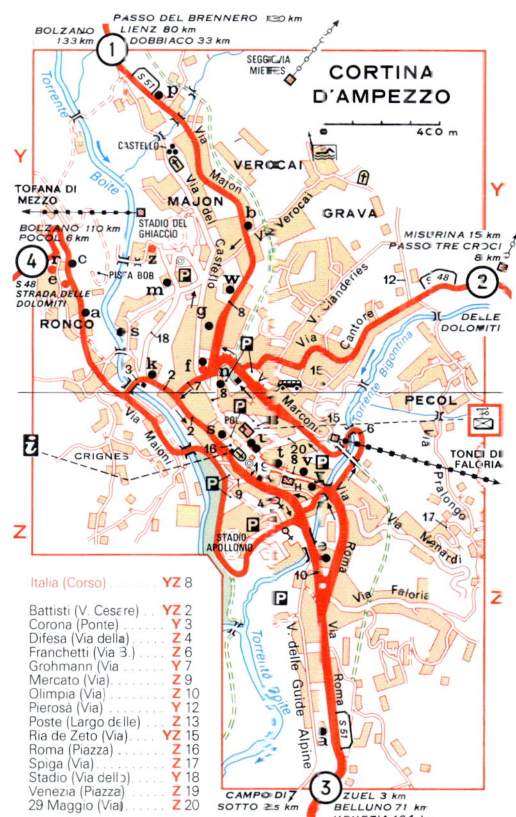

CORTINA D'AMPEZZO
PASSO DEL BRENNERO 130 km
BOLZANO 133 km LIENZ 80 km DOBBIACO 33 km
SEGGIOVIA MIETRES
VEROCAI
MAJON
GRAVA
TOFANA DI MEZZO
BOLZANO 110 km POCOL 6 km
STADIO DEL GHIACCIO
MISURINA 15 km PASSO TRE CROCI 8 km
PISTA BOB
RONCO
PECOL
CRIGNES
STADIO APOLLONIO
TONDI DI FALORIA
DELLE DOLOMITI
CAMPO DI SOTTO 2,5 km
ZUEL 3 km BELLUNO 71 km VENEZIA 164 km
Italia (Corso) .... YZ 8
Battisti (V. Cesare) .... YZ 2
Corona (Ponte) .... Y 3
Difesa (Via della) .... Z 4
Franchetti (Via B.) .... Z 6
Grohmann (Via) .... Y 7
Mercato (Via) .... Z 9
Olimpia (Via) .... Y 10
Pierosà (Via) .... Y 12
Poste (Largo delle) .... Z 13
Ria de Zeto (Via) .... YZ 15
Roma (Piazza) .... Z 16
Spiga (Via) .... Z 17
Stadio (Via dello) .... Z 18
Venezia (Piazza) .... Z 19
29 Maggio (Via) .... Z 20

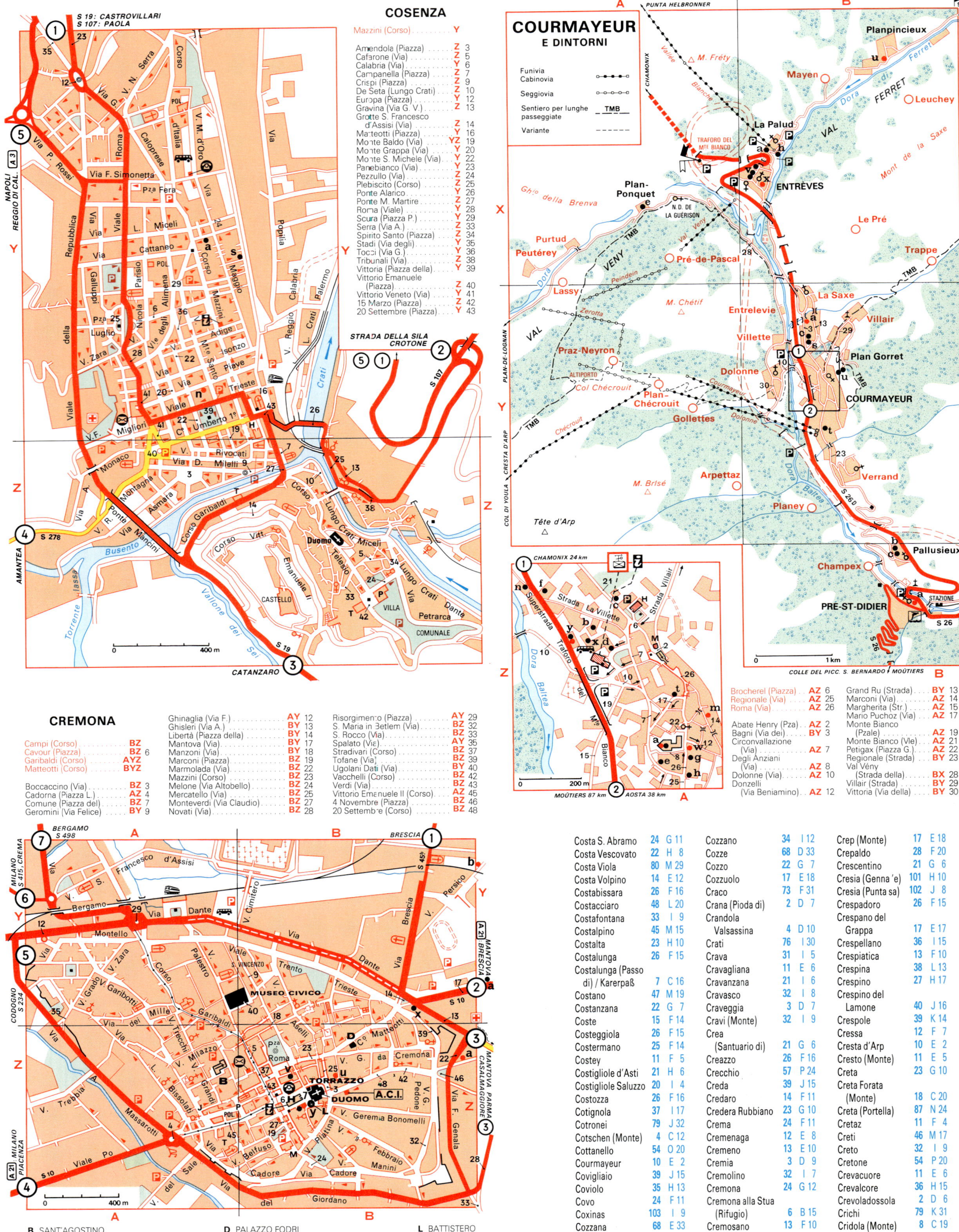

COSENZA

COURMAYEUR E DINTORNI

CREMONA

FERRARA

Street	Ref.
Cavour (Viale)	AY
Martiri d. Libertà (Corso)	BY 8
Porta Reno (Corso)	BZ 10
Borgo di Sotto (Via)	BZ 3
Garibaldi (Via)	ABY 6
Pomposa (Via)	BZ 9
S. Maurelio (Via)	BZ 14
Saraceno (Via)	BZ 16
Savonarola (Via)	BZ 17
Spadari (Via)	AY 18
Travaglio (Piazza del)	BZ 19
Trento Trieste (Piazza)	BZ 20
Voltapaletto (Via)	BZ 21
Volte (Via delle)	BZ 22

- **B** CASTELLO ESTENSE
- **E** PALAZZO SCHIFANOIA
- **M¹** PALAZZO DI LUDOVICO IL MORO
- **N** PALAZZINA DI MARFISA D'ESTE

Name	Ref.	Name	Ref.	Name	Ref.
Ferro (Porto)	96 E 6	Ficarra	82 M 26	Filetto (Ancona)	43 L 21
Ferrone	39 L 15	Ficulle	47 N 18	Filetto (L'Aquila)	55 O 22
Ferru (Monte) (Cagliari)	103 J 10	Ficuzza	86 N 22	Filetto (Chieti)	57 P 24
Ferru (Monte) (Nuoro)	101 H 10	Ficuzza (Bosco della)	86 N 22	Filettole	38 K 13
Ferru (Monte) (Oristano)	100 G 7	Ficuzza (Fattoria)	91 P 23	Filiano	66 E 29
Ferruzzano	80 M 30	Ficuzza (Fiume)	92 P 25	Filibertu	96 E 6
Fersinone	47 N 18	Ficuzza (Pizzo)	91 O 23	Filicudi (Isola)	82 L 25
Fertilia	96 F 6	Ficuzza (Rocca)	90 O 21	Filicudi Porto	82 L 25
Festiona	30 J 4	Fidenza	34 H 12	Filighera	23 G 9
Feto (Capo)	84 O 19	Fié allo Sciliar / Völs am Schlern	7 C 16	Filignano	61 R 24
Fetovaia	50 N 12	Fiemme (Val di)	16 D 16	Filio (Pizzo)	88 N 25
Fetovaia (Punta di)	50 N 12	Fiera di Primiero	16 D 17	Filippa	79 J 32
Feverstein / Montarso	6 B 15	Fiera (Monte della)	86 N 21	Fillaciano	54 P 19
Fiamenga	47 N 19	Fierozzo	16 D 15	Filo	37 I 17
Fiamignano	55 P 21	Fieschi (Basilica dei)	33 J 10	Filogaso	78 K 30
Fianello	54 O 19	Fiesco	24 F 11	Filottrano	43 L 22
Fiano (Firenze)	39 L 15	Fiesole (Firenze)	39 K 15	Finale	87 M 24
Fiano (Lucca)	38 K 13	Fiesse	25 G 12	Finale di Rero	37 H 17
Fiano Romano	54 P 19	Fiesso d'Artico	27 F 18	Finale Emilia	36 H 15
Fiano (Torino)	21 G 4	Fiesso Umbertiano	26 H 16	Finale Ligure	32 J 7
Fiascherino	38 J 11	Figari (Capo)	99 E 11	Fine	38 L 13
Fiaschetti	28 E 19	Figino Serenza	13 E 9	Finero	3 D 7
Fiastra	48 M 21	Figline	39 K 15	Finestra di Champorcher	11 F 4
Fiastra (Abbazia di)	49 M 22	Figline Valdarno	40 L 16	Finestre (Colle delle)	20 G 3
Fiastra (Lago di)	48 M 21	Figline Vegliaturo	78 J 30	Fino	56 O 23
Fiastra (Torrente)	49 M 22	Filadelfia	78 K 30	Fino del Monte	14 E 11
Fiastrone	48 M 21	Filadonna (Becco di)	16 E 15	Fino Mornasco	13 E 9
Fiavé	15 D 14	Filaga	86 N 22	Finocchio	59 Q 20
Fibreno (Lago)	60 Q 23	Filandari	80 L 30	Fioio	59 Q 21
Ficarazzi	86 M 22	Filattiera	34 J 11	Fionchi (Monte)	48 N 20
Ficarolo	26 H 16	Filau (Monte)	102 K 8	Fiora	46 N 16
		Filettino	59 Q 21	Fiorana	37 I 17
				Fiorano Modenese	35 I 14
				Fiordimonte	48 M 21

FIRENZE
PERCORSI DI ATTRAVERSAMENTO E DI CIRCONVALLAZIONE

Name	Ref.	Name	Ref.	Name	Ref.
Agnelli (Via Giovanni)	FU 2	Colombo (Lung C.)	FU 19	Paoli (Via)	EU 47
Alberti (Piazza L.B.)	FU 3	De Amicis (Viale Edmondo)	FU 20	Paoli (Viale Pasquale)	FU 48
Aretina (V.)	FU 5	Europa (Viale)	FU 23	Pietro Leopoldo (Piazza)	FT 50
Chiantigiana (Via)	FU 17	Giannotti (Viale D.)	FU 25	Poggio Imperiale (Viale)	FU 52
		Guidoni (Viale A.)	ET 32	Pollaiuolo (Via A. del)	EU 53
		Machiavelli (Vle Niccolò)	FU 36	Salviati (Via)	FT 61
		Mariti (Via G. F.)	FT 37	S. Domenico (Via)	FT 64
		Michelangiolo (Viale)	FU 41	Villamagna (Via di)	FU 89
		Novoli (Via di)	ET 43		
		Panche (Via delle)	FT 45		

- **B** VILLA DELLA PETRAIA
- **G** CENACOLO DI SAN SALVI

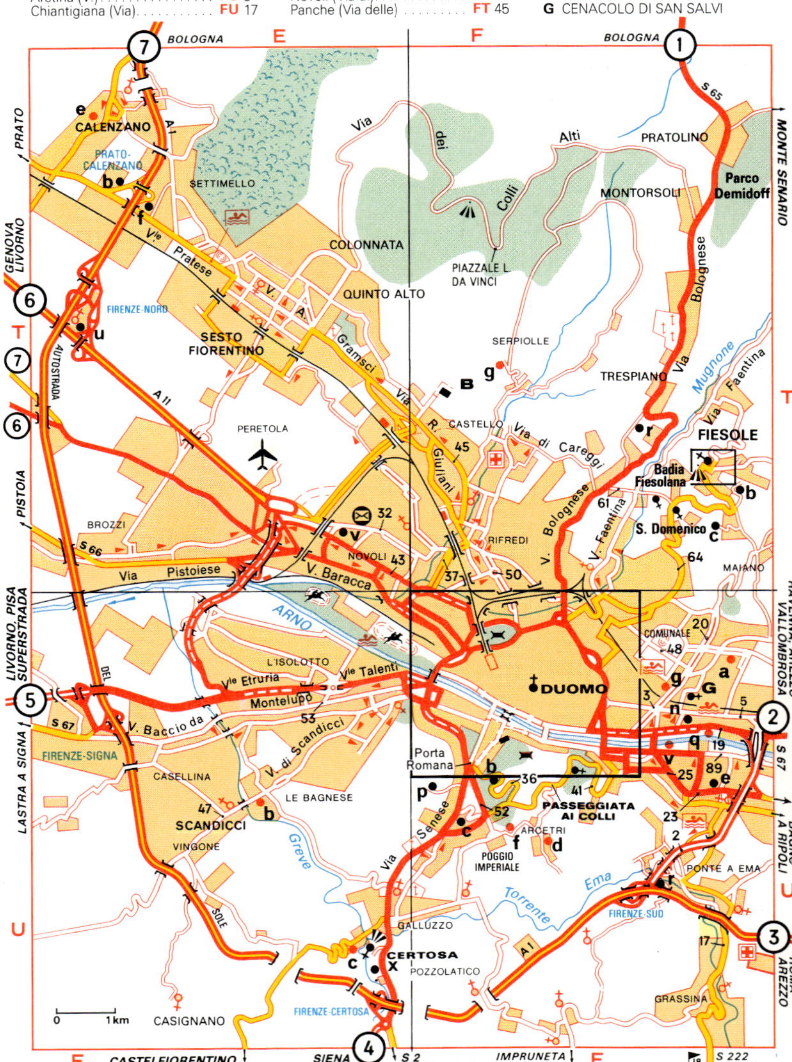

Name	Ref.	Name	Ref.	Name	Ref.
Fantina	83 M 27	Favale di Malvaro	33 I 9	Femmine (Isola delle)	86 M 21
Fantiscritti (Cave di)	38 J 12	Favalto (Monte)	47 L 18	Fenaio (Punta del)	51 O 14
Fantoli (Rifugio)	12 E 7	Favara	91 P 22	Fener	17 E 17
Fanzarotta	91 O 23	Favara (Lago)	90 O 21	Fenestrelle	20 G 3
Fanzolo	17 E 17	Favazzina	80 M 29	Fenigli	42 L 20
Fara Filiorum Petri	56 P 24	Faver	16 D 15	Fenile	42 K 20
Fara Gera d'Adda	13 F 10	Faverga	17 D 18	Fenis	11 E 4
Fara in Sabina	54 P 20	Faverghera (Nevegal)	17 D 18	Fennau (Monte)	101 G 10
Fara Novarese	12 F 7	Faverzano	24 F 12	Fennberg / Favogna	16 D 15
Fara S. Martino	56 P 24	Favignana	84 N 18	Ferdinandea	81 L 31
Fara Vicentino	16 E 16	Favignana (Isola)	84 N 18	Ferentillo	54 O 20
Faraglione (Punta)	84 N 18	Favogna / Fennberg	16 D 15	Ferentino	59 Q 21
Faraglioni (Isola)	64 F 24	Favoscuro	89 N 26	Ferento	53 O 18
Fardella	72 G 30	Favria	11 G 5	Feriolo	12 E 7
Farfa	54 P 20	Fazzon	15 D 14	Ferla	93 P 26
Farfa (Abbazia di)	54 P 20	Fedaia (Lago di)	7 C 17	Fermignano	42 K 19
Farfengo	24 G 11	Fedaia (Passo di)	7 C 17	Fermo	49 M 23
Farigliano	21 I 5	Feglino	31 J 6	Fernetti	29 E 23
Farindola	56 O 23	Feisoglio	21 I 6	Ferno	12 F 8
Farini	23 H 10	Felci (Fossa)	82 L 25	Feroleto Antico	78 K 31
Farnese	53 O 17	Feldthurns / Velturno	7 B 16	Feroleto della Chiesa	80 L 30
Farneta (Cosenza)	72 G 31	Felegara	34 H 12	Ferrandina	72 F 31
Farneta (Modena)	35 I 13	Feletto	11 G 5	Ferrania	31 I 6
Farneta (Abbazia di)	46 M 17	Feletto Umberto	19 D 21	Ferranti (Masseria)	66 D 28
Farneta di Riccò	35 I 14	Feliciano	47 M 18	Ferrara	36 H 16
Faro (Capo)	82 L 26	Felina	35 I 13	Ferrara di Monte Baldo	15 E 14
Faro Superiore	83 M 28	Felino	34 H 12	Ferraro	81 M 30
Faroma (Monte)	10 E 4	Felisio	37 I 17	Ferrato (Capo)	103 J 10
Farra d'Alpago	18 D 19	Felitto	70 F 27	Ferrazzano	61 C 26
Farra di Soligo	17 E 18	Felizzano	22 H 7	Ferrera	11 E 6
Farro	17 E 18	Fella	19 C 22	Ferrera Erbognone	22 G 8
Fasana	79 J 33	Fellicarolo	35 J 14	Ferrere (Asti)	21 H 6
Fasana Polesine	22 G 18	Felonica	26 H 16	Ferrere (Cuneo)	30 I 2
Fasanella	65 F 27	Feltre	17 D 17	Ferret (Col du)	10 E 3
Fasano (Brescia)	25 F 13	Fema (Monte)	48 N 21	Ferret (Val)	10 E 3
Fasano (Brindisi)	69 E 34	Femmina Morta	40 J 16	Ferretto	46 M 17
Fasano (Palermo)	87 N 24	Femmina Morta Miraglia (Portella)	88 N 25	Ferricini (Monte)	86 N 21
Fascia	33 I 9	Femminamorta	39 K 14	Ferriere	33 I 10
Fassa (Val di)	7 C 17	Femminamorta (Monte) (Catanzaro)	79 J 32	Ferriere (Le)	59 R 20
Fassinoro	55 P 20	Femminamorta (Monte) (Enna)	88 N 25	Ferro	73 G 31
Fastello	53 O 18			Ferro (Canale del)	19 C 21
Fate (Monte delle)	59 R 21			Ferro (Capo)	95 D 10
Fattoria (Zoo)	86 M 21			Ferro di Cavallo	47 M 19
Fau (Pizzo)	88 N 25			Ferro (Pizzo del)	5 C 12
Fauglia	38 L 13				
Faule	21 H 4				

The pool complex

Figline Valdarno

Just half an hour's drive from the beautiful city of Florence, in the heart of the Chianti wine region, the old town of Figline Valdarno is an enchanting spot for your holiday in the Tuscan hills. This is an ideal base for exploring the incomparable treasures of the area – Pisa and unforgettable Siena are also within easy reach and the beaches of the Mediterranean are close enough for a day trip.

Norcenni

"Half an hour's drive from romantic Florence, yet located in the hills of breathtaking Tuscany. Our 1st year here."

MEDIUM SITE Set in the rolling Tuscan hills, with panoramic views of the Arno Valley, it's hard to imagine a more delightful base for your holiday than Norcenni. Close to the ancient town of Figline Valdarno, this first-class site is set in the grounds of an old Tuscan villa, its terracotta-tiled outbuildings converted to provide an excellent restaurant, bar and well-stocked supermarket selling excellent local leather goods and clothes. Florence is practically on your doorstep here and in high season the owners arrange regular excursions to the city and the local Chianti vineyards. The focal point of the site is the lovely pool complex, with its large pool, paddling pool and fountain, plus waterslide and wide terraces. The sports facilities include tennis courts and horse riding from the site. In high season Norcenni is lively, with organised games, tournaments and discos. Please note that the site barrier is closed at lunchtimes.

SITE FACILITIES (See page 17)

Sports/Activities Outdoor pool • Waterslide • Tennis* (floodlit) • Table tennis • Bicycle hire* Volleyball • Football • Horseriding* • Amusements* • Satellite TV (in bar)

For Children Paddling pool • Play area • FREE Tiger Club 27/5 – 9/9 FREE games box (small deposit) • Junior tents for hire*

Food and Drink Bar • Restaurant • Pizzeria • Takeaway • Supermarket

On Site Launderette*

Nearby Horseriding* • Windsurfing* • Fishing*

**Extra charge*

The restaurant on site

Florence

Around & About

◆ **CHIANTI VINEYARDS** (Approx. 2 miles). Weekly excursions organised from the site to local vineyards, free wine tastings.

◆ **FLORENCE** (Approx. 20 miles). Historic city of art and architecture portrayed in E. M. Forster's 'Room With a View'. Drive, or take the train from the station a mile away.

◆ **AREZZO** (Approx. 22 miles). Large town with good shopping also home to the Crocodile water theme park.

◆ **SIENA** (Approx. 60 miles). Medieval town famous for the horse races around the Piazza del Campo Interesting shops, boutiques and streetside cafés.

◆ **PISA** (Approx. 48 miles). Home of the famous 'leaning tower' a must during a visit to this area.

How to get there

Suggested crossings in red with approx. mileage and hours drive time.

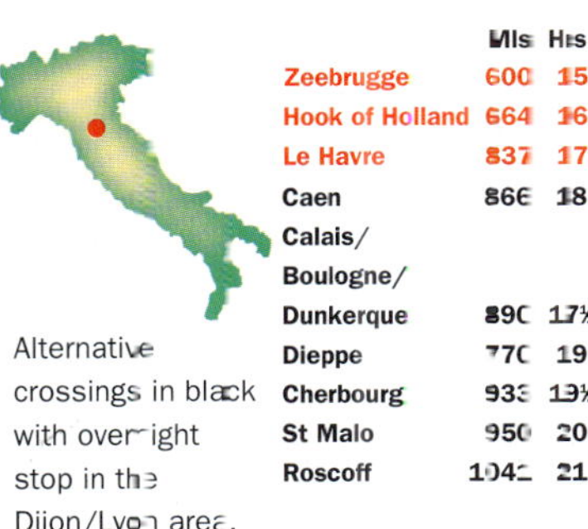

	Mls	Hrs
Zeebrugge	600	15
Hook of Holland	664	16
Le Havre	837	17
Caen	866	18
Calais/ Boulogne/ Dunkerque	890	17½
Dieppe	770	19
Cherbourg	933	19½
St Malo	950	20
Roscoff	1042	21

Alternative crossings in black with overnight stop in the Dijon/Lyon area.

A further alternative is to travel out via the Belgian or Dutch ports and Switzerland, stopping overnight in southern Germany.

RESERVATIONS
01705 466111
ADMINISTRATION
01705 463523
FASTRAK **HAV** ISTEL **HAV#**

Book CODE TN	TENTS			MOBILE HOMES						Children
	Royale (TAN6)			Esprit (ESP7)			Elegance (ELE7)			
Arrival on or between the dates shown	7	14	+−Nt	7	14	+−Nt	7	14	+−Nt	under 18
13 May–19 May	136	213	11	251	433	26	270	459	27	FREE
20 May–26 May	216	335	17	363	601	34	386	638	36	FREE
27 May–2 Jun	267	414	21	436	723	41	451	766	45	FREE
3 Jun–9 Jun	244	384	20	410	683	39	436	723	41	FREE
10 Jun–16 Jun	281	449	24	421	708	41	442	750	44	FREE
17 Jun–23 Jun	322	511	27	504	840	48	540	890	50	FREE
24 Jun–30 Jun	377	594	31	537	922	55	572	978	58	FREE
1 Jul–7 Jul	420	672	36	600	1034	62	634	1096	66	FREE
8 Jul–14 Jul	481	796	45	662	1159	71	704	1229	75	FREE
15 Jul–21 Jul	476	798	46	674	1185	73	710	1256	78	FREE
22 Jul–18 Aug	514	857	49	743	1331	84	795	1411	88	FREE
19 Aug–25 Aug	394	618	32	628	1090	66	659	1156	71	FREE
26 Aug–1 Sep	265	405	20	476	777	43	496	825	47	FREE
2 Sep–8 Sep	182	–	12	327	537	30	345	569	32	FREE
9 Sep–15 Sep	–	–	–	279	461	26	299	488	27	FREE
16 Sep–22 Sep	–	–	–	264	439	25	290	465	25	FREE
23 Sep–29 Sep	–	–	–	250	404	22	260	428	24	FREE
30 Sep–13 Oct	–	–	–	200	347	21	207	368	23	FREE
14 Oct–20 Oct	–	–	–	226	–	22	228	–	25	FREE

PRICES for 2 adults including Ferry – Prices for 7 or 14 night holidays, additional/fewer nights in £s

Special Offers – pages 16 & 17 • **Prices based on** mid-week return ferry crossing for one car, Dover-Calais, Newhaven-Dieppe with Stena Sealink **Other ferry routes available** – see pages 92-95 • **Any duration and combination of site/s** – (minimum stay 5 nights) • **Extra Adults** add £7 per person per night • **Open until 21 October.**

Venice

Beside a beautiful sandy beach on the Adriatic Sea yet just a short ferry trip from the heart of romantic Venice, Ca' Savio must be just about the perfect place to combine the relaxation of sun, sea and sand, with the unforgettable sights of one of Europe's most visited cities. The sands stretch for miles here, ideal for safe fun for all the family and offering a whole range of watersports. The lively resort of Lido de Jesolo is a short drive away for those seeking a livelier time!

Around & About

◆ **TREPORTI** (adjacent Ca'Savio). A lively, colourful village with market day every Thursday.
◆ **PUNTA SABBIONI** (Approx. 3 miles). Catch a boat here to explore the islands of Burano, Murano Torcello in the Venetian Lagoon.
◆ **JESOLO** (Approx. 7 miles). Plenty of boutiques, bazaars, pizzerias and bars. For those with a taste for the nightlife, there are discos, dancehalls, cinemas, fairgrounds and even English pubs!
◆ **VENICE** (Approx. 45-minutes by boat). An ancient and noble city that has inspired men of genius to create masterpieces in art, literature and architecture.

How to get there

Suggested crossings in red with approx. mileage and hours drive time.

	Mls	Hrs
Calais/ Boulogne/ Dunkerque	850	17
Dieppe	875	18
Zeebrugge	800	18
Hook of Holland	820	18
Caen	925	19½
Le Harve	930	19½
Cherbourg	965	20
St Malo	990	20½

Alternative crossings in black with overnight stop in the Dijon/Lyon area. A further alternative is to travel out via the Belgian or Dutch ports and travel via Germany and Switzerland, stopping overnight in southern Germany.

RESERVATIONS
01705 466111
ADMINISTRATION
01705 468523

FASTRAK **HAV**   ISTEL **HAV#**

The beach at Ca' Savio

Ca' Savio

"Combining a fantastic beach-front location with the beauty of Venice, Ca'Savio offers a perfect introduction to Italy. Our 2nd year here."

LARGE SITE This large and well-established site, set right beside a wide stretch of safe, sandy beach, has plenty to offer for a fun-packed holiday for the whole family. The six swimming pools (four large and two small) in addition to the beach, where windsurfers and pedalos are available for hire, provide all the watersports you could wish for and a wide variety of other sporting activities are situated on the site itself. Friendly entertainments staff organise a programme of activities in high season, including live entertainment. The site caters primarily for families and couples and is peaceful at night, even in high season. There is a regular bus from the site to the ferry for Venice, which drops you off right in St. Mark's Square 45 minutes later. In order to maintain peace and quiet at siesta time, the main campsite gates are closed from 1300 hrs to 1500 hrs.

SITE FACILITIES (See page 17)

Sports/Activities Outdoor pool • Table tennis • Padda tennis • Mini-golf* • Volleyball • Aerobics
Bicycle hire* • Riding* • Archery* • Canoeing • Jacuzzi*
For Children Paddling pool • Play area • FREE Tiger Club 27/5 – 9/9
FREE Games box (small deposit) • Junior tents for hire*
Food and Drink Bar • Café/Restaurant • Takeaway • Shop/Supermarket
On Site Launderette* • Barbecues permitted
Nearby Beach on site
Extra charge

Archery

The swimming pools

Book CODE TS Arrival on or between the dates shown	PRICES for 2 adults including Ferry – Prices for 7 or 14 night holidays, additional/fewer nights in £s									Children
	TENTS			MOBILE HOMES				NEW		
	Royale (TAN6)			Esprit (ESP7)			Elegance (ELE7)			
	7	14	+– Nt	7	14	+– Nt	7	14	+– Nt	under 18
6 May–12 May	–	–	–	188	314	18	200	333	19	FREE
13 May–19 May	136	213	11	251	433	26	270	459	27	FREE
20 May–26 May	216	335	17	363	601	34	386	638	36	FREE
27 May–2 Jun	267	414	21	436	723	41	451	766	45	FREE
3 Jun–9 Jun	244	384	20	410	683	39	436	723	41	FREE
10 Jun–16 Jun	281	449	24	421	708	41	442	750	44	FREE
17 Jun–23 Jun	322	511	27	504	840	48	540	890	50	FREE
24 Jun–30 Jun	377	594	31	537	922	55	572	978	58	FREE
1 Jul–7 Jul	420	672	36	600	1034	62	634	1096	66	FREE
8 Jul–14 Jul	481	796	45	662	1159	71	704	1229	75	FREE
15 Jul–21 Jul	476	798	46	674	1185	73	710	1256	78	FREE
22 Jul–18 Aug	514	857	49	743	1331	84	795	1411	88	FREE
19 Aug–25 Aug	394	618	32	628	1090	66	659	1156	71	FREE
26 Aug–1 Sep	265	405	20	476	777	43	496	825	47	FREE
2 Sep–8 Sep	182	–	12	327	537	30	345	569	32	FREE
9 Sep–15 Sep	–	–	–	279	–	26	299	–	27	FREE

Special Offers – pages 16 & 17 • **Prices based on** mid-week return ferry crossing for one car, Dover-Calais, Newhaven-Dieppe with Stena Sealink **Other ferry routes available** – see pages 92-95 • **Any duration and combination of site/s available** – (minimum stay 5 nights) • **Extra Adults** add £7 per person per night • **Open until 16 September.**

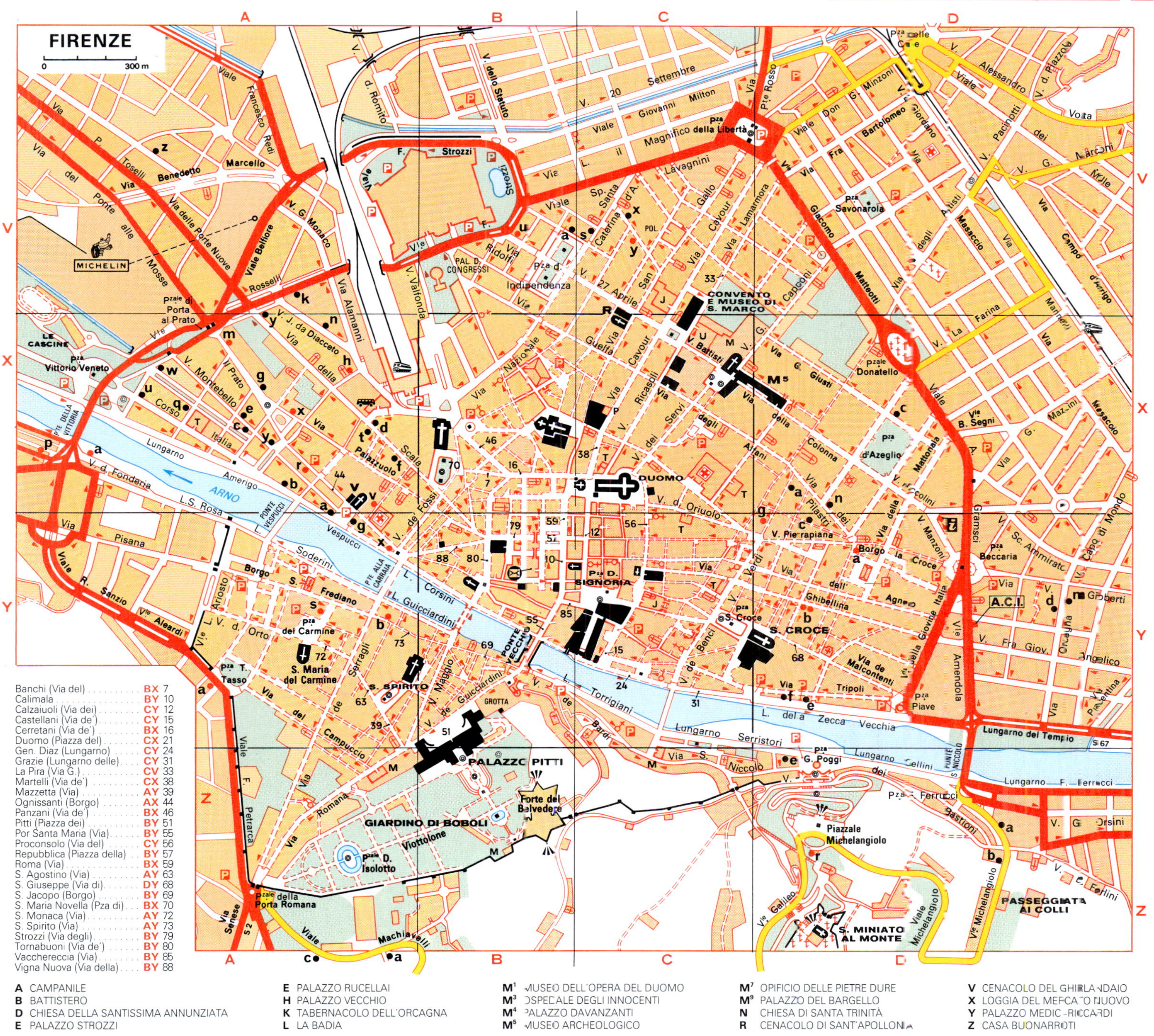

Banchi (Via del) .... BX 7
Calimala .... BY 10
Calzaiuoli (Via dei) ...... CY 12
Castellani (Via de') ...... CY 15
Cerretani (Via de') .... BX 16
Duomo (Piazza del) ...... CX 21
Gen. Diaz (Lungarno) .... CY 24
Grazie (Lungarno delle) .. CY 31
La Pira (Via G.) .... CV 33
Martelli (Via de') .... CX 38
Mazzetta (Via) .... AY 39
Ognissanti (Borgo) .... AX 44
Panzani (Via de') .... BX 46
Pitti (Piazza dei) .... BY 51
Por Santa Maria (Via) .... BY 55
Proconsolo (Via del) ..... BY 57
Repubblica (Piazza della) . BY 59
Roma (Via) .... BX 59
S. Agostino (Via) .... AY 63
S. Giuseppe (Via di) ..... DY 68
S. Jacopo (Borgo) .... BY 69
S. Maria Novella (Pza di) . BX 70
S. Monaca (Via) .... AY 72
S. Spirito (Via) .... AY 73
Strozzi (Via degli) .... BY 79
Tornabuoni (Via de') ..... BY 80
Vacchereccia (Via) .... BY 85
Vigna Nuova (Via della) .. BY 88

A CAMPANILE	**E** PALAZZO RUCELLAI	**M¹** MUSEO DELL'OPERA DEL DUOMO	**M⁷** OPIFICIO DELLE PIETRE DURE	**V** CENACOLO DEL GHIRLANDAIO
B BATTISTERO	**H** PALAZZO VECCHIO	**M³** OSPEDALE DEGLI INNOCENTI	**M⁹** PALAZZO DEL BARGELLO	**X** LOGGIA DEL MERCATO NUOVO
D CHIESA DELLA SANTISSIMA ANNUNZIATA	**K** TABERNACOLO DELL'ORCAGNA	**M⁴** PALAZZO DAVANZATI	**N** CHIESA DI SANTA TRINITÀ	**Y** PALAZZO MEDICI-RICCARDI
E PALAZZO STROZZI	**L** LA BADIA	**M⁵** MUSEO ARCHEOLOGICO	**R** CENACOLO DI SANT'APOLLONIA	**Z** CASA BUONARROTI

FOGGIA

Arpi (Via) ... Y
Vittorio Emanuele (Corso) ... Y
Aporti (Viale Ferrante) ... Z 2
Conte Appiano (Via) ... Y 4
Dante (Via) ... Y 7
Della Rocca (Via Vincenzo) ... Z 8
Fuiani (Via Pasquale) ... Y 10
Galliani (Via) ... Z 12
Giardino (Via) ... Z 13
Lamarmora (Via) ... Z 15
Lanza (Via V.) ... Y 16
Lucera (Via) ... Y 19
Oberdan (Via Guglielmo) ... Y 21
Puglia (Piazza) ... Z 22
S. Lorenzo (Via) ... Z 25
Tiro a Segno (Via) ... Y 28
Vittime Civili (Via) ... Z 29
4 Novembre (Via) ... Z 31
20 Settembre (Piazza) ... Y 32

Foppa (Passo di)	5 D 12	Forcella (Monte)	71 G 28	Foresta (Catanzaro)	79 J 32	Forlì	37 J 18		
Foppiano (Genova)	33 I 9	Forcella (Passo la)	33 I 10	Foresta (Cosenza)	77 I 32	Forli del Sannio	61 Q 24		
Foppiano (Novara)	2 D 7	Forcella Vallaga (Rifugio)	7 B 16	Foresta (Convento La)	55 O 20	Forlimpopoli	41 J 18		
Foppolo	14 D 11	Forchetta (Valico della)	61 Q 24	Foresta di Burgos	98 F 8	Formazza	2 C 7		
Foradada (Isola)	96 F 6	Forcito	93 P 26	Foresta (Timpone della)	76 H 31	Formazza (Val)	2 C 7		
Forani	30 J 3	Forcola (Pizzo di) / Furkel Spitze	5 C 13	Foresto	21 H 5	Forme	56 P 22		
Forano	54 P 19	Forcoli	39 L 14	Foresto Sparso	14 E 11	Formello	54 P 19		
Forano (Convento di)	49 L 22	Forcuso (Monte)	65 E 27	Forgaria nel Friuli	18 D 20	Formeniga	17 E 18		
Forbici (Passo di)	35 J 13	Fordongianus	100 H 8	Foria	70 G 27	Formia	60 S 22		
Forca di Valle	56 O 22	Forenza	66 E 29	Forino	65 E 26	Formica di Burano (Isola)	51 O 15		
Force	49 N 22			Forio	64 E 23	Formica (Isola)	84 N 19		
Forcella	48 N 20								

Formiche (Punta delle)	93 Q 27	Foxi	103 J 9	Frejus (Traforo del)	20 G 2
Formico (Pizzo)	14 E 11	Foxi (Porto)	103 J 9	Fremamorta (Cima di)	30 J 3
Formicola	64 D 24	Foxi Manna (Sa)	101 H 10	Frentani (Monti dei)	61 Q 25
Formigara	24 G 11	Foza	16 E 16	Fresagrandinaria	57 P 25
Formigine	35 I 14	Fra (Monte)	15 E 12	Fresciano	41 K 18
Formigliana	11 F 6	Frabosa Soprana	31 J 5	Fresonara	22 H 8
Formignana	37 H 17	Frabosa Sottana	31 J 5	Frigento	65 D 27
Formigosa	25 G 14	Fraccano	41 L 18	Frigintini	93 Q 26
Formole	41 L 18	Fraciscio	4 C 10	Frignano	64 E 24
Fornace (Bologna)	36 I 15	Fraforeano	28 E 20	Frigole	75 F 36
Fornace (Firenze)	40 K 16	Fragagnano	74 F 34	Frioland (Monte)	20 H 3
Fornacette (Firenze)	39 L 15	Fragaiolo	41 L 17	Frisa	57 P 25
Fornacette (Pisa)	38 K 13	Fragneto (Masseria)	68 F 33	Frise	30 I 3
Fornaci	24 F 12	Fragneto l'Abate	65 D 26	Frisolino	33 J 10
Fornaci (Passo di)	48 N 21	Fragneto Monforte	65 D 26	Frodolfo	5 C 13
Fornaci di Barga	38 J 13	Fraigada (Sa)	98 F 8	Front	11 G 4
Fornazzano	40 J 16	Fraine (Brescia)	14 E 12	Frontale	48 L 21
Fornazzo	89 N 27	Fraine (Chieti)	61 Q 25	Frontano (Monte)	42 L 19
Fornelli (Isernia)	61 R 24	Fraioli	60 R 22	Fronte (Monte)	31 J 5
Fornelli (Sassari)	96 E 6	Frais	20 G 2	Frontignano	48 N 21
Forni Avoltri	18 C 20	Fraisse	20 G 2	Frontino	42 K 19
Forni di Sopra	8 C 19	Fraiteve (Monte)	20 H 2	Frontone	42 L 20
Forni di Sotto	18 C 20	Fram (Punta)	84 O 17	Froppa (Cimon del)	8 C 19
Forni (i)	5 C 13	Framura	33 J 10	Frosini	45 M 15
Forni (Vedretta dei)	5 C 13	Francavilla al Mare	57 O 24	Frosinone	60 R 22
Fornisono (Masseria)	67 E 31	Francavilla Angitola	78 K 30	Frosolone	61 R 25
Forno (Massa Carrara)	38 J 12	Francavilla Bisio	22 H 8	Frossasco	20 H 4
Forno (Novara)	12 E 6	Francavilla d'Ete	49 M 22	Frua (la)	2 C 7
Forno (Torino)	20 G 3	Francavilla di Sicilia	89 N 27	Frugarolo	22 H 8
Forno (Monte) / Ofen	19 C 23	Francavilla Fontana	74 F 34	Frugno	66 D 28
Forno (Monte del)	4 C 11	Francavilla in Sinni	72 G 30	Frusci	66 E 29
Forno Alpi Graie	10 F 3	Francavilla Marittima	76 H 31	Frusciu (Monte)	96 F 7
Forno Canavese	21 G 4	Francenigo	28 E 19	Fubine	22 H 7
Forno di Zoldo	8 C 18	Francesi (Punta di li)	94 D 9	Fucecchio	39 K 14
Fornoli	33 J 13	Franche (Forcella)	17 D 18	Fucecchio (Padule di)	39 K 14
Fornovo di Taro	34 H 12	Franchini	22 H 7	Fucine	15 D 14
Fornovolasco	38 J 13	Francica	80 L 30	Fucino (Piana del)	56 P 22
Foro	56 P 24	Francofonte	93 P 26	Fugazzolo	34 I 12
Forotondo	23 H 9	Francolino	36 H 16	Fuipiano Valle Imagna	13 E 10
Forte Buso (Lago di)	16 D 17	Francolise	64 D 24	Fulgatore	85 N 20
Forte dei Marmi	38 K 12	Franscia	14 D 11	Fumaiolo (Monte)	41 K 18
Forte di Bibbona	44 M 13	Franzensfeste / Fortezza	7 B 16	Fumane	25 F 14
Forte (Monte)	96 E 6	Frasassi (Grotte di)	42 L 20	Fumero	5 C 13
Fortezza / Franzensfeste	7 B 16	Frasca (Capo della)	100 H 7	Fumo	23 G 9
Fortino	71 G 29	Frascarolo	22 G 8	Fumo (Monte) (Pesaro)	42 L 19
Fortore	62 C 26	Frascati	59 Q 20	Fumo (Monte) (Trento)	15 D 13
Fortuna (Passo della)	59 Q 20	Frascineto	76 H 30	Fumo (Monte) / Rauchkofel	8 A 18
Forza d'Agro	89 N 27	Frassanito	75 G 37	Fumo (Val di)	15 D 13
Foscagno (Monte)	5 C 12	Frassené	17 D 17	Fumone	59 Q 21
Foscagno (Passo di)	5 C 12	Frassine	45 M 14	Fundres / Pfunders	7 B 17
Fosciandora	38 J 13	Frassinelle Polesine	26 H 17	Fúndres (Val di)	7 B 17
Fosdinovo	38 J 12	Frassinello Monferrato	22 G 7	Funes / Villnöß	7 C 17
Fosini	45 M 14	Frassineta	40 J 16	Funes (Val di)	7 C 17
Fossa (L'Aquila)	56 P 22	Frassineti	35 I 14	Funesu (Monte)	100 I 7
Fossa (Modena)	36 H 15	Frassineto	46 L 17	Funtana Bona	101 G 10
Fossa delle Felci (Monte)	82 L 26	Frassineto (Passo di)	41 K 18	Funtana Congiada (Punta)	101 H 9
Fossabiuba	28 E 19	Frassineto Po	22 G 7	Funtaneddas	101 G 9
Fossacesia	57 P 25	Frassinetto	11 F 4	Fuorni	65 F 26
Fossacesia Marina	57 P 25	Frassino (Cuneo)	20 I 3	Furci	57 P 25
Fossalon di Grado	29 E 22	Frassino (Mantova)	25 G 14	Furci Siculo	89 N 28
Fossalta (Ferrara)	36 H 17	Frassinoro	35 J 13	Furggen	11 E 5
Fossalta (Modena)	35 I 14	Frasso Telesino	64 D 25	Furiano	88 N 25
Fossalta (Padova)	27 F 18	Fratta	41 J 18	Furkel Spitze / Forcola (Pizzo di)	5 C 13
Fossalta di Piave	28 F 19	Fratta (Fiume)	26 G 16	Furlo	42 L 20
Fossalta di Portogruaro	28 E 20	Fratta Polesine	26 G 16	Furlo (Gola del)	42 L 20
Fossalta Maggiore	28 E 19	Fratta Todina	47 N 18	Furlo (Passo del)	42 L 20
Fossalto	61 Q 25	Frattaguida	47 N 18	Furnari	83 M 27
Fossalunga	17 E 18	Frattamaggiore	64 E 24	Furonis (Perda is)	103 I 10
Fossano	21 I 5	Fratte	27 F 17	Furore	64 F 25
Fossanova (Abbazia di)	59 R 21	Fratte Rosa	42 L 20	Furtei	102 I 8
Fossanova S. Marco	36 H 16	Fratticiola Selvatica	47 M 19	Fusaro (Lago del)	64 E 24
Fossato (Colle di)	48 M 20	Frattina	86 N 21	Fuscaldo	76 I 30
Fossato di Vico	48 M 20	Frattocchie	59 Q 19	Fusignano	37 I 17
Fossato Ionico	80 M 29	Frattuccia	54 O 19	Fusina	27 F 18
Fossato Serralta	79 K 31	Frattura	60 Q 23	Fusine	14 D 11
Fossazza (Monte)	83 M 27	Frazzanò	82 M 26	Fusine (Foresta di)	19 C 22
Fossazzo	83 M 27	Fredane	65 E 27	Fusine (Laghi di)	19 C 23
Fosse	25 F 14	Freddo	85 N 20	Fusine in Valromana	19 C 22
Fosse (Monte le)	90 Q 22	Fregene	58 Q 18	Fusine Laghi	19 C 23
Fosso	27 F 18	Fregona	18 D 19	Fusino	14 D 12
Fosso del Lupo (Passo)	78 K 31	Freidour (Monte)	20 H 3	Futa (Passo della)	39 J 15
Fossola	38 J 12	Freienfeld / Campo di Trens	7 B 16	Futani	70 G 27
Fossombrone	42 K 20				

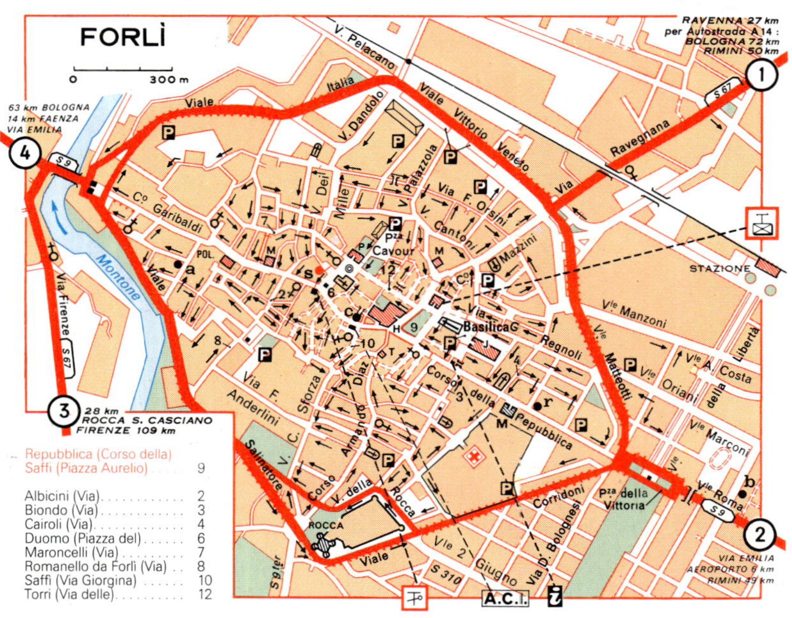

Repubblica (Corso della)
Saffi (Piazza Aurelio) ... 9
Albicini (Via) ... 2
Biondo (Via) ... 3
Cairoli (Via) ... 4
Duomo (Piazza del) ... 6
Maroncelli (Via) ... 7
Romanello da Forlì (Via) ... 8
Saffi (Via Giorgina) ... 10
Torri (Via delle) ... 12

G

Place	Pg	Grid
Gabbiani (Baia dei)	63	B 30
Gabbioneta	24	G 12
Gabbro	38	L 13
Gabella	43	L 21
Gabella Grande	79	J 33
Gabella Nuova	48	M 21
Gabelletta	53	P 18
Gabellino	45	M 15
Gabiano	21	G 6
Gabicce Mare	42	K 20
Gabicce Monte	42	K 20
Gabiet (Lago)	11	E 5
Gabria	29	E 22
Gabutti	31	I 6
Gaby	11	E 5
Gadera	7	B 17
Gadertal / Badia (Val)	7	B 17
Gadignano	23	H 10
Gadir	84	Q 18
Gadoni	101	H 9
Gaeta	60	S 22
Gaeta (Golfo di)	60	S 23
Gaggi	89	N 27
Gaggiano	13	F 9
Gaggio	36	I 15
Gaggio Montano	35	J 14
Gaglianico	11	F 6
Gagliano (Catanzaro)	78	K 31
Gagliano (Udine)	19	D 22
Gagliano Aterno	56	P 23
Gagliano Castelferrato	88	N 25
Gagliano del Capo	75	H 37
Gagliato	78	K 31
Gagliole	48	M 21
Gaianello	35	J 14
Gaianico	26	F 17
Gaiano (Parma)	34	H 12
Gaiano (Salerno)	65	E 26
Gaiarine	28	E 19
Gaiato	35	J 14
Gaiba	26	H 16
Gaibana	36	H 16
Gaibanella	36	H 16
Gaifana	48	M 20
Gainago	35	H 13
Gaiola	30	I 4
Gaiole in Chianti	40	L 16
Gaione	35	H 12
Gairo	101	H 10
Gairo (Ruderi di)	101	H 10
Gais	7	B 17
Galassi (Rifugio)	8	C 18
Galati	80	N 30
Galati Mamertino	88	M 26
Galati Marina	83	M 28
Galatina	75	G 36
Galatone	75	G 36
Galatro	80	L 30
Galbiate	13	E 10
Galciana	39	K 15
Galeata	41	K 17
Galeazza	36	H 15
Galera (Punta)	95	D 10
Galgagnano	13	F 10
Galiello (Monte)	86	N 21
Galiga	40	K 16
Galisia (Punta di)	10	F 3
Gallarate	12	F 8
Gallareto	21	G 6
Gallegione (Pizzo)	4	C 10
Galleno	39	K 14
Gallese	54	O 19
Galli (Li)	64	F 25
Gallia	22	G 8
Galliano	39	J 15
Galliano (Cantù)	13	E 9
Galliate	12	F 8
Galliavola	22	G 8
Gallicano	38	J 13
Gallicano nel Lazio	59	Q 20
Gallicchio	72	G 30
Gallico	80	M 29
Gallico Marina	83	M 28
Galliera	36	H 16
Galliera Veneta	17	F 17
Gallignano	24	F 11
Gallinara (Isola)	31	J 6
Gallinaro	60	R 23
Gallinaro (Pizzo di)	90	O 22
Gallinazza	29	E 21
Gallio	16	E 16
Gallipoli	75	G 35
Gallitello	85	N 20
Gallivaggio	4	C 10
Gallizzi	71	G 30
Gallo (L'Aquila)	55	P 21
Gallo (Caserta)	61	R 24
Gallo (Pesaro e Urbino)	42	K 20
Gallo (Capo)	86	M 21
Gallo (Pizzo di)	86	N 21
Gallo d'Oro	91	O 23
Gallo (Lago del)	5	C 12
Gallodoro	89	N 27
Galluccio	60	R 23
Gallura	97	E 9
Galluzzo Certosa (Firenze)	39	K 15
Galtelli	99	F 10
Galugnano	75	G 36
Galzignano Terme	26	G 17
Gamalero	22	H 7
Gambara	25	G 12
Gambarana	22	G 8
Gambarie	80	M 29
Gambaro	33	I 10
Gambasca	20	I 4
Gambassi Terme	39	L 14
Gambatesa	62	C 26
Gambellara	26	F 16
Gamberale	61	Q 24
Gambettola	42	J 19
Gambolò	22	G 8
Gambugliano	26	F 16
Gambulaga	37	H 17
Gammauta (Lago di)	86	N 22
Gampenjoch / Palade (Passo delle)	6	C 15
Ganaceto	35	H 14
Ganda di Martello	6	C 14
Gandellino	14	E 11
Gandino	14	E 11
Gangi	87	N 24
Gangi (Fiume)	87	N 24
Ganna	3	E 8
Gannano del Monte	72	G 31
Gannano (Lago di)	73	G 31
Ganzanigo	36	I 16
Ganziri	83	M 28
Garadassi	23	H 9
Garaguso	72	F 30
Gareventa	33	I 9
Garevicchio	52	O 16
Gartagna	23	H 8
Gartagna Novarese	12	F 7
Gartagnate Milanese	13	F 9
Garcia	87	N 23
Garda (Brescia)	15	D 13
Garda (Verona)	25	F 14
Garda (Isola di)	25	F 13
Garda (Lago di)	25	F 13
Gardena (Passo di) / Gödner Joch	7	C 17
Gardena (Val) / Gödnertal	7	C 16
Gardolo	16	D 15
Gardone Riviera	25	F 13
Gardone Val Trompia	14	E 12
Garelli (Rifugio)	31	J 5
Gares	17	D 17
Garessio	31	J 6
Garfagnana	38	J 13
Gargallo (Modena)	35	H 14
Gargallo (Novara)	12	E 7
Gargano (Promontorio del)	62	B 28
Gargano (Testa del)	63	B 30
Gargazon / Gargazzone	6	C 15
Gargazzone / Gargazon	6	C 15
Gargnano	15	E 13
Gargonza	46	L 17
Gari	60	R 23
Garibaldi (Casa d)	95	D 10
Garibaldi (Cippo) (Aspromonte)	80	M 29
Garibaldi (Cippo di Anita)	37	I 18
Garibaldi (Rifugio)	15	D 13
Gariffi (Pantano)	93	Q 26
Garigliano	60	S 23
Gariglione (Monte)	79	J 31
Garitta Nuova (Testa di)	20	I 3
Garlasco	22	G 8
Garlate	13	E 10
Garlate (Lago di)	13	E 10
Garlenda	31	J 6
Garniga	16	D 15
Garrufo	49	N 23
Garza	25	F 12
Garzeno	3	D 9
Garzigliana	20	H 4
Garzirola (Monte)	3	D 9
Gaspare (Rifugio)	11	E 5
Gasperina	78	K 31
Gassano	38	K 13
Gassino Torinese	21	G 5
Gatta	35	I 13
Gattaia	40	K 16
Gattarella	63	B 30
Gattatico	35	H 13
Gatteo	42	J 19
Gatteo a Mare	42	J 19
Gattico	12	E 7
Gattinara	12	F 7
Gattorna	33	I 9
Gaudiano	65	D 29
Gaudo (Piano del)	65	E 27
Gavardo	25	F 13
Gavassa	35	H 14
Gavasseto	35	I 14
Gavelli	48	N 20
Gavello (Modena)	36	H 15
Gavello (Rovigo)	27	G 17
Gaverina Terme	14	E 11
Gavi	32	H 3
Gavia (Monte)	5	C 13
Gavia (Passo di)	5	C 13
Gavignano	59	Q 21
Gaville (Ancona)	42	L 20
Gaville (Firenze)	40	L 15
Gavinana	39	J 14
Gavirate	12	E 8
Gavoi	101	G 9
Gavorrano	45	N 14
Gazoldo degli Ippoliti	25	G 13
Gazzaniga	14	E 11
Gazzano	35	J 13
Gazzaro	35	H 13
Gazzo (Mantova)	25	G 14
Gazzo (Padova)	26	F 17
Gazzo Veronese	26	G 15
Gazzola	23	H 10
Gazzolo (Mantova)	25	G 14
Gazzolo (Reggio nell'Emilia)	35	I 12
Gazzuolo	25	G 13
Gela	92	P 24
Gela (Fiume)	92	P 24
Gela (Golfo di)	92	Q 24
Gelagna Bassa	48	M 21
Gelas (Cima dei)	30	J 4
Gelé (Monte)	10	E 4
Gello (Lucca)	38	K 13
Gello (Pisa)	38	L 13
Gelso	82	L 26
Gelsomini (Costa dei)	80	N 30
Gemelli (Laghi)	14	E 11
Gemelli (Monte)	41	K 17
Gemini	75	H 36
Gemmano	42	K 19
Gemona del Friul	18	C 21
Gemonio	12	E 8
Gena	17	C 18
Genazzano	59	Q 20
Generoso (Monte)	13	E 9
Genga	42	L 20
Genis (Monte)	103	I 9
Genivolta	24	F 11
Genna Maria (Nuraghe)	102	I 8
Gennargentu (Monti del)	101	G 9
Gennaro (Monte)	55	P 20
Genola	21	H 5
Genoni	100	H 9
Genova	32	H 3
Genova (Rifugio) (Bolzano)	7	C 17
Genova (Rifugio) (Cuneo)	30	J 3
Genova (Val di)	15	D 13
Genovese (Grotta del)	84	M 18
Gentile (Col)	18	C 20
Genuardo (Monte)	86	N 21
Genuri	100	H 8
Genzana Monte	56	Q 23
Genzano di Lucania	67	E 30
Genzano di Roma	59	Q 20
Genzano (Lago)	67	E 30
Genziana (Monte)	101	G 10
Genzone	23	G 10
Gera Lario	4	D 10
Gerace	81	M 30
Geracello	88	O 24
Geraci Siculo	87	N 24
Gerano	59	Q 20
Gerbini	89	O 26
Gerchia	8	C 19
Geremeas	103	J 10
Gerenzago	23	G 10
Gerenzano	3	F 9
Gerfalco	45	M 14
Gergei	101	H 9
Germagnano	10	G 4
Germanasca	20	H 3
Germano	79	J 32
Germignaga	12	E 8
Gerocarne	78	L 30
Gerola Alta	4	D 10
Gerosa	13	E 10
Gerre de'Caprioli	24	G 12
Gerrei	103	I 9
Gesico	103	I 9
Gessate	13	F 10
Gesso (Cuneo)	30	J 3
Gesso (Messina)	83	M 28
Gessopalena	57	P 24
Gesturi	101	H 9
Gesualdo	65	D 27
Gesuiti	76	I 30
Gfrill / Cauria	16	D 15
Ghedi	24	F 12
Ghemme	12	F 7
Gherard	37	H 17
Gherra (Monte)	96	F 7
Ghertele	16	E 16
Ghiare	34	I 11
Ghibullo	37	I 18
Ghifetti (Punta)	11	E 5

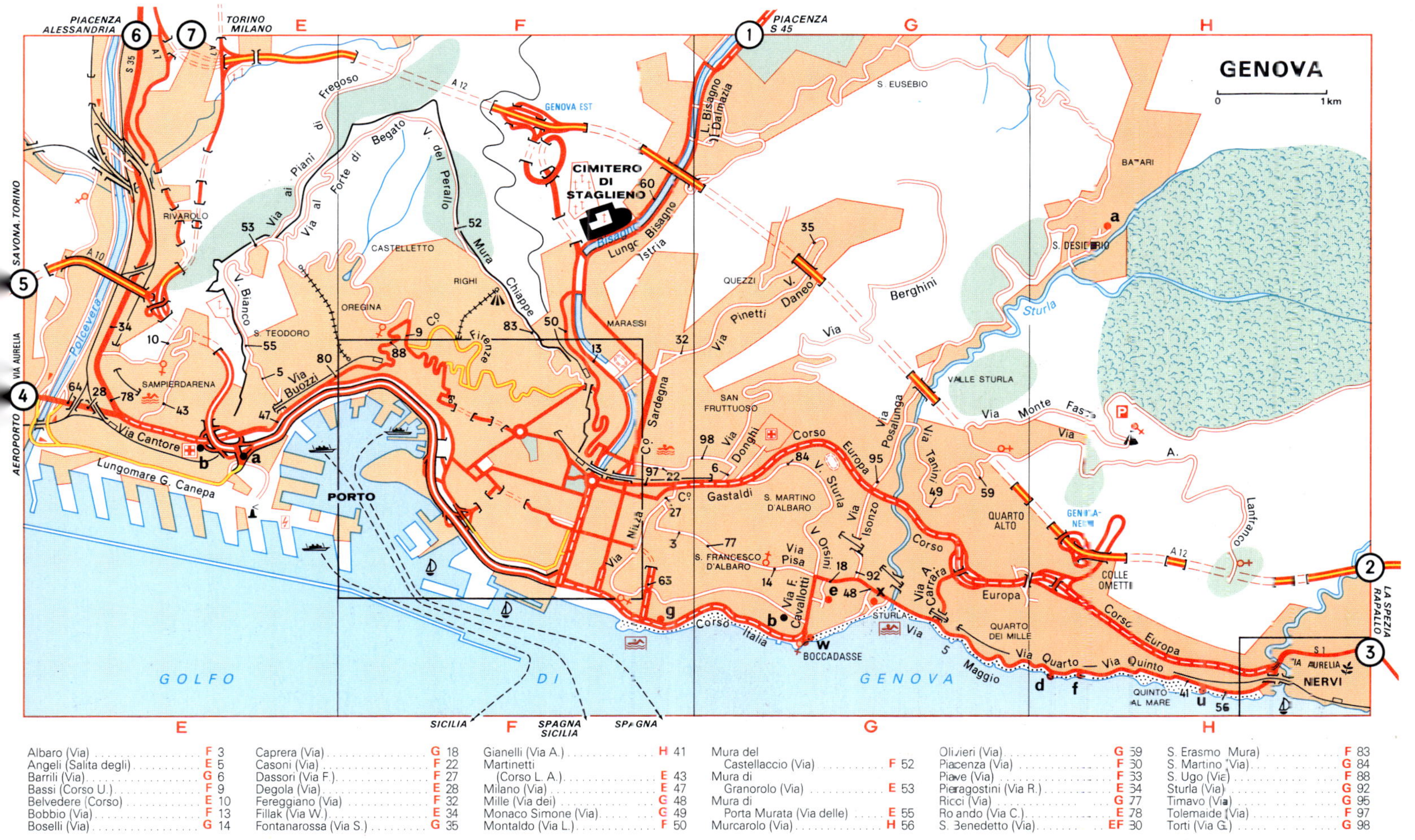

Street (E)		Street (F)		Street (G)		Street (H)	
Albaro (Via)	F 3	Caprera (Via)	G 18	Gianelli (Via A.)	H 41	Mura del Castellaccio (Via)	F 52
Angeli (Salita degli)	E 5	Casoni (Via)	F 22	Martinetti (Corso L. A.)	E 43	Mura di Granorolo (Via)	E 53
Barrili (Via)	G 6	Dassori (Via F.)	F 27	Milano (Via)	F 47	Mura di Porta Murata (Via delle)	E 55
Bassi (Corso U.)	F 9	Degola (Via)	E 28	Mille (Via dei)	G 48	Murcarolo (Via)	H 56
Belvedere (Corso)	E 10	Fereggiano (Via)	F 32	Monaco Simone (Via)	G 49		
Bobbio (Via)	F 13	Fillak (Via W.)	E 34	Montaldo (Via L.)	F 50		
Boselli (Via)	G 14	Fontanarossa (Via S.)	F 35				

Street		Street	
Olivieri (Via)	G 59	S. Erasmo Mura	F 83
Piacenza (Via)	F 50	S. Martino (Via)	G 84
Piave (Via)	F 53	S. Ugo (Via)	F 88
Pieragostini (Via R.)	E 54	Sturla (Via)	G 92
Ricci (Via)	G 77	Timavo (Via)	G 95
Rolando (Via C.)	E 78	Tolemaide (Via)	F 97
S. Benedetto (Via)	EF 30	Torti (Via G.)	G 98

GENOVA

Balbi (Via) .... AX
Buenos Aires (Corso) ... DZ
Cairoli (Via) .... BX
Mazzini (Galleria) .... CY 46
Roma (Via) .... CY
S. Lorenzo (Via) ...... BY
20 Settembre (Via) .... CY
25 Aprile (Via) .... BY 102

Acquaverde (Piazza) ... AX 2
Brignole de Ferrari (V.) ... BX 15
Caricamento (Piazza) .. BY 20
Chiabrera (Via) .... BY 25
Chiossone (Via) .... BY 26
Duca d'Aosta (Vle E.F.) ... DYZ 29
Embriaci (Piazza) ..... BY 31
Fontane Marose (Piazza) ... BCY 36
Fontane (Via delle) ... AX 38
Fossatello (Via e Pza di) ... BY 39
Lomellini (Via) .... BX 42
Matteotti (Piazza) .... BY 45
Nunziata (Piazza della) ... BX 57
Piaggio (Via Martin) .. CY 62
Pollaiuoli (Salita) ... BY 66
Polleri (Via) .... BX 67
Ponte Calvi (Via al) .. BX 69
Porta Soprana (Via) ... BY 70
Portello (Piazza) ..... BY 71
Principe (Piazza) ..... AX 73
Prione (Salita del) ... BY 74
Provvidenza (Salita d.) ... AX 76
S. Donato (Via) .... BY 81
S. Matteo (Pza e Salita) ... BY 85
S. Siro (Via) .... BX 87
Soprana (Porta) .... BY 90
Spinola (Vico) .... BY 91
Targa (Via C.) .... BX 94
Zecca (Largo della) ... BX 99
5 Dicembre (Via) ...... CY 101

B PALAZZO CATALDI
D PALAZZO BIANCO
E PALAZZO ROSSO
K CATTEDRALE DI SAN LORENZO
L CHIESA DI SAN DONATO
M¹ MUSEO CHIOSSONE
N CHIESA DI SANTA MARIA DI CARIGNANO
U PALAZZO DELL'UNIVERSITÀ

LA SPEZIA

Cavour (Corso e Piazza) — AB
Chiodo (Pza e Via Domenico) — B 8
Prione (Via del) — AB

Battisti (Piazza Cesare) — B 2

Beverini (Piazza G.) — A 3
Brin (Piazza Benedetto) — A 4
Caduti del Lavoro (Piazzale) — A 6
Colli (Via dei) — AB 9
Da Passano (Via) — B 10
Europa (Piazza) — B 12
Fieschi (Viale Nicolò) — A 14
Manzoni (Via) — B 15

Milano (Via) — A 16
Mille (Via dei) — A 17
Napoli (Via) — A 18
Rosselli (Via Flli) — A 20
Spallanzani (Via e Salita) — A 22
Verdi (Pza Giuseppe) — B 23
20 Settembre (Via) — AB 24
27 Marzo (Via) — AB 26

L'AQUILA

Federico II (Corso) — Z
Vittorio Emanuele (Corso) — YZ

Arco Pizzoli (Via) — Y 2
Bafile (Via A.) — Y 3
Fontesecco (Via) — Y 4
Fortebraccio (Via) — Z 6
Guasto (Via del) — Y 7
Indipendenza (Via) — Z 8
Palazzo (Piazza del) — Y 13
Principe Umberto (Corso) — Y 14
S. Agostino (Via) — Z 17
S. Chiara d'Aquila (Via) — Z 18
Tre Marie (Via) — Z 19

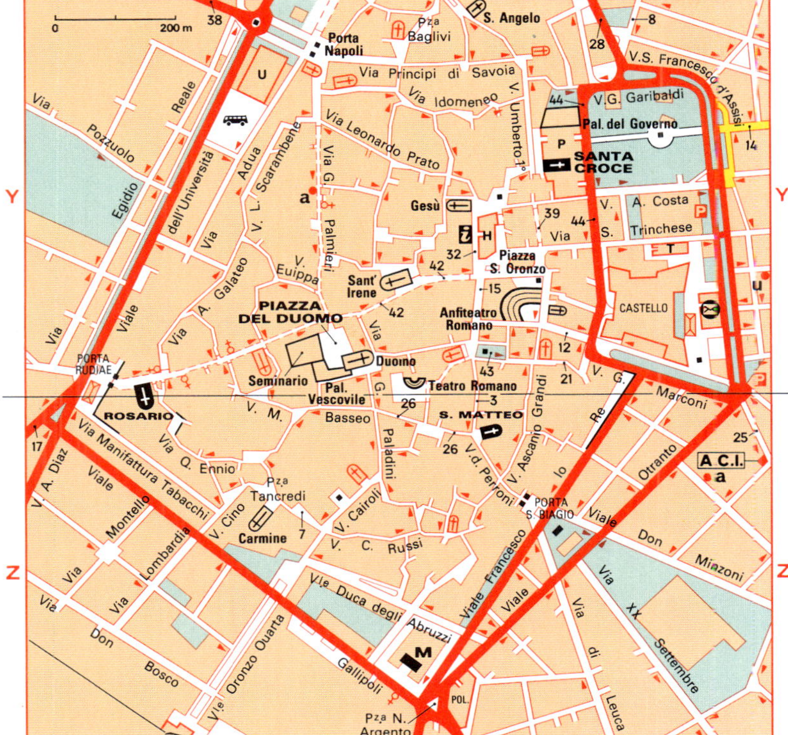

LECCE

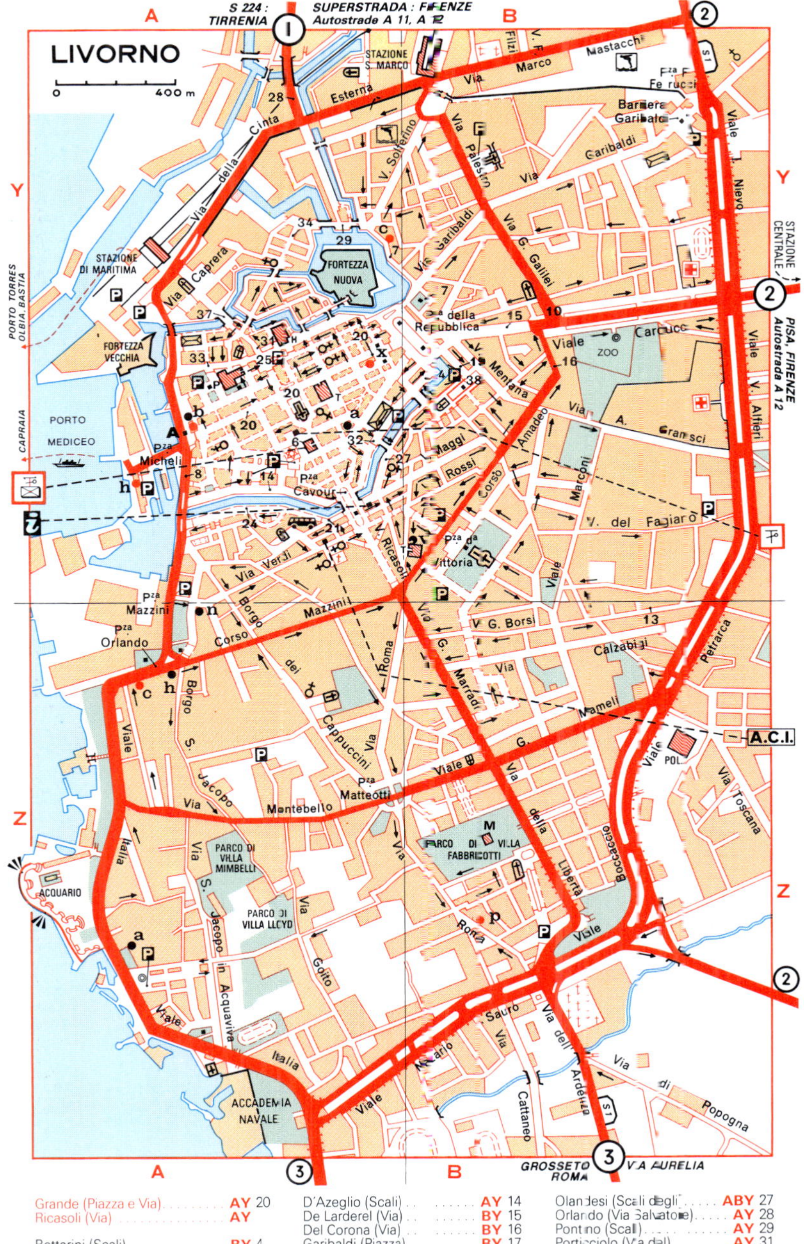

LIVORNO

Battistero (Via del)	B 6	Beccheria (Via)	B 8	Guinigi (Via)	C 23	S. Giorgio (Via)	B 34		
Fillungo (Via)	BC	Bernardini (Pza)	C 9	Indipendenza		S. Giovanni (Pza)	B 35		
Roma (Via)	B 31	Boccherini (Pza L.)	A 10	(Piazza dell')	B 25	S. Martino (Pza)	B 36		
Vittorio Veneto (Via)	B 50	Cadorna (Viale)	D 12	Mordini (Via A.)	C 26	S. Michele (Pza)	B 38		
		Calderia (Via)	B 13	Napoleone (Pza)	B 27	S. Pietro (Pza)	C 40		
Anfiteatro (Pza dell')	C 2	Catalani (Via)	A 15	Portico (Via del)	C 28	Servi (Pza dei)	C 42		
Angeli (Via degli)	B 3	Civitali (Via M.)	C 17	Quarquonia (Via della)	D 29	Varanini (Pza L.)	D 43		
Antelminelli (Pza)	C 4	Fratta (Via della)	C 18	Risorgimento (Pzale)	B 30	Verdi (Pzale G.)	A 45		
Asili (Via degli)	B 5	Garibaldi (Corso)	AB 20	S. Andrea (Via)	C 32	Vittorio			
Battisti (Via C.)	B 7	Giglio (Pza del)	B 22	S. Gemma Galgani (Via)	C 33	Emanuele (Via)	AB 47		

Lupia	26 F 16		Lusevera	19 D 21		
Lupicino	7 C 16		Lusia	26 G 16		
Lupo (Portella del)	87 N 23		Lusia (Passo di)	7 C 17		
Lupo (Valico di)	63 B 30		Lusiana	16 E 16		
Lupone (Monte)	59 R 20		Lusigliè	11 G 5		
Lura	13 E 9		Luson / Lüsen	7 B 17		
Lurago d'Erba	13 E 9		Lustignano	45 M 14		
Lurago Marinone	13 E 8		Lustra	70 G 27		
Luras	97 E 9		Lusurasco	34 H 11		
Lurate Caccivio	13 E 9		Lutago / Luttach	7 B 17		
Luretta	23 H 10		Lutirano	41 J 17		
Luriano	45 M 15		Lutrano	28 E 19		
Lurisia	31 J 5		Luttach / Lutago	7 B 17		
Luseney			Luzzara	25 H 14		
(Becca di)	11 E 4		Luzzi	76 I 30		
Luserna	16 E 15		Luzzogno	12 E 7		
Luserna			Lys	11 F 5		
S. Giovanni	20 H 3		Lyskamm	11 E 5		

M

Macaion (Monte)	6 C 15		
Macalube			
(Vulcanelli di)	91 O 22		
Macari	85 M 20		
Maccabei	65 D 26		
Maccacari	26 G 15		
Maccagno	3 D 8		
Maccarese	58 Q 18		
Maccarese			
(Bonifica di)	58 Q 18		
Macchia (Catania)	89 N 27		
Macchia (Cosenza)	76 I 31		
Macchia			
(Coppa della)	63 B 29		
Macchia da Sole	49 N 22		
Macchia di Monte	68 E 33		
Macchia d'Isernia	61 R 24		
Macchia Rotonda	63 C 29		
Macchia Valfortore	62 C 26		
Macchiagodena	61 R 25		
Macchialunga			
(Monte)	54 O 20		
Macchiareddu	103 J 9		
Macchiascandona	45 N 14		
Macchiatornella	55 O 22		
Macchie (Perugia)	47 M 18		
Macchie (Terni)	54 O 19		
Macchina Lagana	80 L 30		
Macchioni	60 R 22		
Macciano (Perugia)	47 N 19		
Macciano (Siena)	46 M 17		
Macconi (i)	92 Q 25		
Macello	20 H 4		
Mácera di Morte	49 N 22		
Macerata	49 M 22		
Macerata (Pisa)	38 L 13		
Macerata			
Campania	64 D 24		
Macerata Feltria	42 K 19		
Macere	59 Q 20		
Macereto (Ponte)	45 M 15		
Macereto			
(Santuario di)	48 N 21		
Macerino	47 N 19		
Macerone	42 J 19		
Maciano	41 K 18		
Macina	49 M 22		
Macioni (Monte)	103 J 10		
Maclodio	24 F 12		
Macomer	100 G 8		
Macra	20 I 3		
Macugnaga	11 E 5		
Maddalena	32 I 7		
Maddalena			
(Arcipelago			
della)	95 D 10		

Limana	17 D 18	Liro	4 C 10	Locate di Triulzi	13 F 9	Longara	26 F 16	Losine	15 E 12	Lugnano
Limatola	64 D 25	Lis (Colle del)	20 G 4	Locatelli (Rifugio)	8 C 18	Longare	26 F 16	Lotzorai	101 H 10	in Teverina 53 O 18
Limbadi	80 L 29	Lisca Bianca (Isola)	83 L 27	Locati	87 N 24	Longarini		Lova	27 G 18	Lugnola 54 O 19
Limbara (Monte)	97 E 9	Liscate	13 F 10	Loceri	101 H 10	(Pantano)	93 Q 27	Lovadina	17 E 18	Lugo (Ravenna) 37 I 17
Limbara		Liscia (Chieti)	57 Q 25	Loco	33 I 9	Longarone	17 D 18	Lovello (Monte) /		Lugo (Reggio
(Passo del)	97 E 9	Liscia (Sassari)	94 D 9	Locoe	101 G 10	Longastrino	37 I 18	Groß Löffler	7 A 17	nell'Emilia) 35 I 13
Limbiate	13 F 9	Liscia (Lago della)	97 E 9	Locone	67 E 30	Longega /		Lovere	14 E 12	Lugo (Venezia) 27 F 18
Limena	27 F 17	Lisciano	55 O 20	Loconia	66 D 29	Zwischenwasser	7 B 17	Lovero	14 D 12	Lugo (Verona) 25 F 14
Limentra Inferiore	39 J 15	Lisciano Niccone	47 M 18	Locorotondo	68 E 33	Longerin		Lovoleto	36 I 16	Lugo di Vicenza 16 E 16
Limes	15 E 13	Liscione		Locri	81 M 30	(Crode dei)	8 C 19	Lozio	15 E 12	Lugosano 65 E 26
Limidario (Monte)	3 D 7	(Lago di)	62 B 26	Locri Epizefiri	81 M 30	Longhena	24 F 12	Lozze (Monte)	16 E 16	Lugugnana 28 E 20
Limina	89 N 27	Lisignago	16 D 15	Loculi	99 F 10	Longhi	16 E 15	Lozzo Atestino	26 G 16	Lugugnano 34 I 12
Limina (Monte)	81 L 30	L'Isola	63 B 29	Lodè	99 F 10	Longi	88 M 26	Lozzo di Cadore	8 C 19	Luicciana 39 J 15
Limite	39 K 14	Lissone	13 F 9	Lodi	23 G 10	Longiano	41 J 18	Lozzolo	11 F 6	Luino 12 E 8
Limito	13 F 9	Lissone (Rifugio)	15 D 13	Lodi Vecchio	23 G 10	Longiarù / Campill	7 C 17	Lu	22 G 7	Lula 99 F 10
Limo (Passo di)	8 C 18	Liternum	64 E 24	Lodignano		Longobardi	78 J 30	Lubriano	53 O 18	Lumarzo 33 I 9
Limone		Littu Petrosu		(Sella di)	35 I 12	Longobardi Marina	78 J 30	Lucca	38 K 13	Lumbaldu 98 E 8
Piemonte	30 J 4	(Punta)	99 E 10	Lodine	101 G 9	Longobucco	77 I 31	Lucca Sicula	90 O 21	Lumellogno 12 F 7
Limone		Liuru (Monte)	103 J 10	Lodrino	15 E 12	Longone al Segrino	13 E 9	Lucchio	39 J 14	Lumezzane 24 F 12
sul Garda	15 E 14	Livenza	18 D 19	Lodrone	15 E 13	Longone Sabino	55 P 20	Lucco (Monte)	40 L 16	Lumiei 18 C 20
Limonetto	30 J 4	Liveri	64 E 25	Loelle	97 F 9	Longoni (Rifugio)	14 D 11	Lucedio	21 G 6	Luminaria (Pizzo) 88 N 25
Limoni (Riviera dei)	89 O 27	Lividonia (Punta)	51 O 15	Loggio (Monte)	41 K 18	Longu	103 J 9	Lucera	62 C 28	Lumini 25 F 14
Limosano	61 Q 25	Livigno	5 C 12	Lograto	24 F 12	Lonigo	26 F 16	Lucignano	46 M 17	Luna (Alpe della) 41 L 18
Limpida (Serra la)	76 H 29	Livigno (Forcola di)	5 C 12	Logudoro	98 E 9	Loppio	15 E 14	Lucignano d'Arbia	46 M 16	Luna (Cala di) 101 G 10
Limpiddu	99 E 11	Livigno (Valle di)	5 C 12	Loiano	36 J 15	Loranzé	11 F 5	Lucinico	29 E 22	Lunamatrona 102 I 8
Linaro	41 K 18	Livo (Como)	4 D 9	Loiri	99 E 10	L'Orecchia di Lepre	6 C 14	Lucino	13 E 9	Lunano 42 K 19
Linaro (Capo)	53 P 17	Livo (Trento)	6 C 15	Lollove	97 F 9	Loreggia	27 F 17	Lucito	61 B 26	Lunella (Punta) 20 G 3
Linarolo	23 G 9	Livorno	38 L 12	Lomaso	15 D 14	Loreggiola	27 F 17	Luco (Monte)		Lunga (Cala) 102 J 7
Linas (Monte)	102 I 7	Livorno Ferraris	11 G 6	Lomazzo	13 E 9	Loreo	27 G 18	(L'Aquila)	55 O 22	Lunga (Serra) 60 Q 22
L'Incontro	40 K 16	Livraga	23 G 10	Lombai	19 D 22	Loretello	42 L 20	Luco dei Marsi	56 Q 22	Lungavilla 23 G 9
Lindinuso	75 F 36	Lizzanello	75 G 36	Lombarda		Loreto	49 L 22	Luco (Monte)	6 C 15	Lunghezza 59 Q 20
Linera	89 O 27	Lizzano (Pistoia)	39 J 14	(Colle di)	30 J 3	Loreto Aprutino	56 O 23	Lucolena	40 L 16	Lungo (Lago)
Lingua	82 L 26	Lizzano (Taranto)	74 F 34	Lombardi	53 P 17	Loria	17 E 17	Lucoli	55 P 22	(Latina) 60 S 22
Linguaglossa	89 N 27	Lizzano		Lombardore	21 G 5	Lorica	78 J 31	Lucrezia	42 K 20	Lungo (Lago)
Lingueglietta	31 K 5	in Belvedere	35 J 14	Lombriasco	21 H 4	Lorio (Monte)	14 D 12	Lucugnano	75 H 36	(Rieti) 55 O 20
Linosa	90 T 20	Lizzola	14 D 12	Lomellina	22 G 7	Loro Ciuffenna	40 L 16	Luda (Su)	101 H 10	Lungo (Sasso) 7 C 17
Linosa (Isola di)	90 T 20	Loano	31 J 6	Lomello	22 G 8	Loro Piceno	49 M 22	Ludu (Genna su)	101 H 10	Lungro 76 H 30
Lio Piccolo	28 F 19	Loazzolo	21 H 6	Lonate Ceppino	12 F 8	Lorsica	33 I 9	Lugagnano	25 F 14	Luni 38 J 12
Lioni	65 E 27	Lobbi	22 H 8	Lonate Pozzolo	12 F 8	Losa (Abbasanta)	100 G 8	Lugagnano		Lunigiana 34 J 11
Lipari	82 L 26	Lobbia Alta	15 D 13	Lonato	25 F 13	Loscale-Garrappa	69 E 34	Val d'Arda	34 H 11	Luogosano 65 D 26
Lipari (Isola)	82 L 26	Lobbie (Cima delle)	20 I 3	Loncon	28 E 20	Loseto	68 D 32	Lugano (Lago di)	12 E 8	Luogosanto 94 D 9
Lippiano	41 L 18	Lobia	26 F 15	Londa	40 K 16	Lugagnano	47 L 18	Lupara		Lupara
Lippo (Pizzo)	88 N 25	Locana	11 F 4	Longa	16 E 16			(Campobasso)	61 B 26	(Foggia) 63 C 29
Lipuda	77 I 33	Locana		Longa (Serra)	71 G 29			Luggerras		Maddalena
Liri	59 Q 21	(Valle di)	10 F 3	Longano	61 R 24			(Cuccuru)	103 I 10	(Arcipelago
								Lupara (Masseria)	66 E 29	della) 95 D 10

Località	Carta	Riquadro
Maddalena (Colle della) (Cuneo)	20	I 2
Maddalena (Colle della) (Torino)	21	G 5
Maddalena (Isola)	95	D 10
Maddalena (Monte)	25	F 12
Maddalena (Monti della)	71	F 28
Maddalena (Penisola della)	93	P 27
Maddalena Spiaggia	103	J 9
Maddalene	21	I 4
Maddaloni	64	D 25
Madesimo	4	C 10
Madone	13	F 10
Madonie	87	N 23
Madonna	22	H 7
Madonna Candelecchia	60	Q 22
Madonna dei Fornelli	39	J 15
Madonna dei Miracoli	67	D 30
Madonna dei Monti	47	L 19
Madonna del Buon Cammino	67	E 31
Madonna del Buonconsiglio	92	P 25
Madonna del Carmine (Salerno)	70	F 28
Madonna del Carmine (Taranto)	73	F 32
Madonna del Furi	86	M 21
Madonna del Ghisallo	13	E 9
Madonna del Monte (Forlì)	41	J 18
Madonna del Monte (Perugia)	48	N 20
Madonna del Monte Vivo	70	F 28
Madonna del Pettoruto	76	H 29
Madonna del Piano	92	P 25
Madonna del Ponte	43	K 21
Madonna del Rimedio	100	H 7
Madonna del Sasso	12	E 7
Madonna della Cava	84	N 19
Madonna della Cima	48	L 19
Madonna della Civita	60	S 22
Madonna della Lanna	60	Q 23
Madonna della Libera	85	N 20
Madonna della Neve	48	N 21
Madonna della Pace	59	Q 21
Madonna della Quercia	53	O 18
Madonna della Scala (Bari)	68	E 33
Madonna della Scala (Santuario della) (Taranto)	74	F 33
Madonna della Stella	72	G 30
Madonna della Valle	47	N 19
Madonna dell'Acero	35	J 14
Madonna dell'Acqua	38	K 13
Madonna dell'Alto	85	N 20
Madonna dell'Ambro	48	N 21
Madonna dell'Auricola	60	R 22
Madonna delle Grazie	27	G 18
Madonna di Bagno (Deruta)	47	N 19
Madonna di Baiano	48	N 20
Madonna di Campiglio	15	D 14
Madonna di Canneto (Campobasso)	61	Q 25
Madonna di Canneto (Frosinone)	60	Q 23
Madonna di Costantinopoli	70	F 27
Madonna di Cristo	63	C 28
Madonna di Fatima	97	F 9
Madonna di Gaspreano	48	M 21
Madonna di Mellitto	67	E 31
Madonna di Monserrato	50	N 13
Madonna di Novi Velia	70	G 28
Madonna di Pergamo	72	F 30
Madonna di Piano	42	L 20
Madonna di Picciano	67	E 31
Madonna di Pietralba	16	C 16
Madonna di Porto Salvo	90	U 19
Madonna di Pugliano	42	K 19
Madonna di Ripalta	66	D 29
Madonna di S. Luca (Bologna)	36	I 15
Madonna di Senales / Unserfrau	6	B 14
Madonna di Sterpeto	67	D 30
Madonna di Stignano (Santuario della)	63	B 28
Madonna di Tirano	14	D 12
Madonna di Viatosto	21	H 6
Madonna di Viggiano (Viggiano)	71	F 29
Madonnino	46	M 17
Madonnuzza (Portella)	87	N 24
Madrano	16	D 15
Mae	17	D 18
Maenza	59	R 21
Maerne	27	F 18
Maestrale (Stagno di)	102	K 7
Maestrello	47	M 18
Mafalda	57	B 26
Maffiotto	20	G 3
Magaggiaro (Monte)	85	N 20
Magasa	15	E 13
Magazzino	36	I 15
Magazzolo	19	E 4
Magdeleine (la)	11	E 4
Magenta	13	F 8
Maggio	13	E 10
Maggio (Monte) (Ancona)	48	M 20
Maggio (Monte) (Siena)	39	L 15
Maggiora	12	E 7
Maggiorasca (Monte)	33	I 10
Maggiore (Isola) (L. Trasimeno)	47	M 18
Maggiore (Lago)	12	E 7
Maggiore (Monte) (Caserta)	64	D 24
Maggiore (Monte) (Grosseto)	52	O 16
Maggiore (Monte) (Perugia)	48	N 20
Maggiore (Punta)	99	E 10
Maggiore (Serra)	73	G 31
Magherno	23	G 9
Magione (Bologna)	36	I 16
Magione (Perugia)	47	M 18
Magisano	79	J 31
Magliano Alfieri	21	H 6
Magliano Alpi	21	I 5
Magliano de' Marsi	55	P 22
Magliano di Tenna	49	M 22
Magliano in Toscana	51	O 15
Magliano Romano	54	P 19
Magliano Sabina	54	P 19
Magliano Vetere	70	F 27
Magliati (Masseria)	73	F 32
Maglie	75	G 36
Magliolo	31	J 6
Magnacavallo	26	G 15
Magnago	12	F 8
Magnano (Potenza)	72	G 30
Magnano (Vercelli)	11	F 6
Magnano in Riviera	19	D 21
Magnisi (Penisola)	93	P 27
Magnola (Monte della)	55	P 22
Magnolini (Rifugio)	14	E 12
Magomadas	100	G 7
Magra	34	I 11
Magras	6	C 14
Magrè s. str. d. vino / Magreid	16	D 15
Magredis	19	D 21
Magreglio	13	E 9
Magreid a. d. Weinstraße / Magrè	16	D 15
Magreta	35	I 14
Magugnano	53	O 18
Magusu (Punta)	102	I 7
Mai (Monte)	65	E 26
Maiano (Perugia)	48	N 20
Maiano (Pesaro e Urbino)	41	K 18
Maiano Monti	37	I 17
Maida	78	K 31
Maida Marina	78	K 30
Maiella (Montagna della)	56	P 24
Maielletta (la)	56	P 24
Maierà	76	H 29
Maierato	78	K 30
Maiern / Masseria	6	B 15
Maiero	37	H 17
Maiolati Spontini	43	L 21
Maiolo	23	H 10
Maiorana (Masseria)	67	E 31
Maiori (Salerno)	65	F 25
Maiori (Sassari)	97	E 9
Maiori (Monte)	100	H 8
Maira (Torrente)	20	I 3
Maira (Valle)	20	I 3
Mairago	23	G 10
Mairano	24	F 12
Maissana	33	I 10
Majano	18	D 21
Mal di Ventre (Isola di)	100	H 6
Malacalzetta	102	I 7
Maladecia (Punta)	30	J 3
Malagnino	24	G 12
Malagrotta	58	Q 19
Malaina (Monte)	59	R 21
Malalbergo	36	H 16
Malamocco	27	F 19
Malamocco (Porto di)	27	F 18
Malara (Monte)	65	D 27
Malborghetto	19	C 22
Malcesine	15	E 14
Malchina	29	E 22
Malciaussia	20	G 3
Malcontenta	27	F 18
Malè	6	C 14
Malegno	15	E 12
Malenco (Val)	14	D 11
Maleo	24	G 11
Malesco	3	D 7
Maletto	89	N 26
Malfa	82	L 26
Malfatano (Capo)	102	K 8
Malga Bissina (Lago di)	15	D 13
Malga Boazzo (Lago di)	15	D 13
Malga dei Dossi / Knutten-Alm	8	B 18
Malga di Valmaggiore	16	D 16
Malga Fana	7	B 16
Malga Movlina	15	D 14
Malga Prato / Wieser Alm	8	A 18
Malga Pudio / Pidig Alm	8	B 18
Malga Sadole	16	D 16
Malghera	5	C 12
Malgrate	13	E 10
Malignano	45	M 15
Malina	19	D 21
Malinvern (Testa)	30	J 3
Malito	78	J 30
Mallare	31	J 6
Màllero	14	D 11
Malles Venosta / Mals	5	B 13
Malnate	13	E 8
Malnisio	18	D 19
Malo	26	F 16
Malonno	5	D 12
Malopasseto (Passo)	87	N 24
Malosco	6	C 15
Malpaga (Bergamo)	24	F 11
Malpaga (Brescia)	25	F 12
Mals / Malles Venosta	5	B 13
Maltignano (Ascoli Piceno)	49	N 23
Maltignano (Perugia)	48	N 21
Malu	103	I 8
Malvagna	89	N 27
Malvicino	32	I 7
Malvito	76	I 30
Malvizza	65	D 27
Malvizzo (Monte)	91	P 23
Mamiano	35	H 13
Mammola	81	L 30
Mamoiada	101	G 9
Mamone	99	F 10
Mamusi	99	E 10
Manacore	63	B 30
Manara (Punta)	33	J 10
Manarola	33	J 11
Manciano	52	O 16
Mancuso (Monte)	78	J 30
Mandanici	89	M 27
Mandarin (Portella)	87	N 24
Mandas	101	I 9
Mandatoriccio	77	I 32
Mandatoriccio-Campana (Stazione di)	77	I 32
Mandela	55	P 20
Mandello del Lario	13	E 9
Mandello Vitta	12	F 7
Mandolossa	24	F 12
Mandra de Caia (Punta)	101	G 10
Mandrazzi (Portella)	89	N 27
Mandria Luci	76	H 30
Mandriole	37	I 18
Mandrioli (Passo dei)	41	K 17
Mandriolo (Cima)	16	E 16
Mandrogne	22	H 8
Mandrolisai	101	G 9
Mandrone (Monte)	15	D 13
Manduria	74	F 34
Manerba del Garda	25	F 13
Manerbio	24	F 12
Manfredonia	63	C 29
Manfredonia (Golfo di)	63	C 30
Manfredonico (Mussomeli)	91	O 23
Manfria	92	P 24
Manganaro (Bivio)	86	N 22
Mangari (Monte)	19	C 22
Manghen (Passo)	16	D 16
Mangiante (Portella)	87	N 23
Mangiatoriello (Pizzo)	86	N 22
Mango	21	H 6
Mangone	78	J 30
Maniace (Abbazia di)	88	N 26
Maniago	18	D 20
Maniago (Rifugio)	18	D 19
Maniglia (Monte)	20	I 2
Maniva (Passo del)	15	E 13
Mannu (ad Est di Teulada)	102	K 8
Mannu (a Nord di Nuoro)	97	F 9
Mannu (ad Ovest di Siniscola)	99	F 10
Mannu (a Sud di Terralba)	102	I 8
Mannu (Fluminimaggiore)	102	I 7
Mannu (vicino a Cuglieri)	100	G 7
Mannu (vicino a Narcao)	102	J 8
Mannu (vicino ad Ozieri)	98	F 8
Mannu (vicino a Samugheo)	100	H 8
Mannu (vicino a Santadi)	102	J 8
Mannu (vicino a Sassari)	96	F 7
Mannu (vicino a Villasor)	103	I 8
Mannu (Capo) (Oristano)	100	G 7
Mannu (Capo) (Sassari)	96	E 6
Mannu (Monte)	96	F 7
Mannu della Reale (Porto)	96	D 6
Manocalza	65	E 26
Manolino	31	J 5
Manoppello	56	F 24
Manoppello Scalo	56	P 24
Mansué	28	E 19
Manta	20	I 4
Mantignana	47	M 18
Mantova	25	C 14
Manzano	29	E 22
Manziana	53	P 18
Manzolino	36	I 15
Mapello	13	E 10
Mappa	91	O 23
Mara	96	F 7
Maracalagonis	103	J 9
Maragnole	16	E 16
Marana	55	O 21
Marane	56	P 23
Maranello	35	I 14
Marano	35	J 15
Marano (Laguna di)	29	E 21
Marano (Torrente)	42	K 19
Marano di Napoli (Napoli)	64	E 24
Marano Equo	59	Q 21
Marano Lagunare	28	E 21
Marano Marchesato	78	J 30
Marano Principato	78	J 30
Marano sul Panaro	35	I 14
Marano Ticino	12	F 7
Marano Valpolicella	25	F 14
Marano Vicentino	26	E 16
Maranola	60	S 22
Maranza / Meransen	7	B 16
Maranzana	22	H 7
Maraone (Isola)	84	N 19
Marargiu (Capo)	100	F 7
Marasca (Colle)	61	Q 25
Maratea	76	H 29
Maratea (Grotta di)	76	H 29
Marausa	84	N 19
Marazzino	94	D 9
Marcallo	13	F 8
Marcanzotta	84	N 19
Marcaria	25	G 13
Marcato Bianco	88	O 24
Marcato d'Arrigo	88	O 24
Marcatobianco	87	N 23
Marceddi	100	H 7
Marceddi (Stagno di)	100	H 7
Marcedusa	79	J 32
Marcellinara	78	K 31
Marcelli	43	L 22
Marcellina (Cosenza)	76	H 29
Marcellina (Roma)	55	P 20
Marcellise	26	F 15
Marcetelli	55	P 21
Marcheno	14	E 12
Marchesa (Masseria la)	62	B 27
Marchesato	79	J 32
Marchese (Punta del)	50	O 12
Marchetti (Rifugio)	15	E 14
Marchiazza	12	F 7
Marchione (Castello)	68	E 33

MANTOVA

Broletto (Via e Piazza) .... BZ 4
Libertà (Corso) .... AZ 12
Mantegna (Piazza Andrea) .... BZ 13
Roma (Via) .... AZ
Umberto (Corso) .... AZ

Accademia (Via) .... BY 2
Acerbi (Via) .... AZ 3
Canossa (Piazza) .... AY 5
Don Leoni (Piazza) .... AZ 6
Don Tazzoli (Via Enrico) .... BZ 7
Erbe (Piazza delle) .... BZ 8
Fratelli Cairoli (Via) .... BY 10
Marconi (Via) .... ABZ 15

Martiri di Belfiore (Piazza) .... AZ 16
Matteotti (Via) .... AZ 17
S. Giorgio (Via) .... BY 20
Sordello (Piazza) .... AZ 21
Verdi (Via Giuseppe) .... AZ 22
Virgilio (Via) .... AY 25
20 Settembre (Via) .... BZ 23

B SAN LORENZO

MESSINA

MILANO

COMO, VARESE
COMO
DESIO, ERBA
MONZA, ERBA, LECCO
LECCO MONZA
BERGAMO
VIMERCATE
BOLLATE
CORMANO
NOVATE MILANESE
CUSANO MILANINO
CINISELLO BALSAMO
BRESSO
BRUGHERIO
SESTO S. GIOVANNI
COLOGNO MONZESE
BRUZZANO
NIGUARDA
BICOCCA
PRECOTTO
CRESCENZAGO
PALMANOVA
VIMODRONE
QUARTO OGGIARO
AFFORI
BOVISA
GRECO
GORLA
CIMIANO
PARCO LAMBRO
LAMBRATE
SEGRATE
PERO
MUSOCCO
CIMITERO MAGGIORE
LAMPUGNANO
QUINTO ROMANO
S. SIRO
FIERA CAMPIONARIA
CASTELLO SFORZESCO
DUOMO
RUBATTINO
ORTICA
LINATE
NOVEGRO
PARCO FORLANINI
FORLANINI DI LINATE
IDROSCALO
Lago Idroscalo
MONLUE
MEZZATE
PONTE LAMBRO
MORSENCHIO
NOSEDO
CHIARAVALLE ABBAZIA
S. DONATO MILANESE
ROGOREDO
SELVANESCO
VIGENTINO
BARONA
RONCHETTO SUL NAVIGLIO
CORSICO
CESANO BOSCONE
BAGGIO
CENTRO SPORTIVO KENNEDY
AOSTA STRESA COMO
TORINO NOVARA
NOVARA
ABBIATEGRASSO
PAVIA GENOVA, ALESSANDRIA
PAVIA
AUTOSTRADA
A 1 : BOLOGNA, FIRENZE
S 9 (VIA EMILIA) : LODI
BRESCIA
MELZO
CREMA
BERGAMO
PAULLESE
0 2 km

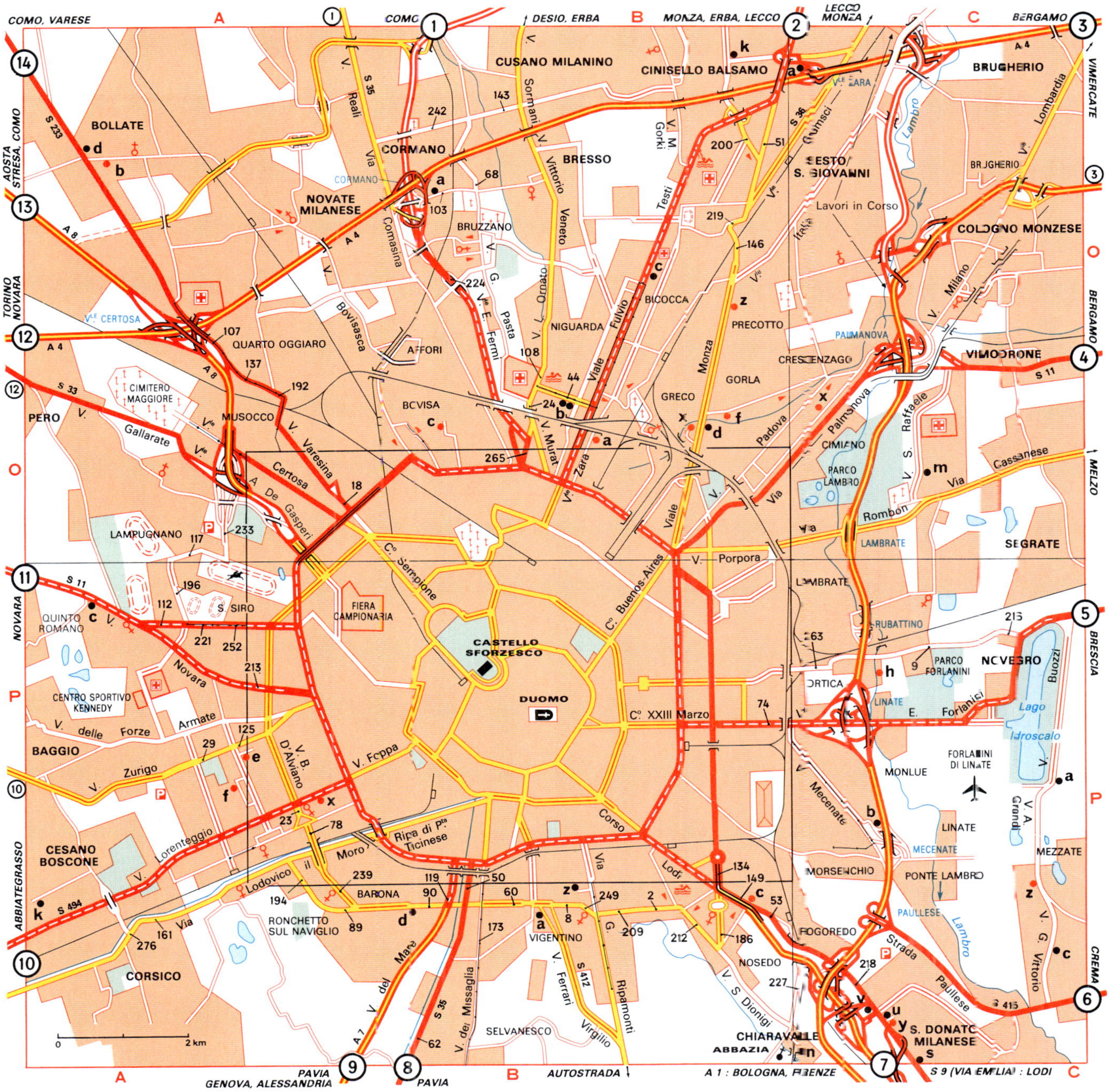

CIMITERO MONUMENTALE
PORTA GARIBALDI
A.C.I.
CENTRALE
PORTA VOLTA
Piazza Giovanni XXIII
ARCO DELLA PACE
ARENA
PARCO SEMPIONE
ACQUARIO
TORRE
PAL. D. ARTE
CASTELLO SFORZESCO
NORD
Cedorna
Cairoli
Foro
S. Simpliciano
S. Marco
Lanza
PINACOTECA DI BRERA
Montenapoleone
Giardino Zoologico
GIARDINI PUBBLICI
Palestro
Turati
P.ta Venezia
A.C.I.
Palestro
Repubblica
Moscova
Bastioni di Porta Nuova
Pal. Litta
S. MARIA D. GRAZIE
Cenacolo
Conciliazione
S. MAURIZIO
Meravigli
BORSA
Via Dante
Via Broletto
Via S. Margherita
DUOMO
Largo Augusto
S. Maurizio
S. AMBROGIO
Via Torino
P.za Missori
A. Albricci
OSPEDALE MAGGIORE
PORTA VITTORIA
S. Agostino
PARCO SOLARI
PORTA GENOVA
Porta Genova
S. LORENZO MAGGIORE
SANT' EUSTORGIO
P.za Ticinese
Porta Ticinese
PORTA ROMANA
Crocetta
CONCHETTA
PARCO RAVIZZA
Naviglio
Alzaia
Ripa di
Conca del Naviglio
300 m

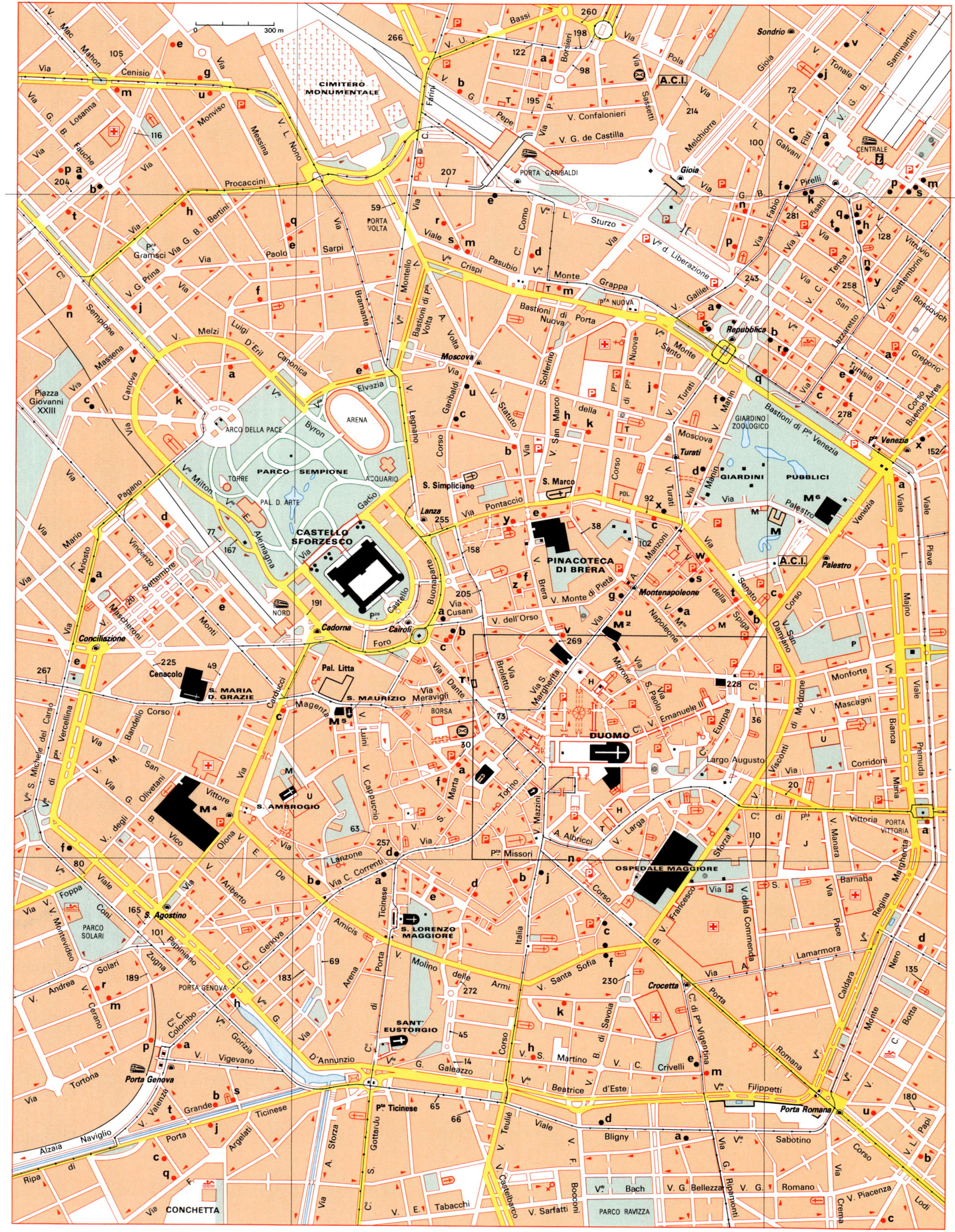

Map of Milan

MILANO

M1 MUSEO DEL DUOMO
M2 MUSEO POLDI-PEZZOLI
M4 MUSEO NAZIONALE LEONARDO DA VINCI
M6 MUSEO CIVICO DI STORIA NATURALE
M7 CASA DEL MANZONI

MODENA

A PALAZZO DUCALE

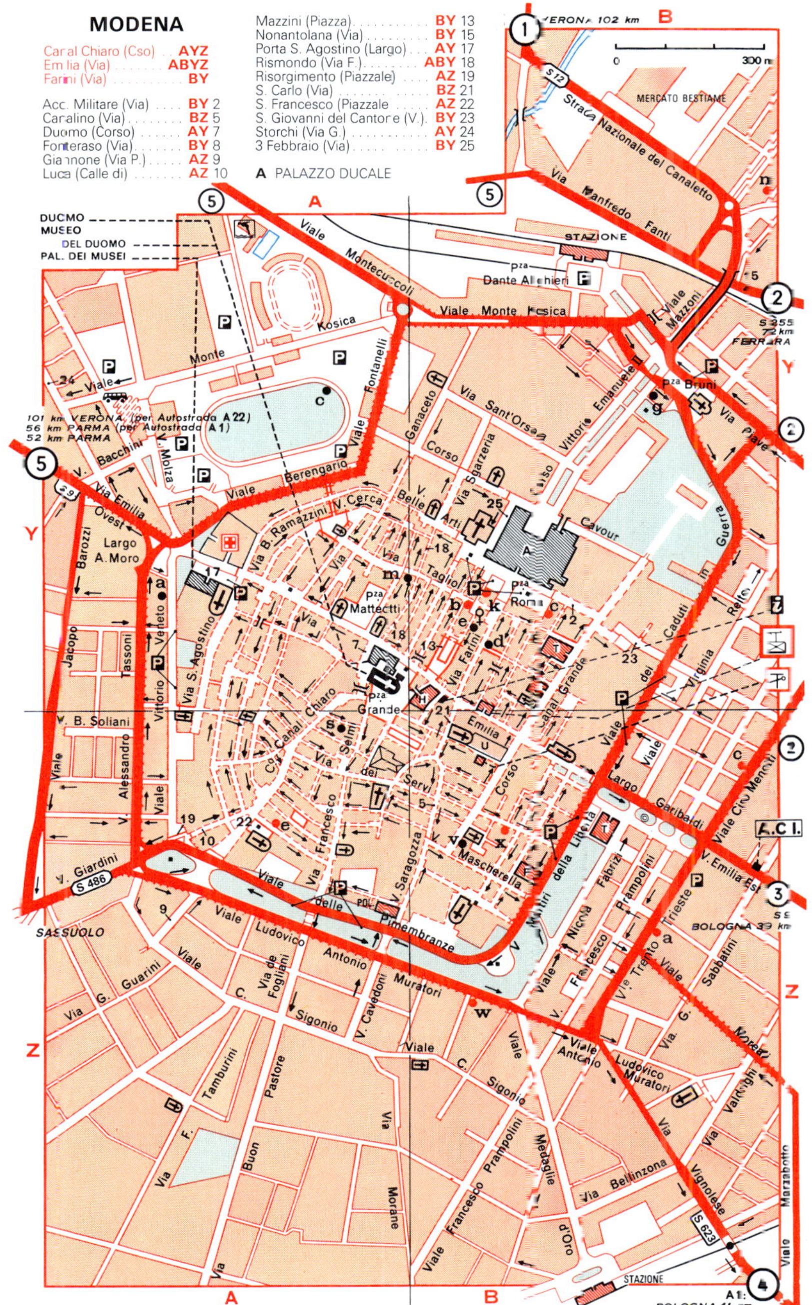

Place	Page	Grid
Monastier di Treviso	28	F 19
Monastir	103	I 9
Monate (Lago di)	12	E 8
Monbello di Torino	21	G 5
Moncalieri (Torino)	21	G 5
Moncalvo	21	G 6
Moncenisio	20	G 2
Monchio	35	I 13
Monchio delle Corti	34	I 12
Moncioni	40	L 16
Monclassico	6	C 14
Moncolombone	10	G 4
Moncrivello	11	G 6
Moncucco Torinese	21	G 5
Mondaino	42	K 20
Mondalavia	21	I 5
Mondanica-Viola	37	I 17
Mondavio	42	K 20
Mondello (Palermo)	86	M 21
Mondole (Monte)	31	J 5
Mondolfo	43	K 21
Mondovì	31	I 5
Mondragone	64	D 23
Mondrone	10	G 3
Monega (Monte)	31	J 5
Moneglia	33	J 10
Mónesi di Triora	31	J 5
Monesiglio	21	I 6
Monestirolo	36	H 17
Moneta	95	D 10
Monfalcon di Montanaia	8	C 19
Monfalcone	29	E 22
Monferrato	21	H 5
Monforte d'Alba	21	I 5
Monforte S. Giorgio	83	M 28
Monfret (Cima)	10	F 3
Mongardino (Asti)	21	H 6
Mongardino (Bologna)	36	I 15
Mongerati	87	N 23
Mongerbino (Isola)	86	M 22
Monghidoro	36	J 15
Mongia	31	I 5
Mongiana	81	L 30
Mongiardino Ligure	33	I 9
Mongioia	20	I 2
Mongioie (Monte)	31	J 5
Mongiuffi	89	N 27
Mongrando	11	F 6
Monguelfo / Welsberg	8	B 18
Moniga del Garda	25	F 13
Monna Casale (Monte)	60	R 23
Monno	15	D 13
Monopoli	68	E 33
Monreale (Cagliari)	102	I 8
Monreale (Palermo)	86	M 21
Monreale (Castellacio di)	86	M 21
Monrupino	29	E 23
Monsampietro Morico	49	M 22
Monsampolo di Tronto	49	N 23
Monsano	43	L 21
Monselice	26	G 17
Monserrato	103	J 9
Monsignore (Casino di)	67	D 31
Monsola	21	I 4
Monsole	27	G 18
Monsummano Terme	39	K 14
Monta	21	H 5
Montabone	22	H 7
Montacuto (Alessandria)	23	H 9
Montacuto (Ancona)	43	L 22
Montafia	21	G 6
Montagano	61	C 26
Montagna (Arezzo)	41	L 18
Montagna (Cosenza)	76	H 29
Montagna (Cozzo)	91	P 23
Montagna Grande	60	Q 23
Montagna / Montan	16	D 15
Montagnana (Firenze)	39	K 15
Montagnana (Padova)	26	G 16
Montagnano	46	L 17
Montagnareale	82	M 26
Montagnola (Monte)	45	M 15
Montagnone (il)	65	E 27
Montagnone-Sonico	25	F 12
Montaguto	65	D 27
Montaione	39	L 14
Montalbano	69	E 34
Montalbano Elicona	89	M 27
Montalbano (Ferrara)	36	H 16
Montalbano (Forlì)	42	J 19
Montalbano Ionico	73	G 31
Montalbo	23	H 10
Montalcinello	45	M 15
Montalcino	46	M 16
Montaldeo	32	H 8
Montaldo di Cosola	23	H 9
Montaldo di Mondovì	31	J 5
Montaldo Roero	21	H 5
Montaldo Scarampi	21	H 6
Montale (La Spezia)	33	J 10
Montale (Modena)	35	I 14
Montale (Pistoia)	39	K 15
Montalenghe	21	G 5
Montalfoglio	42	L 20
Montali	47	M 18
Montallegro	90	O 22
Montaltino (Bari)	67	D 30
Montaltino (Foggia)	63	C 29
Montalto (Forlì)	41	K 18
Montalto (Isernia)	61	Q 24
Montalto (Reggio nell'Emilia)	35	I 13
Montalto (Monte)	80	M 29
Montalto di Castro	53	O 16
Montalto di Marche	49	N 22
Montalto Marina	52	P 16
Montalto Dora	11	F 5
Montalto Ligure	31	K 5
Montalto Pavese	23	H 9
Montalto Uffugo	76	I 30
Montan / Montagna	16	D 15
Montanara	25	G 14
Montanari	37	J 18
Montanaro	64	D 24
Montanaro (Piacenza)	24	H 11
Montanaro (Torino)	21	G 5
Montanaso Lombardo	13	F 10
Montanello (Pizzo)	86	M 21
Montanera	21	I 4
Montano Antilia	70	G 28
Montaperti	46	M 16
Montaperto	91	P 22
Montappone	49	M 22
Montaquila	61	R 24
Montardone	35	I 14
Montarso / Feverstein	6	B 15
Montasio (Jôf di)	19	C 22
Montasola	54	O 20
Montata	35	I 13
Montauro	78	K 31
Montazzoli	57	Q 25
Monte Amiata	46	N 16
Monte Antico	46	N 16
Monte Bianco	10	E 2
Monte Bianco (Traforo del)	10	E 2
Monte Buono	47	M 18
Monte Calderaro	36	I 16
Monte Casale (Convento di)	41	L 18
Monte Castello di Vibio	47	N 19
Monte Catone	36	I 16
Monte Cavallo	48	N 20
Monte Cerignone	42	K 19
Monte Codruzzo	41	J 18
Monte Corona	47	M 19
Monte Cotugno (Lago di)	72	G 31
Monte Croce	16	D 17
Monte Croce Carnico (Passo di) / Plöckenpaß	18	C 20
Monte Cucco	45	N 15
Monte d'Accodd	96	E 7
Monte del Lago	47	M 18
Monte di Malo	16	F 16
Monte di Procida	64	E 24
Monte Domenico	33	J 10
Monte Falterona, Campigna e delle Foreste Casentinesi	41	K 17
Monte Giberto	49	M 22
Monte Grande	60	S 22
Monte Gridolfo	42	K 20
Monte Grimano	42	K 19
Monte Isola	14	E 12
Monte Lattaia	45	N 15
Monte Livata	59	Q 21
Monte Maria (Abbazia di)	5	B 14
Monte Mario (Roma)	58	Q 19
Monte Martello	42	L 20
Monte Melino	35	I 14
Monte Nero (Rif.)	20	H 2
Monte Nieddu	102	J 8
Monte Ombraro	36	I 15
Monte Orsello	35	I 14
Monte Paganuccio	42	L 20
Monte Petrosu	99	E 10
Monte Porzio	43	K 21
Monte Porzio Catone	59	Q 20
Monte Pranu (Lago di)	102	J 7
Monte Rinaldo	49	M 22
Monte Roberto	43	L 21
Monte Romano	53	P 17
Monte Rosa	11	E 5
Monte Rota / Radsberg	8	B 18
Monte Sacro (Roma)	58	Q 19
Monte Santu (Capo di)	101	G 11
Monte S. Angelo	63	B 29
Monte S. Biagio	60	R 22
Monte S. Giacomo	71	F 28
Monte S. Giovanni	36	I 15
Monte S. Giovanni Campano	60	R 22
Monte S. Giovanni in Sabina	54	P 20
Monte S. Giusto	49	M 22
Monte Sta Maria Tiberina	41	L 18
Monte Ste Marie	46	M 16
Monte S. Martino	49	M 22
Monte S. Pietrangeli	49	M 22
Monte S. Pietro (Bologna)	36	I 15
Monte S. Pietro (Bolzano)	16	C 16
Monte S. Savino	46	M 17
Monte S. Vito (Ancona)	43	L 21
Monte S. Vito (Perugia)	48	N 20
Monte Scuro (Valico di)	77	I 31
Monte Senario (Convento di)	40	K 16
Monte Sirai	102	J 7
Monte Sopra Rondine	41	L 17
Monte Terlago	16	D 15
Monte Urano	49	M 23
Monte Vergine (Santuario di)	65	E 26
Monte Vidon Combatte	49	M 22
Monte Vidon Corrado	49	M 22
Montea	76	I 29
Monteacuto delle Alpi	39	J 14
Monteacuto Ragazza	36	J 15
Monteacuto Vallese	36	J 15
Monteaperta	19	D 21
Montebamboli	45	M 14
Montebaranzone	35	I 14
Montebello (Forlì)	42	K 19
Montebello (Pesaro e Urbino)	42	K 20
Montebello (Viterbo)	53	P 17
Montebello della Battaglia	23	G 9
Montebello di Bertona	56	O 23
Montebello Ionico	80	N 29
Montebello sul Sangro	57	Q 24
Montebello Vicentino	26	F 16
Montebelluna	17	E 18
Montebenichi	46	L 16
Montebibico	55	O 20
Montebonello	35	I 14
Montebruno	33	I 9
Montebufo	48	N 21
Montebuono	54	O 19
Montebuono Alppato	46	N 16
Montecagnano	45	M 15
Montecagno	35	J 13
Montecalvello	53	O 18
Montecalvo in Foglia	42	K 19
Montecalvo Irpino	65	D 27
Montecalvo Versiggia	23	H 9
Montecampano	54	O 19
Montecanepino	49	L 22
Montecarelli	39	J 15
Montecarlo	39	K 14
Montecarlo (Convento)	40	L 16
Montecarotto	43	L 21
Montecarulli	39	L 14
Montecassiano	49	L 22
Montecassino (Abbazia di)	60	R 23
Montecastelli	47	L 18
Montecastelli Pisano	45	M 14
Montecastello	22	H 8
Montecastrilli	54	O 19
Montecatini Alto	39	K 14
Montecatini Terme	39	K 14
Montecatini Val di Cecina	45	L 14
Montecchia di Crosara	26	F 15
Montecchio (Arezzo)	46	M 17
Montecchio (Perugia)	48	M 20
Montecchio (Pesaro e Urbino)	42	K 20
Montecchio (Terni)	53	O 18
Montecchio Emilia	35	H 13
Montecchio Maggiore	26	F 16
Montecchio Precalcino	16	F 16
Montecelio	54	P 20
Montecerboli	45	M 14
Montecerreto	35	I 14
Montechiaro	91	P 23
Montechiaro d'Asti	21	G 6
Montechiaro Piana	32	I 7
Montechiarugolo	35	H 13
Monteciccardo	42	K 20
Montecilfone	62	B 26
Montecompatri	59	Q 20
Montecontieri	46	M 16
Montecopiolo	42	K 19
Montecorice	70	G 26
Montecoronaro (Valico di)	41	K 18
Montecorvino Pugliano	65	E 26
Montecorvino Rovella	65	E 26
Montecosaro	49	M 22
Montecreto	35	J 14
Montecristo (Formica di)	50	O 12
Montecristo (Isola di)	50	O 12
Montecuccoli	39	J 15
Montedale	41	L 18
Montedinove	49	N 22
Montedoro	91	O 23
Montefalcione	65	E 26
Montefalco	47	N 19
Montefalcone	39	K 14
Montefalcone Appennino	49	N 22
Montefalcone di Val Fortore	62	D 27
Montefalcone nel Sannio	61	Q 25
Montefano	43	L 22
Montefegatesi	39	J 13
Montefeltro	41	K 18
Monteferrante	57	Q 25
Montefiascone	53	O 18
Montefino	56	O 23
Montefiore Conca	42	K 19
Montefiore di Aso	49	M 23
Montefiorentino (Convento di)	42	K 19
Montefiorino	35	I 13
Montefiridolfi	39	L 15
Montefollonico	46	M 17
Monteforte	96	E 6
Monteforte Cilento	70	F 27
Monteforte d'Alpone	26	F 15
Monteforte Irpino	65	E 26
Montefortino	49	N 22
Montefosca	19	D 22
Montefoscoli	39	L 14
Montefranco	54	O 20
Montefredane	65	E 26
Montefredente	39	J 15
Montefusco	65	D 26
Montegabbione	47	N 18
Montegalda	26	F 17
Montegaldella	26	F 17
Montegallo	49	N 21
Montegaudio	42	K 20
Montegelli	41	K 18
Montegemoli	45	M 14
Montegiordano	73	G 31
Montegiordano Marina	73	G 31
Montegiorgio	49	M 22
Montegiove	47	N 18
Montegiovi (Arezzo)	41	L 17
Montegiovi (Grosseto)	46	N 16
Montegonzi	40	L 16
Montegranaro	49	M 22
Montegrassano	76	I 30
Montegrazie	31	K 5
Montegrino	12	E 8
Montegroppo	34	I 11
Montegrosso (Asti)	21	H 6
Montegrosso (Bari)	67	D 30
Montegrosso d'Asti	21	H 6
Montegrotto Terme	26	F 17
Monteguidi	45	M 15
Monteguiduccio	42	K 20
Monteiasi	74	F 34
Montelabate	47	M 19
Montelabbate	42	K 20
Montelabreve	41	K 18
Montelago	42	L 21
Montelaguardia	89	N 26
Montelanico	59	R 21
Monteleone (Cosenza)	79	J 31
Monteleone (Foggia)	63	B 29
Monteleone (Grosseto)	46	N 16
Monteleone (Perugia)	47	N 19
Monteleone di Fermo	49	M 22
Monteleone di Puglia	65	D 27
Monteleone di Spoleto	55	O 20
Monteleone d'Orvieto	47	N 18
Monteleone Rocca Doria	96	F 7
Monteleone Sabino	55	P 20
Montelepre	86	M 21
Monteleto	47	L 19
Montelibretti	54	P 20
Montelicciano	42	K 19
Montella	65	E 27
Montello (il)	17	E 18
Montelongo	62	B 26
Montelongo	34	I 11
Montelupo Albese	21	I 6
Montelupo Fiorentino	39	K 15
Montelupone	49	L 22
Montemaggio	42	K 19
Montemaggiore (Forlì)	41	J 17
Montemaggiore (Roma)	54	P 20
Montemaggiore (vicino a Monteaperta)	19	D 22
Montemaggiore (vicino a Savogna)	19	D 22
Montemaggiore al Metauro	42	K 20
Montemaggiore Belsito	87	N 23
Montemagno	22	H 6
Montemale di Cuneo	30	I 4
Montemarano	65	E 26
Montemarcello	38	J 11
Montemarciano	43	L 21
Montemartano	47	N 19
Montemarzino	23	H 8
Montemassi	45	N 15
Montemerano	52	O 16
Montemesola	74	F 34
Montemignaio	40	K 16
Montemiletto	65	D 26
Montemilone	66	D 29
Montemitro	61	Q 25
Montemonaco	49	N 21
Montemurlo	39	K 15
Montemurro	71	G 29
Montenars	19	D 21
Montenero (Cosenza)	79	J 31
Montenero (Foggia)	63	B 29
Montenero (Grosseto)	46	N 16
Montenero (Livorno)	38	L 13
Montenero (Perugia)	47	N 19
Montenero (Salerno)	65	E 27
Montenero di Bisaccia	62	B 26
Montenero (Portella di)	87	N 24
Montenero Sabino	55	P 20
Montenero Val Cocchiara	61	Q 24
Montenerodomo	57	Q 24
Montenotte Superiore	32	I 7
Monteodorisio	57	P 25
Monteorsaro	35	J 13
Monteortone	26	F 17
Montepagano	49	N 23
Montepaone	78	K 31
Montepaone Lido	79	K 31
Monteparano	74	F 34
Montepastore	36	I 15
Montepescali	45	N 15
Montepescini	46	N 16
Montepiano	39	J 15
Monteponi	102	J 7
Monteponi (Lago)	102	I 7
Monteprandone	49	N 23
Montepulciano	46	M 17
Montepulciano (Lago di)	46	M 17
Montepulciano Stazione	46	M 17
Monterado	43	K 21
Monterappoli	39	K 14
Monterchi	41	L 18
Montereale (L'Aquila)	55	O 21
Montereale (Forlì)	41	J 18
Montereale Valcellina	18	D 19
Montereggi	40	K 16
Montereggio	33	J 11
Monterenzio	36	J 16
Monteriggioni	45	L 15
Monteroduni	61	R 24
Monterolo	42	L 20
Monteroni d'Arbia	46	M 16
Monteroni di Lecce	75	G 36
Monterosi	53	P 18
Monterosi (Lago di)	53	P 18
Monterosso (Ancona)	42	L 20
Monterosso (Bolzano)	6	B 14
Monterosso al Mare	33	J 10
Monterosso Almo	93	P 26
Monterosso Calabro	78	K 30
Monterosso Grana	30	I 3
Monterotondo	54	P 19
Monterotondo Marittimo	45	M 14
Monterotondo Scalo	54	P 19
Monterubbiano	49	M 23
Monterubiaglio	47	N 18
Monteruga (Masseria)	75	F 35
Montesano Salentino	75	H 36
Montesano Scalo	66	E 28
Montesano sulla Marcellana	71	G 29
Montesanto di Lussari	9	C 22
Montesarchio	65	D 25
Montesardo	75	H 37
Montescaglioso	73	F 32
Montescano	23	G 9
Montescudaio	45	M 13
Montescudo	42	K 19
Montese	35	J 14
Montesegale	23	H 9
Montesicuro	43	L 22
Montesilvano Marina	56	O 24
Montesoffio	42	K 19
Montesoro	78	K 30
Montespertoli	39	L 15
Montespluga	4	C 9
Montespluga (Lago di)	4	C 10
Montet	52	O 16
Monteu Roero	21	H 5
Montevaca (Passo di)	33	I 10
Montevago	85	N 20
Montevarchi	40	L 16
Montevecchio	102	I 7
Monteveglio	36	I 15
Monteventano	23	H 10
Monteverde	66	D 28
Monteverdi Marittimo	45	M 14
Montevettolini	39	K 14
Montev ale	26	F 16
Montev tozzo	46	N 17
Montezemolo	31	I 6
Monti (Sassari)	97	E 9
Monti (Siena)	46	L 16
Monti (Torino)	10	G 4
Monti S billini (Parco Nazionale dei)	48	N 21
Montiano (Forlì)	41	J 18
Montiano (Grosseto)	51	O 15
Monticano	28	E 19
Monticchiello	46	M 17
Monticchio	56	P 22
Monticchio (Laghi di)	66	E 28
Monticchio Bagni	66	E 28
Monticelli	60	R 22
Monticelli d'Ongina	24	G 11
Montice li Pavese	23	G 10
Montice lo Terme	35	H 13
Montice lo	46	N 16
Monticello (Piacenza)	23	H 10
Montichiari	25	F 13
Monticiano	45	M 15
Montieri	45	M 15
Montiglio	21	G 6
Montignano	43	K 21
Montignoso	38	J 12
Montingegnoli	45	M 15
Montioni	45	M 14
Montirone	24	F 12
Montisi	46	M 16
Montjovet	11	E 5
Montjovet (Castello)	11	E 4
Montodine	24	G 11

Montoggio	32 I 9	Montorso Vicentino	26 F 16	Morcella	47 N 18
Montone (Perugia)	47 L 18	Montoso	20 H 3	Morciano della Battaglia	17 E 18
Montone (Teramo)	49 N 23	Montottone	49 M 22	Morciano di Leuca	75 H 36
Montone (Fiume)	37 J 17	Montovolo	39 J 15	Morciano di Romagna	42 K 19
Montone (Monte)	8 B 18	Montresta	96 F 7	Morcone	61 R 25
Montoni-Vecchio	87 N 23	Montù Beccaria	23 G 9	Mordano	37 I 17
Montopoli di Sabina	54 P 20	Monvalle	12 E 7	Morea (Masseria)	68 E 33
Montopoli in Val d'Arno	39 K 14	Monveso di Forzo	10 F 4	Morello	88 O 24
Montorfano	13 E 9	Monza	13 F 9	Morello (Monte)	35 K 15
Montorgiali	45 N 15	Monzambano	25 F 14	Morena (Perugia)	42 L 19
Montorio (Grosseto)	46 N 17	Monzone	38 J 12	Morena (Roma)	59 Q 19
Montorio (Verona)	26 F 15	Monzoni	7 C 17	Morengo	24 F 11
Montorio al Vomano	56 O 22	Monzuno	36 J 15	Moreri	83 M 27
Montorio nei Frentani	62 B 26	Moos / S. Giuseppe	8 B 19	Mores	98 F 8
Montorio Romano	55 P 20	Moos in Passeier / Moso in Passiria	6 B 15	Moresco	49 M 23
Montoro	43 L 22	Morano Calabro	76 H 30	Moretta	21 H 4
Montoro Inferiore	65 E 26	Morano sul Po	22 G 7	Morfasso	34 H 11
Montorsaio	45 N 15	Moraro	29 E 22	Morgantina	88 O 25
Mont'Orso (Galleria di)	59 R 21	Morasco (Lago di)	2 C 7	Morgex	10 E 3
		Morazzone	12 E 8	Morgonaz	10 E 4
		Morbegno	4 D 10	Morgongiori	100 H 8
		Morbello	32 I 7	Mori	15 E 14
				Moria	42 L 19

Moriago	47 N 18	Morra	47 L 18	Mortizzuolo	36 H 15
Moricone	54 P 20	Morra De Sanctis	65 E 27	Morto (Lago)	17 D 18
Morigerati	71 G 28	Morra (Monte)	55 P 20	Morto (Monte)	55 P 20
Morimondo	13 F 8	Morrano Nuovo	47 N 18	Morto di Primaro	36 H 16
Morino	60 Q 22	Morre	47 N 19	Mortola Inferiore	30 K 4
Morleschio	47 M 19	Morto (Portella del)	88 O 24	Mortorio (Isola)	95 D 10
Morlupo	54 P 19	Morrea (Forchetta)	60 Q 22	Moscazzano	24 G 11
Morm anno	76 H 29	Morrice	49 N 22	Moschella	66 D 29
Mornago	12 E 8	Morro d'Alba	43 L 21	Moscheta	40 J 16
Mornese	32 I 8	Morro d'Oro	56 O 23	Moschiano	65 E 25
Morn co Losana	23 G 9	Morro (Monte del)	89 N 26	Moschin (Col)	16 E 17
Moro	57 P 25	Morro Reatino	55 O 20	Mosciano S. Angelo	49 N 23
Moro (Monte) (Rieti)	55 P 21	Morrone (Monte)	56 P 23	Moscufo	56 O 24
Moro (Monte) (Sassari)	95 D 10	Morrone del Sannio	62 B 26	Mosio	25 G 13
Moro (Passo di Monte)	11 E 5	Morrovalle	49 M 22	Moso in Passiria / Moos in Passeie	6 B 5
Moro (Sasso)	14 D 11	Morsano al Tagliamento	28 E 20	Mosorrofa	80 M 29
Morolo	59 R 21	Morsasco	32 I 7	Mossa	29 E 22
Morone (Colle)	78 L 30	Mortara	22 G 8	Mosso Sta Maria	11 F 6
Moronico	41 J 17	Mortegliano	29 E 21	Mosson	16 E 6
Morozzo	31 I 5	Mortelle	83 M 28	Mostri (Parco dei)	53 O 8
		Morter	6 C 14	Moticella	80 M 30
		Morterone	13 E 10		
		Mortizza	24 G 11		

Mòtola (Monte)	70 F 28
Motorra	101 G 10
Motta (Modena)	35 H 14
Motta (Vicenza)	26 F 16
Motta Baluffi	24 G 12
Motta Camastra	89 N 27
Motta d'Affermo	87 N 24
Motta de Conti	22 G 7
Motta di Livenza	28 E 19
Motta Montecorvino	62 C 27
Motta Panetteria (Masseria)	63 C 28
Motta S. Anastasia	89 C 26
Motta S. Giovanni	80 M 29
Motta Sta Lucia	78 J 30
Motta Visconti	23 G 8
Mottafollone	76 H 30
Mottalciata	1 F 6
Mottarone	12 E 7
Mottaziana	23 G 10
Motteggiana	25 G 14
Mottiscia (Punta)	? D 6
Mottola	68 F 33

NAPOLI

Augusto (Viale)	AU 10	Maddalena (Viale U.)	CT 71
Capodichino (Calata)	CT 16	Miraglia (Via Nicola)	CT 79
Caravaggio (Via Michelangelo Da)	AU 19	Napoli Capodimonte (Via)	BT 92
Casoria (Str. Prov.)	CT 21	Nicolini (Via Nicola)	CT 95
Cilea (Via Francesco)	BU 26	Orazio (Via)	BU 103
Claudio (Via)	AU 28	Piave (Via)	AU 112
De Amicis (Via Tommaso)	BT 41	Pietravalle (Via M.)	BT 114
De Pinedo (Via)	CT 44	Pigna (Via)	BU 116
Di Vittorio (Piazza)	CT 45	Ponte della Maddalena (Via)	CU 120
Domiziana (Via)	AU 46	Ponti Rossi (Via)	BT 122
Don Bosco (Via)	CT 47	Reggia di Portici (Via)	CU 128
Europa (Corso)	BU 52	Riposo (Via del)	CT 129
Ferraris (Via Galileo)	CTU 54	S. Giovanni a Teduccio (Corso)	CU 142
Garibaldi (Corso G.)	DU 61	Taddeo da Sessa (Via)	CT 157
Gianturco (Via E.)	CTU 63	Tasso (Via Torquato)	BU 158
Giulio Cesare (Via)	AU 66	Tecchio (Piazzale V.)	AU 160
Imparato (Via F.)	CTU 67	Traccia a Poggioreale (Via)	CT 164
Jannelli (Via Gabriele)	BT 63		
Kennedy (Viale J. F.)	AU 69		

M¹ PALAZZO E GALLERIA DI CAPODIMONTE

Mozia 84 N 19
Mozzagrogna 57 P 25
Mozzanica 24 F 11
Mozzate 13 E 8
Mozzecane 25 G 14
Muccia 48 M 21
Mucone 76 I 30
Mucone (Lago di) 77 I 31
Mucrone (Monte) 11 F 5
Mühlbach / Rio di Pusteria 7 B 16
Mühlbach / Riomolino 7 B 17
Mühlen / Molini di Tures 7 B 17
Mühlwald / Selva dei Molini 7 B 17
Muggia 29 F 23
Muggia (Baia di) 29 F 23
Muglia 88 O 26
Mugnai 17 D 17
Mugnano 47 M 18
Mugnano del Cardinale 65 E 25
Mugnano di Napoli (Napoli) 64 E 24
Mugnano in Teverina 53 O 18
Mugnone 39 K 15
Mugnone (Punta) 84 N 18

Mulargia 101 H 9
Mulargia (Lago di) 101 I 9
Mulazzano (Milano) 13 F 10
Mulazzano (Parma) 35 I 12
Mulazzo 34 J 11
Mules / Mauls 7 B 16
Mulinello 88 O 25
Mulino di Arzachena 95 D 10
Multeddu 98 E 8
Mumullonis (Punta) 102 I 7
Muntiggioni 98 E 8
Mura 15 E 13
Muraglione (Passo del) 40 K 16
Murano 28 F 19
Muravera 103 I 10
Murazzano 21 I 6
Murci 46 M 16
Murello 21 H 4
Murera 101 H 9
Muretto Le Murge (Passo del) 4 C 11
Murgetta 67 E 31
Muri (Necropoli di li) 94 D 9
Murialdo 31 J 6
Muris 18 D 20

Murisengo 21 G 6
Murittu (Punta) 99 F 10
Murlo 46 M 16
Muro Leccese 75 G 37
Muro Lucano 66 E 28
Muros 96 E 7
Murro di Porco (Capo) 93 P 28
Murta Maria 99 E 10
Murtazzolu 100 G 8
Musano 17 E 18
Muscletto 28 E 21
Musei 102 J 8
Musellaro 56 P 23
Musi 19 D 21
Musignano (Varese) 3 D 8
Musignano (Viterbo) 53 O 17
Musile di Piave 28 F 19
Musone 43 L 21
Mussolente 16 E 17
Mussomeli 91 O 23
Muta (Lago di) 5 B 13
Mutignano 56 O 24
Mutria (Monte) 61 R 25
Muxarello 91 O 22
Muzza (Canale) 13 F 10
Muzza S. Angelo 23 G 10
Muzzana del Turgnano 28 E 21

N
Nago 15 E 14
Nai (Monte) 103 J 10
Naia 47 N 19
Nàlles / Nals 6 C 15
Nals / Nàlles 6 C 15
Nambino (Monte) 15 D 14
Nanno 16 D 15
Nanto 26 F 16
Napola 85 N 19
Napoli 64 E 24
Napoli-Capodichino (Aeroporto) 64 E 24
Napoli (Golfo di) 64 E 24
Narba (Monte) 103 I 10
Narbolia 100 G 7
Narcao 102 J 8
Narcao (Monte) 43 L 21
Nardis (Cascata di) 15 D 14
Nardo 75 G 36
Nardodipace 81 L 31
Nardodipace Vecchio 81 L 31
Naregno 50 N 13
Narni 54 O 19
Narni Scalo 54 O 19
Naro 91 P 23
Naro (Fiume) 91 P 23

Naro (Portella di) 91 P 23
Narzole 21 I 5
Nasino 31 J 6
Naso 82 M 26
Naso (Fiume di) 82 M 26
Naßfeld-Paß / Pramollo (Passo di) 19 C 21
Natile Nuovo 80 M 30
Natisone 19 D 22
Naturno / Naturns 6 C 15
Naturns / Naturno 6 C 15
Nava 31 J 5
Nava (Colle di) 31 J 5
Navacchio 38 K 13
Nave 25 F 12
Nave (Monte La) 89 N 26
Nave S. Felice 16 D 15
Navelli 56 P 23
Navene 15 E 14
Navene (Bocca di) 15 E 14
Navicello 35 H 14
Navone (Monte) 88 O 24
Naxos 89 N 27
Naz 7 B 17
Nazzano (Roma) 54 P 19
Nazzano (Pavia) 23 H 9
Nebbiano 48 L 20
Nebbiuno 12 E 7
Nebida 102 J 7

Nebin (Monte) 20 I 3
Nebius (Monte) 30 I 3
Nebrodi 88 N 25
Negra (Punta) 96 E 6
Negrar 25 F 14
Neirone 33 I 9
Neive 21 H 6
Nembro 14 E 11
Nemi 59 Q 20
Nemi (Lago di) 59 Q 20
Nemoli 71 G 29
Neoneli 100 G 8
Nepi 54 P 19
Nera 48 N 20
Nera (Croda) 8 B 18
Nera (Punta) (Aosta) 10 F 4
Nera (Punta) (Livorno) 50 N 12
Nera (Punta) (Nuoro) 99 F 11
Nerbisci 47 L 19
Nercone (Monte su) 101 G 10
Nereto 49 N 23
Nerina (Val) 48 N 20
Nero (Capo) 31 K 5
Nero (Monte) 89 N 27
Nero (Sasso) 14 D 11

Nero (Sasso) / Schwarzenstein 7 A 17
Nerola 55 P 20
Nerore (Monte) 42 L 19
Nervesa d. Battaglia 17 E 18
Nervi (Genova) 32 I 9
Nervia (Torrente) 30 K 4
Nervia (Val) 30 K 4
Nerviano 13 F 10
Nery (Monte) 11 E 5
Nespoledo 28 E 21
Nespolo 55 P 21
Nesso 13 E 9
Nestore (vicino a Marsciano) 47 N 18
Nestore (vicino a Trestina) 47 L 18
Neto 79 J 31
Netro 11 F 5
Nettuno 59 R 19
Nettuno (Grotta di) 96 F 6
Neumarkt / Egna 16 D 15
Neurateis / Rattisio Nuovo 6 B 14
Neustift / Novacella 7 B 16
Neva (Torrente) 31 J 6

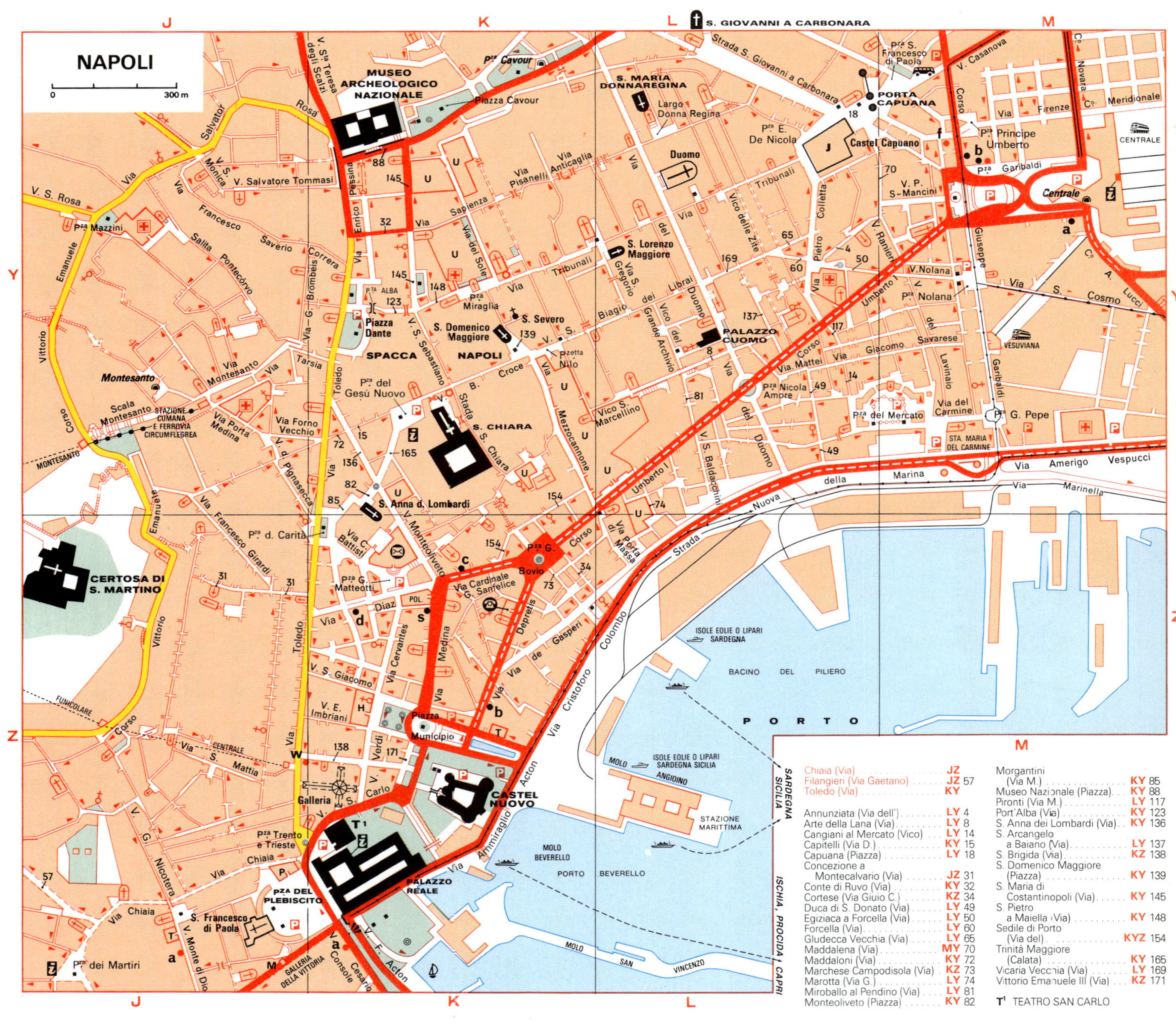

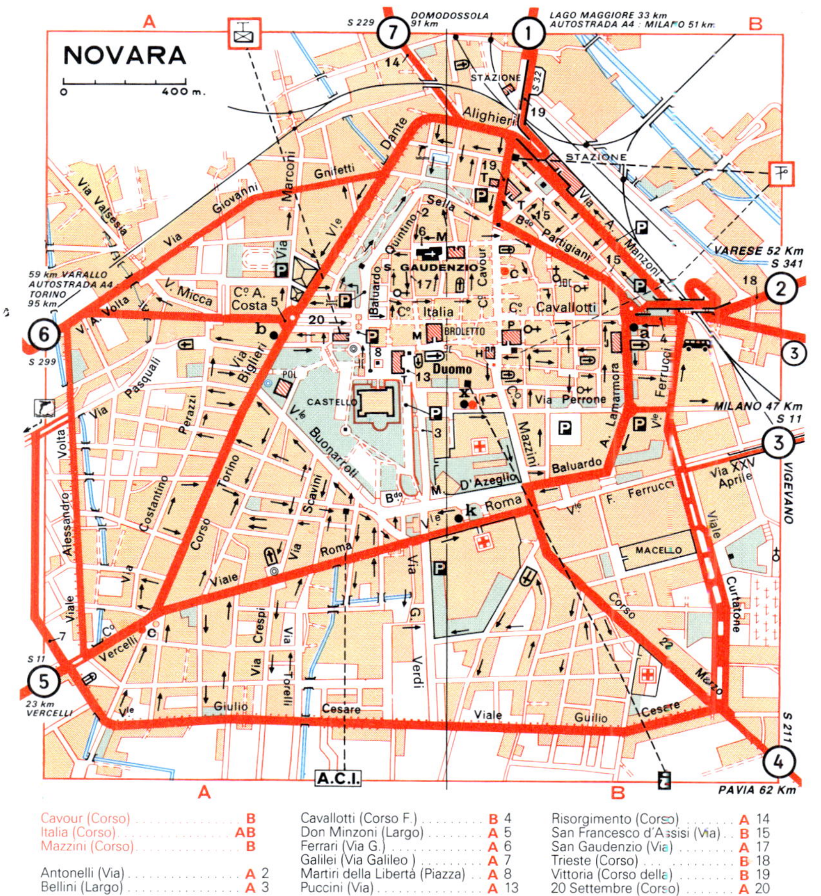

Cavour (Corso) . . . . B
Italia (Corso) . . . . AB
Mazzini (Corso) . . . . B
Antonelli (Via) . . . . A 2
Bellini (Largo) . . . . A 3
Cavallotti (Corso F.) . . . . . . B 4
Don Minzoni (Largo) . . . . . . A 5
Ferrari (Via G.) . . . . A 6
Galilei (Via Galileo) . . . . . . A 7
Martiri della Libertà (Piazza) . A 8
Puccini (Via) . . . . A 13
Risorgimento (Corso) . . . . . A 14
San Francesco d'Assisi (Via) . B 15
San Gaudenzio (Via) . . . . . A 17
Trieste (Corso) . . . . B 18
Vittoria (Corso della) . . . . . B 19
20 Settembre (Corso) . . . . . A 20

Name	Pg	Grid
Neva (Val)	31	J 6
Nevea (Passo di)	19	C 22
Nevegal	17	D 18
Nèves (Lago di)	7	B 17
Neviano	75	G 36
Neviano de' Rossi	34	I 12
Neviano degli Arduini	35	I 12
Neviera (Serra la)	71	F 29
Nevola	43	L 21
Niardo	15	E 13
Nibbia	12	F 7
Nibbiaia	38	L 13
Nibbiano	23	H 10
Nicà (Cosenza)	77	I 32
Nica (Trapani)	84	Q 17
Nicastro	78	K 30
Niccioleta	45	M 14
Niccone	47	M 18
Niccone (Torrente)	47	M 18
Nichelino (Torino)	21	H 4
Nicola Bove (Monte)	103	J 10
Nicola (Monte)	63	B 30
Nicoletti (Lago)	88	O 24
Nicolosi	89	O 27
Nicorvo	22	G 8
Nicosia	88	N 25
Nicotera	80	L 29
Nicotera Marina	80	L 29
Nieddu (Monte)	99	E 10
Nieddu di Ottana (Monte)	101	G 9
Niederdorf / Villabassa	8	B 18
Niel	11	E 5
Niella Belbo	21	I 6
Niella Tanaro	31	I 5
Nigra (Passo)	7	C 16
Nimis	19	D 21
Ninfa	59	H 20
Niovole	39	K 14
Nirano	35	I 14
Niscemi	92	P 25
Nisida (Isola di) (Napoli)	64	E 24
Nissoria	88	O 25
Niviano	23	H 10
Niviere (Pizzo dello)	85	M 20
Nivolet (Colle del)	10	F 3
Nizza di Sicilia	89	N 28
Nizza Monferrato	22	H 7
Noale	27	F 18
Noasca	10	F 3
Nocara	73	G 31
Nocchi	38	K 13
Nocciano	56	O 23
Noce (Potenza)	71	G 29
Noce (Trento)	6	C 14
Nocellato	64	D 24
Nocera Inferiore	64	E 25
Nocera Superiore	65	E 26
Nocera Terinese	78	J 30
Nocera Umbra	48	M 20
Noceto	34	H 12
Noci	68	E 33
Nociara	88	O 24
Nociazzi	87	N 24
Nociglia	75	G 36
Noepoli	72	G 30
Nogara	26	G 15
Nogaré	17	E 18
Nogaro	29	E 21
Nogarole Rocca	25	G 14
Nogarole Vicentino	26	F 15
Nogheredo	18	D 19
Nogna	47	L 19
Noha	75	G 36
Noicattaro	68	D 32
Nola	64	E 25
Nole	11	G 4
Noli	32	J 7
Noli (Capo di)	32	J 7
Nomi	16	E 15
Non (Val di)	16	D 15
Nonantola	36	H 15
None	21	H 4
Nongruella	19	D 21
Nonio	12	E 7
Nora	103	J 9
Noragugume	100	G 8
Norba	59	R 20
Norbello	100	G 8
Norchia	53	P 17
Norcia	48	N 21
Nordio-Deffar (Rif.)	19	C 22
Norma	59	R 20
Nortiddi	99	F 10
Nosate	12	F 8
Nosedole	25	G 14
Nostra Signora de Cabu Abbas	98	F 8
Nostra Signora della Solitudine	101	G 10
Nostra Signora di Bonaria	98	E 8
Nostra Signora di Castro	97	E 9
Nostra Signora di Gonari	101	G 9
Nostra Signora di Monserrato (Nuoro)	101	G 10
Nostra Signora di Montallegro (Genova)	33	I 9
Notaresco	56	O 23
Noto	93	Q 27
Noto (Golfo di)	93	Q 27
Noto Antica	93	Q 27
Notteri (Stagno)	103	J 10
Nova Levante / Welschnofen	7	C 16
Nova Milanese	13	F 9
Nova Ponente / Deutschnofen	7	C 16
Nova Siri	73	G 31
Nova Siri Stazione	73	G 31
Novacella / Neustift	7	B 16
Novafeltria	41	K 18
Novale (Vicenza)	16	F 15
Novale / Rauth (Bolzano)	7	C 16
Novaledo	16	D 16
Novalesa	10	G 3
Novara	12	F 7
Novara di Sicilia	89	M 27
Novate Mezzola	4	D 10
Nove	16	E 17
Novegigola	34	J 11
Noveglia	34	I 11
Novegno (Monte)	16	E 15
Novellara	35	H 14
Novello	21	I 5
Noventa di Piave	28	F 19
Noventa Padovana	27	F 17
Noventa Vicentina	26	G 16
Novi di Modena	35	H 14
Novi Ligure	22	H 8
Novi Velia	70	G 27
Noviglio	13	F 9
Novoli	75	F 36
Nozza	15	E 13
Nozzano	38	K 13
Nubia	84	N 19
Nuccio	84	N 19
Nucetto	31	I 6
Nuchis	97	E 9
Nuco (Col	18	D 19
Nughedu (di S. Nicolò)	97	F 9
Nughedu (Sta Vittoria)	100	G 8
Nuqola	38	L 13
Nule	97	F 9
Nulvi	98	E 8
Numana	43	L 22
Nurziata	89	N 27
Nuoro	101	G 9
Nuova Bisaccia	65	F 27
Nuova Olcnio	4	D 10
Nuovo (Ponte)	66	D 28
Nuracciolu (Punta)	102	I 7
Nurachi	100	H 7
Nuradeo	100	G 8
Nuraghi (Valle dei)	98	F 8
Nuragus	101	H 9
Nurallao	101	H 9
Nuraminis	103	I 9
Nuraxi (Su) (Barumini)	100	H 8
Nuraxi de Mesu (Valico)	102	K 8
Nuraxi Figus	102	J 7
Nure	34	H 11
Nureci	101	H 9
Nuria (Monte)	55	O 21
Nurri	101	H 9
Nus	10	E 4
Nusche (Monte)	97	F 9
Nusco	65	E 27
Nusenna	40	L 16
Nuvolato	26	G 15
Nuvolau (Rifugio)	8	C 18
Nuvolento	15	F 13
Nuvolera	25	F 13
Nuxis	102	J 8

O

Name	Pg	Grid
Ober Wielenbach / Vila di Sopra	7	B 17
Oberbozen / Soprabolzano	7	C 16
Obereggen / S. Floriano	7	C 16
Obolo	23	H 10
Oca	37	H 18
Occhieppo	11	F 6
Occhiobello	36	H 16
Occhione (Punta)	95	D 10
Occhito (Lago di)	62	C 26
Occimiano	22	G 7
Oclini (Passo di)	7	C 16
Ocre (L'Aquila)	56	P 22
Ocre (Rieti)	55	O 20
Ocre (Monte)	55	P 22
Odalengo Grande	21	G 6
Oderzo	28	E 19
Odle (le)	7	C 17
Odolo	25	F 13
Oes	98	F 8
Ofanto	66	E 28
Ofanto (Foce dell')	63	C 30
Ofen / Forno (Monte)	19	C 23
Ofena	56	P 23
Offagna	43	L 22
Offanengo	24	F 11
Offida	49	N 23
Offlaga	24	F 12
Oggia (Colle di)	31	K 5
Oggiono	13	E 10
Ogliastra	101	H 10
Ogliastra (Isola dell')	101	H 11
Ogliastro Cilento	70	F 27
Ogliastro (Lago di)	88	O 25
Ogliastro Marina	70	G 26
Oglio	15	D 13
Ogliolo	14	D 12
Ogna (Monte)	66	E 28
Ognina	93	Q 27
Ognina (Capo)	93	Q 27
Ognio	33	I 9
Ognissanti	68	D 32
Oisternig (Monte)	19	C 22
Ola	101	G 9
Olang / Valdaora	8	B 18
Olbia	99	E 10
Olbia (Golfo di)	99	E 10
Olbicella	32	I 7
Olcenengo	12	F 6
Olcio	13	E 9
Olda	13	E 10
Oleggio	12	F 7
Oleggio Castello	12	E 7
Oleis	19	D 22
Olengo	12	F 7
Oletto	99	F 10
Olevano di Lomellina	22	G 3
Olevano Romano	59	O 21
Olevano sul Tusciano	65	F 27
Olgiasca	4	D 3
Olgiata	54	P 13
Olgiate Comasco	13	E 3
Olgiate Olona	13	F 3
Olginate	13	E 10
Olia (Monte)	99	E 10
Olia Speciosa	103	J 10
Oliena	101	G 10
Oliena (Rio d')	101	G 10
Olinie (Monte)	101	G 10
Olivadi	78	K 31
Olivarella	83	M 27
Oliveri	83	M 27
Oliveto (Arezzo)	46	L 17
Oliveto (Bologna)	35	H 13
Oliveto (Masseria)	67	E 30
Oliveto Citra	65	E 27
Oliveto Lario	13	E 9
Oliveto Lucano	72	F 30
Oliveto Maggiore (Abbazia di Monte)	46	M 16
Olivetta	30	K 4
Olivieri (Masseria)	67	E 31
Olivo	88	O 24
Olivo (Ponte)	92	P 24
Olivola	34	J 12
Ollastra Simaxis	100	H 8
Ollastu	103	I 10
Olle	16	D 16
Ollolai	101	G 9
Ollomont	10	E 3
Olmedo	96	F 7
Olmeneta	24	G 12
Olmi	39	K 14
Olmi (Monte degli)	6	C 14
Olmo (Arezzo)	41	L 17
Olmo (Firenze)	40	K 16
Olmo (Reggio nell'Emilia)	35	H 13
Olmo (Sondrio)	4	C 10
Olmo (Treviso)	16	E 17
Olmo (Vicenza)	26	F 16
Olmo al Brembo	13	E 10
Olmo Gentile	21	I 6
Olona	13	E 8
Olonia	13	F 9
Olpeta	53	O 17
Oltre il Colle	14	E 11
Oltre Vara	33	J 11
Olza	24	G 11
Olzai	101	G 9
Ombrone (vicino a Grosseto)	46	M 16
Ombrone (vicino a Pistoia)	39	K 14
Ome	24	F 12
Omegna	12	E 7
Omignano	70	G 27
Omignano Scalo	70	G 27
Omodeo (Lago)	100	G 8
Onamarra (Punta)	101	G 10
Onani	99	F 10
Onano	46	N 17
Onara	27	F 17
Oncino	20	H 3
Oneglia	31	K 6
Ongaro	16	E 15
Ongina	34	H 12
Onifai	99	F 10
Oniferi	101	G 9
Onigo di Piave	17	E 17
Onno	13	E 9
Onzo	31	J 6
Opera	13	F 9
Opi	60	Q 23
Oppeano	26	G 15
Oppido Lucano	67	E 29
Oppido Mamertina	80	M 29
Oppio (Passo di)	39	L 14
Ora / Auer	6	C 15
Orani	101	G 9
Orasso	3	C 7
Oratino	61	F 25
Orba	22	H 7
Orbai (Monte)	102	J 8
Orbassano (Torino)	21	G 4
Orbetello	51	C 15
Orbetello (Laguna di)	51	C 15
Orbetello Scalo	51	C 15
Orcenico Inferiore	28	E 20
Orcia	46	M 16
Orciano di Pesaro	42	K 20
Orciano Pisano	38	L 13
Orciatico	39	L 14
Orco	10	F 3
Ordini (Monte)	103	I 10
Ordona	66	D 28
Orecchiella	38	J 13
Oregone (Passo d.) / Hochalpljoch	18	C 20
Orentano	39	K 13
Orezzoli	33	I 10
Orgiano	26	F 16
Organo	18	D 21
Orgosolo	101	G 10
Oria (Brindisi)	74	G 34
Oria (Como)	3	D 9
Oriago	27	F 18
Oricola	55	P 21
Origgio	13	F 9
Orimini (Masseria) (vicino a Martina Franca)	68	E 33
Orimini (Masseria) (vicino a S. Simone)	74	F 33
Orino	12	E 7
Orio al Serio	14	E 11
Orio Litta	23	G 10
Oriolo (Cosenza)	73	G 31
Oriolo (Pavia)	23	G 9
Oriolo (Perugia)	48	M 20
Oriolo Romano	53	P 18
Oristano	100	H 7
Oristano (Golfo di)	100	H 7
Orlando (Capo d')	82	M 26
Ormea	31	J 5
Ormelle	28	E 19
Ornaro	55	P 20
Ornavasso	12	E 7
Orneta	65	D 27
Ornica	13	E 10
Oro (Conca d')	86	M 21
Oro (Monte d')	87	N 23
Oro (S')	103	I 10
Orolo	26	F 16
Oronaye (Monte)	20	I 2
Oropa	11	E 5
Orosei	99	F 11
Orosei (Golfo di)	101	G 11
Orotelli	101	G 9
Orotelli (Serra d')	97	F 9
Orri (Monte)	102	J 8
Orria	70	G 27
Orrido di S. Anna	3	D 8
Orriola (Monte)	97	E 9
Orroli	101	H 9
Orru (Cuccuru)	103	I 9
Orsago	28	E 19
Orsaiola	42	L 19
Orsara di Puglia	62	D 27
Orsaria	19	D 22
Orsetti (Monte)	68	E 33
Orsia	1	E 5
Orsiera (Monte)	20	G 3
Orso (Capo d') (Salerno)	65	F 26
Orso (Capo d') (Sassari)	95	D 10
Orso (Colle dell')	61	R 25
Orsogna	57	P 24
Orta	56	P 24
Orta di Atella	64	E 24
Orta (Lago d')	12	E 7
Orta Nova	66	D 29
Orta S. Giulio	12	E 7
Ortacesus	103	I 9
Orte	54	O 19
Ortelle	75	G 37
Ortezzano	49	M 22
Orti	30	M 22
Orticelli	27	G 18
Ortigara (Monte)	16	D 16
Ortignano-Raggiolo	41	K 17
Ortimino	39	L 15
Ortisei / St. Ulrich	7	C 17
Ortler / Ortles	5	C 13
Ortles / Ortler	5	C 13
Ortobene (Monte)	101	G 10
Ortolano	55	O 22
Ortona	57	O 25
Ortona dei Marsi	56	Q 23
Ortonovo	38	J 12
Ortovero	31	J 6
Ortuabis (Valico)	101	H 9
Ortucchio	56	Q 22
Ortueri	100	G 8
Orune	99	F 10
Orvieto	47	N 18
Orvinio	55	P 20
Orzano	19	D 22
Orzinuovi	24	F 11
Orzivecchi	24	F 11
Osasco	20	H 4
Osasio	21	H 4
Oscasale	24	G 11
Oscata	65	D 27
Oschiri	97	E 9
Oschiri (Rio di)	97	E 9
Osento (Avellino)	66	E 28
Osento (Chieti)	57	P 25
Osidda	97	F 9
Osiglia	31	J 6
Osiglietta (Lago di)	31	J 6
Osilo	98	E 8
Osimo	43	L 22
Osimo Stazione	43	L 22
Osini-Nuovo	101	H 10
Osini-Vecchio	101	H 10
Osio Sotto	13	F 10
Oslavia	29	E 22
Osnago	13	E 10
Osoppo	18	D 21
Ospedaletti	31	K 5

Ospedaletto	23	G 10	Ossago Lodigiano	23	G 10	Otranto	75	G 37
Ospedaletto (Terni)	47	N 18	Ossalengo	24	G 12	Otranto (Capo d')	75	G 37
Ospedaletto (Trento)	16	D 16	Ossegna	33	I 10	Otricoli	54	O 19
Ospedaletto (Treviso)	17	F 18	Osservanza (Siena)	46	L 16	Ottana	101	G 9
Ospedaletto (Udine)	18	D 21	Ossi	96	E 7	Ottati	65	F 27
Ospedaletto (vicino a Forlì)	37	J 18	Ossola (Val d')	2	D 6	Ottava	96	E 7
Ospedaletto (vicino a Rimini)	42	K 19	Ossolaro	24	G 11	Ottavia (Roma)	58	O 19
Ospedaletto Euganeo	26	G 16	Ossona	13	F 8	Ottaviano	64	E 25
Ospedalicchio	47	M 19	Ossuccio	13	E 9	Ottiglio	22	G 7
Ospedalleto d'Alpinolo	65	E 26	Ostana	20	H 3	Ottiolu (Punta d')	99	E 11
Ospitale (Ferrara)	36	H 16	Ostellato	37	H 17	Ottobiano	22	G 8
Ospitale (Modena)	35	J 14	Osteria del Gatto	48	M 20	Ottone	33	I 10
Ospitale di Cadore	17	D 18	Osteria dell'Osa	59	Q 20	Oulx	20	G 2
Ospitaletto (Brescia)	24	F 12	Osteria di Morano	48	M 20	Ovada	32	I 7
Ospitaletto (Mantova)	25	G 13	Osteria Grande	36	I 16	Ovaro	18	C 20
Ospitalleto (Modena)	35	I 14	Osteria Nuova	53	P 18	Oviglio	22	H 7
Ospitalmonacale	36	H 17	Osterianova	49	L 22	Ovindoli	56	P 22
			Ostia Antica	58	Q 18	Ovo (Torre dell')	74	G 34
			Ostia Parmense	34	I 11	Ovodda	101	G 9
			Ostia Scavi	58	Q 18	Oyace	10	E 4
			Ostiano	24	G 12	Ozegna	21	G 3
			Ostiglia	26	G 15	Ozein	10	E 3
			Ostigliano	70	G 27	Ozieri	97	F 9
			Ostra	43	L 21	Ozzano dell'Emilia	36	I 16
			Ostra Vetere	43	L 21	Ozzano Monferrato	22	G 7
			Ostuni	69	E 34	Ozzano Taro	34	H 12
			Oten (Valle d')	8	C 18	Ozzero	13	F 8

PADOVA

Altinate (Via)	DYZ		S. Fermo (Via)	DY
Cavour (Piazza e Via)	DY 15		Carmine (Via del)	DY 10
Dante (Via)	CY		Cesarotti (Via M.)	DZ 17
Filiberto (Via E.)	DY 24		Erbe (Piazza delle)	DZ 20
Garibaldi (Corso)	DY 27		Eremitani (Piazza)	DY 21
Ponti Romani (Riviera dei)	DYZ 53		Frutta (Piazza della)	DZ 25
Roma (Via)	DZ		Garibaldi (Piazza)	DY 28
			Gasometro (Via dell'ex)	DY 29
			Guariento (Via)	DY 35
			Insurrezione (Piazza)	DY 39
Monte di Pietà (Via del)	CZ 45		S. Lucia (Via)	DY 59
Petrarca (Via)	CY 50		Vandelli (Via D.)	CZ 66
Ponte Molino (Vicolo)	CY 52		Verdi (Via G.)	CY 67
S. Canziano (Via)	DZ 57		Vittorio Emanuele II (Corso)	CZ 70
			8 Febbraio (Via)	DZ 74
			58 Fanteria (Via)	DZ 75

A STATUA EQUESTRE DEL GATTAMELATA
B ORATORIO DI SAN GIORGIO SCUOLA DI SANT'ANTONIO
J PALAZZO DELLA RAGIONE
M² PINACOTECA CIVICA

PALERMO — PIANTA D'INSIEME

Ammiraglio Rizzo (Via L.)	FV	3
Brigata Verona (Viale)	EV	10
Cantier Navali (V. dei)	FV	13
Cappuccini (V. dei)	EV	14
Croce Rossa (Via)	EUV	22
Dalla Chiesa (V. C.A.)	FV	23
Duca degli Abruzzi (Viale)	EU	25
Duca della Verdura (V.)	FV	27
Empedocle Restivo (Via)	EV	28
Favorita (Via della)	FUV	29
Finocchiaro Aprile (C.)	EV	31
Generale Cascino (Pza)	FV	35
Giacchery (Piazza)	FV	36
Imperatore Federico (V.)	FV	42
Marchese di Villabianca (Via)	FV	47
Maresciallo Diaz (Via)	FV	49
Messina Marine (Via)	FV	53
Mondello (Via)	EU	55
Montegrappa (Via)	FV	56
Monte Pellegrino (Via)	FV	59
Museo Etnografico (Vle)	EU	61
Notarbartolo (Via E.)	EFV	63
Palme (Viale delle)	EU	65
Parrocchia (Via della)	EU	67
Piazza (Via)	EV	73
Quattroventi (Via)	FV	88
Resurrezione (V. della)	EU	89
Resuttana (Via)	EU	90

M MUSEO ETNOGRAFICO

P

Pabillonis	102	I 8	Padru	99	E 10	Pagliericcio	41	K 17
Pace	83	M 28	Padru (Monte)	94	D 9	Paglieta	57	P 25
Pace del Mela	83	M 27	Padula	71	F 28	Paglione (Monte)	3	D 8
Paceco	84	N 19	Padule	47	M 19	Pagliosa (Isola sa)	96	F 7
Pacengo	25	F 14	Paduli	65	D 26	Pagnacco	19	D 21
Pacentro	56	P 23	Paduli (Lago)	34	I 12	Pagnano	17	E 17
Pachino	93	Q 27	Padulle	36	I 15	Pagno	20	I 4
Paciano	47	M 18	Paesana	20	H 3	Pagnona	4	D 10
Padenghe sul Garda	25	F 13	Paese	17	E 18	Pago Veiano	65	D 26
Padergnone	15	D 14	Paestum	70	F 27	Pai	25	F 14
Paderno (Belluno)	17	D 18	Paestum Antica	65	F 27	Paidorzu (Monte)	97	F 9
Paderno (Bologna)	36	I 15	Paganella (Monte)	16	D 15	Paisco	15	D 12
Paderno (Treviso)	17	E 18	Pagani	64	E 25	Paisco (Valle)	15	D 12
Paderno d'Adda	13	E 10	Pagania	76	I 31	Palade (Passo delle) Gampenjoch	6	C 15
Paderno del Grappa	17	E 17	Paganica	55	O 22	Paladina	13	E 10
Paderno Dugnano	13	F 9	Paganico	45	N 15	Palagano	35	J 13
Paderno Ponchielli	24	G 11	Pagano (Monte)	61	Q 24	Palagianello	73	F 32
Padiglione	43	L 22	Paganuccio (Monte)	42	L 20	Palagiano	74	F 33
Padiglione (Bosco di)	59	R 19	Pagazzano	24	F 11	Palagogna (Masseria)	69	F 34
Pàdola	8	C 19	Paghera	15	E 13	Palagonia	93	P 26
Pàdola (Val)	8	C 19	Paglia	46	N 17	Palai (Punta)	98	F 8
Padova	27	F 17	Paglia (Portella della)	86	M 21	Palaia	39	L 14
Padova (Rifugio)	8	C 19	Paglian Casale	58	Q 19	Palanuda (Monte)	76	H 30
Padria	96	F 7	Pagliara	89	N 28	Palanzano	34	I 12
Padriciano	29	F 23	Pagliarelle	79	J 32	Palanzone (Monte)	13	E 9
Padrio (Monte)	14	D 12	Pagliaroli	55	O 22	Palata	62	B 26
			Pagliarone (Monte)	62	C 27	Palata Pepoli	36	H 15
			Paglieres	20	I 3			

PALERMO

0   300 m

PARMA

Cavour (Strada)	**BY**	3
Farini (Strada)	**BZ**	
Garibaldi (Via)	**BCY**	
Duomo (Strada al)	**CY**	8
Garibaldi (Piazza)	**BZ**	9
Pace (Pza della)	**BY**	15
Mazzini (Strada)	**BZ**	13
Repubblica (Strada della)	**CZ**	
Pilotta (Piazza)	**BY**	17
Ponte Caprazucca	**BZ**	19
Ponte Italia	**BZ**	20
Ponte di Mezzo	**BZ**	21
Ponte Verdi	**BY**	22
Reggio (Via)	**BY**	23
Rustici (Viale G.)	**BZ**	24
Salnitrara (Via)	**BZ**	26
Studi (Borgo degli)	**CY**	27
Toscanini (Viale)	**BZ**	28
Trento (Via)	**CY**	30
Varese (Via)	**BZ**	31

Pertica Alta	15	E 13
Pertica Bassa	15	E 13
Perticano	42	L 20
Perticara	41	K 18
Pertosa	70	F 28
Pertosa (Grotta di)	70	F 28
Pertusa (Portella)	89	N 27
Pertusillo (Lago del)	71	G 29
Pertuso	33	I 10
Perugia	47	M 19
Pesa	39	K 15
Pesariis	18	C 20
Pesarina (Val)	18	C 20
Pesaro	42	K 20
Pescaglia	38	K 13
Pescantina	25	F 14
Pescara	56	O 24
Pescara (Fiume)	56	P 23
Pescarella (Masseria)	67	E 30
Pescarolo ed Uniti	24	G 12
Pescasseroli	60	Q 23
Pesche	61	R 24
Peschici	63	B 30
Peschiera	73	F 31
Peschiera Borromeo	13	F 9
Peschiera del Garda	25	F 14
Pescia (Perugia)	48	N 21
Pescia (Pistoia)	39	K 14
Pescia (Torrente)	39	K 14
Pescia Fiorentina	52	O 16
Pescia Romana	52	O 16
Pescina (L'Aquila)	56	P 22
Pescina (Firenze)	39	K 15
Pesco Sannita	65	D 26
Pescocostanzo	56	Q 24
Pescolanciano	61	Q 25
Pescomaggiore	55	O 22
Pescopagano	66	E 28
Pescopennataro	61	Q 24
Pescorocchiano	55	P 21
Pescosansonesco	56	P 23
Pescosolido	60	Q 22
Pescul	8	C 18
Pese di Grozzana	29	F 23
Peseggia	27	F 18
Pesio	31	J 5
Pesipe	78	K 31
Pessinetto	10	G 4
Pessola	34	I 11
Pessola (Torrente)	34	I 11
Pesus	102	J 7
Petacciato	57	P 26
Petacciato Marina	57	P 26
Petano (Monte)	55	O 20
Petersberg / Monte S. Pietro	7	C 16
Petilia Policastro	79	J 32
Petina	70	F 28
Petralia Soprana	87	N 24
Petralia Sottana	87	N 24
Petralla Salto	55	P 21
Petrano (Monte)	42	L 19
Petrarca (Rifugio)	6	B 15
Petrella (Monte)	60	S 22
Petrella Guidi	41	K 18
Petrella Liri	55	P 21
Petrella Massana	41	K 18
Petrella Tifernina	61	B 26
Petrelle	47	L 18
Petriano	42	K 20
Petricci	46	N 16
Petrignacola	34	I 12
Petrignaro	47	M 19
Petrignaro di Lago	46	M 17
Petriolo	49	M 22
Petritoli	49	M 22
Petrizzi	78	K 31
Petrognano (vicino a Borgo S. Lorenzo)	40	K 16
Petrognano (vicino a Certaldo)	39	L 15
Petroio	46	M 17
Petrona	79	J 32
Petrosino	84	N 19
Petrosino (Masseria)	68	E 32
Petroso (Monte)	60	Q 23
Petrulli (Masseria)	62	C 27

Passignano sul Trasimeno	47	M 18
Passirano	24	F 12
Passiria (Val) / Passeiertal	6	B 15
Passirio	6	B 15
Passo	2	D 7
Passo Corese	54	P 19
Passo di Mirabella	65	D 27
Passo di Treia	48	M 21
Passo d'Orta	66	D 29
Passo Oscuro	58	Q 18
Passo S. Angelo	49	M 22
Passons	19	D 21
Passopisciaro	89	N 27
Pastena (Frosinone)	60	R 22
Pastena (Isernia)	61	R 24
Pastena (Grotte di)	60	R 22
Pastorano	64	D 24
Pastorello	34	I 12
Pastrengo	25	F 14
Pasturana	22	H 8
Pasturo	13	E 10
Pasubio	16	E 15
Pasubio (Ossario)	16	E 15
Paternò (Catania)	89	O 26
Paterno (Potenza)	71	F 29
Paterno (L'Aquila)	56	P 22
Paterno (Macerata)	48	M 21
Paterno Calabro	78	J 30
Paternopoli	65	E 27
Patigno	34	I 11
Patino (Monte)	48	N 21
Patria (Lago di)	64	E 24
Patrica	59	R 21
Pattada	97	F 9
Patti	82	M 26
Patti (Golfo di)	83	M 27
Patù	75	H 37

Pau	100	H 8
Pauceris Mannu (Monte is)	102	J 8
Paularo	9	C 21
Paularo (Monte)	9	C 21
Pauli Arbarei	102	I 8
Paulilatino	100	G 8
Paullo	13	F 10
Pauloni (Serra)	94	D 9
Paupisi	64	D 25
Pavarolo	21	G 5
Pavia	23	G 9
Pavia (Certosa di)	23	G 9
Pavia di Udine	29	E 21
Pavione (Monte)	17	D 17
Pavona	59	Q 19
Pavone	45	M 14
Pavone Canavese	11	F 5
Pavone del Mella	24	G 12
Pavullo nel Frignano	35	I 14
Pazzano (Modena)	35	I 14
Pazzano (Reggio di Calabria)	81	L 31
Pazzon	25	F 14
Peccioli	39	L 14
Pecetto di Valenza	22	G 8
Pecetto Torinese (Torino)	21	G 5
Pecora	45	M 14
Pecora (Capo)	102	I 7
Pecorara	23	H 10
Pecoraro (Monte)	81	L 31
Pecorile	35	I 13
Pecorini	82	L 25
Pecorone	71	G 29
Pedace	78	J 31
Pedagaggi	93	P 26
Pedalino	92	P 25
Pedara	89	O 27

Pedaso	49	M 23
Pedavena	17	D 17
Pedemonte (Genova)	9	C 21
Pedemonte (Verona)	25	F 14
Pederiva	26	F 16
Pederoa	7	C 17
Pederobba	17	E 17
Pedescala	16	E 16
Pedesina	4	D 10
Pediano	36	J 17
Pedicino (Monte)	60	Q 22
Pedivigliano	78	J 30
Pedra Ettori	96	F 7
Pedrabianca (Sa)	99	F 10
Pedraces / Pedratsches	7	C 17
Pedralunga (Monte)	97	F 9
Pedratsches / Pedraces	7	C 17
Pegli	32	I 8
Peglia (Monte)	47	N 18
Peglio (Pesaro e Urbino)	42	K 19
Peglio (Salerno)	71	G 28
Pegognaga	25	H 14
Pegolotte	27	G 18
Peio	6	C 14
Peio Terme	5	C 13
Pelagatta (Passo)	16	E 15
Pelagie (Isole)	90	U 18
Pelago	40	K 16
Pelau	101	H 10
Pelizzone (Passo del)	34	H 11
Pellarini (Rifugio)	19	C 22
Pellaro	83	M 28
Pellaro (Punta di)	83	M 28

Pellecchia (Monte)	55	P 20
Pellegrina (Reggio di Calabria)	80	M 29
Pellegrina (Verona)	26	G 15
Pellegrino	83	M 28
Pellegrino (Cozzo del)	76	H 30
Pellegrino (Monte)	86	M 22
Pellegrino Parmense	34	H 11
Peller (Monte)	15	D 14
Pellestrina	27	G 18
Pellezzano	65	E 26
Pellice	20	H 3
Pellizzano	15	D 14
Pelmo (Monte)	8	C 18
Peloritani (Monti)	83	M 27
Peloro (Capo)	83	M 28
Pelosa	33	I 10
Pelosa (Spiaggia della)	96	E 6
Pelugo	15	D 14
Pelvo d'Elva	20	I 3
Pendenza	55	O 21
Pènegal (Monte)	6	C 15
Penice (Monte)	23	H 9
Penice (Passo del)	23	H 9
Penna (Lago della)	41	L 17
Penna (Monte) (Arezzo)	41	K 17
Penna (Monte) (Perugia)	48	M 20
Penna (Punta di)	57	P 26
Penna in Teverina	54	O 19
Penna (Monte)	33	I 10
Penna S. Andrea	56	O 23
Penna S. Giovanni	49	M 22
Pennabilli	41	K 18
Pennadomo	57	P 24

Pennapiedimonte	56	P 24
Penne	56	O 23
Penne (Forca di)	56	P 23
Penne (Lago di)	56	O 23
Penne (Punta)	69	E 35
Pennes / Pens	7	B 16
Pennes (Passo di) / Penserjoch	7	B 16
Pennes (Val di)	6	B 16
Pennino (Monte)	48	M 20
Pens / Pennes	7	B 16
Penserjoch / Pennes (Passo di)	7	B 16
Penta	65	E 26
Pentedattilo	80	N 29
Pentema	33	I 9
Pentolina	45	M 15
Pentone	79	K 31
Peonis	18	D 21
Peralba (Monte)	18	C 20
Perano	57	P 25
Perarolo	26	F 16
Perarolo di Cadore	8	C 19
Perca / Percha	7	B 17
Percha / Perca	7	B 17
Perciato (Punta di)	82	L 26
Percile	55	P 20
Percoto	29	E 21
Perd 'e Sali	103	J 9
Perda de sa Mesa (Punta)	102	I 7
Perda Liana (Monte)	101	H 10
Perdaia (Monte)	102	K 8
Perdas de Fogu	102	J 7
Perdasdefogu	101	H 10
Perdaxius	102	J 7
Perdifumo	70	G 27

Perdonig / Predonico	6	C 15
Perer	16	D 17
Pereta	51	O 15
Pereto	55	P 21
Perfugas	98	E 8
Pergine Valdarno	46	L 17
Pergine Valsugana	16	D 15
Pergola (Pesaro e Urbino)	42	L 20
Pergola (Potenza)	71	F 29
Pergusa	88	O 24
Pergusa (Lago di)	88	O 24
Peri	25	F 14
Periasc	11	E 5
Perignano	38	L 13
Perinaldo	31	K 5
Perino	23	H 10
Perito	70	G 27
Perletto	21	I 6
Perlo	31	J 6
Perloz	11	F 5
Pernate	12	F 8
Pernocari	80	L 30
Pernumia	26	G 17
Pero (Golfo)	95	D 10
Pero (Milano)	13	F 9
Pero (Savona)	32	I 7
Perolla	45	M 14
Perosa Argentina	20	H 3
Perotti	33	I 10
Peroulaz	10	E 3
Perrero	20	H 3
Perrone (Sella del)	61	R 25
Persano	65	F 27
Persi	23	H 8
Persico	24	G 12
Persignano	40	L 16
Pertegada	28	E 21
Pertengo	22	G 7

PERUGIA
Matteotti (Piazza) BY 34
Mazzini (Via) BY 35
Vannucci (Corso) BYZ 51
Alessi (Via) BY 2
Asilo (Via dell') BY 3
Baglioni (Via) BZ 4
Bartolo (Via) BY 7
Bonazzi (Via L.) AZ 8
Bontempi (Via) BY 9
Cupa (Via della) AY 12
Dante (Piazza) BY 13
Fabretti (Via) BY 14
Fortebraccio (Piazza) BY 17
Forze (Via delle) AZ 13
Imbriani (Via M.) BY 23
Indipendenza (Vle) ABZ 23
Italia (Piazza) BZ 23
Maestà della Volte (V.) BY 23
Mariotti (Piazza A.) AZ 30
Marzia (Via) BZ 32
Morlacchi (Piazza) AY 33
Oberdan (Via) BZ 33
Partigiani (Pza dei) AZ 40
Piccinino (Piazza) BY 43
Repubblica (Pza d.) BZ 45
Roma (Via) BZ 46
Roscetto (Via del) BY 47
S. Elisabetta (Via) BY 50
Viola (Via della) BY 52
Volte della Pace (V.) BY 55
PESARO
Branca (Via) Z
11 Settembre (Corso) Z
Battisti (Vle Cesare) Y 2
Belvedere (Via) Z 3
Bruno (Via G.) Z 6
Castelfidardo Via Z 7
Caldini (Viale) Z 9
Dalla Robbia (Via) Y 10
Innocenti Pzale degli Z 12
Lazzarini (Piazza) Z 13
Mazzolari Via Z 15
Minzoni (Viale Don) Z 16
Monti (Via V.) Z 17
Nathan (Via Sara L.) Z 18
Popolo (Piazza de) Z 19
Raffaello Sanzio (Vle) Z 20
Repubblica (Viale) Z 21
Rosselli (Via Flli) Z 22
Rossini (Via) Z 24
San Francesco (Vle) Z 26
Sauro (Lungomare N.) Y 27
Trento (Viale) Y 29
1° Maggio (Piazza e) Z 30
PESCARA
Battisti (Via Cesare) AX 4
Bovio (Viale) AX
Chieti (Via) AY
Fabrizi (Via Nicola) AX
Firenze (Via) AXY
L'Aquila (via) AY 8
Marconi (Vle C.) BYZ
Palermo (Via) AY
Ravenna (Via) AXY 19
Umberto I (Corso) AXY
Venezia (Via) ABY
Vitt. Emanuele II (Cso) AXY
Bastioni (Via) ABY 3
Caduta del Forte (Via) AY 4
Colombo (Lungomare C.) BY 5
Duca d'Aosta (Piazza) ABY 6
Italia (Piazza) BY 7
Lungoarerno Sud (via) BY 9
Manthone (Corso G.) AY 10
Michelangelo (via) AX 15
Orazio (Via) AYZ 15
Regina Elena (Viale) AX 16
Teramo (Via) AX 17
Trieste (Via) AX 18

D PALAZZO DEI PRIORI
E COLLEGIO DEL CAMBIO
F CATTEDRALE
K ARCO ETRUSCO
M¹ MUSEO ARCHEOLOGICO NAZIONALE DELL'UMBRIA
Q PORTA MARZIA
R CHIESA DI SANT'ANGELO

PIACENZA

20 Settembre (Via) ... B 41

Belcredi (Via G.) ... B 2
Borgo (Piazza) ... A 3
Campo della Fiera (Via) ... B 4
Cavalli (Piazza dei) ... B 5
Garibaldi (Via) ... A 9
Genova (Piazzale) ... A 10

Giordani (Via P.) ... B 12
La Primogenita (Via) ... B 13
Legione Zanardi Landi (Via) ... B 15
Legnano (Via) ... B 16
Manfredi (Via Giuseppe) ... A 17
Marconi (Piazzale) ... B 19
Milano (Piazzale) ... B 20
Pace (Via) ... B 22
Risorgimento (Viale) ... B 23
Roma (Piazzale) ... B 24
S. Antonino (Via) ... B 27

S. Eufemia (Via) ... A 28
S. Sisto (Via) ... A 29
S. Tommaso (Via) ... A 32
Scalabrini (Via) ... B 34
Torino (Piazzale) ... B 35
Venturini (Via) ... B 38
Verdi (Via) ... A 39
Vittorio Emanuele II (V.) ... A 40

D IL GOTICO
E DUOMO

Place-name index (Pietraliscia – Pilastrello)

Pietraliscia (Serra) 92 P 25
Pietralunga 42 L 19
Pietralunga (Villa) 88 N 25
Pietramelara 64 D 24
Pietramelina 47 M 19
Pietra montecorvino 62 C 27
Pietramurata 15 D 14
Pietranico 56 P 23
Pietransieri 61 Q 24
Pietrapaola 77 I 32
Pietrapaola (Stazione di) 77 I 32
Pietrapazza 41 K 17
Pietrapennata 80 N 30
Pietrapertosa 72 F 30
Pietraperzia 88 O 24
Pietraporzio 30 I 3
Pietraroia 61 R 25
Pietrarossa 92 P 25
Pietrarossa (Serbatoio di) 88 O 25
Pietrasanta 38 K 12
Pietrasecca 55 P 21
Pietrastornina 65 E 26
Pietravairano 61 D 24
Pietravecchia (Monte) 30 K 4
Pietre Nere (Punta) 62 B 28
Pietrelcina 65 D 26
Pietretagliate 84 N 19
Pietri 65 E 27
Pietroso (Monte) 86 N 21
Pieve 15 E 14
Pieve a Nievole 39 K 14

Pieve a Salti 46 M 16
Pieve al Toppo 41 L 17
Pieve Albignola 23 G 8
Pieve d'Alpago 18 D 19
Pieve del Cairo 22 G 8
Pieve del Pino 36 I 16
Pieve della Rosa 41 L 18
Pieve di Bono 15 E 13
Pieve di Cadore 8 C 19
Pieve di C. (Lago di) 8 C 19
Pieve di Cagna 42 K 19
Pieve di Cento 36 H 15
Pieve di Chio 46 L 17
Pieve di Compito 38 K 13
Pieve di Compresseto 48 M 20
Pieve di Coriano 26 G 15
Pieve di Gusaliggio 34 I 11
Pieve di Ledro 15 E 14
Pieve di Livinallongo 7 C 17
Pieve di Marebbe / Plaiken 7 B 17
Pieve di Monti 34 J 12
Pieve di Rigutino 46 L 17
Pieve di S. Andrea 36 J 16
Pieve di Scalenghe 21 H 4
Pieve di Soligo 17 E 18
Pieve di Teco 31 J 5
Pieve d'Olmi 24 G 12
Pieve Emanuele 13 F 9
Pieve Fosciana 38 J 13
Pieve Ligure 33 I 9
Pieve Porto Morone 23 G 10

Pieve S. Giacomo 24 G 12
Pieve S. Giovanni 41 L 17
Pieve S. Nicolò 47 M 19
Pieve Sto Stefano 41 K 18
Pieve S. Vicenzo 34 I 12
Pieve Tesino 16 D 16
Pieve Torina 48 M 21
Pieve Trebbio 35 I 14
Pieve Vecchia 46 M 17
Pieve Vergonte 2 D 6
Pievebovigliana 48 M 21
Pievefavera (Lago di) 48 M 21
Pieveottoville 24 G 12
Pievepelago 39 J 13
Pievescola 45 M 15
Pievetta 31 J 6
Pievetta e Bosco Tosca 23 G 10
Pigazzano 23 H 10
Piglio 59 Q 21
Pigna 31 K 4
Pignataro Interamna 60 R 23
Pignataro Maggiore 64 D 24
Pignola 71 F 29
Pignone 33 J 11
Pigra 13 E 9
Pila (Aosta) 10 E 3
Pila (Perugia) 47 M 18
Pila (Rovigo) 27 H 19
Pila (La) 50 N 12
Pilastrello (Ferrara) 36 H 15
Pilastrello (Parma) 35 H 12

Place-name index (Pianaccio – Pietralacroce)

Pianaccio 35 J 14
Pianazze (Passo delle) 33 I 10
Piancaldoli 40 J 16
Piancastagnaio 46 N 17
Piancavallo 18 D 19
Pianche 30 J 3
Piancogno 14 E 12
Piandelagotti 35 J 13
Piandimeleto 42 K 19
Piane di Falerone 49 M 22
Piane di Mocogno 35 J 14
Piane (le) 11 E 6
Pianedda (Monte sa) 99 E 10
Pianella (Pescara) 56 O 24
Pianella (Siena) 46 L 16
Pianello (Pesaro) 42 L 19
Pianello (Palermo) 87 N 24
Pianello (Ancona) 43 L 21
Pianello (Perugia) 47 M 19
Pianello del Lario 3 D 9
Pianello Val Tidone 23 H 10
Pianengo 24 F 11
Pianetto 41 K 17
Pianetto (Portella del) 86 M 22
Pianezza (Torino) 21 G 4
Pianezze 17 E 18
Pianfei 31 I 5
Piangipane 37 I 18
Piani di Artavaggio 13 E 10
Piani (i) 96 F 7
Piani Resinelli 13 E 10
Pianico 14 E 12
Pianiga 27 F 18
Piano 21 H 6
Piano (Pesaro e Urbino) 42 L 19
Piano (Rovigo) 27 H 18
Piano d'Arta 9 C 21
Piano dei Peri 71 G 29
Piano del Campo (Lago) 86 N 21
Piano del Cansiglio 18 D 19
Piano del Monaco (Masseria) 67 D 30
Piano della Limina 81 L 30
Piano delle Fonti 57 P 24
Piano di Pieve 47 M 19
Piano di Sorrento 64 F 25
Piano Laceno 65 E 27
Piano Maggiore 49 N 22
Pianoconte 82 L 26
Pianola 55 P 22
Pianopantano 65 D 26

Pianopoli 78 K 31
Pianoro 36 I 16
Pianosa 50 O 12
Pianosa (Isola) 50 O 12
Pianosinatico 39 J 14
Piansano 53 O 17
Pianteda 4 D 10
Piantonia 34 I 12
Pianura (Napoli) 64 E 24
Piasco 20 I 4
Piateda Alta 14 D 11
Piave 8 C 19
Piave Vecchia (Porto di) 28 F 19
Piavola 41 J 18
Piavon 28 E 19
Piazza (Cuneo) 31 I 5
Piazza (Parma) 35 H 13
Piazza al Serchio 38 J 12
Piazza Armerina 88 O 25
Piazza Brembana 14 E 11
Piazza di Brancoli 38 K 13
Piazzatorre 14 E 11
Piazze 46 N 17
Piazzi (Cima de) 5 C 12
Piazzo 32 I 9
Piazzola sul Brenta 26 F 17
Picchetta 12 F 8
Picciano 56 O 23
Piccilli 61 R 24
Piccione 47 M 19
Picco (Forcella dei) / Birnlücke 8 A 18
Piccoli 23 H 10
Piccoli (Masseria) 68 E 33
Piccolo (Corno) 56 O 22
Piccolo (Lago) 20 G 4
Piccolo S. Bernardo (Colle del) 10 E 2
Picentini (Monti) 65 E 26
Picerno 71 F 28
Picinisco 60 R 23
Pico 60 R 22
Picognola (Monte) 42 L 19
Pideura 37 J 17
Pidig Alm / Malga Pudio 8 B 18
Pidocchio (Masseria il) 66 D 28
Pie di Moggio 54 O 20
Pie di Via 34 H 11
Piedicavallo 11 E 5

Piediluco 54 O 20
Piediluco (Lago di) 54 O 20
Piedimonte 40 J 16
Piedimonte Alta 60 R 23
Piedimonte Etneo 89 N 27
Piedimonte Massicano 60 S 23
Piedimonte Matese 61 R 25
Piedimonte S. Germano 60 R 23
Piedimulera 2 D 6
Piedipaterno 48 N 20
Piediripa 49 M 22
Piedivalle 49 N 21
Piegaio 47 L 18
Piegaro 47 N 18
Piegolelle 65 E 26
Pielungo 18 D 20
Pienza 46 M 17
Pierabec 18 C 20
Pieranica 13 F 10
Pierantonio 47 M 19
Pierfaone (Monte) 71 F 29
Pieris 29 E 22
Pierre Menue 20 G 2
Pietole 25 G 14
Pietra (Torre) 63 C 30
Pietra Bismantova 35 I 13
Pietra Corva (Romagnese) 23 H 10
Pietra de' Giorgi 23 G 9
Pietra dell'Uso 41 K 18
Pietra Grande 15 D 14
PietraLigure 31 J 6
Pietra Marazzi 22 H 8
Pietra Spada (Passo di) 81 L 31
Pietrabbondante 61 Q 25
Pietrabruna 31 K 5
Pietrabuona 39 K 14
Pietracamela 55 O 22
Pietracatella 62 C 26
Pietracupa 61 Q 25
Pietracuta 42 K 19
Pietradefusi 65 D 26
Pietrafaccia 32 I 8
Pietraferrazzana 57 Q 25
Pietrafitta (Perugia) 47 N 18
Pietrafitta (Siena) 39 L 15
Pietragalla 66 E 29
Pietragavina 23 H 9
Pietraia (Arezzo) 46 M 17
Pietraia (Perugia) 47 M 18
Pietralacroce 43 L 22

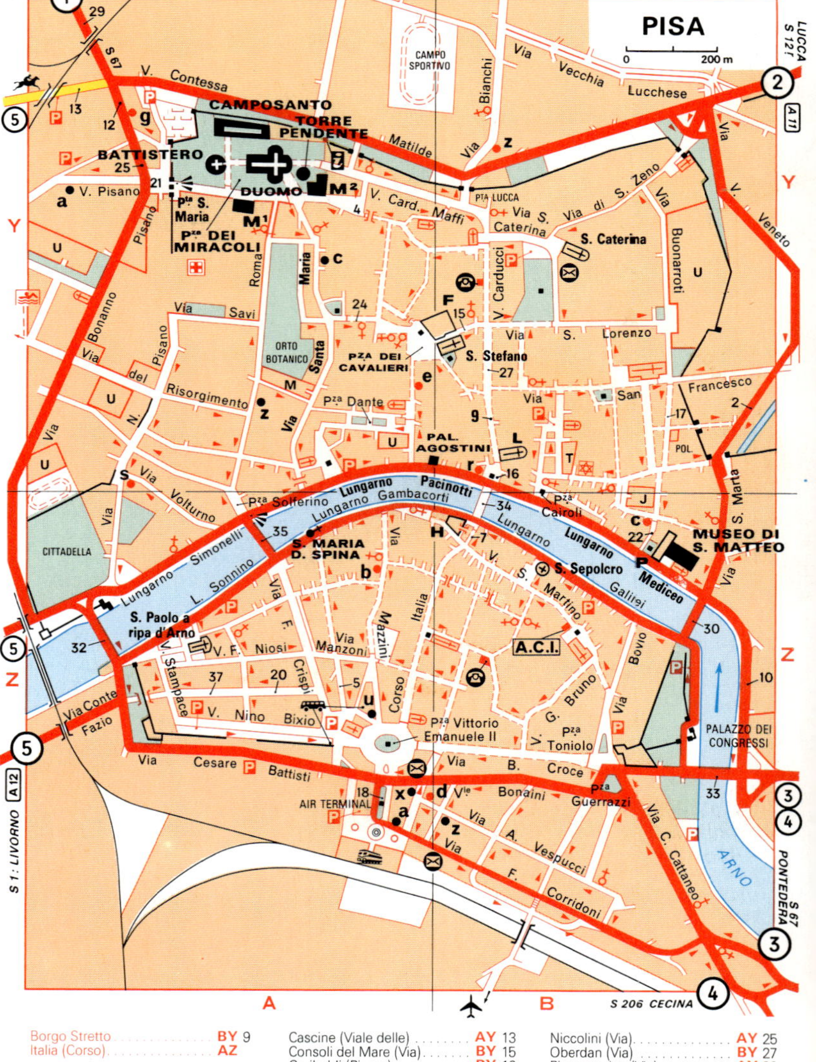

PISA

Borgo Stretto ... BY 9
Italia (Corso) ... AZ

Amicis (Via de) ... BY 2
Arcivescovado (Pza) ... AY 4
Azeglio (Via d') ... AZ 5
Banchi (Via) ... BZ 7
Buozzi (Lungarno B.) ... BZ 10
Cammeo (Via) ... AY 12

Cascine (Viale delle) ... AY 13
Consoli del Mare (Via) ... BY 15
Garibaldi (Piazza) ... BY 16
Giovanni di Simone (Via) ... BY 17
Gramsci (Viale) ... AZ 18
Lavagna (Via) ... AZ 20
Manin (Piazza) ... AY 21
Mazzini (Piazza) ... BZ 22
Mille (Via del) ... AY 24

Niccolini (Via) ... AY 25
Oberdan (Via) ... BY 27
Pietrasantina (Via) ... AY 29
Ponte alla Fortezza ... BZ 30
Ponte della Cittadella ... AZ 31
Ponte della Vittoria ... BZ 33
Ponte di Mezzo ... BZ 34
Ponte Solferino ... AZ 35
Zerboglio (Via) ... AZ 37

F PALAZZO DEI CAVALIERI
L SAN MICHELE IN BORGO
M¹ MUSEO DELLE SINOPIE
M² MUSEO DELL'OPERA DEL DUOMO

Place	Pg	Ref
Pilastri	26	H 15
Pilastrino	36	I 15
Pilastro (Mantova)	25	G 13
Pilastro (Parma)	35	H 12
Pilato (Monte)	71	F 29
Pilcante	15	E 14
Pillaz	11	F 5
Pilli (Fattoria)	100	G 7
Pillonis (Is)	102	K 7
Pilo (Stagno di)	96	E 6
Pilosu (Monte)	98	E 8
Pilzone	14	E 12
Pimentel	103	I 9
Piminoro	80	M 30
Pimonte	64	E 25
Pinarella	37	J 19
Pinarolo Po	23	G 9
Pinasca	20	H 3
Pincara	26	H 16
Pinedo	18	D 19
Pinerolo	20	H 3
Pineta Grande	64	D 23
Pineta Mare	64	E 23
Pineto	56	O 24
Pineto (Bosco il)	73	F 32
Piniteddu (Monte)	89	N 27
Pino Grande	79	J 32
Pino Lago Maggiore	3	D 8
Pino (Porto)	102	K 7
Pino Torinese (Torino)	21	G 5
Pinocchio	43	L 22
Pinu (Monte)	99	E 10
Pinzano al Tagliamento	18	D 20
Pinzolo	15	D 14
Pio XI (Rifugio)	6	B 14
Piobbico	42	L 19
Piobesi Torinese	21	H 4
Piode	11	E 6
Pioltello	13	F 9
Pioltone (Pizzo)	2	D 6
Piombino	50	N 13
Piombino (Canale di)	50	N 13
Piombino Dese	27	F 17
Piombino (Monte)	87	N 23
Piombo (Cala)	102	K 7
Piona (Abbazia di)	4	D 9
Pione	33	I 10
Pioppa	35	H 14
Pioppi	70	G 27
Pioppo	86	M 21
Pioraco	48	M 20
Piosina	41	L 18
Piossasco	20	H 4
Piovà Massaia	21	G 6
Piovacqua (Masseria)	68	F 33
Piove di Sacco	27	G 18
Piovene Rocchette	16	E 16
Piovera	22	H 8
Pioverna	13	E 10
Piozzano	23	H 10
Piozzo	21	I 5
Pira (Cala)	103	J 10
Pira 'e Onni (Cantoniera)	101	G 10
Piraino	82	M 26
Piramide Vincent	11	E 5
Piras	99	F 10
Pirazzolu	95	D 10
Piretto	76	I 30
Piroi (Monte su)	103	I 10
Pirri	103	J 9
Pisa	38	K 13
Pisa (Certosa di)	38	K 13
Pisa-Galileo Galilei (Aeroporto)	38	K 13
Pisanino (Monte)	38	J 12
Pisano	12	E 7
Pisano (Monte)	38	K 13
Pisanu Mele (Monte)	101	G 9
Piscicelli (Masseria)	62	B 27
Piscina	20	H 4
Piscinas (vicino a Guspini)	102	I 7
Piscinas (vicino a Santadi)	102	J 8
Piscinella (Masseria)	68	E 33
Pisciotta	70	G 27
Piscopio	78	L 30
Piscu	103	I 9
Pisignano	37	J 18
Pisogne	14	E 12
Pisoniano	59	Q 20
Pissignano	48	N 20
Pisterzo	59	R 21
Pisticci	73	F 31
Pisticci Scalo	73	F 31
Pistoia	39	K 14
Pistone (Monte)	33	J 10
Pistrino	41	L 18
Pisucerbu (Bruncu 'e)	101	G 10
Piteccio	39	J 14
Piteglio	39	J 14
Piticchio	42	L 20
Pitigliano (Grosseto)	53	O 16
Pitigliano (Perugia)	41	L 18
Pitino	48	M 21
Pittada (Monte)	96	F 7
Pittu (Monte)	98	F 8
Pitursiddo (Cozzo)	91	O 23
Pitziu	100	G 8
Piubega	25	G 13
Piumazzo	36	I 15
Piuro	4	D 10
Pizzale	23	G 9
Pizziferro (Masseria)	74	F 33
Pizzighettone	24	G 11
Pizzillo (Monte)	89	N 27
Pizzini-Frattola (Rif.)	5	C 13
Pizzo	78	K 30
Pizzo Alto (Rifugio)	4	D 10
Pizzo (Torre del)	75	H 35
Pizzoc (Monte)	17	D 19
Pizzocco (Monte)	17	D 18
Pizzocorno	23	H 9
Pizzoferrato	61	Q 24
Pizzoferro Monsignore	68	E 32
Pizzolato	84	N 19
Pizzoli	55	O 21
Pizzolungo	84	M 19
Pizzone	60	Q 24
Pizzoni	78	L 30
Pizzuto (Monte)	54	O 20
Placanica	81	L 31
Place Moulin (Lago di)	11	E 4
Plaesano	80	L 30
Plätzwiesen / Prato Piazza	8	C 18
Plaia (Capo)	87	M 23
Plaia (Lido di)	89	O 27
Plaiken / Pieve di Marebbe	7	B 17
Plampincieux	10	E 2
Plan / Pfelders	6	B 15
Plan (Val di)	6	B 15
Plan de Gralba	7	C 17
Planaval (vicino a Courmayeur)	10	E 3
Planaval (vicino a Leverogne)	10	E 3
Planca di Sotto / Unterplanken	8	B 18
Plancios / Palmschoss	7	B 17
Planeill / Planol	5	B 13
Planol / Planeill	5	B 13
Plassas (Las)	100	H 8
Plataci	76	H 31
Platamona Lido	96	E 7
Platani	87	N 23
Platania	78	J 30
Plateau Rosa	11	E 5
Platì	80	M 30
Platischis	19	D 22
Plauris (Monte)	19	C 21
Plaus	6	C 15
Playa Grande	92	Q 25
Plesio	3	D 9
Ploaghe	98	F 8
Plodio	31	I 6
Plöckenpaß / Monte Croce Carnico (Passo di)	18	C 20
Plose (Cima di)	7	B 17
Plugna	18	C 20
Po	20	H 3
Po Bandino	46	M 17
Po della Donzella o di Gnocca	37	H 18
Po della Pila	27	H 19
Po della Pila (Bocche del)	27	H 19
Po delle Tolle	37	H 19
Po delle Tolle (Bocca del)	37	H 19
Po di Gnocca (Bocche del)	37	H 19
Po di Goro	37	H 18
Po di Goro (Bocca del)	37	H 19
Po di Levante	27	G 18
Po di Levante (Foce del)	27	G 19
Po di Maistra	27	H 19
Po di Maistra (Foce del)	27	G 19
Po di Venezia	27	H 19
Po di Volano	37	H 17
Pocapaglia	21	H 5
Pocenia	28	E 21
Pocol	8	C 18
Podenzana	34	J 11
Podenzano	24	H 11
Poderia	70	G 28
Poetto	103	J 9
Poffabro	18	D 20
Pofi	60	R 22
Poggetto	36	H 16
Poggi del Sasso	45	N 15
Poggiardo	75	G 37
Poggibonsi	39	L 15
Poggio (Bologna)	36	I 16
Poggio (Livorno)	50	N 12
Poggio (Lucca)	38	J 13
Poggio (Macerata)	48	M 20
Poggio a Caiano	39	K 15
Poggio alla Croce	40	L 16
Poggio alle Mura	46	N 16
Poggio Aquilone	47	N 18
Poggio Berni	42	J 19
Poggio Buco	53	O 16
Poggio Bustone	55	O 20
Poggio Cancelli	55	O 21
Poggio Catino	54	P 20
Poggio Cinolfo	55	P 21
Poggio d'Acona	41	L 17
Poggio d'Api	48	N 21
Poggio di Roio	55	P 22
Poggio Filippo	55	P 20
Poggio Imperiale	62	B 28
Poggio Imperiale	40	K 15
Poggio Mirteto	54	P 20
Poggio Moiano	55	P 20
Poggio Montone	47	N 18
Poggio Murella	46	N 16
Poggio Nativo	55	P 20
Poggio Picenze	56	P 22
Poggio Primocaso	48	N 20
Poggio Renatico	36	H 16
Poggio Rusco	36	I 16
Poggio Sannita	61	Q 25
Poggio S. Lorenzo	55	P 20
Poggio S. Marcello	43	L 21
Poggio S. Romualdo	48	L 21
Poggio S. Vicino	48	L 21
Poggiodomo	48	N 20
Poggioferro	46	N 16
Poggiofiorito	57	P 24
Poggiola	41	L 17
Poggiomarino	64	E 25
Poggiomoretto	49	N 23
Poggioreale	86	N 21
Poggioreale (Ruderi di)	86	N 21
Poggiorsini	67	E 30
Poggiridenti	14	D 11
Pognana Lario	13	E 9
Pognano	13	F 10
Pogno	12	E 7
Poiana Maggiore	26	G 16
Poira (Portella di)	86	N 21
Poirino	21	H 5
Polaveno	14	F 12
Polcanto	40	K 16
Polcenigo	18	D 19
Polenta	41	J 18
Polentes	17	D 18
Poleo	16	E 15
Polesella	26	H 17
Polesine	37	H 17
Polesine (Isola di)	37	H 19
Polesine (Località)	25	H 14
Polesine Camerini	27	H 19
Polesine Parmense	24	G 12
Poli	59	Q 20
Polia	78	K 30
Policastro (Golfo di)	71	G 28
Policastro Bussentino	71	G 28
Policoro	73	G 32
Polignano	24	G 11
Polignano a Mare	68	E 33
Polinago	35	I 14
Polino	55	O 20
Polino (Monte)	88	O 24
Polistena	80	L 30
Polizzello	91	O 23
Polizzi Generosa	87	N 23
Polizzo (Monte)	85	N 20
Polla	70	F 28
Pollara	82	L 26
Pollastra	22	H 8
Pollena-Trocchia	64	E 25
Pollenza	49	M 22
Pollenzo	21	H 5
Pollica	70	G 27
Pollina	87	N 24
Pollina (Fiume)	87	N 24
Pollinara	76	H 31
Pollino	76	H 30
Pollino (Monte)	76	H 30
Pollino (Parco Nazionale di)	72	G 30
Pollone	11	F 5
Polluce (Masseria)	63	C 28
Pollutri	57	P 25
Polonghera	21	H 4
Polpenazze del Garda	25	F 13
Polpet	17	D 18
Polsa	15	E 14
Polsi (Santuario di)	80	M 29
Poltu Quatu	95	D 10
Poludnig (Monte)	19	C 22
Polvano	41	L 18
Polveraia	45	N 15
Polveraia (Punta)	50	N 12
Polverara	27	G 17
Polverello	89	N 26
Polverigi	43	L 22
Polverina (Ascoli Piceno)	49	N 22
Polverina (Macerata)	48	M 21
Polverina (Lago di)	48	M 21
Polvese (Isola)	47	M 18
Polvica Tramonti	65	E 25
Poma (Lago)	86	N 21
Poma (Passo di)	7	C 17
Pomaia	38	L 13
Pomarance	45	M 14
Pomarico	73	F 31
Pomaro Monferrato	22	G 7
Pombia	12	F 7
Pometo	23	H 9
Pomezia	58	Q 19
Pomiere (Monte)	88	N 25
Pomigliano d'Arco	64	E 25
Pomino	40	K 16
Pomone	58	Q 19
Pomonte (Grosseto)	52	O 16
Pomonte (Livorno)	50	N 12
Pompagnano	48	N 20
Pompeano	35	I 14
Pompei	64	E 25
Pompei Scavi	64	E 25
Pompeiana	31	K 5
Pompiano	24	F 11
Pomponesco	35	H 13
Pomposa (Abbazia di)	37	H 18
Poncarale	24	F 12
Ponente (Capo)	90	U 19
Ponente (Riviera di)	31	K 6
Ponsacco	39	L 13
Ponsano	45	L 14
Ponso	26	G 16
Pont	10	F 3
Pont Canavese	11	F 4
Pont-St. Martin	11	F 5
Pontassieve	40	K 16
Pontboset	11	F 5
Ponte (Trapani)	84	N 19
Ponte (Udine)	19	C 21
Ponte (Benevento)	65	D 26
Ponte (Caserta)	60	S 23
Ponte (il)	36	I 16
Ponte a Egola	39	K 14
Ponte a Elsa	39	K 14
Ponte a Moriano	38	K 13
Ponte agli Stolli	40	L 16
Ponte Arche	15	D 14
Ponte Barizzo	65	F 27
Ponte Biferchia	64	D 25
Ponte Buggianese	39	K 14
Ponte Buriano	41	L 17
Ponte Caffaro	15	E 13
Ponte Cappiano	39	K 14
Ponte Cappuccini	42	K 19
Ponte Centesimo	48	M 20
Ponte d. Valle	41	J 17
Ponte d'Arbia	46	M 16
Ponte d'Assi	47	M 19
Ponte del Rio	43	K 21
Ponte della Venturina	39	J 14
Ponte dell'Olio	23	H 10
Ponte dell'Uso	41	K 18
Ponte di Barbarano	26	F 16
Ponte di Brenta	27	F 17
Ponte di Ferro	47	N 19
Ponte di Ghiaccio (Passo)	7	B 17
Ponte di Legno	15	D 13
Ponte di Masino	39	K 14
Ponte di Nava	31	J 5
Ponte di Piave	28	E 19
Ponte di Samone	35	I 14
Ponte di Turbigo	12	F 8
Ponte di Verzuno	39	J 15
Ponte Erro	32	I 7
Ponte Ete	49	M 23
Ponte Felcino	47	M 19
Ponte Fontanelle (Lago di)	71	F 23
Ponte Galeria	58	Q 19
Ponte Gardena / Waidbruck	7	C 16
Ponte in Valtellina	14	D 11
Ponte Lambro (Como)	13	E 9
Ponte Ludovico	30	K 4
Ponte Marmora	20	I 3
Ponte Messa	41	K 18
Ponte nelle Alpi	17	D 18
Ponte Nizza	23	H 9
Ponte Nossa	14	E 11
Ponte Nova	7	C 16
Ponte Nuovo (Macerata)	48	N 21
Ponte Nuovo (Perugia)	47	M 19
Ponte Nuovo (Pistoia)	39	K 14
Ponte Pattoli	47	M 19
Ponte Ribellasca	3	D 7
Ponte Ronca	36	I 15
Ponte Samoggia	36	I 15
Ponte S. Giovanni	47	M 19
Ponte S. Marco	25	F 13
Ponte S. Nicolò	27	F 17
Ponte S. Pellegrino	36	H 15
Ponte S. Pietro	13	E 10
Ponte Taro	34	H 12
Ponte 13 Archi	62	C 26
Ponte Tresa	13	E 8
Ponte Valleceppi	47	M 19
Ponte Zanano	14	E 12
Pontebba	19	C 21
Pontecagnano	65	F 26
Pontecasale	27	G 17
Pontecchio Polesine	27	G 17
Ponteceno (vicino a Badia)	33	I 10
Ponteceno (vicino a Bedonia)	33	I 10
Pontechianale	20	I 3
Pontechiusita	48	N 20
Pontecorvo	60	R 22
Pontecurone	22	H 8
Pontedassio	31	K 6
Pontedazzo	42	L 19
Pontedecimo	32	I 8
Pontedera	39	L 13
Ponteginori	45	L 14
Pontegrande (Catanzaro)	79	K 31
Pontegrande (Novara)	11	E 6
Pontegrosso	34	H 11
Pontelagoscuro	36	H 16
Pontelandolfo	61	D 26
Pontelatone	64	D 24
Pontelongo	27	G 18
Pontelungo	23	G 9
Pontenano	41	L 17
Pontenure	24	H 11
Pontepetri	39	J 14
Ponteranica	14	E 11
Ponteranica (Pizzo)	14	D 10
Pontericcioli	42	L 19
Pontestrambo	33	I 10
Pontestura	22	G 7
Pontevico	24	G 12
Pontey	11	E 4
Ponti	32	I 7
Ponti di Spagna	36	H 16
Ponti sul Mincio	25	F 14
Ponticelli (Bologna)	36	J 16
Ponticelli (Rieti)	55	P 20
Ponticello / Brückele	8	B 18
Ponticino	41	L 17
Ponticino / Bundschen	7	C 16
Pontida	13	E 10
Pontinia	59	R 21
Pontinvrea	32	I 7
Pontirolo Nuovo	13	F 10
Pontoglio	24	F 11
Pontorme	39	K 14
Pontremoli	34	I 11
Ponzalla	40	K 16
Ponzano	49	N 23
Ponzano di Fermo	49	M 22
Ponzano Monferrato	21	G 6
Ponzano Romano	54	P 19
Ponzano Veneto	17	E 18
Ponze	48	N 20
Ponzone (Alessandria)	32	I 7
Ponzone (Vercelli)	11	F 6
Popelli	81	L 31
Popiglio	39	J 14
Popoli	56	P 23
Poppi	41	K 17
Populonia	50	N 13
Porano	47	N 18
Porassey	10	E 2
Porcari	39	K 13
Porcellengo	17	E 18
Porchette (Foce di)	38	J 13
Porchia	49	N 22
Porchiano (Ascoli Piceno)	49	N 22
Porchiano (Terni)	54	O 19
Porcia	28	E 19
Porciano	41	K 17
Porcile (Monte)	33	I 10
Porco (Ponte del)	62	B 27
Pordenone	28	E 20
Pordenone (Rifugio)	8	C 19
Pordoi (Passo)	7	C 17
Poreta S. Giacomo	48	N 20
Porlezza	3	D 9
Pornassio	31	J 5
Pornello	47	N 18
Poro (Monte)	80	L 29
Porotto-Cassama	36	H 16
Porpetto	29	E 21
Porretta Terme	35	J 14
Porri (Isola dei)	96	E 6
Porro	7	B 17
Porro (Rifugio)	14	D 11
Portacomaro	21	H 6
Portalbera	23	G 9
Portaria	54	O 19
Portatore	59	S 21
Porte	20	H 3
Portegrandi	28	F 19
Portelle	88	N 25
Portello (Passo di)	33	I 9
Port'Ercole	51	O 15
Portese	25	F 13
Porticelle Soprane	89	N 26
Porticello	86	M 22
Porticello-Sta Trada	80	M 29
Portici (Napoli)	64	E 25
Portico di Caserta	64	D 24
Portico di Romagna	41	J 17
Portigliola	81	M 30
Portiglione	45	N 14
Portile	35	I 14
Portio	32	I 7
Portiolo	25	G 14
Portis	19	C 21
Portisco	95	D 10
Portixeddu	102	I 7
Porto	46	N 17
Porto Alabe	100	G 7
Porto Azzurro	50	N 13
Porto Badino	59	S 21
Porto Badisco	75	G 37
Porto Botte	102	J 7
Porto Botte (Stagno di)	102	J 7
Porto Ceresio	13	E 8
Porto Cervo	95	D 10
Porto Cesareo	75	G 35
Porto Conte	96	E 6
Porto Corsini	37	I 18
Porto d'Ascoli	49	N 23
Porto di Falconera	28	F 20
Porto di Levante	82	L 26
Porto di Maratea	71	H 29
Porto di Ponente	82	L 26
Porto di Vasto	57	P 26
Porto Empedocle (Agrigento)	90	P 22
Porto Fuori	37	I 18
Porto Garibaldi	37	H 18
Porto Istana	99	E 10
Porto Levante	27	G 19
Porto Mandriola	100	G 7
Porto Mantovano	25	G 14
Porto Marghera	27	F 18
Porto Maurizio	31	K 6
Porto Nogaro	29	E 21
Porto Palma	100	H 7
Porto Palo	85	O 20
Porto Pino	102	K 7
Porto Potenza Picena	49	L 23
Porto Pozzo	94	D 9
Porto Raphael	95	D 10
Porto Recanati	43	L 22
Porto Rotondo	95	D 10
Porto S. Paolo	99	E 10
Porto S. Elpidio	49	M 23
Porto S. Giorgio	49	M 23
Porto Sta Margherita	28	F 20
Porto Sto Stefano	51	O 15
Porto Tolle	27	H 18
Porto Torres	96	E 7
Porto Tricase	75	H 37
Porto Valtravaglia	12	E 8
Portobello di Gallura	94	D 9
Portobuffole	28	E 19
Portocannone	62	B 27
Portoferraio	50	N 12
Portofino	33	J 9
Portofino (Penisola di)	33	J 9
Portofino Vetta	33	J 9
Portogreco	63	B 30
Portogruaro	28	E 20
Portole	47	M 18
Portomaggiore	37	H 17
Portonovo (Ancona)	43	L 22
Portonovo (Bologna)	36	I 17
Portopalo di Capo Passero	93	Q 27
Portoscuso	102	J 7
Portovenere	33	J 11
Portoverrara	37	H 17
Portovesme	102	J 7
Porziano	47	M 19
Posada	95	F 11
Posada (Fiume di)	95	F 11
Posada (Lago di)	95	F 10
Poscante	14	E 11
Posillesi	85	N 20
Posillipo (Napoli)	64	E 24
Posina	16	E 15
Positano	64	F 25
Possagno	17	E 17
Possicente	66	E 29
Posta	55	O 21
Posta Fibreno	60	Q 23
Postal / Burgstall	6	C 15
Postalesio	14	D 11
Postiglione	65	F 27
Postioma	17	E 18

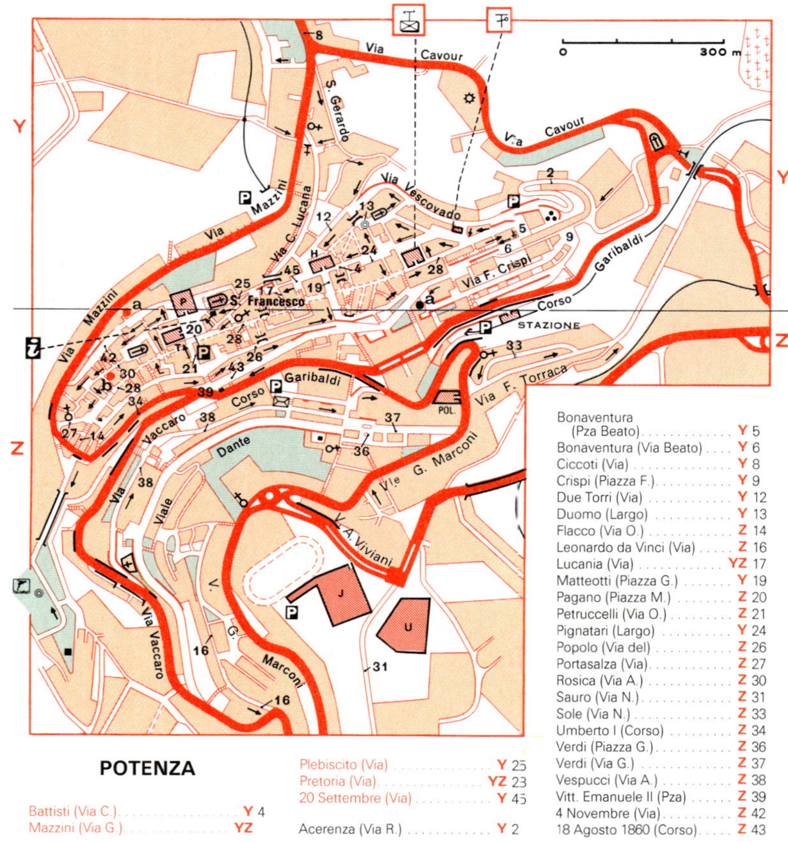

POTENZA

Bonaventura (Pza Beato)		Y 5
Bonaventura (Via Beato)		Y 6
Ciccoti (Via)		Y 8
Crispi (Piazza F.)		Y 9
Due Torri (Via)		Y 12
Duomo (Largo)		Y 13
Flacco (Via O.)		Z 14
Leonardo da Vinci (Via)		Z 16
Lucania (Via)		YZ 17
Matteotti (Piazza G.)		Y 19
Pagano (Piazza M.)		Y 20
Petruccelli (Via O.)		Z 21
Pignatari (Largo)		Y 24
Popolo (Via del)		Z 26
Portasalza (Via)		Z 27
Rosica (Via A.)		Z 30
Sauro (Via N.)		Z 31
Sole (Via N.)		Z 33
Umberto I (Corso)		Z 34
Verdi (Piazza G.)		Z 36
Verdi (Via G.)		Z 37
Vespucci (Via A.)		Z 38
Vitt. Emanuele II (Pza)		Z 39
4 Novembre (Via)		Z 42
18 Agosto 1860 (Corso)		Z 43
Battisti (Via C.)		Y 4
Mazzini (Via G.)		YZ 1
Plebiscito (Via)		Y 25
Pretoria (Via)		YZ 23
20 Settembre (Via)		Y 45
Acerenza (Via R.)		Y 2

Postua	11	E 6	Poverella	78	J 31	Pozzella (Torre)	69	E 35
Potame	78	J 30	Poverello (Monte)	83	M 28	Pozzengo	21	G 6
Potenza	71	F 29	Poviglio	35	H 13	Pozzilli	61	R 24
Potenza (Macerate)	48	M 21	Povolaro	26	F 16	Pozzillo	89	O 27
Potenza Picena	49	L 22	Povoletto	19	D 21	Pozzillo (Lago)	88	O 25
Poti (Alpe di)	41	L 17	Poza	64	D 24	Pozzillo (Monte)	91	P 23
Pottu Codinu (Necropoli di)	96	F 7	Pozza	35	I 14	Pozzo (Alessandria)	22	H 7
Pove del Grappa	16	E 17	Pozza di Fassa	5	C 17	Pozzo (Arezzo)	46	M 17
Povegliano	17	E 18	Pozzaglia Sabino	55	P 20	Pozzo Groppo	23	H 9
Povegliano Veronese	25	F 14	Pozzaglio ed Uniti	24	G 12	Pozzo Guacito	69	E 34
			Pozzale	39	K 14	Pozzo Salerno	69	F 34
			Pozzallo	93	Q 26	Pozzo S. Nicola	96	E 6

Pozzo (vicino a Pasiano di P.)	28	E 19				
Pozzo (vicino a Provesano)	18	D 20				
Pozzolengo	25	F 13				
Pozzoleone	26	F 17				
Pozzolo	25	G 14				
Pozzolo Formigaro	22	H 8				
Pozzomaggiore	96	F 7				
Pozzoni (Monte)	55	O 21				
Pozzonovo	26	G 17				
Pozzo Terraneo	66	D 29				

PRATO

Garibaldi (Via)	7
Guasti (Via Cesare)	10
Mazzoni (Via G.)	16
Ricasoli (Via)	23
Cairoli (Via)	3
Cambioni (Via)	4
Carducci (Largo)	5
Dante (Via)	6
Giuzzelmi (Via)	8
Lippi (Via)	12
Lutti (Via R.)	13
Mazzini (Via G.)	15
Misericordia (Via della)	17
Muzzi (Via L.)	18
Pellagrino (Via)	19
Ponte Mercatale	20
Porta Serraglio (Via di)	21
Protche (Via L.)	22
Savonarola (Corso)	24
S. Domenico (Piazza)	26
S. Francesco d'Assisi (Piazza)	27
S. Maria d. Carceri (Pza)	29
Tintori (Via dei)	30

Pozzuoli	64	E 24	Prato Sopralacroce	33	I 10	Priolo	92	P 25
Pozzuolo	46	M 17	Pratobello	101	G 9	Priolo Gargallo	93	P 27
Pozzuolo del Friuli	29	E 21	Pratobotrile	20	G 3	Priora (Monte)	48	N 21
Pozzuolo Martesana	13	F 10	Pratola Peligna	56	P 23	Prisdarella	81	L 31
Pra Campo	14	D 12	Pratola Serra	65	E 26	Privemo	59	R 21
Pracchia	39	J 14	Pratolino (Firenze)	39	K 15	Prizzi	86	N 22
Pracchiola	34	I 11	Pratomagno	40	K 16	Prizzi (Lago di)	86	N 22
Prad am Stilfserjoch / Prato allo Stelvio	5	C 13	Pratomedici	38	J 12	Procchio	50	N 12
			Pratorsi	39	J 14	Proceno	46	N 17
Prada	15	E 14	Pratovecchio	41	K 17	Procida	64	E 24
Pradalunga	14	E 11	Pravisdomini	28	E 20	Procida (Canale di)	64	E 24
Pradamano	19	D 21	Pray	11	E 6	Procida (Isola di)	64	E 24
Pradarena (Passo di)	35	J 12	Praz	11	E 4	Prodo	47	N 18
Prade	16	D 17	Prazzo	20	I 3	Progno	25	F 14
Pradello	25	G 14	Pré de Bar	10	E 3	Promano	47	L 18
Pradeltorno	20	H 3	Pré-St. Didier	10	E 2	Propata	33	I 9
Pradidali (Rifugio)	17	D 17	Prea	31	J 5	Prosciutto (Punta)	74	G 35
Pradielis	19	D 21	Precenicco	28	E 21	Prosecco	29	E 23
Pradipozzo	28	E 20	Preci	48	N 21	Prossedi	59	R 21
Pradleves	30	I 3	Preda Rossa	14	D 11	Prossenicco	19	D 22
Pradovera	23	H 10	Preda (Val)	55	O 22	Provaglio d'Iseo	24	F 12
Pragelato	20	G 2	Predappio	41	J 17	Provaglio Val Sabbia	15	E 13
Praglia	35	I 13	Predappio Alta	41	J 17	Provagna	17	D 18
Praglia (Abbazia di)	26	F 17	Predazzo	16	D 16	Provazzano	35	I 13
Prags / Braies	8	B 18	Predel / Predil (Passo del)	19	C 22	Proves / Pròves	6	C 15
Praia a Mare (Cosenza)	76	H 29	Prediera	35	I 13	Pròves / Proves	6	C 15
Praia a Mare (Taranto)	74	F 33	Predil (Lago del)	19	C 22	Provesano	18	D 20
Praiano	64	F 25	Predil (Passo del) / Predel	19	C 22	Provonda	20	G 3
Prainito (il)	93	Q 26	Predoi / Prettau	8	A 18	Provvidenti	62	B 26
Pralboino	24	G 12	Predoi (Pizzo Rosso di) / Rötspitze	8	A 18	Prudenzini (Rifugio)	15	D 13
Prali	20	H 3	Predonico / Perdonig	6	C 15	Prun	25	F 14
Pralormo	21	H 5	Predore	14	E 12	Pruna (Punta sa)	101	G 10
Pralungo	11	F 6	Predosa	22	H 7	Pruna (Sa)	101	G 9
Pramaera	101	H 10	Preganziol	27	F 18	Prunella	80	N 29
Pramaggiore	28	E 20	Preggio	47	M 18	Prunetta	39	9 14
Pramaggiore (Monte)	8	C 19	Preglia	2	D 6	Prunetto	21	I 6
Pramollo	20	H 3	Pregnana Milanese	13	F 9	Pruno	38	J 12
Pramollo (Passo di) / Naßfeld-Paß	19	C 21	Preit	20	I 3	Pruno (Poggio al)	45	M 14
Pramper (Cima di)	17	D 18	Prelá	31	K 5	Pucciarelli	47	M 18
Pramperet (Rifugio)	17	D 18	Prelerna	34	I 11	Puccini	38	K 12
Pranello	34	I 12	Premana	13	D 10	Pudiano	24	F 12
Prano (Monte)	38	K 13	Premariacco	19	D 22	Puegnago sul Garda	25	F 13
Pranolz	17	D 18	Premeno	12	E 7	Puez (Rifugio)	7	C 17
Pranu Mutteddu	103	I 9	Premia	2	D 7	Puglia	47	N 19
Pranzo	15	E 14	Premilcuore	41	K 17	Puglianello	64	D 25
Prarayer	11	E 4	Premosello	2	D 7	Pugnochiuso	63	B 30
Prascorsano	11	F 4	Prena (Monte)	56	O 23	Puia	28	E 19
Prastondu	11	F 4	Prenestini (Monti)	59	Q 20	Puianello	35	I 13
Prata (Avellino)	65	E 26	Preola (Lago di)	85	O 19	Pula	103	J 9
Prata (Grosseto)	45	M 14	Preone	18	C 20	Pula (Capo di)	103	J 9
Prata Camportaccio	4	D 10	Prepotto	19	D 22	Pulfero	19	D 22
Prata d'Ansidonia	56	P 22	Presa (Isola la)	95	D 10	Puliciano	40	L 16
Prata di Pordenone	28	E 19	Presanella (Cima)	15	D 13	Pullir	17	D 17
Prata Sannita	61	R 24	Presciano	59	R 20	Pulsano	74	F 33
Pratella	61	R 24	Preseglie	15	E 13	Pulsano (Santuario di)	63	B 29
Pratello (Monte)	60	Q 23	Preselle	45	N 15	Pumenengo	24	F 11
Prateria	81	L 30	Presenzano	61	R 24	Punta Ala	45	N 14
Prati (i)	54	O 20	Presicce	75	H 36	Punta Braccetto	92	Q 25
Prati di Tivo	55	O 22	Presolana (Passo della)	14	E 12	Punta del Lago	53	P 18
Prati / Wiesen	7	B 16	Presolana (Pizzo della)	14	E 12	Punta Gennarta (Lago)	102	I 7
Pratica di Mare	58	R 19	Pressana	26	G 16	Punta Marina	37	I 18
Praticello	35	H 13	Presta (Forca di)	48	N 21	Punta Sabbioni	28	F 19
Pratieghi	41	K 18	Prestianni	91	O 24	Punta Secca	92	Q 25
Prato (Firenze)	39	K 15	Prestone	4	C 10	Puntalazzo	89	N 27
Prato (Genova)	33	I 10	Preta	64	D 24	Puntazza (Capo)	85	M 20
Prato (Reggio nell'Emilia)	35	H 14	Pretara	56	O 22	Punti (Li)	96	E 7
Prato (Terni)	47	N 18	Pretare	48	N 21	Puos d'Alpago	18	D 19
Prato (Monte)	35	J 14	Preti (Cima dei)	8	C 19	Pura (Passo del)	18	C 20
Prato (Tempa del)	65	F 27	Pretoro	56	P 24	Puranno (Monte)	48	N 20
Prato alla Drava / Winnebach	8	B 19	Prettau / Predoi	8	A 18	Purgatorio	85	M 20
Prato all'Isarco / Blumau	7	C 16	Preturo	55	O 21	Pusiano	13	E 9
Prato allo Stelvio / Prad am Stilfserjoch	5	C 13	Prevalle	25	F 13	Pusiano (Lago di)	13	E 9
Prato Carnico	18	C 20	Prezza	56	P 23	Pusteria (Val)	7	B 17
Prato di Campoli	60	Q 22	Priabona	26	F 16	Putia (Sass de)	7	C 17
Prato Nevoso	31	J 5	Priatu	97	E 9	Putifigari	96	F 7
Prato Perillo	71	F 28	Priero	31	I 6	Putignano	68	E 33
Prato Piazza / Plätzwiesen	8	C 18	Prignano Cilento	70	G 27	Putignano (Grotta di)	68	E 33
Prato Ranieri	45	N 14	Prignano sulla Secchia	35	I 14	Putzu Idu	100	G 7
Prato Selva	55	O 22	Prima Porta (Roma)	54	P 19	Puzzillo (Monte)	55	P 23

Prignano sulla Secchia	35	I 14
Prima Porta (Roma)	54	P 19
Primaluna	13	E 9
Primero (Bocca di)	29	E 22
Primolano	16	E 17
Primolo	14	D 11
Principe (Monte) / Hoherfirst	6	B 15
Principina a Mare	45	N 15
Priocca	21	H 6
Priola	31	J 6
Priola (Punta di)	86	M 22

Q

Quaderna	36	I 16
Quaderni	25	G 14
Quadrelli	23	H 10
Quadri	61	Q 24
Quadro (Pizzo)	4	C 9
Quaglietta	65	E 27

Name	Page	Grid
Quaglio	92	P 25
Quáira (Lago di)	6	C 14
Qualiano	64	E 24
Qualso	19	D 21
Quara	35	I 13
Quaranta	46	N 16
Quarantoli	36	H 15
Quargnento	22	H 7
Quarna	12	E 7
Quarnan (Rifugio)	19	D 21
Quarona	11	E 6
Quarrata	39	K 14
Quart	11	E 4
Quart Villefranche	10	E 4
Quartaia	45	L 15
Quartesana	36	H 17
Quartiere Paolo VI	74	F 33
Quarto (Forlì)	41	K 18
Quarto (Napoli)	64	E 24
Quarto (Piacenza)	24	G 11
Quarto (Lago di)	41	K 18
Quarto d'Altino	28	F 19
Quarto Inferiore (Asti)	22	H 6
Quarto Inferiore (Bologna)	36	I 16
Quartu (Golfo di)	103	J 9
Quartu S. Elena	103	J 9
Quartucciu	103	J 9
Quasano	67	E 31
Quattordio	22	H 7
Quattro Castella	35	I 13
Quattrocase	26	H 15
Quattropani	82	L 26
Quattrostrade	51	O 15
Quattroventi	61	R 24
Querce al Pino	46	M 17
Quercegrossa	45	L 15
Querceta	38	K 12
Querceto	45	M 14
Quercia del Monaco (Passo della)	60	R 22
Quercianella	38	L 13

Name	Page	Grid
Querciola	35	J 14
Quero	17	E 17
Quezzi	32	I 8
Quiesa	38	K 13
Quiliano	32	J 7
Quincinetto	11	F 5
Quindici	64	E 25
Quingentole	26	G 15
Quinto al Mare (Genova)	32	I 8
5'o Alpini (Rifugio)	5	C 13
Quinto di Treviso	27	F 18
Quinto di Valpantena	26	F 15
Quinto Vicentino	26	F 16
Quinzano d'Oglio	24	G 12
Quirra	103	I 10
Quirra (Isola di)	103	I 10
Quirra (Rio de)	101	H 10
Quistello	25	G 14

R

Name	Page	Grid
Rabbi	6	C 14
Rabbi (Fiume)	41	K 17
Rabbi (Val di)	6	C 14
Rabbini	34	H 11
Rabenstein / Corvara	6	B 15
Racale	75	H 36
Racalmuto	91	O 23
Raccolana (Canale di)	19	C 22
Racconigi	21	H 5
Raccuia	82	M 26
Racines / Ratschings	6	B 16
Racines (Val di)	6	B 16
Radda in Chianti	40	L 16
Raddusa	88	O 25
Radi	46	M 16
Radici (Passo delle)	38	J 13

Name	Page	Grid
Radicofani	46	N 17
Radicondoli	45	M 15
Radogna	66	D 28
Radsberg / Monte Rota	8	B 18
Raffadali	90	O 22
Ragada	15	D 13
Ragalna	89	O 26
Raganello	76	H 30
Ragazzola	24	G 12
Raggiolo (Ortignano-)	41	K 17
Ragogna	18	D 20
Ragola (Monte)	33	I 10
Ragoli	15	D 14
Ragusa	93	Q 26
Raia (Monte)	65	E 26
Raialunga (Monte)	70	G 28
Raiamagra (Monte)	65	E 27
Raiano	56	P 23
Rain in Taufers / Riva di Tures	8	B 18
Raisi (Punta)	86	M 21
Raisigerbi (Capo)	87	M 24
Raldon	26	F 15
Ram	5	C 13
Rama (Capo)	86	M 21
Ramacca	88	O 26
Ramaceto (Monte)	33	I 9
Ramière (Punta)	20	H 2
Ramilia (Case)	91	O 23
Ramiseto	35	I 12
Ramon	17	E 17
Ramponio	13	E 9
Ramundo	78	J 31
Rancale	47	M 19
Ranchio	41	K 17
Rancia (Castello della)	49	M 22
Rancio Valcuvia	12	E 8
Ranco (Arezzo)	41	L 18
Ranco (Varese)	12	E 7
Randazzo	89	N 26

REGGIO DI CALABRIA

Name	Ref
Garibaldi (Corso)	YZ
Agata Spanò (Via)	Z 2
Arcovito (Via)	Z 3
Bàrlaam (Via)	Z 4
Cattolica dei Greci (Via)	Z 6
Cimino (Via Antonio)	Z 7
Crocefisso (Via)	Z 9
De Nava (Piazza)	Y 10
Garibaldi (Piazza)	Z 12
Genoese Zerbi (Viale)	Y 14
Indipendenza (Piazza)	Y 15
Italia (Via)	Y 17
Manfroce (Viale)	Y 18
Missori (Via)	Z 19
Popolo (Piazza del)	Y 21
Salvatore (Via del)	Z 22
S. Caterina (Via)	Y 24
S. Francesco da Paola (Via)	Z 25
S. Marco (Via)	Y 27
Vitt. Emanuele III (Corso)	YZ 28
Vitt. Emanuele III (Pza)	Z 29
25 Luglio 1943 (Viale)	Y 31

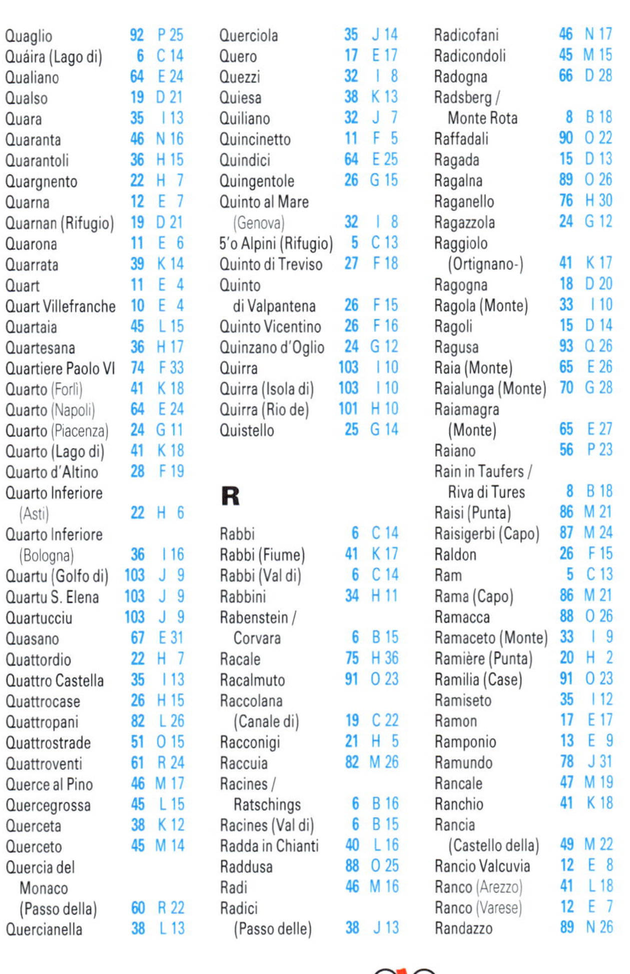

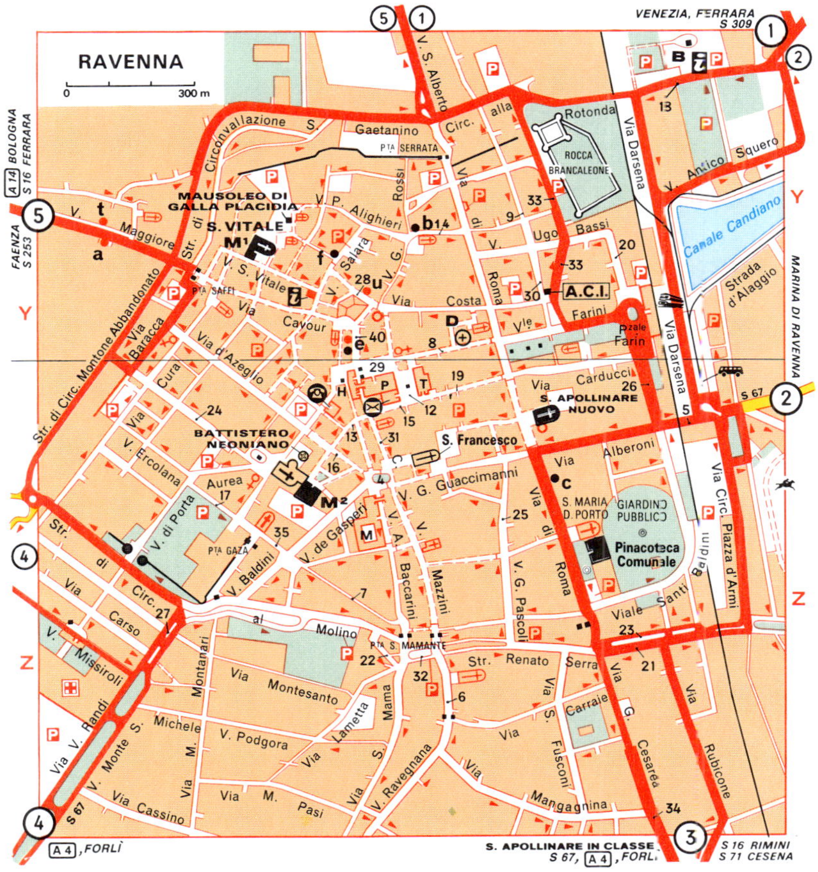

Name	Ref		Name	Ref		Name	Ref
Diaz (Via)	Y 8		Gessi (Via Romolo)	Z 13		Pallavicini (Viale G.)	Z 26
Guerrini (Via)	Z 16		Ghiselli (Via G.)	Y 14		Piave (Via)	Y 27
Mariani (Via)	Z 19		Gordini (Via)	Z 15		Ponte Marino (Via)	Y 28
Ricci (Via C.)	Z		Guidarelli (Via)	Z 17		Popolo (Piazza del)	Y 29
Caduti per la Libertà (Pza)	Z 4		Industrie (Via delle)	Y 18		Rava (Via G.)	Y 30
Candiano (Via)	Z 5		Maroncelli (Viale)	Y 20		Ricci (Via C.)	Z 31
Castel S. Pietro (Via)	Z 6		Molinetto (Strada di Circ. al)	Z 21		Ricci (Via Romolo)	Z 32
Corti alle Mura (Via)	Z 7		Molino (Via C.)	Z 22		Rocca Brancaleone (Via)	Y 33
Falier	Y 9		Monfalcone (Via)	Z 23		Romea (Via)	Y 34
Garibaldi (Piazza)	Z 12		Oberdan (Via A.)	Z 24		S. Teresa (Via)	Y 35
			Oriani (Via A.)	Z 25		4 Novembre (Via)	Y 40

B MAUSOLEO DI TEODORICO **D** BATTISTERO DEGLI ARIANI **M²** MUSEO DELL'ARCIVESCOVADO

Name	Page	Grid
Rangona	26	H 16
Ranica	14	E 11
Ranzanico	14	E 11
Ranzano	34	I 12
Ranzo (Imperia)	31	J 6
Ranzo (Trento)	15	D 14
Ranzola (Colle di)	11	E 5
Rapagnano	49	M 22
Rapallo	33	I 9
Raparo (Monte)	71	G 29
Rapegna	48	N 21
Rapino	56	P 24
Rapolano Terme	46	M 16
Rapolla	66	E 29
Rapone	66	E 28
Rasciesa	7	C 16
Rascino (Lago)	55	O 21
Rasenna	48	N 20
Rasiglia	48	N 20
Rasocolmo (Capo)	83	M 28
Raspollino (Padule di)	45	N 15
Rassa	11	E 6
Rassina	41	L 17
Rastrello (Valico del)	33	J 11
Rasu (Monte) (Nuoro)	101	I 10
Rasu (Monte) (Sassari)	97	F 9
Rasun-Anterselva	8	B 18
Rasura	4	D 10
Raticosa (Passo della)	40	J 16
Ratignano	45	N 15
Ratschings / Racines	6	B 16
Rattisio Nuovo / Neurateis	6	B 14
Rauchkofel / Fumo (Monte)	8	A 18
Rauscedo	18	D 20
Rava (Cimon)	16	C 16
Ravadese	35	H 13
Ravagnese	83	M 28
Ravalle	36	H 16
Ravanusa	91	P 23
Ravarano	34	I 12
Ravari (Bocca di)	35	J 15
Ravarino	36	H 15
Ravascletto	18	C 20
Ravello	64	F 25
Ravenna	37	I 18
Raveo	18	C 20

Name	Page	Grid
Ravi	45	N 14
Ravina	16	D 15
Raviscanina	61	D 24
Razzà	80	N 30
Razzes	7	C 16
Razzo (Sella di)	8	C 19
Razzoli (Isola)	95	D 10
Razzuolo	40	J 16
Re	3	D 7
Re (Serra del)	88	N 26
Rea	23	G 9
Reale (Canale)	69	F 35
Reale (Fosso)	38	L 13
Reale (Rada della)	96	D 6
Realmonte	90	P 22
Reana del Roiale	19	D 21
Reatini (Monti)	55	O 20
Rebeccu	98	F 8
Recanati	43	L 22
Recattivo	88	O 24
Recattivo (Portella)	91	O 24
Recchio	34	H 12
Recco	33	I 9
Recetto	12	F 7
Recoaro Mille	16	E 15
Recoaro Terme	16	E 15
Recoleta	73	G 31
Recovato	36	I 15
Reda	37	J 17
Redagno	16	C 16
Redasco (Cime)	5	C 12
Redavalle	23	G 9
Redebus (Passo)	16	D 15
Redi Castello (Monte)	15	D 13
Redipuglia	29	E 22
Redona	18	D 20
Redondesco	25	G 13
Redone	25	F 13
Refavaie	16	D 16
Refrancore	22	H 7
Refrontolo	17	E 18
Regalbuto	88	O 25
Regalgioffoli	86	N 22
Reggello	40	K 16
Reggio di Calabria	83	M 28
Reggio nell'Emilia	35	H 13
Reggiolo	35	H 14
Regi Lagni	64	E 25
Regina	76	I 30
Regina Elena (Canale)	12	F 7
Regnano	34	J 12
Regona	24	G 11

Name	Page	Grid
Rei (Costa)	103	J 10
Reino	62	D 26
Reischach / Riscone	7	B 17
Reit (Cresta di)	5	C 13
Reitano	88	N 25
Religione (Punta)	93	Q 26
Remanzacco	19	D 21
Remedello Sopra	25	G 13
Remedello Sotto	25	G 13
Remondò	22	G 8
Renaio	38	J 13
Renate	13	E 9
Renazzo	36	H 15
Rendale	16	E 16
Rende	78	J 30
Rendena (Valle)	15	D 14
Rendina (Lago del)	66	D 29
Rendinara	60	Q 22
Renna (Monte)	93	Q 26
Renna (Monte) (Siracusa)	92	Q 26
Renno	35	J 14
Reno (Bologna)	35	J 14
Reno (Varese)	12	E 7
Reno (Foce del)	37	I 18
Reno Finalese	36	H 15
Renòn (Corno di)	7	C 16
Renon / Ritten	7	C 16
Reppia	33	I 10
Resana	27	F 17
Rescaldina	13	F 8
Resceto	38	J 12
Reschen / Resia	5	B 13
Reschenpaß / Resia (Passo di)	5	B 13
Reschensee / Resia (Lago di)	5	B 13
Resettum (Monte)	18	D 19
Resia	19	C 21
Resia / Reschen	5	B 13
Resia (Lago di) / Reschensee	5	B 13
Resia (Passo di) / Reschenpaß	5	B 13
Resia (Valle di)	19	C 21
Resiutta	19	C 21
Rest (Forcola di Monte)	18	C 20
Resta	45	N 14
Restinco (Masseria)	69	F 35
Resuttano (Caltanissetta)	87	N 24

Località		
Resuttano (Palermo)	87	N 24
Retorbido	23	H 9
Revello	20	I 4
Reventino (Monte)	78	J 30
Revere	26	G 15
Revine	17	D 18
Revò	6	C 15
Rezzanello	23	H 10
Rezzato	25	F 12
Rezzo	31	J 5
Rezzoaglio	33	I 10
Rhêmes-Notre Dame	10	F 3
Rhêmes-St. Georges	10	F 3
Rhêmes (Val di)	10	F 3
Rho	13	F 9
Riace	81	L 31
Riace Marina	81	L 31
Rialto	31	J 6
Riano	54	P 19
Riardo	64	D 24
Ricavo	39	L 15
Riccardina	36	I 16
Riccia	62	C 26
Riccio	47	M 18
Riccione	42	J 19
Ricco del Golfo di Spezia	33	J 11
Riccovolto	35	J 13
Ricengo	24	F 11
Ricetto	55	P 21
Ricigliano	66	E 28
Ridanna / Ridnaun	6	B 15
Ridanna (Val)	6	B 15
Ridnaun / Ridanna	6	B 15
Ridotti (i)	60	Q 22
Ridracoli	41	K 17
Ridracoli (Lago di)	41	K 17
Rienza	7	B 17
Riepenspitze / Ripa (Monte)	8	B 18
Ries (Vedrette di)	8	B 18
Riese Pio X	17	E 17
Riesi	92	P 24
Rieti	55	O 20
Rifiano	6	B 15
Rifreddo	71	F 29
Rifredo	40	J 16
Rigali	48	M 20
Righetto (Passo del)	34	I 11
Rigiurfo Grande (Case)	92	P 25
Riglio	34	H 11
Riglio (Torrente)	24	G 11
Riglione-Oratoio	38	K 13
Rignano Flaminio	54	P 19
Rignano Garganico	63	B 28
Rignano sull'Arno	40	K 16
Rigo (Ponte del)	46	N 17
Rigolato	18	C 20
Rigoli	38	K 13
Rigolizia	93	Q 26
Rigomagno	46	M 17
Rigoso	34	I 12
Rigutino	46	L 17
Rilievo	84	N 19
Rima	11	E 6
Rimagna	34	I 12
Rimasco	11	E 6
Rimella	11	E 6
Rimendiello	71	G 29
Rimini	42	J 19
Riminino	53	O 16
Rimiti	89	N 27
Rinalda (Torre)	75	F 36
Rinella	82	L 26
Rino	15	D 13
Rio di Lagundo	6	C 15
Rio di Pusteria / Mühlbach	7	B 16
Rio (il)	59	R 21
Rio Marina	50	N 13
Rio nell'Elba	50	N 13
Rio Saliceto	35	H 14
Rio Secco	41	J 17
Riobianco / Weißenbach (vicino a Campo Tures)	7	B 17
Riobianco / Weißenbach (vicino a Pennes)	6	B 16
Riofreddo	31	J 6
Riofreddo (Forlì)	41	K 18
Riofreddo (Roma)	55	P 21
Riofreddo (Udine)	19	C 22
Riola	35	J 15
Riola Sardo	100	H 7
Riolo	36	I 15
Riolo Terme	36	J 17
Riolunato	35	J 13
Riomaggiore	33	J 11
Riomolino / Mühlbach	7	B 17
Riomurtas	102	J 8
Rionero in Vulture	66	E 29
Rionero Sannitico	61	Q 24
Riosecco	41	L 18
Riotorto	45	N 14
Rioveggio	36	J 15
Ripa	20	I 2
Ripa (L'Aquila)	56	P 22
Ripa (Perugia)	47	M 19
Ripa d'Orcia	46	M 16
Ripa (Monte) / Riepenspitze	8	B 18
Ripa Sottile (Lago di)	55	O 20
Ripa Teatina	56	O 24
Ripaberarda	49	N 22
Ripabottoni	62	B 26
Ripacandida	66	E 29
Ripaldina	23	G 10
Ripalimosano	61	R 25
Ripalta	62	B 27
Ripalta Arpina	24	G 11
Ripalta Cremasca	24	G 11
Ripalti (Punta dei)	50	N 13
Ripalvella	47	N 18
Ripapersico	37	I 17
Riparbella	45	L 13
Ripatransone	49	N 23
Ripe (Ancona)	43	K 21
Ripe (Pesaro e Urbino)	42	K 20
Ripe (Teramo)	49	N 22
Ripe S. Ginesio	49	M 22
Ripi	60	R 22
Ripoli	41	L 18
Riposa (la)	20	G 3
Riposto	89	N 27
Risano	29	E 21
Riscone / Reischach	7	B 17
Risicone	93	P 26
Rispescia	45	N 15
Ristola (Punta)	75	H 37
Rittana	30	I 4
Ritten / Renon	7	C 16
Riva (Piacenza)	23	H 10
Riva (Torino)	20	H 4
Riva (Valle di)	7	A 17
Riva degli Etruschi	44	M 13
Riva dei Tarquini	53	P 16
Riva dei Tessali	73	F 32
Riva del Garda	15	E 14
Riva del Sole	45	N 14
Riva di Faggeto	13	E 9
Riva di Solto	14	E 12
Riva di Tures / Rain in Taufers	8	B 18
Riva Ligure	31	K 5
Riva presso Chieri	21	H 5
Riva Trigoso	33	J 10
Riva Valdobbia	11	E 5
Rivabella	75	G 36
Rivabella (Bologna)	36	I 15
Rivabella (Forlì)	42	J 19
Rivalba	21	G 5
Rivalta	35	I 13
Rivalta Bormida	22	H 7
Rivalta di Torino (Torino)	21	G 4
Rivalta Scrivia	22	H 8
Rivalta sul Mincio	25	G 14
Rivalta Trebbia	23	H 10
Rivamonte Agordino	17	D 18
Rivanazzano	23	H 9
Rivara (Modena)	36	H 15
Rivara (Torino)	21	F 4
Rivarolo Canavese	11	F 5
Rivarolo del Re	25	G 13
Rivarolo Ligure (Genova)	32	I 8
Rivarolo Mantovano	25	G 13
Rivarone	22	H 8
Rivarossa	11	G 5
Rivazzurra	42	J 19
Rive	22	G 7
Rive d'Arcano	18	D 21
Rivello	71	G 29
Rivergaro	23	H 10
Rivetti	11	E 5
Rivignano	18	E 21
Rivis	18	D 20
Rivisondoli	56	Q 24
Rivo	54	O 19
Rivodutri	55	O 20
Rivoli (Torino)	21	G 4
Rivoli Veronese	25	F 14
Rivolta d'Adda	13	F 10
Rivoltella (Brescia)	25	F 13
Rivoltella (Pavia)	22	G 7
Rivoschio Pieve	41	J 18
Rizzacorno	57	P 25
Rizziconi	81	L 29
Rizzolo	34	H 11
Rizzuto (Capo)	79	K 33
Ro Ferrarese	26	H 17
Roana	16	E 16
Roaschia	30	J 4
Roasco	14	D 12
Robassomero	21	G 4
Robbio	22	G 7
Robecco d'Oglio	24	G 12
Robecco Pavese	23	G 9
Robecco sul Naviglio	13	F 8
Robella	21	G 6
Roberti (Masseria)	68	D 33
Robilante	30	J 4
Roboaro	32	I 7
Roburent	31	J 5
Roca Vecchia	75	G 37
Rocca	16	E 17
Rocca Canterano	59	Q 21
Rocca d'Arazzo	22	H 6
Rocca de' Giorgi	23	H 9
Rocca d'Evandro	60	R 23
Rocca di Botte	55	P 21
Rocca di Cambio	55	P 22
Rocca di Capri Leone	82	M 26
Rocca di Cave	59	Q 20
Rocca di Corno	55	O 21
Rocca di Mezzo	56	P 22
Rocca di Neto	79	J 33
Rocca di Papa	59	Q 20
Rocca di Roffeno	35	J 15
Rocca Fiorita	89	N 27
Rocca Grimalda	32	H 7
Rocca Imperiale	73	G 31
Rocca Imperiale Marina	73	G 31
Rocca Massima	59	Q 20
Rocca Pia	60	Q 23
Rocca Pietore	7	C 17
Rocca Priora (Ancona)	43	L 22
Rocca Priora (Roma)	59	Q 20
Rocca Ricciarda	40	L 16
Rocca S. angelo	47	M 19
Rocca S. Casciano	41	J 17
Rocca S. Felice	65	E 27
Rocca S. Giovanni	57	P 25
Rocca Sta Maria	49	N 22
Rocca Sto Stefano	59	Q 21
Rocca Sinibalda	55	P 20
Rocca Susella	23	H 9
Rocca Tunda	100	G 7
Roccabascerana	65	D 26
Roccabernarda	79	J 32
Roccabianca	24	G 12
Roccacaramanico	56	P 24
Roccacasale	56	P 23
Roccacinquemiglia	61	Q 24
Roccadaspide	70	F 27
Roccaferrara	34	I 12
Roccafinadamo	56	O 23
Roccafluvione	49	N 22
Roccaforte del Greco	80	M 29
Roccaforte Ligure	32	H 9

Roccaforte Mondovì 31 J 5
Roccaforzata 74 F 34
Roccafranca 24 F 11
Roccagiovine 55 P 20
Roccagloriosa 70 G 28
Roccagorga 59 R 21
Roccalbegna 46 N 16
Roccalumera 89 N 28
Roccalvecce 53 O 18
Roccamandolfi 61 R 25
Roccamare 45 N 14
Roccamena 86 N 21
Roccamonfina 60 S 23
Roccamontepiano 56 P 24
Roccamorice 56 P 24
Roccanova 72 G 30
Roccantica 54 P 20
Roccapalumba 86 N 22
Roccapiemonte 65 E 26
Roccaporena 48 N 20
Roccarainola 64 E 25
Roccaraso 61 Q 24
Roccaravindola 61 R 24
Roccaromana 64 D 24
Roccarossa (Tempa di) 71 G 29
Roccasalli 55 O 21
Roccascalegna 57 P 24
Roccasecca 60 R 23
Roccasecca dei Volsci 59 R 21
Roccasicura 61 Q 24
Roccaspinalveti 57 Q 25
Roccastrada 45 M 15
Roccatamburo 48 N 20
Roccatederighi 45 M 15

Roccavaldina 83 M 28
Roccaverano 21 I 6
Roccavione 30 J 4
Roccavivara 61 Q 25
Roccavivi 60 Q 22
Roccazzo 92 P 25
Roccelito (Monte) 87 N 23
Roccella (Caltanissetta) 91 O 23
Roccella (Catanzaro) 79 K 31
Roccella Valdemone 89 N 27
Rocchetta (Caserta) 64 D 24
Rocchetta (Massa Carrara) 33 J 11
Rocchetta (Perugia) 48 N 20
Rocchetta a Volturno 61 R 24
Rocchetta (Trento) 16 D 15
Rocchetta Belbo 21 I 6
Rocchetta Cairo 31 I 6
Rocchetta di Vara 33 J 11
Rocchetta Ligure 32 H 9
Rocchetta Mattei 35 J 15
Rocchetta Nervina 30 K 4
Rocchetta Nuova 61 R 24
Rocchetta S. Antonio 66 D 28
Rocchetta Tanaro 22 H 7
Rocchette 46 N 16
Rocciamelone 20 G 3
Roccoli Lorla (Rifugio) 4 D 10
Rochemolles 20 G 2
Roddi 21 H 5

Roddino 21 I 6
Rodeano 18 D 21
Rodeneck / Rodengo 7 B 17
Rodengo / Rodeneck 7 B 17
Rodengo-Saiano 24 F 12
Rodi 83 M 27
Rodi Garganico 63 B 29
Rodia 83 M 28
Rodigo 25 G 13
Rodio 70 G 27
Rodoretto 20 H 3
Roen (Monte) 6 C 15
Rötspitze / Predoi (Pizzo Rosso di) 8 A 18
Rofrano 70 G 28
Roggiano Gravina 76 I 30
Roggione (Pizzo) 3 D 9
Roghudi 80 M 29
Rogio (Canale) 39 K 13
Rogliano 78 J 30
Roglio 39 L 14
Rognano 23 G 9
Rogno 14 E 12
Rognosa (Punta) 20 H 2
Rogolo 4 D 10
Roia 30 K 4
Roia / Rojen 5 B 13
Roiano 49 N 22
Roiate 59 Q 21
Roio del Sangro 61 Q 25
Roisan 10 E 3
Rojen / Roia 5 B 13
Roletto 20 H 3
Rolle (Cima di) 7 B 16
Rolle (Passo di) 16 D 17

Rolo 35 H 14
Roma 58 Q 19
Roma-Ciampino (Aeroporto) 58 Q 19
Roma-Fiumicino L. da Vinci (Aeroporto) 58 Q 18
Romagnano al Monte 70 F 28
Romagnano Sesia 12 F 7
Romagnese 23 H 9
Romana 96 F 7
Romanelli (Grotta) 75 G 37
Romanengo 24 F 11
Romano d'Ezzelino 16 E 17
Romano di Lombardia 24 F 11
Romans d'Isonzo 29 E 22
Rombo (Passo del) / Timmelsjoch 6 B 15
Romena (Castello di) 41 K 17
Romena (Pieve di) 41 K 17
Romeno 6 C 15
Romentino 12 F 8
Rometta (Massa Carrara) 38 J 12
Rometta (Messina) 83 M 28
Romitello (Santuario del) 86 M 21
Ror (Vetta di) 14 D 11
Roncà 26 F 15
Roncade 28 F 19

Roncadelle (Brescia) 24 F 12
Roncadelle (Treviso) 28 E 19
Roncagli 31 K 6
Roncaglia 24 G 11
Roncalceci 37 I 18
Roncanova 26 G 15
Roncarolo 24 G 11
Roncastaldo 36 J 15
Roncegno 16 D 16
Roncello 13 F 10
Ronche 28 E 19
Ronchi (Savona) 31 J 6
Ronchi (Trento) 16 E 15
Ronchi dei Legionari 29 E 22
Ronchi (I) 17 E 18
Ronchis (vicino a Latisana) 28 E 20
Ronchis (vicino a Udine) 19 D 21
Ronciglione 53 P 18
Roncitelli 43 K 21
Ronco 41 J 18
Ronco (Fiume) 41 J 18
Ronco all'Adige 26 F 15
Ronco Biellese 11 F 6
Ronco Campo Canetto 35 H 12
Ronco Canavese 11 F 4
Ronco Scrivia 32 I 8
Roncobello 14 E 11
Roncobilaccio 39 J 15
Roncoferraro 25 G 14
Roncofreddo 41 J 18
Roncola 13 E 10

Roncole Verdi 24 H 2
Roncoleva 25 G 14
Roncolo (Bolzano) 7 C 16
Roncone 15 E 13
Rondanina 33 I 9
Rondelli 45 N 14
Rondine (Pizzo della) 91 O 22
Rondissone 21 G 5
Ronsecco 22 G 6
Ronta 40 J 16
Ronzo Chienis 15 E 14
Ronzone 6 C 15
Ropola (Passo di) 81 M 30
Rora 20 H 3
Rore 20 I 3
Rosa (Pordenone) 28 E 20
Rosà (Vicenza) 16 E 17
Rosa dei Bianchi 11 F 4
Rosa Marina 69 E 34
Rosali 80 M 29
Rosanisco 60 R 23
Rosano (Firenze) 40 K 16
Rosano (Reggio nell'Emilia) 35 I 13
Rosapineta 27 G 18
Rosario (Santuario del) 86 N 21
Rosarno 80 L 29
Rosaro 34 J 12
Rosasco 22 G 7
Rosate 13 F 9
Rosazza 11 E 5
Rosciano 56 F 24
Roscigno-Nuovo 70 F 28
Roscigno-Vecchio 70 F 28
Rosciolo dei Marsi 55 F 22

Rose 73 I 30
Rose (Monte) 90 C 22
Rose (Pieve delle) 44 L 18
Rose (Timpa delle) 71 F 28
Roseg (Pizzo) 1 C 11
Roselle 45 M 15
Roselle (Località) 45 M 15
Roselli 61 R 23
Rosello 61 Q 25
Rosengarten / Catinaccio 7 C 16
Rosennano 46 L 16
Roseto Capo Spulico 77 H 31
Roseto degli Abruzzi 49 N 24
Roseto Valfortore 62 C 27
Rosia 45 M 15
Rosignano Marittimo 44 L 13
Rosignano Monferrato 22 G 7
Rosignano Solvay 44 L 13
Rosito 79 K 33
Rosola 35 J 14
Rosolina 27 G 18
Rosolina Mare 27 G 18
Rosolini 93 Q 26
Rosone 10 F 4
Rosora 43 L 21
Rossa (Croda) 8 C 18
Rossa (Isola) (Cagliari) 102 K 8
Rossa (Isola) (Nuoro) 100 G 7
Rossa (Isola) (Sassari) 34 D 8

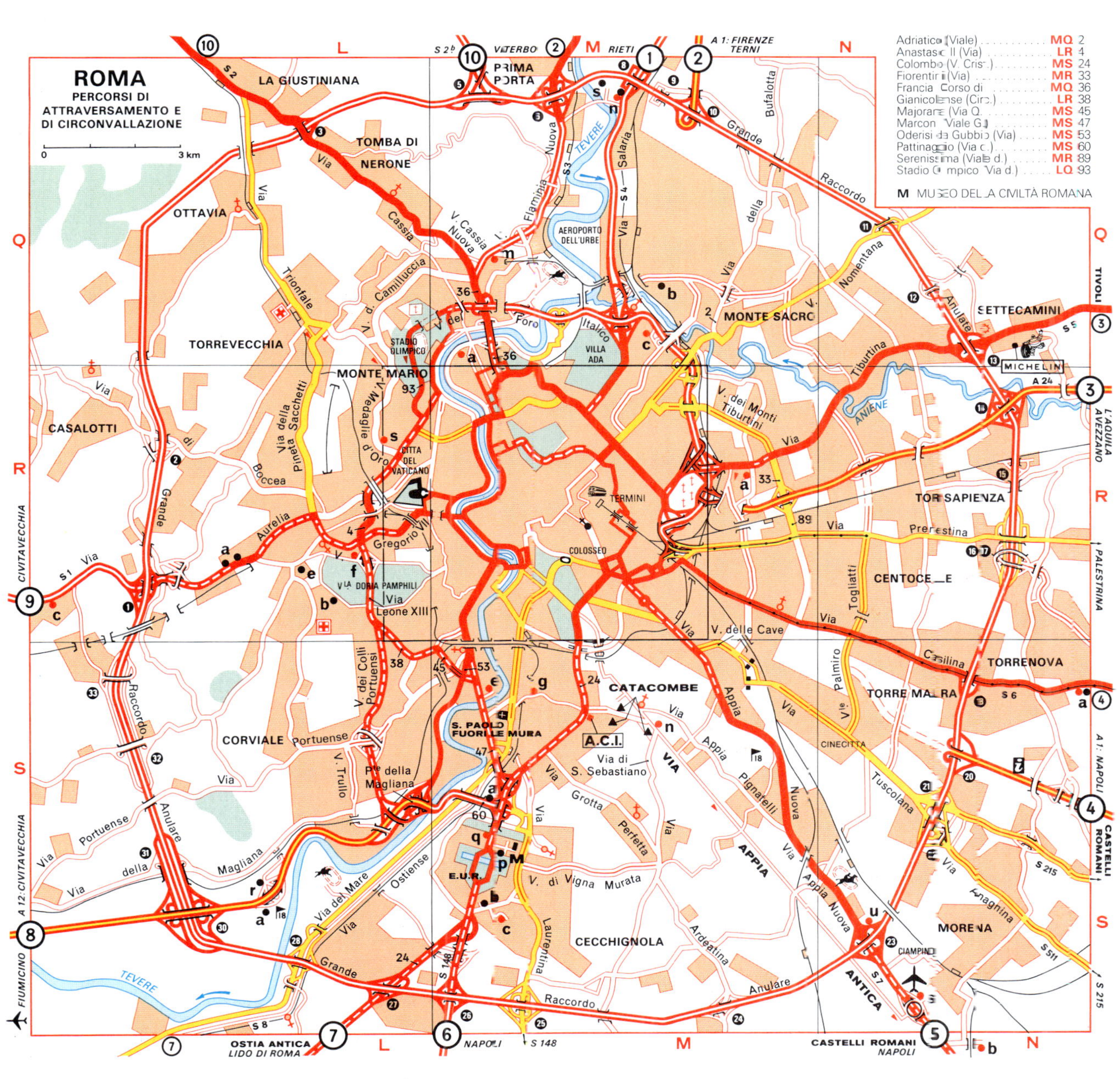

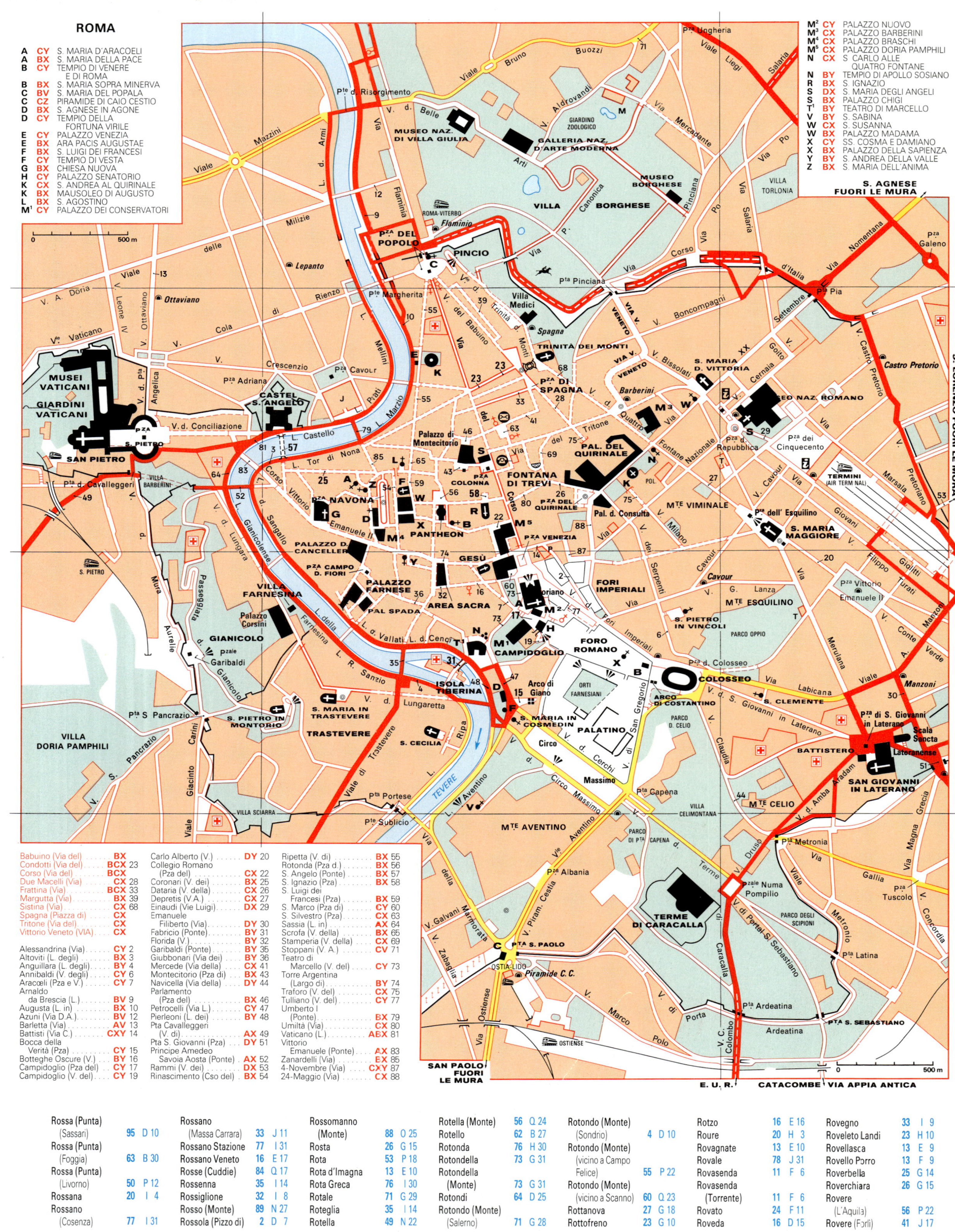

ROMA

A — CY — S. MARIA D'ARACOELI
A — BX — S. MARIA DELLA PACE
B — CY — TEMPIO DI VENERE E DI ROMA
B — BX — S. MARIA SOPRA MINERVA
C — BV — S. MARIA DEL POPALA
C — CZ — PIRAMIDE DI CAIO CESTIO
D — BX — S. AGNESE IN AGONE
D — CY — TEMPIO DELLA FORTUNA VIRILE
E — CY — PALAZZO VENEZIA
E — BX — ARA PACIS AUGUSTAE
F — BX — S. LUIGI DEI FRANCESI
F — CY — TEMPIO DI VESTA
G — BX — CHIESA NUOVA
H — CY — PALAZZO SENATORIO
K — CX — S. ANDREA AL QUIRINALE
K — BX — MAUSOLEO DI AUGUSTO
L — BX — S. AGOSTINO
M¹ — CY — PALAZZO DEI CONSERVATORI

M² — CY — PALAZZO NUOVO
M³ — CX — PALAZZO BARBERINI
M⁴ — CX — PALAZZO BRASCHI
M⁵ — CX — PALAZZO DORIA PAMPHILI
N — CX — S. CARLO ALLE QUATRO FONTANE
N — BY — TEMPIO DI APOLLO SOSIANO
R — BX — S. IGNAZIO
S — DX — S. MARIA DEGLI ANGELI
S — BX — PALAZZO CHIGI
T¹ — BY — TEATRO DI MARCELLO
V — BY — S. SABINA
W — CX — S. SUSANNA
W — BX — PALAZZO MADAMA
X — CY — SS. COSMA E DAMIANO
X — BX — PALAZZO DELLA SAPIENZA
Y — BY — S. ANDREA DELLA VALLE
Z — BX — S. MARIA DELL'ANIMA

S. AGNESE FUORI LE MURA
S. LORENZO FUORI LE MURA
SAN PAOLO FUORI LE MURA
E. U. R. — CATACOMBE VIA APPIA ANTICA

MUSEI VATICANI
GIARDINI VATICANI
SAN PIETRO
CASTEL S. ANGELO
VILLA BORGHESE
MUSEO BORGHESE
GALLERIA NAZ. D'ARTE MODERNA
MUSEO NAZ. DI VILLA GIULIA
GIARDINO ZOOLOGICO
VILLA TORLONIA
VILLA MEDICI
PZA DEL POPOLO
PINCIO
PZA DI SPAGNA
TRINITA DEI MONTI
PAL. DEL QUIRINALE
FONTANA DI TREVI
FORI IMPERIALI
FORO ROMANO
PALATINO
CAMPIDOGLIO
COLOSSEO
ARCO DI COSTANTINO
ARCO DI GIANO
SAN GIOVANNI IN LATERANO
SCALA SANCTA
BATTISTERO
S. MARIA MAGGIORE
SEO NAZ. ROMANO
TERMINI (AIR TERM NAL)
CASTRO PRETORIO
PANTHEON
GESÙ
AREA SACRA
PALAZZO FARNESE
PAL SPADA
PALAZZO DELLA CANCELLERIA
PZA CAMPO D. FIORI
PZA NAVONA
VILLA FARNESINA
PALAZZO CORSINI
GIANICOLO
VILLA DORIA PAMPHILI
S. PIETRO IN MONTORIO
S. MARIA IN TRASTEVERE
TRASTEVERE
S. CECILIA
ISOLA TIBERINA
S. MARIA IN COSMEDIN
S. PIETRO IN VINCOLI
TERME DI CARACALLA
M.TE AVENTINO
M.TE CELIO
M.TE ESQUILINO
M.TE VIMINALE
PIRAMIDE C.C.
OSTIENSE
PTA S. PAOLO

Name	Pg	Ref
Roverè della Luna	16	D 15
Rovere Veronese	26	F 15
Roveredo di Guà	26	G 16
Roveredo in Piano	18	D 19
Rovereto (Ferrara)	37	H 17
Rovereto (Trento)	16	E 15
Rovescala	23	G 10
Roveto (Pantano)	93	Q 27
Roveto (Val)	60	Q 22
Rovetta	14	E 11
Roviasca	32	J 7
Rovigliano	41	L 18
Rovigo	27	G 17
Rovina	34	H 11
Rovitello	89	N 27
Rovito	78	J 30
Rozzano	13	F 9
Rua la Cama (Forca)	48	N 20
Rua (Monte)	26	G 17
Ruazzo (Monte)	60	S 22
Rubano	26	F 17
Rubbio	16	E 16
Rubiana	20	G 4
Rubicone	42	J 19
Rubiera	35	I 14
Rubino (Lago)	85	N 20
Rubizzano	36	H 16
Rucas	20	H 3
Rucorvo	8	C 19
Ruda	29	E 22
Rudiano	24	F 11
Rueglio	11	F 5
Rufeno (Monte)	46	N 17
Ruffano	75	H 36
Ruffi (Monti)	59	Q 20
Ruffia	21	H 4
Rufina	40	K 16
Ruggiano	63	B 29
Rughe (Monte)	100	G 7
Ruia (Isola)	99	F 11
Ruina	26	H 17
Ruinas	100	H 8
Ruino	23	H 9
Ruiu (Monte) (vicino ad Arzachena)	95	D 10
Ruiu (Monte) (vicino a Porto S. Paolo)	99	E 10
Ruiu (Monte) (vicino a Villanova Mont.)	96	F 7
Rumo	6	C 15
Runzi	26	H 16
Ruocce	48	L 20
Ruoti	66	E 29
Ruscello	41	K 18
Ruscio	55	O 20
Russi	37	I 18
Russo (Masseria)	63	C 29
Rustico	43	L 22
Rustigazzo	34	H 11
Ruta	33	I 9
Rutigliano	68	D 33
Rutino	70	G 27
Ruttars	29	E 22
Ruviano	64	D 25
Ruvo del Monte	66	E 28
Ruvo di Puglia	67	D 31
Ruvolo (Monte)	89	N 26
Ruzzano	35	I 12

S

Name	Pg	Ref
Sabatini (Monti)	53	P 18
Sabato	65	E 26
Sabaudia	59	S 21
Sabaudia (Lago di)	59	S 21
Sabbia	11	E 6
Sabbio Chiese	25	F 13
Sabbioneta	25	H 13
Sabbioni (Bologna)	36	J 15
Sabbioni (Ferrara)	26	H 17
Sabbucina (Monte)	88	O 24
Sabia (Val)	15	E 13
Sabina (Punta)	96	D 7
Sabini (Monti)	55	P 20
Sabiona (Convento di)	7	C 16
Sabioncello S. Vittore	37	H 17
Sacca (Mantova)	25	G 13
Sacca (Parma)	25	H 13
Saccarello (Monte)	31	J 5
Saccione	62	B 27
Sacco (Frosinone)	59	Q 21
Sacco (Salerno)	70	F 28
Sacco (Sondrio)	4	D 10
Saccolongo	26	F 17
Sacile	28	E 19
Sacra di S. Michele	20	G 4
Sacramento (Scoglio del)	90	U 19
Sacro (Monte) (Foggia)	63	B 30
Sacro (Monte) (Salerno)	70	G 28
Sacro Monte (Varallo)	11	E 6
Sacrofano	54	P 19
Sadali	101	H 9
Sadali (Rio de)	101	H 9
Sagama	100	G 7
Sagittario	56	Q 23
Sagittario (Gole de)	56	Q 23
Sagliano Micca	11	F 6
Sagrado	29	E 22
Sagrata	42	L 19
Sagron-Mis	17	D 17
Saiano	24	F 12
Sailetto	25	G 14
Sala	65	E 26
Sala (Forlì)	42	J 19
Sala (Terni)	47	N 18
Sala Baganza	34	H 12
Sala Biellese	11	F 5
Sala Bolognese	36	I 15
Sala Comacina	13	E 9
Sala Consilina	71	F 28
Salamone (Case)	91	O 22
Salamu (Bruncu)	103	I 9
Salandra	72	F 30
Salandrella	72	F 30
Salaparuta	86	N 21
Salaparuta (Ruderi di)	85	N 20
Salara	26	H 16
Salarno (Lago di)	15	D 13
Salasco	22	G 6
Salassa	21	G 5
Salbertrand	20	G 2
Salboro	27	F 17
Salcito	61	Q 25
Saldura (Punta)	6	B 14
Sale	22	G 8
Sale Marasino	14	E 12
Sale Porcus (Stagno)	100	H 7
Sale S. Giovanni	31	I 6
Salemi	85	N 20
Salento	70	G 27
Salerano sul Lambro	23	G 10
Salere	21	H 6
Salerno	65	E 26
Salerno (Golfo di)	64	F 25
Saletto (Padova)	26	G 16
Saletto (Udine)	19	C 22
Saletto di Piave	28	E 19
Salgareda	28	E 19
Sali Vercellese	22	G 6
Salica	79	J 33
Salice Salentino	75	F 35
Salice Terme	23	H 9
Saliceto	31	I 6
Saliceto Parano	35	I 14
Salici (Monte)	88	N 25
Salici (Punta)	98	E 8
Salina	25	H 13
Salina (Canale della)	82	L 26
Salina (Isola)	82	L 26
Salinas (Torre)	103	I 10
Saline	49	M 22
Saline (Cala)	100	G 7
Saline di Volterra	45	L 14
Saline Ioniche	80	N 29
Salinello	49	N 23
Salionze	25	F 14
Salisano	54	P 20
Salito	91	O 23
Salitto	65	E 27
Salizzole	26	G 15
Salle (la)	10	E 3
Salle Nuova	56	P 23
Salmenta (Masseria)	75	G 35
Salmour	21	I 5
Salò	25	F 13
Salomone (Masseria)	67	E 30
Salonetto	6	C 15
Salorno / Salurn	16	D 15
Salso (Agrigento)	87	N 24
Salso (Enna)	88	N 25
Salso o Imera Meridionale	88	O 24
Salsola	62	C 27
Salsomaggiore Terme	34	H 12
Salsominore	33	I 10
Salt	18	D 21
Saltara	42	K 20
Saltaus / Saltusio	6	B 15
Saltino	40	K 16
Salto	35	J 14
Salto di Quirra	103	I 10
Salto (Fiume)	55	P 21
Salto (Lago del)	55	P 21
Saltusio / Saltaus	6	B 15
Saludecio	42	K 20
Saluggia	21	G 6
Salurn / Salorno	16	D 15
Salussola	11	F 6
Saluzzo	21	I 4
Salvarano	35	I 13
Salvarosa	17	E 17
Salvaterra	35	I 14
Salve	75	H 36
Salviano	38	L 13
Salvirola	24	F 11
Salvitelle	70	F 28
Salza di Pinerolo	20	H 3
Salza Irpina	65	E 26
Salzano	27	F 18
Samarate	12	F 8
Samassi	102	I 8
Samatzai	103	I 9
Sambiase	78	K 30
Samboseto	24	H 12
Sambuca	39	L 15
Sambuca di Sicilia	90	O 21
Sambuca (Passo)	40	J 16
Sambuca Pistoiese	39	J 15
Sambuceto	56	O 24
Sambucheto	55	O 20
Sambuchi	86	N 22
Sambuci	59	Q 20
Sambucina (Abbazia della)	76	I 30
Sambuco	30	I 3
Sambuco (Monte)	62	C 27
Sambughé	27	F 18
Sambughetti (Monte)	88	N 25
Sammartini	36	H 15
Sammichele di Bari	68	E 32
Sammomme	39	J 15
Samo	80	M 30
Samoggia	39	J 15
Samolaco	4	D 10
Samone (Modena)	35	I 14
Samone (Trento)	16	D 16
Sampeyre	20	I 3
Sampierdarena (Genova)	32	I 8
Sampieri	93	Q 26
Sampieri (Pizzo)	87	N 23
Samugheo	100	H 8
Sanarica	75	G 37
Sand in Taufers / Campo Tures	7	B 17
Sandalo (Capo)	102	J 6
Sandrà	25	F 14
Sandrigo	26	F 16
Sanfatucchio	47	M 13
Sanfrè	21	H 5
Sanfront	20	I 3
Sangiano	12	E 7
Sangineto	76	I 29
Sangineto Lido	76	I 29
Sangone	21	G 4
Sangro	60	Q 23
Sangro (Lago di)	57	Q 25
Sanguigna	25	H 13
Sanguignano	23	H 9
Sanguinaro	34	H 12
Sanguinetto	26	G 15
Sanluri	102	I 8
Sannace (Monte)	68	E 32
Sannazzaro de' Burgondi	22	G 8
Sannicandro di Bari	68	D 32
Sannicandro Garganico	63	B 28
Sannicola	75	G 36
Sannio (Monti del)	65	D 27
Sannoro	65	D 27
Sansepolcro	41	L 18
Santadi	102	J 8
Santadi Basso	102	J 8
Santandra	17	E 18
Santarcangelo di Romagna	42	J 19
Santena	21	H 5
Santeramo in Colle	68	E 32
Santerno	40	J 16
Santhià	11	F 6
Santicolo (Passo di)	7	B 16
Santo	96	E 6
Santo (Col)	16	E 15
Santo (Lago) (Modena)	38	J 13
Santo (Lago) (Trento)	16	D 15
Santo (Monte) (Cagliari)	102	J 8
Santo (Monte) (Sassari)	98	F 8
Santomenna	65	E 27
Santopadre	60	R 22
Santorso	16	E 6
Santoru (Porto)	103	I 10
Santuario	32	I 7
Sanza	71	G 28
Sanzeno	6	C 15
S. Adriano	40	J 16
S. Agapito	61	R 24
S. Agata (Cosenza)	76	I 31
S. Agata (Reggio di Calabria)	80	M 29
S. Agata (Monte)	88	O 25
S. Agata (Firenze)	40	J 16
S. Agata alle Terrine	47	L 18
S. Agata (Piacenza)	24	H 12
S. Agata Bolognese	36	I 15
S. Agata de' Goti	64	D 25
S. Agata del Bianco	80	M 30
S. Agata di Esaro	76	I 29
S. Agata di Militello	88	M 25
S. Agata di Puglia	66	D 28
S. Agata Feltria	41	K 18
S. Agata Fossili	22	H 8
S. Agata li Battiati	89	O 27
S. Agata sui Due Golfi	64	F 25
S. Agata sul Santerno	37	I 17
S. Agnello	64	F 25
S. Agostino	36	H 16
S. Agrippina (Masseria)	88	N 25
S. Albano (Bologna)	36	H 16
S. Albano Stura	21	I 5
S. Alberto (Bologna)	36	H 16
S. Alberto (Ravenna)	37	I 17
S. Alberto (Treviso)	27	F 18
S. Alberto di Butro (Abbazia)	23	H 9
S. Albino	46	M 17
S. Alessio (Capo)	89	N 28
S. Alessio in Aspromonte	80	M 29
S. Alessio Siculo	89	N 28
S. Alfio	89	N 27
S. Alfio (Chiesa di)	89	C 27
S. Allerona	47	N 18
S. Ambrogio (Modena)	36	I 15
S. Ambrogio (Palermo)	87	N 24
S. Ambrogio di Torino	20	G 4
S. Ambrogio di Valpolicella	25	F 14
S. Ambrogio sul Garigliano	60	R 23
S. Ampeglio (Capo)	31	K 5
S. Anastasia (Catanzaro)	77	I 33
S. Anastasia (Napoli)	64	E 25
S. Anatolia (Perugia)	48	N 21
S. Anatolia (Rieti)	55	P 21
S. Anatolia di Narco	48	N 20
S. Andrea	103	J 9
S. Andrea (Caserta)	64	D 24
S. Andrea (Forlì)	41	J 18
S. Andrea (Isernia)	61	D 25
S. Andrea (Livorno)	50	N 12
S. Andrea (Lecce)	75	F 37
S. Andrea (Potenza)	66	F 28
S. Andrea (Siena)	39	L 15
S. Andrea (Isola) (Brindisi)	69	F 35
S. Andrea (Isola) (Lecce)	75	G 35
S. Andrea (Padova)	27	F 17
S. Andrea (Pordenone)	28	E 19
S. Andrea Apostolo dello Ionio	81	L 31
S. Andrea Apostolo dello Ionio Marina	79	L 31
S. Andrea (Verona)	26	F 15
S. Andrea (Isola)	28	E 21
S. Andrea Bagni	34	H 12
S. Andrea Bonagia	84	N 19
S. Andrea di Conza	66	E 28
S. Andrea di Foggia	33	I 9
S. Andrea di Garigliano	60	F 23
S. Andrea di Sorbello	47	N 18
S. Andrea Frius	103	I 9
S. Andrea in Monte / St. Andrä	7	B 17
S. Andrea in Percussina	40	K 15
S. Andria Priu (Necropoli di)	98	F 8
S. Angelo (Ancona)	43	K 21
S. Angelo (Caserta)	64	E 25
S. Angelo (Catanzaro)	80	L 30
S. Angelo (Cosenza)	76	I 29
S. Angelo (Mottola)	74	F 33
S. Angelo (Napoli)	64	E 23
S. Angelo (Pianella)	56	O 24
S. Angelo (Potenza)	89	O 27
S. Angelo (Rieti)	55	O 21
S. Angelo (Lago di)	57	P 24
S. Angelo (Monte)	82	L 26
S. Angelo (Pizzo)	87	N 24
S. Angelo a Fasanella	70	F 28
S. Angelo a Scala	65	E 26
S. Angelo all'Esca	65	E 26
S. Angelo (Venezia)	27	F 18
S. Angelo d'Alife	64	R 24
S. Angelo dei Lombardi	65	E 27
S. Angelo del Pesco	61	Q 24
S. Angelo di Brolo	82	M 26
S. Angelo di Lomellina	22	G 7
S. Angelo di Piove di Sacco	27	F 18
S. Angelo in Colle	46	N 16
S. Angelo in Formis	64	D 24
S. Angelo in Lizzola	42	K 20
S. Angelo in Pontano	49	M 22
S. Angelo in Theodice	60	R 23
S. Angelo in Vado	42	L 19
S. Angelo in Villa	60	R 22
S. Angelo le Fratte	71	F 28
S. Angelo Limosano	61	Q 25
S. Angelo Lodigiano	23	G 10
S. Angelo (Monte) (Latina)	60	S 22
S. Angelo Muxaro	90	O 22
S. Angelo Romano	54	P 20
S. Anna (Agrigento)	90	O 21
S. Anna (Oristano)	100	H 7
S. Anna (Catanzaro)	79	J 33
S. Anna (vicino a Bianco)	81	M 30
S. Anna (vicino a Seminara)	80	M 29
S. Anna (Lucca)	38	K 12
S. Anna Arresi	102	J 7
S. Anna (Venezia)	27	G 18
S. Anna (vicino a Bellino)	20	I 2
S. Anna (vicino a Cuneo)	30	I 4
S. Anna (Sant.di)	30	J 3
S. Anna d'Alfaedo	25	F 14
S. Anna di Boccafossa	28	F 20
S. Anna Morosina	27	F 17

SALERNO

0 — 300 m

Str. Panoramica per Cava de' Tirreni · Via Risorgimento · PEDAGGIO · CASTELLO · Via Salvatore de Renzi · V. de Ruggiero · V. Torquato Tasso · M. DUOMO · V. M. Vernieri · Principati · VIA MERCANTI · Via Roma · Corso V. Emanuele · V. Volpe · Arce · Schipa · V. Pio XI · LUNGOMARE TRIESTE · V. Porto · PORTO

NAPOLI · NAPOLI S 18 · SORRENTO S 163 · COSENZA, POTENZA, AVELLINO · BATTIPAGLIA S 18 · AMALFI, POSITANO, CAPRI

Mercanti (Via)	AB
Vittorio Emanuele (Corso)	B
Abate Coforti (Largo)	AB 2
Alfano 1° (Piazza)	B 3
Cavalieri (Via L.)	B 4
Cilento (Via A.)	B 6
Dogana Vecchia (Via)	A 7
Duomo (Via)	B 8
Indipendenza (Via)	A 9
Lista (Via Stanislas)	A 10
Luciani (Piazza M.)	A 12
Paglia (Via M.)	B 13
Plebiscito (Largo)	B 14
Portacatena (Via)	A 15
Porta di Mare (Via)	A 16
Sabatini (Via A.)	A 19
S. Eremita (Via)	B 20
S. Tommaso d'Aquino (Largo)	A 22
Sedile del Campo (Pza)	A 23
Sedile di Pta. Nuova (Pza)	B 24
Sorgente (Via Camillo)	B 25
Velia (Via)	B 26
24 Maggio (Piazza)	B 27

S. Anna Pelago 38 J 13
S. Ansano 39 K 14
S. Antimo 64 E 24
S. Antimo (Castelnuovo dell'Abate) 46 M 16
Santu Antine 98 F 8
Santu Antine (Santuario) 100 G 8
S. Antioco 102 J 7
S. Antioco (Isola di) 102 J 7
S. Antioco di Bisarcio 98 F 8
S. Antonino di Susa 20 G 3
S. Antonio (L'Aquila) 61 Q 24
S. Antonio (Belluno) 17 D 18
S. Antonio (Bologna) 36 I 17
S. Antonio (Frosinone) 60 R 22
S. Antonio (Modena) 35 I 14
S. Antonio (Monte) 100 G 8
S. Antonio (Sondrio) 5 C 13
S. Antonio (Varese) 12 E 8
S. Antonio (Vicenza) 16 E 15
S. Antonio (Viterbo) 53 O 17
S. Antonio (Eremo di) 56 Q 24
S. Antonio (Santuario) 69 F 35
S. Antonio Abate 64 E 25
S. Antonio di Gallura 97 E 9
S. Antonio di Mavignola 15 D 14
S. Antonio di Ranverso 20 G 4
S. Antonio di Santadi 100 H 7
S. Antonio in Mercadello 35 H 14
S. Antonio (Lago di) 59 R 20
S. Antonio Negri 24 G 12
S. Antonio Ruinas 100 G 8
S. Antonio (Serra) 60 Q 22
S. Apollinare 60 R 23
S. Apollinare in Classe 37 I 18
S. Arcangelo (Perugia) 47 M 18
S. Arcangelo (Potenza) 72 G 30
S. Arcangelo (Monte) 73 G 31
S. Arcangelo Trimonte 65 D 26
S. Arpino 64 E 24
S. Arsenio 70 F 28
Sta Barbara (Nuoro) 100 G 8
Sta Barbara (Salerno) 70 G 27
Sta Barbara (Messina) 83 M 27
Sta Barbara (Ragusa) 92 Q 25
S. Barnaba 37 J 17
S. Baronto 39 K 14
St. Barthelemy 11 E 4
S. Bartolo 83 K 27
S. Bartolo (Bivio) 90 O 21
S. Bartolomeo (Cuneo) 31 J 4
S. Bartolomeo (Perugia) 42 L 19
S. Bartolomeo (Terni) 54 O 19
S. Bartolomeo (Trieste) 29 F 23
S. Bartolomeo (Colle) 31 J 5
S. Bartolomeo al Mare 31 K 6
S. Bartolomeo de' Fossi 47 M 18
S. Bartolomeo in Bosco 36 H 16
S. Bartolomeo in Galdo 62 C 27
S. Bartolomeo Val Cavargna 3 D 9
S. Basile 76 H 30
S. Basilio (Cagliari) 103 I 9

S. Basilio (Messina) 89 M 27
S. Basilio (Taranto) 68 E 32
S. Bassano 24 G 11
S. Bellino 26 G 16
S. Benedetto (Brescia) 25 F 13
S. Benedetto (Cagliari) 102 I 7
S. Benedetto (Subiaco) 59 Q 21
S. Benedetto (vicino a Pietralunga) 47 L 19
S. Benedetto (vicino ad Umbertide) 42 L 19
S. Benedetto (Alpe di) 41 K 17
S. Benedetto dei Marsi 56 P 22
S. Benedetto del Querceto 36 J 16
S. Benedetto del Tronto 49 N 23
S. Benedetto in Alpe 41 K 17
S. Benedetto in Perillis 56 P 23
S. Benedetto Po 25 G 14
S. Benedetto Ullano 76 I 30
S. Benedetto Val di Sambro 36 J 15
S. Benigno Canavese 21 G 5
S. Bernardino 20 G 4
S. Bernardino (Pesaro e Urbino) 42 K 19
S. Bernardino (Ravenna) 37 I 17
S. Bernardo 14 D 11
S. Bernardo (Colla) 31 J 5
S. Bernardo (Colle) 31 J 6
S. Bernieri 65 F 26
S. Bernolfo 30 J 3
S. Biagio 23 G 8
S. Biagio (Modena) 36 H 15
S. Biagio (Messina) 83 M 27
S. Biagio (Palermo) 90 O 21
S. Biagio (Padova) 26 F 17
S. Biagio (Siena) 46 M 17
S. Biagio (vicino ad Argenta) 37 I 17
S. Biagio (vicino a Bondeno) 36 H 16
S. Biagio (Santuario) 76 H 29
S. Biagio della Cima 30 K 4
S. Biagio di Callalta 28 E 19
S. Biagio Platani 90 O 22
S. Biagio Saracinisco 60 R 23
Sta Bianca 36 H 16
S. Biase (Campobasso) 61 Q 25
S. Biase (Salerno) 70 G 27
S. Boldo (Passo di) 17 D 18
S. Bonico 24 G 11
S. Bonifacio 26 F 15
S. Bortolo delle Montagne 26 F 15
Sta Brigida (Bergamo) 13 E 10
Sta Brigida (Firenze) 40 K 16
S. Brizio 48 N 20
S. Bruzio 51 O 15
S. Buono 57 Q 25
S. Calogero 80 L 30
S. Calogero (Monte) 87 N 23
S. Candido / Innichen 8 B 18
S. Canzian d'Isonzo 29 E 22
S. Carlo (Genova) 32 I 8
S. Carlo (Palermo) 90 O 21
S. Carlo (Foggia) 66 D 29
S. Carlo (Ferrara) 36 H 16
S. Carlo (Forlì) 41 J 18
S. Carlo (Livorno) 45 M 13
S. Carlo (Reggio di Calabria) 80 N 29
S. Carlo (Colle) 10 E 2
S. Carlo Terme 38 J 12
S. Carlo Vanzone 11 E 6

S. Casciano (Lago di) 46 N 17
S. Casciano dei Bagni 46 N 17
S. Casciano in Val di Pesa 39 L 15
S. Cassiano (Ravenna) 41 J 17
S. Cassiano (Sondrio) 4 D 10
S. Cassiano / St. Kassian 7 C 17
S. Cassiano (Cima) 7 B 16
S. Cassiano in Pennino 41 J 17
S. Cataldo (Lecce) 75 F 36
S. Cataldo (Caltanissetta) 91 O 23
Sta Caterina (Grosseto) 46 N 16
Sta Caterina (Lecce) 75 G 35
Sta Caterina (Oristano) 100 G 7
Sta Caterina (Stagno di) 102 J 7
Sta Caterina (Belluno) 8 C 19
Sta Caterina Albanese 76 I 30
Sta Caterina (Parma) 24 H 12
Sta Caterina (vicino a Merano) 6 C 15
Sta Caterina (vicino a Rattisio Nuovo) 6 B 14
Sta Caterina del Sasso 12 E 7
Sta Caterina dello Ionio 79 L 31
Sta Caterina dello Ionio Marina 81 L 31
Sta Caterina di Pittinuri 100 G 7
Sta Caterina (Monte) 84 N 18
Sta Caterina Valfurva 5 C 13
Sta Caterina Villarmosa 91 O 24
S. Centignano 53 O 18
Sta Cesarea Terme 75 G 37
S. Cesareo 59 Q 20
S. Cesario di Lecce 75 G 36
S. Cesario sul Panaro 36 I 15
S. Chiaffredo 30 I 4
Sta Chiara 100 G 8
S. Chirico (Masseria) 63 C 29
S. Chirico Nuovo 67 E 30
S. Chirico Raparo 72 G 30
St. Christina i. Gröden / Sta Cristina Valgardena 7 C 17
S. Cipirello 86 N 21
S. Cipriano d'Aversa 64 D 24
S. Cipriano Picentino 65 E 26
S. Cipriano Po 23 G 9
S. Ciro 85 N 20
S. Claudio al Chienti 49 M 22
S. Clemente (Bologna) 36 J 16
S. Clemente (Caserta) 60 R 23
S. Clemente (Forlì) 42 K 19
S. Clemente a Casauria (Abbazia) 56 P 23
S. Clemente al Vomano 56 O 23
S. Colombano (Brescia) 15 E 13
S. Colombano al Lambro 23 G 10
S. Colombano Certenoli 33 I 9

S. Colombano (Forlì) 41 J 18
S. Cono (Catania) 92 P 25
S. Cono (Catanzaro) 78 K 30
S. Corrado di Fuori 93 Q 27
S. Cosimo della Macchia 69 F 35
Santi Cosma e Damiano 60 S 23
S. Cosmo Albanese 76 I 31
S. Costantino 71 G 29
S. Costantino Albanese 72 G 30
S. Costantino Calabro 78 L 30
S. Costanzo 43 K 21
S. Cresci 40 K 16
S. Crispieri 74 F 34
Sta Crista d'Acri 76 I 31
Sta Cristina 100 G 8
Sta Cristina (Chiesa di) 100 G 8
Sta Cristina d'Aspromonte 80 M 29
Sta Cristina e Bissone 23 G 10
Sta Cristina Gela 86 N 21
Sta Cristina Valgardena / St. Christina in Gröden 7 C 17
S. Cristoforo (Alessandria) 32 H 8
S. Cristoforo (Arezzo) 41 L 17
S. Cristoforo (Trento) 16 D 15
Sta Croce 4 D 10
Sta Croce (Ancona) 42 L 20
Sta Croce (Belluno) 17 D 18
Sta Croce (Latina) 60 S 23
Sta Croce (Rieti) 55 O 21
Sta Croce (Trieste) 29 E 23
Sta Croce (Capo) 93 P 27
Sta Croce (Forca di) 48 N 21
Sta Croce (Monte) (Caserta) 60 S 23
Sta Croce (Monte) (Potenza) 66 E 28
Sta Croce Cameina 92 Q 25
Sta Croce (Capo) 31 J 6
Sta Croce del Sannio 61 C 26
Sta Croce di Magliano 62 B 26
Sta Croce (Lago di) 18 D 19
Sta Croce sull'Arno 39 K 14
Sta Crocella (Passo) 61 R 25
S. Dalmazio (Modena) 35 I 14
S. Dalmazio (Pisa) 45 M 14
S. Dalmazio (Siena) 45 L 15
S. Damaso 35 I 14
S. Damiano (Perugia) 47 N 19
S. Damiano (Piacenza) 34 H 11
S. Damiano (Assisi) 47 M 19
S. Damiano al Colle 23 G 10
S. Damiano d'Asti 21 H 6
S. Damiano Macra 20 I 3
S. Daniele del Friuli 18 D 21
S. Daniele Po 24 G 12
S. Demetrio 89 O 27
S. Demetrio Corone 76 I 31
S. Demetrio ne' Vestini 56 P 22
S. Desiderio 32 I 9
Sta Domenica 78 L 29
Sta Domenica (Abbazia di) 78 J 30
Sta Domenica Talao 76 H 29
Sta Domenica Vittoria 89 N 26
S. Domenico 2 D 6
S. Domenico (Masseria) 73 F 32
S. Domino 62 B 28
S. Domino (Isola) (I. Tremiti) 62 B 28
S. Donà di Piave 28 F 19
S. Donaci 69 F 35

S. Donato 74 F 33
S. Donato (Grosseto) 51 O 15
S. Donato (Lucca) 38 K 13
S. Donato (Siena) 39 L 15
S. Donato di Lecce 75 G 36
S. Donato di Ninea 76 H 30
S. Donato in Collina 40 K 16
S. Donato in Poggio 39 L 15
S. Donato in Tavignone 42 K 19
S. Donato Milanese (Milano) 13 F 9
S. Donato Val di Comino 60 Q 23
S. Donnino (Firenze) 39 K 15
S. Donnino (Modena) 35 I 14
S. Dono 27 F 18
S. Dorligo della Valle 29 F 23
S. Efisio 103 J 9
S. Egidio 47 M 19
S. Egidio alla Vibrata 49 N 23
S. Elena (Macerata) 48 M 21
S. Elena (Padova) 26 G 17
S. Elena Sannita 61 R 25
S. Elia (Cagliari) 103 J 9
S. Elia (Messina) 88 N 25
S. Elia (Ancona) 43 L 21
S. Elia (Catanzaro) 79 K 31
S. Elia (Reggio di Calabria) 80 N 29
S. Elia (Rieti) 55 O 20
S. Elia (Monte) (Reggio di Calabria) 80 L 29
S. Elia (Monte) (Taranto) 68 F 33
S. Elia a Pianisi 62 C 26
S. Elia (Capo) 103 J 9
S. Elia Fiumerapido 60 R 23
S. Elisabetta (Agrigento) 91 O 22
S. Elisabetta (Torino) 11 F 4
S. Ellero (Firenze) 40 K 16
S. Ellero (Forlì) 41 K 17
S. Elpidio 55 P 21
S. Elpidio a Mare 49 M 23
S. Elpidio Morico 49 M 22

S. Enea 47 M 19
S. Eraclio 48 N 20
S. Erasmo (Macerata) 48 M 21
S. Erasmo (Terni) 54 O 19
S. Eufemia (Aeroporto) 78 K 30
S. Eufemia 41 K 17
S. Eufemia (Faro di) 63 B 30
S. Eufemia (Golfo di) 78 K 29
S. Eufemia a Maiella 56 P 24
S. Eufemia d'Aspromonte 80 M 29
S. Eufemia della Fonte 25 F 12
S. Eufemia Lamezia 78 K 30
S. Eufemia Vetere 78 K 30
S. Eurosia 11 F 6
S. Eusanio del Sangro 57 P 24
S. Eusebio (Brescia) 25 F 13
S. Eusebio (Modena) 35 I 14
S. Eutizio (Abbazia di) 48 N 21
S. Faustino 47 L 19
S. Fedele Intelvi 13 E 9
S. Fele 66 E 28
S. Felice 61 D 24
S. Felice a Cancello 64 D 25
S. Felice Circeo 59 S 21
S. Felice del Benaco 25 F 13
S. Felice del Molise 57 B 26
S. Felice / St. Felix 6 C 15
S. Felice sul Panaro 36 H 15
St. Felix / S. Felice 6 C 15
S. Ferdinando 80 L 29
S. Ferdinando di Puglia 67 D 30
S. Fidenzio (Abbazia) 47 N 19
S. Fili 76 I 30
S. Filippo (Rieti) 54 O 20
S. Filippo (Sassari) 97 E 9
S. Filippo del Mela 83 M 27

S. Filippo di Fragala 82 M 26
Ss. Filippo e Giacomo 84 N 19
S. Fior 28 E 19
Sta Fiora 46 N 16
S. Fiorano (Milano) 24 G 11
S. Fiorano (Pesaro e Urbino) 42 L 19
Sta Firmina 41 L 17
Sta Flavia 86 M 22
S. Floreano 18 D 21
S. Floriano / Obereggen 7 C 16
S. Floriano del Collio 29 E 22
S. Floro 78 K 31
S. Foca (Lecce) 75 G 37
S. Foca (Pordenone) 18 D 20
S. Fortunato (Montefalco) 47 N 19
Sta Francesca 60 Q 22
S. Francesco (Rieti) 54 O 20
S. Francesco (Taranto) 68 E 32
S. Francesco (Santuario di) (Paola) 76 I 30
S. Francesco a Folloni 65 E 27
S. Francesco al Campo 21 G 4
S. Francesco (Porcenone) 18 D 20
S. Francesco (Trento) 16 D 16
S. Francesco (Verona) 26 F 15
S. Fratello 88 M 25
S. Fruttuoso 33 J 9
S. Gabriel 56 O 22
S. Gabriele 36 I 16
S. Gaetano 28 F 20
S. Galgano (Abbazia di) 45 M 15
S. Gavino Monreale 102 I 8
Sta Geltrude / St. Gertraud 6 C 14
S. Gemiliano 103 I 9
S. Gemini 54 O 19
S. Gemini Fonte 54 O 19

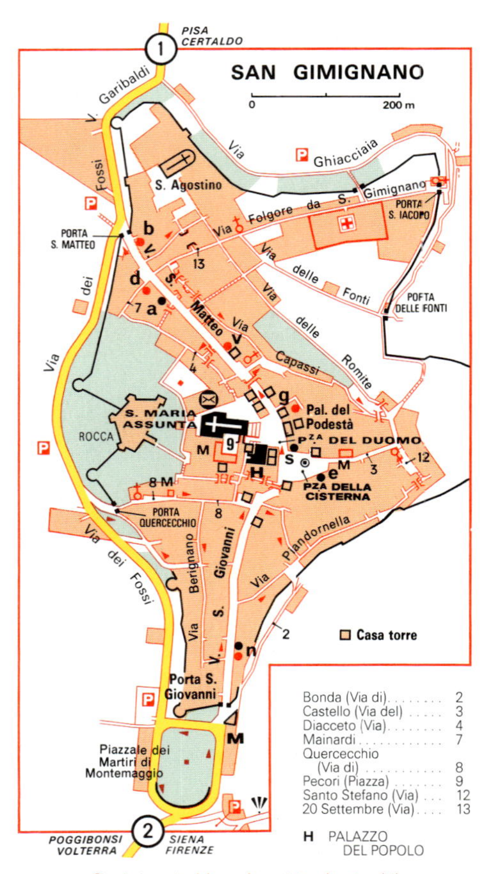

Bonda (Via di) 2
Castello (Via del) 3
Diacceto (Via) 4
Mainardi 7
Quercecchio (Via di) 8
Pecori (Piazza) 9
Santo Stefano (Via) 12
20 Settembre (Via) 13

H PALAZZO DEL POPOLO

Circolazione stradale regolamentata nel centro città

S. Genesio Atesino / Jenesien — 6 C 15
S. Genesio ed Uniti — 23 G 9
S. Gennaro — 39 K 13
S. Gennaro Vesuviano — 64 E 25
St. Georgen / S. Giorgio — 7 B 17
S. Germano Chisone — 20 H 3
S. Germano dei Berici — 26 F 16
S. Germano Vercellese — 12 F 6
St. Gertraud / Sta Geltrude — 6 C 14
S. Gervasio — 39 L 14
S. Gervasio Bresciano — 24 G 12
S. Giacomo — 93 Q 26
S. Giacomo (Chieti) — 57 P 25
S. Giacomo (Teramo) — 49 N 22
S. Giacomo (Masseria) — 69 F 34
S. Giacomo (Bolzano) — 6 C 15
S. Giacomo (Pavia) — 23 G 9
S. Giacomo (Reggio nell'Emilia) — 35 H 13
S. Giacomo (Sondrio) — 14 D 12
S. Giacomo (vicino a Boves) — 30 J 4
S. Giacomo (vicino a Demonte) — 30 I 3
S. Giacomo (vicino a Frabosa Soprana) — 31 J 5
S. Giacomo (Passo di) — 3 C 7
S. Giacomo (Val) — 4 C 10
S. Giacomo / St. Jakob — 7 B 16
S. Giacomo (Cima) — 7 B 16
S. Giacomo (Convento) — 55 O 20
S. Giacomo d'Acri — 77 I 31
S. Giacomo degli Schiavoni — 62 B 26
S. Giacomo delle Segnate — 26 H 15
S. Giacomo di Fraele (Lago di) — 5 C 12
S. Giacomo di Martignone — 36 I 15
S. Giacomo di Veglia — 17 E 18
S. Giacomo Filippo — 4 C 10
S. Giacomo Maggiore — 35 J 14
S. Giacomo Roncole — 36 H 15
S. Giacomo Vercellese — 11 F 6
S. Gillio — 21 G 4
S. Gimignanello — 46 M 16
S. Gimignano — 39 L 15
S. Ginesio — 48 M 21
S. Giorgio (Cagliari) — 103 J 8
S. Giorgio (Savona) — 32 J 7
S. Giorgio (Agrigento) — 90 O 21
S. Giorgio (Bari) — 68 D 32
S. Giorgio (Catania) — 89 O 27
S. Giorgio (Enna) — 88 O 25
S. Giorgio (Ferrara) — 37 I 17
S. Giorgio (Forli) — 37 J 18
S. Giorgio (Messina) — 82 M 26
S. Giorgio (Pesaro e Urbino) — 42 K 20
S. Giorgio (Potenza) — 66 E 29
S. Giorgio (Rieti) — 55 O 21
S. Giorgio (Teramo) — 55 O 22
S. Giorgio (Chiesa) — 76 I 31
S. Giorgio (Udine) — 19 C 21
S. Giorgio (Verona) — 16 E 15
S. Giorgio / St. Georgen — 7 B 17
S. Giorgio a Colonica — 39 K 15

S. Giorgio a Cremano (Napoli) — 64 E 25
S. Giorgio a Liri — 60 R 23
S. Giorgio Albanese — 77 I 31
S. Giorgio Canavese — 11 F 5
S. Giorgio del Sannio — 65 D 26
S. Giorgio della Richinvelda — 18 D 20
S. Giorgio delle Pertiche — 27 F 17
S. Giorgio di Cesena — 41 J 18
S. Giorgio di Livenza — 28 F 20
S. Giorgio di Lomellina — 22 G 8
S. Giorgio di Nogaro — 29 E 21
S. Giorgio di Pesaro — 42 K 20
S. Giorgio di Piano — 36 I 16
S. Giorgio in Bosco — 26 F 17
S. Giorgio in Salici — 25 F 14
S. Giorgio Ionico — 74 F 34
S. Giorgio la Molara — 65 D 26
S. Giorgio Lucano — 72 G 31
S. Giorgio Monferrato — 22 G 7
S. Giorgio Morgeto — 80 L 30
S. Giorgio Piacentino — 24 H 11
S. Giorgio (Rio di) — 103 I 10
S. Giorio di Susa — 20 G 3
S. Giovanni (L'Aquila) — 55 P 21
S. Giovanni (Ascoli Piceno) — 49 N 22
S. Giovanni (Catanzaro) — 79 J 31
S. Giovanni (Cagliari) — 102 I 7
S. Giovanni (Reggio di Calabria) — 81 L 30
S. Giovanni (vicino a Castelsardo) — 98 E 8
S. Giovanni (vicino a Sassari) — 96 E 7
S. Giovanni (Lago) — 91 P 23
S. Giovanni a Piro — 70 G 28
S. Giovanni a Teduccio (Napoli) — 64 E 24
S. Giovanni (Cuneo) — 21 I 5
S. Giovanni (Ferrara) — 37 H 18
S. Giovanni (Trento) — 15 E 14
S. Giovanni (vicino a Polcenigo) — 18 D 19
S. Giovanni (vicino a S. Vito al T.) — 28 E 20
S. Giovanni / St. Johann — 7 B 17
S. Giovanni al Mavone — 56 O 23
S. Giovanni al Natisone — 29 E 22
S. Giovanni al Timavo — 29 E 22
S. Giovanni Bianco — 13 E 10
S. Giovanni d'Asso — 46 M 16
S. Giovanni del Dosso — 26 H 15
S. Giovanni del Pantano — 47 M 18
S. Giovanni delle Contee — 46 N 17
S. Giovanni di Baiano — 48 N 20
S. Giovanni di Gerace — 80 L 30
S. Giovanni di Sinis — 100 H 7
S. Giovanni Galermo — 89 O 27
S. Giovanni Gemini — 91 O 22
S. Giovanni Ilarione — 26 F 15
S. Giovanni in Argentella — 54 P 20

S. Giovanni in Croce — 25 G 13
S. Giovanni in Fiore — 79 J 32
S. Giovanni in Fonte — 66 D 29
S. Giovanni in Galdo — 61 C 26
S. Giovanni in Galilea — 42 K 19
S. Giovanni in Ghiaiolo — 42 K 19
S. Giovanni in Marignano — 42 K 20
S. Giovanni in Persiceto — 36 I 15
S. Giovanni in Venere — 57 P 25
S. Giovanni Incarico — 60 R 22
S. Giovanni Incarico (Lago di) — 60 R 22
S. Giovanni la Punta — 89 O 27
S. Giovanni Lipioni — 61 Q 25
S. Giovanni Lupatoto — 26 F 15
S. Giovanni Maggiore — 40 K 16
S. Giovanni Reatino — 55 O 20
S. Giovanni Rotondo — 63 B 29
S. Giovanni Suergiu — 102 J 7
S. Giovanni Teatino — 56 O 24
S. Giovanni Valdarno — 40 L 16
S. Giovenale — 55 O 21
S. Girolamo — 101 H 10
Sta Giulia — 21 I 6
S. Giuliano (Piacenza) — 24 G 11
S. Giuliano (Viterbo) — 53 O 17
S. Giuliano (Lago di) — 73 F 31
S. Giuliano del Sannio — 61 R 25
S. Giuliano di Puglia — 62 B 26
S. Giuliano Milanese — 13 F 9
S. Giuliano Nuovo — 22 H 8
S. Giuliano Terme — 38 K 13
S. Giuliano Vecchio — 22 H 8
S. Giulio (Isola) — 12 E 7
S. Giuseppe (Bolzano) — 6 C 15
S. Giuseppe (Ferrara) — 37 H 18
S. Giuseppe (Firenze) — 39 J 15
S. Giuseppe (Macerata) — 48 M 21
S. Giuseppe (Siena) — 46 M 17
S. Giuseppe Iato — 86 N 21
S. Giuseppe / Moos — 8 B 19
S. Giuseppe Vesuviano — 64 E 25
Sta Giusta — 100 H 7
Sta Giusta (Monte) — 96 E 6
Sta Giusta (Ponte) — 62 C 28
Sta Giusta (Stagno di) — 100 H 7
Sta Giustina — 33 I 10
Sta Giustina (Belluno) — 17 D 18
Sta Giustina (Forli) — 42 J 19
Sta Giustina (Lago di) — 6 C 15
Sta Giustina in Colle — 27 F 17
S. Giustino — 41 L 18
S. Giustino Valdarno — 41 L 17
S. Giusto — 48 M 21
S. Giusto Canavese — 11 G 5
S. Godenzo — 40 K 16
S. Grato (Aosta) — 11 E 5
S. Grato (Milano) — 23 G 10
S. Gregorio (Cagliari) — 103 J 10
S. Gregorio (Perugia) — 47 M 19

S. Gregorio (Verona) — 26 F 15
S. Gregorio (Lecce) — 75 H 36
S. Gregorio (Mottola) — 74 F 33
S. Gregorio (Reggio di Calabria) — 83 M 28
S. Gregorio da Sassola — 59 Q 20
S. Gregorio di Catania — 89 O 27
S. Gregorio d'Ippona — 78 L 30
S. Gregorio Magno — 70 F 28
S. Gregorio Matese — 61 R 25
S. Gregorio nelle Alp — 17 D 17
S. Guglielmo al Goleto (Abbazia) — 65 E 27
S. Guido — 45 M 13
S. Gusme — 46 L 16
Sto Ianni — 64 D 24
S. Ignazio — 100 G 8
S. Ilario — 66 E 28
S. Ilario de lo Ionio — 81 M 30
S. Ilario d'Enza — 35 H 13
S. Ilario di Bagarza — 34 I 12
S. Ilario Trebbio — 48 M 21
S. Imento — 23 G 10
Sto Ino — 56 P 22
Sto Iorio — 64 D 24
S. Ippolito (Pesaro e Urbino) — 42 K 20
S. Ippolito (Pisa) — 45 M 14
S. Isidoro — 75 G 35
S. Isidoro (vicino a Quartu S. Elena) — 103 J 9
S. Isidoro (vicino a Teulada) — 102 K 8
St. Jacques — 11 E 5
St. Jakob / S. Giacomo — 7 B 16
St. Johann / S. Giovanni — 7 B 17
S. Jorio (Passo di) — 3 D 9
St. Kassian / S. Cassiano — 7 C 17
S. Latino — 24 G 11
S. Lazzaro (Napoli) — 64 F 25
S. Lazzaro (Pesaro e Urbino) — 42 K 20
S. Lazzaro di Savena (Bologna) — 36 I 16
S. Leo — 83 M 28
S. Leo (Arezzo) — 41 L 17
S. Leo (Pesaro e Urbino) — 42 K 19
S. Leonardo (Foggia) — 66 D 29
S. Leonardo (Oristano) — 100 G 8
S. Leonardo (Palermo) — 86 N 22
S. Leonardo (Udine) — 19 D 22
S. Leonardo (Passo) — 56 P 24
S. Leonardo / St. Leonhard — 7 B 17
S. Leonardo de Siete Fuentes — 100 G 7
S. Leonardo di Cutro — 79 K 32
S. Leonardo di Siponto — 63 C 29
S. Leonardo in Passiria / St. Leonhard in Passeier — 6 B 15
S. Leonardo Valcellina — 18 D 20
S. Leone — 91 P 22
St. Leonhard in Passeier / S. Leonardo in Passiria — 6 B 15
St. Leonhard / S. Leonardo — 7 B 17
S. Leucio del Sannio — 65 D 26
S. Liberale — 28 F 19
Sta Liberata — 51 O 15
S. Liberato — 54 O 19

S. Liberato (Lago di) — 54 O 19
S. Liberatore a Maiella — 56 P 24
S. Liberatore (Cappella) — 65 D 27
S. Loe — 86 N 21
S. Lorenzello — 64 D 25
St. Lorenzen / S. Lorenzo di Sebato — 7 B 17
S. Lorenzo — 80 M 29
S. Lorenzo (Latina) — 60 S 23
S. Lorenzo (Macerata) — 48 M 21
S. Lorenzo (Nuoro) — 99 E 11
S. Lorenzo (Sassari) — 96 E 7
S. Lorenzo (Certosa di) (Padula) — 71 F 28
S. Lorenzo a Merse — 45 M 15
S. Lorenzo (Novara) — 2 D 6
S. Lorenzo (Savona) — 31 J 6
S. Lorenzo (vicino a Carmagnola) — 21 H 5
S. Lorenzo (vicino a Cuneo) — 30 I 4
S. Lorenzo (vicino a Savigliano) — 21 I 5
S. Lorenzo al Lago — 48 M 21
S. Lorenzo al Mare — 31 K 5
S. Lorenzo (Pordenone) — 28 E 20
S. Lorenzo (Udine) — 29 E 22
S. Lorenzo Bellizzi — 76 H 30
S. Lorenzo (Capo) — 103 I 10
S. Lorenzo de' Picenardi — 25 G 12
S. Lorenzo del Vallo — 76 H 30
S. Lorenzo di Rabatta — 47 M 19
S. Lorenzo di Sebato / St. Lorenzen — 7 B 17
S. Lorenzo e Flaviano — 55 O 21
S. Lorenzo (Fattoria) — 93 Q 27
S. Lorenzo in Banale — 15 D 14
S. Lorenzo in Campo — 42 L 20
S. Lorenzo in Correggiano — 42 J 19
S. Lorenzo in Noceto — 41 J 18
S. Lorenzo Isontino — 29 E 22
S. Lorenzo Maggiore — 64 D 25
S. Lorenzo Nuovo — 46 N 17
S. Lorenzo Vecchio — 93 Q 27
S. Luca (Perugia) — 48 N 20
S. Luca (Reggio di Calabria) — 80 M 30
Sta Luce — 38 L 13
Sta Luce (Lago di) — 38 L 13
Sta Lucia (Cagliari) — 103 I 9
Sta Lucia (Bari) — 68 E 33
Sta Lucia (Benevento) — 61 R 25
Sta Lucia (Firenze) — 39 J 15
Sta Lucia (Nuoro) — 99 F 11
Sta Lucia (Perugia) — 41 L 18
Sta Lucia (Rieti) — 55 P 21
Sta Lucia (Siena) — 39 L 15
Sta Lucia (vicino a Battipaglia) — 65 F 26
Sta Lucia (vicino a Cagliari) — 103 J 8
Sta Lucia (vicino a Nocera) — 65 E 26
Sta Lucia (Chiesa di) — 65 E 27
Sta Lucia (Cuneo) — 30 I 3
Sta Lucia (Mantova) — 26 G 15
Sta Lucia (Sondrio) — 5 C 13
Sta Lucia (Terme di) — 35 I 12
Sta Lucia del Mela — 83 M 27
Sta Lucia delle Spianate — 37 J 17
Sta Lucia di Piave — 17 E 18

Sta Lucia di Serino — 65 E 26
Sta Lucia (Rio) — 102 J 8
S. Lucido — 78 J 30
S. Lugano — 16 D 16
S. Lugano (Pale di) — 17 D 17
S. Lugano (Val di) — 17 D 17
S. Lupo — 64 D 25
Santu Lussurgiu — 100 H 8
Santu Lussurgiu (Località) — 100 G 7
S. Macario in Piano — 38 K 13
S. Macario (Isola) — 103 J 9
Sta Maddalena / St. Magdalena — 7 C 17
Sta Maddalena in Casies / St. Magdalena — 8 B 18
St. Magdalena / Sta Maddalena — 7 C 17
St. Magdalena / Sta Maddalena in Casies — 8 B 18
S. Magno — 67 D 31
S. Mamete — 3 D 9
S. Mango — 70 G 27
S. Mango d'Aquino — 78 J 30
S. Mango Piemonte — 65 E 26
S. Mango sul Calore — 65 E 26
St. Marcel — 10 E 4
S. Marcello — 43 L 21
S. Marcello Pistoiese — 39 J 14
S. Marco (Messina) — 83 M 27
S. Marco (L'Aquila) — 55 C 21
S. Marco (Bari) — 68 E 33
S. Marco (Catania) — 89 O 27
S. Marco (Perugia) — 47 M 19
S. Marco (Ravenna) — 37 I 18
S. Marco (vicino a Caserta) — 64 C 25
S. Marco (vicino a Castellabate) — 70 G 26
S. Marco (vicino a Teano) — 64 C 24
S. Marco (vicino a Teggiano) — 70 F 28
S. Marco (Padova) — 26 C 16
S. Marco Argentano — 76 I 30
S. Marco (Udine) — 18 D 21
S. Marco (Capo) (Agrigento) — 90 O 21
S. Marco (Capo) (Oristano) — 100 H 7
S. Marco d'Alunzio — 82 M 26
S. Marco dei Cavoti — 62 D 26
S. Marco Evangelista — 64 D 25
S. Marco in Lamis — 63 B 28
S. Marco in Lamis (Stazione di) — 63 B 28
S. Marco la Catola — 62 C 27
S. Marco (Passo) — 14 D 10
S. Marco (Rifugio) — 8 C 18
Sta Margherita (Mottola) — 74 F 33
Sta Margherita (Ascoli Piceno) — 49 M 22
Sta Margherita (Firenze) — 39 J 15
Sta Margherita (Parma) — 34 H 12
Sta Margherita d'Adige — 26 G 16
Sta Margherita di Belice — 86 N 21
Sta Margherita di Staffora — 23 H 9
Sta Margherita di Forno (Forli) — 37 J 18
Sta Margherita Ligure — 33 J 9
Sta Maria (Cagliari) — 102 J 7
Sta Maria (Catanzaro) — 79 K 31
Sta Maria (Messina) — 82 M 26
Sta Maria (Isola) — 95 D 10
Sta Maria (Modena) — 35 I 14
Sta Maria (Teramo) — 54 O 19
Sta Maria (Canale) — 62 C 27
Sta Maria (Monte) — 89 N 26
Sta Maria (Piacenza) — 23 H 10
Sta Maria (Verona) — 26 F 15

Sta Maria (Vercelli) — 11 E 6
Sta Maria a Belverde — 45 N 17
Sta Maria (Giogo di) / Umbrail (Pass) — 5 C 13
Sta Maria a Mare (Ascoli Piceno) — 49 M 23
Sta Maria a Mare (Foggia) — 62 B 28
Sta Maria a Monte — 39 K 14
Sta Maria a Pantano — 64 E 24
Sta Maria a Piè di Chienti — 49 M 22
Sta Maria a Vezzano — 40 K 16
Sta Maria a Vico — 64 D 25
Sta Maria al Bagno — 75 G 35
Sta Maria alla Fonderia — 6 C 14
Sta Maria Amaseno — 60 Q 22
Sta Maria Arabona — 56 P 24
Sta Maria Capua Vetere — 64 D 24
Sta Maria Codifiume — 36 I 16
Sta Maria Coghinas — 98 E 8
Sta Maria d'Anglona — 73 G 31
Sta Maria d'Armi (Santuario) — 76 H 31
Sta Maria d'Attol — 73 F 32
Sta Maria degli Angeli — 47 M 19
Sta Maria dei Bisognosi — 55 P 21
Sta Maria dei Lattani — 30 S 23
Sta Maria dei Martiri — 71 G 28
Sta Maria dei Sabbioni — 24 G 11
Sta Maria del Bosco — 86 N 21
Sta Maria del Bosco (Serra S. Bruno) — 78 L 30
Sta Maria del Calcinaio — 46 M 17
Sta Maria del Casale (Brindisi) — 69 F 35
Sta Maria del Cedro — 76 H 29
Sta Maria del Lago (Moscufo) — 56 O 24
Sta Maria del Monte (Cosenza) — 76 H 30
Sta Maria del Monte (Forli) — 42 K 20
Sta Maria del Monte (Varese) — 12 E 8
Sta Maria del Paire (Santuario) — 77 I 31
Sta Maria del Piano — 60 R 23
Sta Maria del Rivo — 34 H 11
Sta Maria del Taro — 33 I 10
Sta Maria della Colonna (Convento) — 67 D 31
Sta Maria della Consolazione (Perugia) — 47 N 19
Sta Maria della Matina — 76 I 30
Sta Maria della Strada — 61 C 26
Sta Maria della Versa — 23 H 9
Sta Maria delle Grazie di Forno (Forli) — 37 J 18
Sta Maria delle Grazie (Messina) — 83 M 27
Sta Maria delle Grotte — 56 P 22
Sta Maria delle Vertighe — 46 M 17
Sta Maria di Anico — 41 K 18
Sta Maria di Arzilla — 42 K 20
Sta Maria di Barbana — 29 E 22
Sta Maria di Bressanore — 24 G 11

Place	Page	Grid
Sta Maria di Castellabate	70	G 26
Sta Maria di Cerrate (Abbazia)	75	F 36
Sta Maria di Corte (Abbazia di)	100	G 8
Sta Maria di Flumentepido	102	J 7
Sta Maria di Galeria	53	P 18
Sta Maria di Gesù (Palermo)	86	M 22
Sta Maria di Giano	67	D 31
Sta Maria di Legarano	54	O 20
Sta Maria di Leuca (Capo)	75	H 37
Sta Maria di Leuca (Santuario di)	75	H 37
Sta Maria di Licodia	89	O 26
Sta Maria di Loreto	65	E 27
Sta Maria di Merino	63	B 30
Sta Maria di Pieca	48	M 21
Sta Maria di Portonovo	43	L 22
Sta Maria di Propezzano	56	O 23
Sta Maria di Pugliano	59	Q 21
Sta Maria di Rambona	48	M 21
Sta Maria di Ronzano	56	O 23
Sta Maria di Sala (Venezia)	27	F 18
Sta Maria di Sala (Viterbo)	53	O 17
Sta Maria di Sette	47	L 18
Sta Maria di Siponto	63	C 29
Sta Maria d'Irsi	67	E 31
Sta Maria in Castello	41	J 17
Sta Maria in Selva (Abbazia di)	49	M 22
Sta Maria in Stelle	26	F 15
Sta Maria in Valle Porclaneta	55	P 22
Sta Maria in Vescovio	54	P 19
Sta Maria Infante	60	S 23
Sta Maria la Fossa	64	D 24
Sta Maria la Longa	29	E 21
Sta Maria la Palma	96	F 6
Sta Maria Lignano	48	M 20
Sta Maria Maddalena	98	E 8
Sta Maria Maggiore	3	D 7
Sta Maria Navarrese	101	H 11
Sta Maria Nova	41	J 18
Sta Maria Nuova	43	L 21
Sta Maria Occorrevole	61	R 25
Sta Maria Orsoleo	72	G 30
Sta Maria Pietrarossa	48	N 20
Sta Maria Rassinata	47	L 18
Sta Maria Rezzonico	3	D 9
S. Mariano	47	M 18
Ste Marie	55	P 21
Sta Marina (Forlì)	41	J 17
Sta Marina (Salerno)	71	G 28
Sta Marina Salina	82	L 26
Sta Marinella	53	P 17
Sto Marino (Modena)	35	H 14
S. Marino (Terni)	47	N 18
S. Marino (Repubblica di)	42	K 19
S. Maroto	48	M 21
St. Martin / S. Martino	8	B 18
St. Martin in Passeier / S. Martino in Passiria	6	B 15
St. Martin in Thurn / S. Martino in Badia	7	B 17
S. Martino (Bologna)	36	I 17
S. Martino (Livorno)	50	N 12
S. Martino (Perugia)	42	L 19
S. Martino (Rieti)	55	O 22
S. Martino (Bolzano)	7	B 16
S. Martino (Brescia)	15	E 13
S. Martino (Cuneo)	20	H 4
S. Martino (Novara)	12	F 8
S. Martino (Parma)	35	H 13
S. Martino (Savona)	32	I 7
S. Martino (Sondrio)	4	D 10
S. Martino / St. Martin	8	B 18
S. Martino (Pal di)	17	D 17
S. Martino a Maiano	39	L 15
S. Martino a Scopeto	40	K 16
S. Martino al Cimino	53	O 18
S. Martino al Monte	6	C 14
S. Martino al Tagliamento	18	D 20
S. Martino Alfieri	21	H 6
S. Martino alla Palma	39	K 15
S. Martino Buon Albergo	26	F 15
S. Martino Canavese	11	F 5
S. Martino d'Agri	72	G 30
S. Martino dall'Argine	25	G 13
S. Martino d'Alpago	18	D 19
S. Martino dei Muri	42	L 20
S. Martino del Piano	42	L 19
S. Martino della Battaglia	25	F 13
S. Martino delle Scale	86	M 21
S. Martino di Campagna	18	D 19
S. Martino di Castrozza	16	D 17
S. Martino di Finita	76	I 30
S. Martino di Lupari	27	F 17
S. Martino di Venezze	27	G 17
S. Martino in Argine	36	I 16
S. Martino in Badia / St. Martin in Thurn	7	B 17
S. Martino in Beliseto	24	G 11
S. Martino in Campo	47	M 19
S. Martino in Colle (vicino a Gubbio)	47	L 19
S. Martino in Colle (vicino a Perugia)	47	M 19
S. Martino in Freddana	38	K 13
S. Martino in Gattara	40	J 17
S. Martino in Passiria / St. Martin in Passeier	6	B 15
S. Martino in Pensilis	62	B 27
S. Martino in Rio	35	H 14
S. Martino in Soverzano	36	I 16
S. Martino in Strada (Forlì)	41	J 18
S. Martino in Strada (Milano)	23	G 10
S. Martino Monteneve	6	B 15
S. Martino Pizzo	2	D 6
S. Martino Siccomario	23	G 9
S. Martino Spino	26	H 15
S. Martino sul Fiora	46	N 16
S. Martino Valle Caudina	65	D 25
S. Marzano di S. Giuseppe	74	F 34
S. Marzano Oliveto	22	H 6
S. Marzano sul Sarno	64	E 25
S. Massimo	61	R 25
S. Matteo (Cuneo)	30	I 4
S. Matteo (Foggia)	62	B 28
S. Matteo (Punta)	5	C 13
S. Matteo delle Chiaviche	25	G 13
S. Matteo in Lamis (S. Marco)	63	B 28
S. Maurizio Canavese	21	G 4
S. Maurizio d'Opaglio	12	E 7
S. Mauro	101	G 9
S. Mauro (Varco)	76	I 31
S. Mauro a Mare	42	J 19
S. Mauro Castelverde	87	N 24
S. Mauro Cilento	70	G 27
S. Mauro di Saline	26	F 15
S. Mauro Forte	72	F 30
S. Mauro la Bruca	70	G 27
S. Mauro Marchesato	79	J 32
S. Mauro (Monte)	103	I 9
S. Mauro Pascoli	42	J 19
S. Mauro Torinese (Torino)	21	G 5
S. Mazzeo	78	J 30
S. Menaio	63	B 29
S. Miai Terraseo (Monte)	102	J 7
S. Miali (Punta di)	102	I 8
S. Michele	102	I 8
S. Michele (Brescia)	15	E 14
S. Michele (Imperia)	30	K 4
S. Michele (Latina)	59	R 20
S. Michele (Napoli)	64	F 25
S. Michele (Pesaro e Urbino)	42	L 20
S. Michele (Piacenza)	34	H 11
S. Michele (Punta)	102	I 7
S. Michele (Ravenna)	37	I 18
S. Michele (Reggio nell'Emilia)	35	H 14
S. Michele (Salerno)	71	F 28
S. Michele (Abbazia)	66	E 28
S. Michele (Monte)	40	L 16
S. Michele all'Adige	16	D 15
S. Michele al Tagliamento	28	E 20
S. Michele Arenas (Monte)	102	J 7
S. Michele dei Mucchietti	35	I 14
S. Michele di Ganzaria	92	P 25
S. Michele di Piave	28	E 19
S. Michele di Plaianu	96	E 7
S. Michele di Salvenero	98	F 8
S. Michele di Serino	65	E 26
S. Michele Gatti	34	H 12
S. Michele in Bosco	25	G 13
S. Michele in Teverina	53	O 18
S. Michele Mondovì	31	I 5
S. Michele (Monte) (Gorizia)	29	E 22
S. Michele Salentino	69	F 34
S. Miniato	39	K 14
Sta Monica	42	K 20
S. Morello	77	I 32
S. Nazario (Santuario)	62	B 28
S. Nazzaro (Parma)	25	H 12
S. Nazzaro (Piacenza)	24	G 11
S. Nazzaro Sesia	12	F 7
S. Nicola (Bolzano)	7	B 17
S. Nicola (L'Aquila)	55	P 21
S. Nicola (Messina)	88	M 26
S. Nicola (Potenza)	66	E 29
S. Nicola (Salerno)	70	G 27
S. Nicola (vicino ad Ardore)	80	M 30
S. Nicola (vicino a Caulonia)	81	L 31
S. Nicola (Isola) (I. Tremiti)	62	B 28
S. Nicola Arcella	76	H 29
S. Nicola Baronia	65	D 27
S. Nicola da Crissa	78	L 30
S. Nicola dell'Alto	79	J 32
S. Nicola di Casalrotto (Mottola)	74	F 33
S. Nicola la Strada	64	D 24
S. Nicola l'Arena	86	M 22
S. Nicola Manfredi	65	D 26
S. Nicola (Monte) (Bari)	68	E 33
S. Nicola (Monte) (Catanzaro)	81	L 31
S. Nicola (Monte) (Palermo)	90	O 22
S. Nicola Varano	63	B 29
St. Nicolas	10	E 3
S. Nicolò (Catanzaro)	80	L 29
S. Nicolò (Piacenza)	23	G 10
S. Nicolò (Ferrara)	36	H 17
S. Nicolò (Perugia)	48	N 20
S. Nicolò a Tordino	49	N 23
S. Nicolò / St. Nikolaus	6	C 14
S. Nicolò d'Arcidano	100	H 7
S. Nicolò di Comelico	8	C 19
S. Nicolò di Trullas	98	F 8
S. Nicolò Gerrei	103	I 9
S. Nicolò Po	25	G 14
St. Nikolaus / S. Nicolò	6	C 14
Sta Ninfa	85	N 20
S. Odorico	18	D 20
S. Olcese	32	I 8
Sta Oliva	60	R 22
S. Omero	49	N 23
S. Omobono Imagna	13	E 10
S. Onofrio (Catanzaro)	78	K 30
S. Onofrio (Cosenza)	76	H 30
S. Onofrio (Latina)	60	R 22
S. Onofrio (Teramo)	49	N 23
S. Oreste	54	P 19
S. Orsola	16	D 15
S. Osvaldo (Passo di)	18	D 19
St. Oyen	10	E 3
Sto Padre delle Perriere	84	N 19
Sta Panagia	93	P 27
Sta Panagia (Capo)	93	P 27
S. Pancrazio	94	D 9
S. Pancrazio (Arezzo)	46	L 16
S. Pancrazio (Firenze)	39	L 15
S. Pancrazio (Parma)	35	H 12
S. Pancrazio (Ravenna)	37	I 18
S. Pancrazio Salentino	69	F 35
S. Pancrazio / St. Pankraz	6	C 15
S. Panfilo d'Ocre	55	P 22
St. Pankraz / S. Pancrazio	6	C 15
S. Pantaleo	95	D 10
S. Pantaleo (Isola)	84	N 19
S. Pantaleone	80	N 29
Sta Paolina	65	D 26
S. Paolo (Monte)	91	O 23
S. Paolo (Siracusa)	93	Q 27
S. Paolo (Sassari)	99	E 10
S. Paolo (Taranto)	68	F 33
S. Paolo (Isola)	74	F 33
S. Paolo (Masseria)	74	F 33
S. Paolo Albanese	72	G 31
S. Paolo (Brescia)	24	F 12
S. Paolo Bel Sito	64	E 25
S. Paolo Cervo	11	F 6
S. Paolo d'Argon	14	E 11
S. Paolo di Civitate	62	B 29
S. Paolo di Jesi	43	L 21
S. Paolo (Pordenone)	28	E 20
S. Paolo Solbrito	21	H 5
S. Pasquale	94	D 9
S. Paterniano	43	L 22
S. Patrizio	37	I 17
Santu Pedru (Tomba)	96	F 7
S. Pelino (Corfinio)	56	P 23
S. Pelino (vicino ad Avezzano)	56	P 22
S. Pelino (vicino a Montereale)	55	O 21
S. Pellegrinetto	35	I 14
S. Pellegrino (Firenze)	40	J 16
S. Pellegrino (Pistoia)	39	J 14
S. Pellegrino (vicino a Fossato di Vico)	48	M 20
S. Pellegrino (vicino a Norcia)	48	N 21
S. Pellegrino (Passo)	7	C 17
S. Pellegrino (Piacenza)	23	G 10
S. Pellegrino (Val di)	7	C 17
S. Pellegrino in Alpe	38	J 13
S. Pellegrino Terme	13	E 10
St. Peter / S. Pietro	8	A 18
S. Pier d'Isonzo	29	E 22
S. Pier Niceto	83	M 28
S. Piero a Grado	38	K 13
S. Piero a Ponti	39	K 15
S. Piero a Sieve	39	K 15
S. Piero in Bagno	41	K 17
S. Piero in Campo (Livorno)	50	N 12
S. Piero in Campo (Siena)	46	N 17
S. Piero Patti	82	M 26
St. Pierre	10	E 3
S. Pietro	4	D 10
S. Pietro (L'Aquila)	55	O 22
S. Pietro (Cagliari)	102	I 8
Sto Pietro (Catania)	92	P 25
S. Pietro (Messina)	83	L 27
S. Pietro (Napoli)	64	F 25
S. Pietro (Nuoro)	100	G 7
S. Pietro (Perugia)	48	N 20
S. Pietro (Rieti)	55	O 20
S. Pietro (Viterbo)	53	O 17
S. Pietro (Bad a di)	43	L 22
S. Pietro (Lago di)	66	D 28
S. Pietro (Monte) (Cagliari)	102	J 7
S. Pietro (Monte) (Sassari)	97	E 9
S. Pietro (Chiesa)	13	E 9
S. Pietro a Maida	78	K 31
S. Pietro a Maida Scalo	78	K 30
S. Pietro a Monte	41	L 18
S. Pietro (Venezia)	27	G 18
S. Pietro (Verona)	26	G 15
S. Pietro / St. Peter	8	A 18
S. Pietro (Canale di)	9	C 21
S. Pietro Acquaeortus	46	N 17
S. Pietro al Natisone	19	D 22
S. Pietro al Tanagro	70	F 28
S. Pietro all'Olmo	13	F 9
S. Pietro Apostolo	78	K 31
S. Pietro Avellana	61	Q 24
S. Pietro Belvedere	38	L 13
S. Pietro Casasco	23	H 9
S. Pietro Clarenza	89	O 27
S. Pietro di Carida	80	L 30
S. Pietro di Camia	9	C 21
S. Pietro di Feletto	17	E 18
S. Pietro di Morubio	26	G 15
S. Pietro di Ruda	97	E 9
S. Pietro di Simbranos	98	E 8
S. Pietro di Sorres	98	F 8
Ss. Pietro e Paolo	89	N 27
S. Pietro in Amantea	78	J 30
S. Pietro in Bevagna	74	G 35
S. Pietro in Campiano	37	J 18
S. Pietro in Cariano	25	F 14
S. Pietro in Casale	36	H 16
S. Pietro in Cerro	24	G 11
S. Pietro in Curolis	60	R 23
S. Pietro in Gu	26	F 16
S. Pietro in Guarano	76	I 30
S. Pietro in Lama	75	G 36
S. Pietro in Palazzi	44	M 13
S. Pietro in Silvis	37	I 17
S. Pietro in Valle (Isernia)	61	R 25
S. Pietro in Valle (Terni)	55	O 20
S. Pietro in Vincoli	37	J 18
S. Pietro in Volta	27	G 18
S. Pietro Infine	60	R 23
S. Pietro (Isola) (Taranto)	74	F 33
S. Pietro (Isola di) (Cagliari)	102	J 6
S. Pietro Mosezzo	12	F 7
S. Pietro Mussolino	26	F 15
S. Pietro Polesine	26	G 15
S. Pietro Valdastico	16	E 16

SAN MARINO

0 — 300 m

Circolazione automobilistica vietata entro le mura

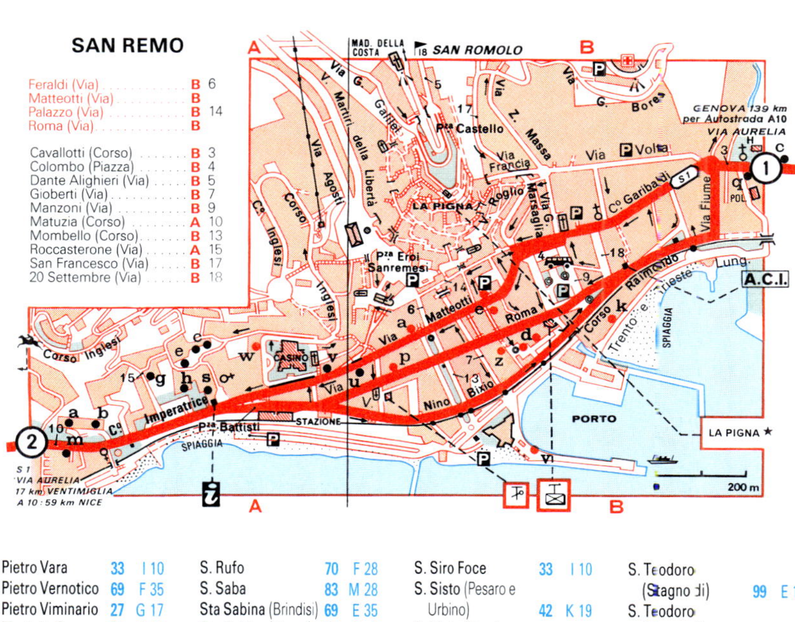

SAN REMO

Feraldi (Via) ..... B 6
Matteotti (Via) ..... B
Palazzo (Via) ..... B 14
Roma (Via) ..... B

Cavallotti (Corso) ..... B 3
Colombo (Piazza) ..... B 4
Dante Alighieri (Via) ..... B 5
Gioberti (Via) ..... B 7
Manzoni (Corso) ..... B 9
Matuzia (Corso) ..... A 10
Mombello (Corso) ..... B 13
Roccasterone (Via) ..... A 15
San Francesco (Via) ..... B 17
20 Settembre (Via) ..... B 18

Sta Valburga / St. Walburg 6 C 15
St. Valentin a. d. Haide / S. Valentino alla Muta 5 B 13
S. Valentino 15 E 14
S. Valentino (Grosseto) 46 N 17
S. Valentino (Perugia) 47 N 19
S. Valentino (Terni) 54 O 19
S. Valentino alla Muta / St. Valentin a. d. Haide 5 B 13
S. Valentino in Abruzzo 56 P 24
S. Valentino Torio 64 E 25
St. Veit / S. Vito 8 B 18
S. Venanzio 35 I 14
S. Venanzo 47 N 18
S. Vendemiano 28 E 19
Sta Venera 89 N 27
Sta Venere (Monte) 93 P 26
S. Venere (Ponte) 66 D 28
Sta Venerina 89 N 27
S. Vero Milis 100 G 7
S. Vicino (Monte) 48 M 21
St. Vigil / S. Vigilio 6 C 15
St. Vigil / S. Vigilio di Marebbe 7 B 17
S. Vincenzo Valle Roveto 60 Q 22
S. Vincenzo Valle Roveto Superiore 60 Q 22
S. Vitale (Pineta) 37 I 18
S. Vitale di Baganza 34 I 12
S. Vito (Cagliari) 103 I 10
S. Vito (Trapani) 84 Q 17
S. Vito (Avellino) 65 D 27
S. Vito (Bari) 68 D 33
S. Vito (Benevento) 65 D 26
S. Vito (Latina) 59 S 21
S. Vito (Modena) 35 I 14
S. Vito (Teramo) 49 N 22
S. Vito (Terni) 54 O 19
S. Vito (vicino a Bassano del G.) 17 E 17
S. Vito (vicino a Valdobbiadene) 17 E 17
S. Vito / St. Veit 8 B 18
S. Vito al Tagliamento 28 E 20
S. Vito al Torre 29 E 22
S. Vito (Capo) (Taranto) 74 F 33
S. Vito (Capo) (Trapani) 85 M 20
S. Vito Chietino 57 P 25
S. Vito dei Normanni 69 F 35
S. Vittore (Verona) 25 F 15
Sta Vittoria (L'Aquila) 55 C 21
Sta Vittoria (Reggio nell'Emilia) 35 H 13
Sta Vittoria (Sassari) 98 E 8
Sta Vittoria (Monteleone Sabino) 55 P 20
Sta Vittoria d'Alba 14 H 5
Sta Vittoria in Matenano 49 M 22
Sta Vittoria (Monte) 101 H 9
Sta Vittoria (Nuraghe) 101 H 9
S. Vittorino (L'Aquila) 55 O 21
S. Vittorino (Pescara) 56 P 23
S. Vivaldo 39 L 14
St. Walburg / Sta Valburga 6 C 15
S. Zaccaria 66 E 29
S. Zeno di Montagna 25 F 14
S. Zeno Naviglio 24 F 12
S. Zenone al Lambro 23 G 10
S. Zenone al Po 23 G 10
S. Zenone degli Ezzelini 17 E 17
Saonara 27 F 17
Saonda 47 M 19
Saoseo (Cima) 5 C 12
Sapienza (Rifugio) 89 N 26
Saponara 83 M 28
Sappada 8 C 20
Sapri 71 G 28
Sara (Monte) 90 O 22
Saracco Volante 11 J 5
Saracena 76 H 30
Saraceni (Monte dei) 82 M 26
Saraceno 77 H 31
Saraceno (Monte) 11 P 23
Saraceno (Punta del) 85 M 20
Saracinesco 55 P 20
Saragiolo 46 N 16
Saraloi (Monte) 99 F 10
Sarbene (Genna) 101 G 10

S. Pietro Vara 33 I 10
S. Pietro Vernotico 69 F 35
S. Pietro Viminario 27 G 17
S. Pio delle Camere 56 P 22
S. Polo 41 L 17
S. Polo dei Cavalieri 55 P 20
S. Polo d'Enza 35 I 13
S. Polo di Piave 28 E 19
S. Polo in Chianti 40 K 16
S. Polomatese 61 R 25
S. Possidonio 35 H 14
S. Potito 56 P 22
S. Potito Sannitico 61 R 25
S. Presto 48 M 20
S. Priamo 103 I 10
S. Primo (Monte) 13 E 9
S. Prisco 64 D 24
S. Procopio 80 M 29
Sta Procula Maggiore 58 R 19
S. Prospero (Bologna) 36 I 15
S. Prospero (Modena) 36 H 15
S. Prospero (Parma) 35 H 13
S. Protaso 34 H 11
S. Puoto (Lago) 60 S 22
S. Quirico (Grosseto) 46 N 17
S. Quirico (Lucca) 38 K 13
S. Quirico (Perugia) 47 M 19
S. Quirico d'Orcia 46 M 16
S. Quirino 18 D 20
Sta Rania 79 J 32
S. Regolo 40 L 16
San Remo 31 K 5
Sta Reparata (Forlì) 41 J 17
Sta Reparata (Sassari) 94 D 9
Sta Reparata (Chiesa) 97 F 9
Sta Restituta (Sassari) 97 F 9
Sta Restituta (Terni) 54 O 19
St. Rhemy 10 E 3
Sta Rita 91 O 24
S. Roberto 80 M 29
S. Rocco (Cuneo) 21 I 6
S. Rocco (Genova) 33 I 9
S. Rocco (Lucca) 38 K 13
S. Rocco (Reggio nell'Emilia) 35 H 13
S. Rocco (Sondrio) 5 C 12
S. Rocco (Galleria) 55 P 21
S. Rocco a Pilli 45 M 15
S. Rocco al Porto 24 G 11
S. Romano (Pisa) 39 K 14
S. Romano (Reggio nell'Emilia) 35 I 13
S. Romano in Garfagnana 38 J 13
S. Romedio 6 C 15
S. Romolo 31 K 5
Sta Rosalia 90 O 22
S. Rossore (Tenuta di) 38 K 12
Sta Rufina 55 O 20
S. Rufino (Abbazia di) 49 M 22

S. Rufo 70 F 28
S. Saba 83 M 28
Sta Sabina (Brindisi) 69 E 35
Sta Sabina (Nuoro) 100 G 8
S. Salvatore (Brescia) 15 D 13
S. Salvatore (Oristano) 100 H 7
S. Salvatore (Avellino) 65 E 26
S. Salvatore (Bari) 67 D 30
S. Salvatore (Foggia) 63 B 29
S. Salvatore (Monte) 87 N 24
S. Salvatore (Badia) 47 M 19
S. Salvatore di Fitalia 82 M 26
S. Salvatore Monferrato 22 G 7
S. Salvatore Telesino 64 D 25
S. Salvo 57 P 26
S. Salvo Marina 57 P 26
S. Saturnino (Terme di) 97 F 9
S. Savino (Forlì) 41 J 17
S. Savino (Perugia) 47 M 18
S. Savino (Pesaro e Urbino) 42 L 20
S. Savino (Ravenna) 37 I 17
S. Savino (Siena) 46 M 17
Sta Scolastica (Subiaco) 59 Q 21
S. Sebastiano al Vesuvio (Napoli) 64 E 25
S. Sebastiano Curone 23 H 9
S. Sebastiano da Po 21 G 5
S. Secondo 47 L 18
S. Secondo di Pinerolo 20 H 3
S. Secondo Parmense 34 H 12
Sta Severa 53 P 17
Sta Severina 79 J 32
S. Severino Lucano 71 G 30
S. Severino Marche 48 M 21
S. Severo (Foggia) 62 B 28
S. Severo (Terni) 47 N 18
S. Silvestro (Pescara) 56 O 24
S. Silvestro (vicino a Fabriano) 48 M 20
S. Silvestro (vicino a Senigallia) 43 L 21
S. Silvestro (Mantova) 25 G 14
S. Silvestro (Rocca di) 44 M 13
S. Simone (Bergamo) 14 D 11
S. Simone (Cagliari) 101 I 9
S. Simone (Taranto) 74 F 33
S. Simone (Rio) 99 E 10
S. Siro 27 G 17

S. Siro Foce 33 I 10
S. Sisto (Pesaro e Urbino) 42 K 19
S. Sisto (Reggio nell'Emilia) 35 H 13
Sta Sofia 41 K 17
Sta Sofia d'Epiro 76 I 30
S. Sosio 60 F 27
S. Sossio Baronia 65 D 27
S. Sostene 78 L 31
S. Sosti 76 I 30
S. Sperate 103 I 9
Sto Spirito (Bari) 68 D 32
Sto Spirito (Caltanissetta) 88 O 24
Sto Spirito (Pescara) 56 P 24
Sto Stefano (Isola) 95 D 10
Sto Stefano (Ancona) 42 L 20
Sto Stefano (L'Aquila) 55 P 21
Sto Stefano (Campobasso) 61 R 25
Sto Stefano (Firenze) 39 L 14
Sto Stefano (Livorno) 44 M 11
Sto Stefano (Ravenna) 37 J 18
Sto Stefano (Teramo) 56 O 22
Sto Stefano (Monte) 59 R 21
Sto Stefano al Mare 31 K 5
Sto Stefano (Rovigo) 26 G 15
Sto Stefano (Verona) 26 F 16
Sto Stefano Belbo 21 H 6
Sto Stefano d'Aveto 33 I 10
Sto Stefano del Sole 65 E 26
Sto Stefano di Briga 83 M 28
Sto Stefano di Cadore 8 C 19
Sto Stefano di Camastra 88 M 25
Sto Stefano di Magra 34 J 11
Sto Stefano di Sessanio 56 O 22
Sto Stefano in Aspromonte 80 M 29
Sto Stefano Lodigiano 24 G 11
Sto Stefano Quisquina 90 O 23
Sto Stino di Livenza 28 E 20
S. Tammaro 64 D 24
Sta Tecla 89 O 27
S. Teodoro (Messina) 88 N 26
S. Teodoro (Nuoro) 99 E 11
S. Teodoro (Grotta di) 88 M 25

S. Teodoro (Stagno di) 99 E 11
S. Teodoro (Terme ci) 65 E 27
S. Terenziano 47 N 19
S. Terenzo 38 J 11
Sta Teresa di Riva 89 N 28
Sta Teresa Gallura 94 D 9
Sto Todaro 81 L 31
S. Tomaso Agordino 7 C 17
S. Tommaso (Chieti) 57 P 25
S. Tommaso (Pescara) 56 P 23
SS. Trinità di Delia 85 N 20
SS. Trinità di Saccargia 98 E 8
S. Trovaso 27 F 18
S. Ubaldo (Gubbio) 48 L 19
St. Ulrich / Ortisei 7 C 17
S. Urbano 26 G 16
S. Urbano (Macerata) 43 L 21
S. Urbano (Terni) 54 O 19

SASSARI

V.tt. Emanuele II (Cso) .....
Alberto (Via C.) ..... Z 2
Azuni (Piazza) ..... Z 5
Cavallotti (Largo) ..... Y 8
Duomo (Piazza) ..... Z 11
Fiume (Piazza) ..... Z 12
Cazzotto (Vicolo) ..... Z 14
Nuova (Porta) ..... Z 15
Fosello (Via) ..... Y 13
Saffi (Via A.) ..... Y 20
S. Antonio (Piazza) ..... Z 21
S. Caterina (Via) ..... Y 22
S. Donato (Via) ..... Y 23
S. Elisabetta (Via) ..... Z 24
Sicilia (Viale) ..... Y 23
Turritana (Via) ..... Z 23

M MUSEO NAZIONALE SANNA

Banchi di Sopra (Via) BYZ 3

H   PALAZZO PUBBLICO
M¹ MUSEO DELL'OPERA DEL DUOMO
V   BATTISTERO DI SAN GIOVANNI

Circolazione regolamentata nel centro città

SIRACUSA

B   ORECCHIO DI DIONISIO
C   ANFITEATRO ROMANO
D   DUOMO
F   LATOMIA DEI CAPPUCCINI
G   GROTTA DEI CORDARI
L   LATOMIA DEL PARADISO
M¹ MUSEO REGIONALE
D   PALAZZO BELLOMO

Sovere	14 E 12	Spilimbergo	18 D 20
Sovereto	67 D 31	Spilinga	80 L 29
Soveria Mannelli	78 J 31	Spina	37 H 18
Soveria Simeri	79 K 32	Spina (Località)	47 N 18
Soverzene	17 D 18	Spina (Genna)	100 H 8
Sovicille	45 M 15	Spina (Monte la)	71 G 29
Sovico	13 F 9	Spina Nuova	48 N 20
Sovizzo	26 F 16	Spinaceto	54 O 20
Sozzago	12 F 8	Spinaceto	58 Q 19
Spaccato (Colle)	56 P 24	Spinadesco	24 G 11
Spada (Monte)	101 G 9	Spinale (Monte)	15 D 14
Spadafora	83 M 28	Spinazzola	67 E 30
Spadarolo	42 J 19	Spindoli	48 M 20
Spadillo (Punta)	84 Q 18	Spinea	27 F 18
Spadola	81 L 31	Spineda	25 G 13
Spagnoletti (Masseria)	67 D 30	Spinello	41 K 17
Spalavera (Monte)	3 D 7	Spineta Nuova	65 F 26
Spalmatore (Punta dello)	84 K 21	Spinete	61 R 25
Sparacia	91 O 23	Spinetoli	49 N 23
Sparacollo	88 N 25	Spinetta (Alessandria)	22 H 8
Sparagio (Monte)	85 M 20	Spinetta (Cuneo)	30 I 4
Sparanise	64 D 24	Spino d'Adda	13 F 10
Spargi (Isola)	95 D 10	Spino (Monte)	15 E 13
Sparone	11 F 4	Spino (Valico dello)	41 K 17
Sparta	83 M 28	Spinone al Lago	14 E 11
Spartivento (Capo) (Cagliari)	102 K 8	Spinoso	71 G 29
Spartivento (Capo) (Reggio di Calabria)	80 N 30	Spirano	24 F 11
Sparviere (Monte)	76 H 31	Spluga (Passo dello) / Splügenpass	4 C 9
Sparviero (Scoglio dello)	45 N 14	Spoleto	48 N 20
Sparvo	39 J 15	Spoltore	56 O 24
Spazzate Sassatelli	37 I 17	Spondigna / Spondinig	5 C 13
Specchia	75 H 36	Spondinig / Spondigna	5 C 13
Specchia (Torre)	75 G 37	Spongano	75 G 37
Specchiolla	69 E 35	Spormaggiore	16 D 15
Speco (Convento lo)	54 O 19	Sporminore	16 D 15
Spello	48 N 20	Spotorno	32 J 7
Spelonga	48 N 21	Spresiano	17 E 18
Spergolaia	45 N 15	Spriana	14 D 11
Sperlinga	88 N 25	Spropolo	80 N 30
Sperlinga (Bosco di)	87 N 24	Spugna (Passo di)	41 K 18
Sperlonga	60 S 22	Spulico (Capo)	77 H 31
Sperone	85 M 20	Squaneto	32 I 7
Sperone (Capo)	102 K 7	Squaranto	26 F 15
Spert	18 D 19	Squarzanella	25 G 13
Spessa	23 G 10	Squillace	78 K 31
Spessa (Udine)	19 D 22	Squillace (Golfo di)	79 K 32
Spessa (Verona)	26 F 16	Squinzano	75 F 36
Spezia (Golfo della)	38 J 11	Stabiae	64 E 25
Speziale	69 E 34	Stabiziane	8 C 18
Speziale (Monte)	85 M 20	Stacciola	43 K 21
Spezzano Albanese	76 H 30	Staffarda (Abbazia di)	20 H 4
Spezzano Albanese Terme	76 H 30	Staffoli	39 K 14
Spezzano della Sila	78 J 31	Staffolo (Ancona)	43 L 21
Spezzano Piccolo	78 J 31	Staffolo (Venezia)	28 F 20
Spiaggia de Rio Torto	58 R 19	Staffora	23 H 9
Spiaggia Scialmarino	63 B 30	Staggia	39 L 15
Spiazzi (Bergamo)	14 E 11	Stagnali	95 D 10
Spiazzi (Verona)	25 F 14	Stagnataro (Cozzo)	90 O 22
Spiazzo	15 D 14	Stagno (Parma)	24 G 12
Spigno Monferrato	32 I 7	Stagno (Pisa)	38 L 13
Spigno (Monte)	63 B 29	Stagno Lombardo	24 G 12
Spigno Saturnia	60 S 23	Stagnone (Isole dello)	84 N 19
Spigno Saturnia Superiore	60 S 23	Staiti	80 M 30
Spigone	35 I 13	Staletti	79 K 31
Spilamberto	36 I 15	Staletti (Punta di)	79 K 31
		Stallavena	25 F 14
		Stalle (Passo) / Stallersattel	8 B 18
		Stallersattel / Stalle (Passo)	8 B 18

Stanghella	26 G 17
Staranzano	29 E 22
Starleggia	4 C 9
Starlex (Piz)	5 C 13
Stasulli (Masseria)	67 E 31
Statte	74 F 33
Staulanza (Forcella)	8 C 18
Stava	16 D 16
Stavel	15 D 13
Stazione di Roccastrada	45 N 15
Stazzano (Alessandria)	22 H 8
Stazzano (Roma)	54 P 20
Stazzema	38 K 12
Stazzo	89 O 27
Stazzona (Como)	3 D 9
Stazzona (Sondrio)	14 D 12
Steccato	79 K 32
Stefanaconi	78 K 30
Steinhaus / Cadipietra	7 B 17
Steinkarspitz / Antola (Monte)	18 C 20
Stella (Ascoli Piceno)	49 N 23
Stella (Modena)	35 I 14
Stella (Monte della)	70 G 27
Stella Cilento	70 G 27
Stella (Savona)	32 I 7
Stella (Udine)	28 E 21
Stella (Pizzo)	4 C 10
Stella (Torrente)	39 K 14
Stellata	26 H 16
Stelle delle Sute (Monte)	16 D 16
Stellone	21 H 4
Stelvio / Stilfs	5 C 13
Stelvio (Parco Nazionale dello)	5 C 13
Stelvio (Passo dello) / Stilfserjoch	5 C 13
Stenico	15 D 14
Stephanago	23 H 9
Sterla (Monte di)	70 G 27
Stern / La Villa	7 C 17
Sternai (Cima)	6 C 14
Sternatia	75 G 36
Sterza	45 M 14
Sterzing / Vipiteno	7 B 16
Stezzano	13 F 10
Stia	41 K 17
Sticciano	45 N 15
Stienta	26 H 16
Stigliano	72 F 30
Stignano	81 L 31
Stilfs / Stelvio	5 C 13
Stilfserjoch / Stelvio (Passo dello)	5 C 13
Stilla (Masseria)	62 C 27
Stilo	81 L 31
Stilo (Punta)	81 L 31
Stimigliano	54 P 19
Stimpato (Masseria)	89 O 26
Stintino	96 E 6
Stio	70 G 27
Stipes	55 P 20
Stirone	34 H 11
Stivo (Monte)	15 E 14
Stolvizza	19 C 22
Stoner	16 E 17
Stornara	66 D 29

STRESA — ISOLE BORROMEE

Cavour (Via)	Y 9	Canonica (Via P.)	Y 6	Lido (Viale)	Y 23
Garibaldi (Via G.)	Y 17	Cardinale F. Borromeo (Via)	Y 7	Lungo Lago (Piazza)	Y 24
Italia (Corso)	Y 22	Carducci (Via G.)	Y 8	Marconi (Piazza)	Y 25
Mazzini (Via G.)	Y 30	D'Azeglio (Via M.)	Y 10	Monte Grappa (Via del)	Y 32
Principe Tomaso (Via)	Y 33	De Amicis (Via)	Y 12	Rosmini (Via A.)	Y 36
Roma (Via)	Y 35	De Martini (Via C.)	Y 13	Ruffoni (Via)	Z 38
		Devit (Via)	Y 14	Sempione (Strada statale del)	Y 39
Ara (Via U.)	Z 2	Europa (Piazzale)	Y 15	V. Emanuele III (Lungolago)	Z 40
Bolongaro (Via L.)	Y 3	Fulgosi (Via)	Y 18	Volta (Via A.)	Y 42
Borromeo (Via G.)	Y 4	Gignous (Via)	Y 20		
Cadorna (Piazza)	Y 5				

Stornarella	66 D 29	Strigno	16 D 16	Stura di Lanzo	11 G 4	Suni	100 G 7
Storo	15 E 13	Strognano	34 I 12	Stura di Val Grande	10 F 3	Suno	12 F 7
Stra (Arezzo)	41 K 17	Stromboli (Isola)	83 K 27	Stura di Viù	20 G 3	Superga (Torino)	21 G 5
Strà (Venezia)	27 F 18	Strombolicchio (Isola)	83 K 27	Sturno	65 D 27	Supersano	75 G 36
Stracia	80 N 29	Strona	11 F 6	Suardi	22 G 8	Supino	59 R 21
Straciugo (Monte)	2 D 6	Strona (Torrente)	12 E 6	Subasio (Monte)	48 M 20	Surano	75 G 37
Strada	41 L 21	Stroncone	54 O 20	Subbiano	41 L 17	Surbo	75 F 36
Strada in Chianti	39 L 15	Strongoli	79 J 33	Subiaco	59 Q 21	Suretta (Pizzo)	4 C 10
Strada S. Zeno	41 J 17	Stroppiana	22 G 7	Subit	19 D 22	Surier	10 F 3
Stradella (Pavia)	23 G 9	Stroppo	20 I 3	Succiano	56 P 22	Susa	20 G 3
Stradella (vicino a Borgo Val di T.)	34 I 11	Strovina	102 I 8	Succiso	34 I 12	Susa (Valle di)	20 G 2
Stradella (vicino a Parma)	34 H 12	Strozzacapponi	47 M 18	Succiso (Alpe di)	38 J 12	Susano	25 G 14
Stradola	65 D 27	Struda	75 G 36	Sud (Costa del)	102 K 8	Susegana	17 E 18
Strambino	11 F 5	Struetta	4 C 10	Sueglio	4 D 9	Sustinente	26 G 15
Strangolagalli	60 R 22	Stuffione	36 H 15	Suelli	103 I 9	Sutera	91 O 23
Strano	81 L 31	Stupinigi (Torino)	21 G 4	Sugana (Val)	16 D 16	Sutri	53 P 18
Strasatti	84 N 19	Stupizza	19 D 22	Sugano	47 N 18	Sutrio	18 C 20
Strassoldo	29 E 21	Stura (vicino a Murisengo)	21 G 6	Sughera	39 L 14	Suvaro (Monte)	77 I 32
Straulas	99 E 10	Stura (vicino ad Ovada)	32 I 8	Suisio	13 F 10	Suvereto	45 M 14
Stregna	19 D 22	Stura (Valle)	30 J 3	Sulau	101 H 9	Suvero	33 J 11
Stresa	12 E 7	Stura di Ala	10 G 3	Sulcis	102 J 7	Suvero (Capo)	78 K 30
Stretti	28 F 20	Stura di Demonte	30 I 2	Sulden / Solda	5 C 13	Suviana	39 J 15
Strettoia	38 K 12			Sulmona	56 P 23	Suviana (Lago di)	39 J 15
Strettura	54 O 20			Sulpiano	21 G 6	Suzza (Monte)	90 O 22
Strevi	22 H 7			Sulzano	14 E 12	Suzzara	25 H 14
Striano	64 E 25			Sumbraida (Monte)	5 C 13	Suzzi	33 I 9
Stribugliano	46 N 16			Summaga	28 E 20	Sybaris	77 H 31
						Sybaris Marine	77 H 31

T

Tabaccaro 84 N 19
Tabellano 25 G 14
Tabiano 34 H 12
Tabiano Bagni 34 H 12
Tablà 6 C 14
Taburno (Monte) 64 D 25
Taccone 67 E 30
Taceno 13 D 10
Tacina 79 J 32
Tadasuni 100 G 8
Tafuri (Masseria) 68 E 32
Taggia 31 K 5
Tagliacozzo 55 P 21
Tagliaferro (Monte) 11 E 5
Tagliamento 8 C 19
Tagliamento (Foce del) 28 F 21
Tagliata (Modena) 35 I 14
Tagliata (Reggio nell'Emilia) 35 H 14
Tagliata (Monte La) 34 I 11
Taglio Corelli 37 I 18
Taglio della Falce 37 H 18
Taglio di Po 27 G 18
Tagliolo Monferrato 32 I 8
Tai di Cadore 8 C 19
Taibon Agordino 17 D 18
Taiet (Monte) 18 D 20
Taino 12 E 7
Taio 16 D 15
Taipana 19 D 22
Taisten / Tesido 8 B 18
Talamello 41 K 18
Talamona 4 D 10
Talamone 51 O 15
Talana 101 G 10
Talarico 30 J 2
Talbignano 35 I 14
Taleggio 13 E 10
Talla 41 L 17
Tallacano 49 N 22
Talmassons 28 E 21
Talocci 54 P 20
Taloro 101 G 9
Talsano 74 F 33
Talucco 20 H 3
Talvacchia 49 N 22
Talvera 7 B 16
Tamai 28 E 19
Tamara 37 H 17
Tambo (Pizzo) 4 C 9
Tambre 18 D 19
Tambulano (Pizzo) 88 N 25
Tambura (Monte) 38 J 12
Tamburello (Bivio) 90 O 21
Tamburino 40 K 16
Tamer (Monte) 17 D 18
Tammaro 61 R 25
Tanabuto (Portella) 91 O 22
Tanagro 70 F 28
Tanai / Thanai 19 C 13
Tanamea (Passo di) 19 D 22
Tanaro 31 J 5

Tanas / Tannas 6 C 14
Tanaunella 99 E 11
Tanca (Sa) 103 J 9
Tanca Marchese 100 H 7
Tanga (Masseria) 65 D 27
Tangi 85 N 20
Tannas / Tanas 6 C 14
Tannure (Punta) 85 M 20
Taormina 89 N 27
Taormina (Capo) 89 N 27
Tappino 62 C 26
Taramelli (Rifugio) 7 C 17
Tarano 54 O 19
Taranta Peligna 56 P 24
Tarantasca 21 I 4
Taranto 74 F 33
Taranto (Golfo di) 74 G 33
Tarcento 19 D 21
Tarderia 89 O 27
Tarino (Monte) 59 Q 21
Tarmassia 26 G 15
Tarnello 6 C 14
Taro 33 I 10
Tarquinia 53 P 17
Tarres 6 C 14
Tarsia 76 I 30
Tarsia (Lago di) 76 I 30
Tarsogno 33 I 10
Tartano 14 D 11
Tartano (Passo di) 14 D 11
Tartaro 25 G 14
Tarugo 42 L 20
Tarvisio 19 C 22
Tarvisio (Foresta di) 19 C 22
Tarzo 17 E 18
Tassara 23 H 10
Tassarolo 22 H 8
Tassei 17 D 18
Tassu (Serra di lu) 94 D 9
Tatti 45 M 15
Taufers im Münstertal / Tubre 5 C 13
Taurasi 65 D 26
Taureana 80 L 29
Tauri (Passo dei) / Krimmlertauern 8 A 18
Tauriano 18 D 20
Taurianova 80 L 30
Taurine (Terme) 53 P 17
Taurisano 75 H 36
Tauro (Monte) 93 P 27
Tavagnacco 19 D 21
Tavarnelle Val di Pesa 39 L 15
Tavarnuzze 39 K 15
Tavarone 33 J 10
Tavazzano 23 G 10
Tavenna 57 B 26
Taverna (Catanzaro) 79 J 31
Taverna (Forlì) 42 K 19
Taverna (Frosinone) 60 R 23
Taverna Nuova (Masseria) 67 E 30

Taverna (Pizzo) 87 N 24
Tavernacce 47 M 19
Tavernazza 62 C 28
Taverne 48 M 20
Taverne d'Arbia 46 M 16
Tavernelle (Massa Carrara) 34 J 12
Tavernelle (Perugia) 47 M 18
Tavernelle (Pesaro e Urbino) 42 K 20
Tavernelle (Siena) 46 M 16
Tavernelle (Vicenza) 26 F 16
Tavernelle d'Emilia 36 I 15
Tavernerio 13 E 9
Tavernette 20 H 4
Tavernola 63 C 29
Tavernola Bergamasca 14 E 12
Tavernole 61 R 24
Tavernole sul Mella 14 E 12
Taverone 34 J 12
Taviano 75 H 36
Tavo 56 O 23
Tavolara (Isola) 99 E 11
Tavole Palatine 73 F 32
Tavoleto 42 K 19
Tavolicci 41 K 18
Tavullia 42 K 20
Teana 72 G 30
Teano 64 D 24
Tebaldi 26 F 15
Tebano 37 J 17
Tecchia Rossa 34 I 11
Teggiano 71 F 28
Téglia (Monte) 49 N 22
Teglio 14 D 12
Teglio Veneto 28 E 20
Teia (Punta della) 44 M 11
Telegrafo (il) 51 O 15
Telegrafo (Pizzo) 90 O 21
Telese 64 D 25
Telesia 64 D 25
Telessio (Lago di) 10 F 4
Telgate 42 F 11
Tellaro (La Spezia) 38 J 18
Tellaro (Siracusa) 93 Q 26
Tellaro (Villa Romana del) 93 Q 27
Telti 99 E 10
Telti (Monte) 99 E 10
Telve 16 D 16
Temo 96 F 7
Tempio Pausania 97 E 9
Templi (Valle dei) (Agrigento) 91 P 22
Tempone 71 G 28
Temù 15 D 13
Tenaglie 53 O 18
Tenda (Colle di) 30 J 4
Tendola 38 J 12
Ténibre (Mont) 30 J 2
Tenna (Ascoli Piceno) 48 N 21
Tenna (Trento) 16 D 15
Tenno 15 E 14
Tenno (Lago di) 15 E 14

Teodorano 41 J 18
Teodulo (Colle di) 11 E 5
Teolo 26 F 17
Teor 28 E 21
Teora (Avellino) 65 E 27
Teora (L'Aquila) 55 O 21
Teppia 59 R 20
Teramo 56 O 23
Terdobbiate 12 F 8
Terdoppio (Novara) 12 F 7
Terdoppio (Pavia) 22 G 8
Tereglio 38 J 13
Terelle 60 R 23
Terenten / Terento 7 B 17
Terento / Terenten 7 B 17
Terenzo 34 I 12
Tergola 27 F 17
Tergu 98 E 8
Terlago 16 D 15
Terlan / Terlano 6 C 15
Terlano / Terlan 6 C 15
Terlato (Villa) 92 Q 25

Terlizzi 67 D 31
Terme di Bagnolo 45 M 14
Terme di Brennero / Brennerbad 7 B 16
Terme di Cotilia 55 O 21
Terme di Firenze 39 K 15
Terme di Fontecchio 41 L 18
Terme di Miradolo 23 G 10
Terme di Salvarola 35 I 14
Terme di S. Calogero 82 L 26
Terme di Sardara 102 I 8
Terme di Saturnia 52 O 16
Terme di Suio 60 S 23
Terme di Valdieri 30 J 3
Terme Luigiane 76 I 29
Terme Pompeo 59 Q 21
Terme Vigliatore 83 M 27
Termeno s. str. d. vino / Tramin 6 C 15
Termina 35 I 13
Termine 55 O 21
Termine Grosso 79 J 32
Termine (Passo di) 48 M 20
Termini 64 F 25
Termini Imerese 87 N 23
Termini Imerese (Golfo di) 87 M 23
Terminillo 55 O 20
Terminillo (Monte) 55 O 20
Terminio (Monte) 65 E 26
Termoli 57 P 26
Ternavasso 21 H 5
Terni 54 O 19
Terno d'Isola 13 E 10
Terontola 47 M 18
Terra del Sole 41 J 17
Terra (Pizzo) 2 D 6
Terracina 59 S 21
Terracino 48 N 21
Terradura 70 G 27
Terragnolo 16 E 15
Terralba 100 H 7
Terralba (Monte) 101 H 10
Terranera 56 P 22
Terrana (Poggio) 92 P 25
Terranova 22 G 7
Terranova da Sibari 76 I 31

Terranova dei Passeri 23 G 10
Terranova di Pollino 76 H 30
Terranova Sappo Minulio 80 M 30
Terranuova Bracciolini 40 L 16
Terrarossa 33 I 10
Terrasini 86 M 21
Terrati 78 J 30
Terrauzza 93 P 27
Terravecchia 77 I 32
Terrazzo 26 G 16
Terrenove 84 N 19
Terreti 80 M 29
Terria 54 O 20
Terriccio 44 L 13
Terricciola 39 L 14
Tersadia (Monte) 9 C 21
Tersiva (Punta) 10 F 4
Tertenia 101 H 10
Tertiveri 62 C 27
Terza Grande (Monte) 8 C 19
Terzigno 64 E 25
Terzo d'Aquileia 29 E 22
Terzo S. Severo 47 N 19
Terzone S. Pietro 55 O 21
Tesa 18 D 19
Tesero 16 D 16
Tesido / Taister 8 B 18
Tesimo / Tisens 6 C 15
Tesina 26 F 16
Tesino 49 N 23
Tesoro (Becca del) 32 I 7
Tessa (Giogaia di) / Texelgruppe 6 B 14
Tessennano 53 O 17
Tessera 27 F 18
Testa (Capo) 94 D 9
Testa del Rutor 10 F 3
Testa dell'Acqua 93 Q 26
Testa Grigia 11 E 5
Testa Grossa (Capo) 82 L 26
Testa (Pozzo Sacro sa) 99 E 10
Testico 31 J 6
Tête Blanche 11 E 4
Teti 101 G 9
Tetto (Sasso) 48 M 21

Teulada 102 K 8
Teulada (Capo) 102 K 7
Teulada (Porto di) 102 K 8
Teveno 14 E 12
Tevere 41 K 18
Teverola 64 E 24
Teverone 47 N 19
Texelgruppe / Tessa (Giogaia di) 6 B 14
Tezio (Monte) 47 M 19
Tezze (Trento) 17 E 17
Tezze (Treviso) 28 E 19
Tezze sul Brenta 16 E 17
Thanai, Tanai 6 B 14
Thapsos 93 P 27
Tharros 100 H 7
Thiene 16 E 16
Thiesi 98 F 8
Tho (Pieve del) 41 J 17
Thuile (la) 10 E 2
Thuins / Tunes 7 B 16
Thuras 20 H 2
Thures 20 H 2
Thurio 77 H 31
Tiana 101 G 9
Tiarno di Sopra 15 E 13
Tiberina (Val) 41 L 18
Tiberio (Grotta di) (Sperlonga) 60 S 22
Tibert (Monte) 30 I 3
Tiburtini (Monti) 59 Q 20
Ticchiano (Passo di) 34 I 12
Ticengo 24 F 11
Ticineto 22 G 7
Ticino 12 F 8
Tidone 23 H 10
Tiepido 35 I 14
Tiers / Tires 7 C 16
Tiezzo 28 E 20
Tiggiano 75 H 37
Tigliano 40 K 16
Tiglieto 32 I 7
Tigliole 21 H 6
Tigliore 22 H 7
Tignaça (Pizzo) 11 E 6
Tignale 15 E 14
Tignino (Serra) 87 N 23
Tigullio (Golfo del) 33 J 9
Timau 9 C 21
Timeto 82 M 26

Timidone (Monte)	96 F 6	Tisens / Tesimo	6 C 15	Toirano (Grotte di)	31 J 6	Tonini (Rifugio)	16 D 16	Tordandrea	47 M 19	Toro (Isola il)	102 K 7	Torre degli Alberi	23 H 9
Timmari	73 F 31	Tissi	96 E 7	Tolè	35 I 15	Tonnara Bonagia	84 M 19	Tordinia	55 O 22	Torpè	99 F 11	Torre del Colle	47 N 19
Timmelsjoch / Rombo (Passo del)	6 B 15	Titelle	17 D 17	Tolentino	48 M 21	Tonnare	102 J 6	Tordino	56 O 22	Torraca	71 G 28	Torre del Corsari	100 H 7
Timone	53 O 17	Titiano	28 E 21	Tolfa	53 P 17	Tonneri (Monte)	101 H 10	Torella dei Lombardi	65 E 27	Torralba	98 F 8	Torre del Greco (Napoli)	64 E 25
Timone (Punta)	99 E 11	Tito	71 F 29	Tolfa (Monti della)	53 P 17	Tonnicoda	55 P 21	Torella del Sannio	61 R 25	Torrate	28 E 20	Torre del Lago Puccini	38 K 12
Timpa del Grillo	87 N 24	Tivoli (Bologna)	36 I 15	Tolfaccia (Monte)	53 P 17	Tonno	33 I 9	Torena (Monte)	14 D 12	Torrazza Coste	23 I 9	Torre del Lauro	88 M 25
Tinchi	73 F 31	Tivoli (Roma)	59 Q 20	Tolle	27 H 19	Tono	83 M 27	Torgiano	47 M 19	Torrazza Piemonte	21 G 5	Torre del Mangano	23 G 9
Tindari (Capo)	83 M 27	Tizzano Val Parma	34 I 12	Tollegno	11 F 6	Tonolini (Rifugio)	15 D 13	Torgnon	11 E 4	Torrazzo	11 F 5	Torre cell'Impiso	85 M 20
Tinnari (Monte)	94 D 8	Toano	35 I 13	Tollo	57 O 24	Tontola	41 J 17	Toricella del Pizzo	25 G 12	Torre (Macerata)	48 L 21	Torre cell'Orso	75 G 37
Tinnura	100 G 7	Tobbiana	39 K 15	Tolmezzo	9 C 21	Topi (Isola dei)	50 N 13	Toricella Sicura	56 O 22	Torre (Udine)	19 D 21	Torre ci Bari	101 H 11
Tino	101 G 9	Tobbio (Monte)	21 I 8	Tolu	103 I 10	Topino	48 M 20	Torino	21 G 5	Torre a Mare	68 D 33	Torre ci Bocca (Masseria)	67 D 30
Tino (Isola del)	33 J 11	Tobia	53 O 18	Tolve	67 E 30	Toppe del Tesoro	60 Q 24	Torino di Sangro	57 P 25	Torre Alfina	46 N 17	Torre di Fine	28 F 20
Tintinnano	46 M 16	Toblach / Dobbiaco	8 B 18	Tomaiolo	63 B 29	Toppo	18 D 20	Torino di Sangro Marina	57 P 25	Torre Annunziata	64 E 25	Torre di Mosto	28 E 20
Tione	25 G 14	Toblacher Pfannhorn / Fana (Corno di)	8 B 18	Tomba (Monte)	16 E 15	Tor Paterno	58 Q 19	Torino (Rifugio)	10 E 2	Torre Astura	59 R 20	Torre di Palme	49 M 23
Tione degli Abruzzi	56 P 22	Toblino (Lago di)	15 D 14	Tombolo	27 F 17	Tor S. Lorenzo	58 R 19	Toritto	68 E 32	Torre Beretti	22 G 8	Torre di Ruggiero	78 L 31
Tione di Trento	15 D 14	Tocco Caudio	64 D 25	Tombolo (Pineta del)	45 N 14	Tor Sapienza (Roma)	59 Q 19	Torlano	19 D 21	Torre Bormida	21 I 6	Torre di Sta Maria	14 D 11
Tirano	14 D 12	Tocco da Casauria	56 P 23	Tombolo (Tenuta di)	38 L 12	Tor Vaianica	58 R 19	Tormine	25 G 14	Torre Caietani	59 Q 21	Torre d'Isola	23 G 9
Tires / Tiers	7 C 16	Toce	11 E 6	Tommaso Natale	86 M 21	Tora	60 R 24	Tormini	57 F 13	Torre Calzolari	48 M 20	Torre d'Ovarda	10 G 3
Tiria (Monte)	97 F 9	Toce (Cascata di)	2 C 7	Ton	16 D 15	Torano	55 P 21	Tornaco	12 F 8	Torre Canavese	11 F 5	Torre Falcone	96 E 6
Tiriolo	78 K 31	Toce (Fiume)	3 D 7	Tonadico	17 D 17	Torano Castello	76 I 30	Tornareccio	57 P 25	Torre Canne	69 E 34	Torre Faro	83 M 28
Tirivolo	79 J 31	Toceno	3 D 7	Tonale (Monte)	15 D 13	Torano Nuovo	49 N 23	Tornata	25 G 13	Torre Cavalo (Capo di)	69 F 36	Torre Lapillo	75 G 35
Tirli	45 N 14	Todi	47 N 19	Tonale (Passo de)	15 D 13	Torbido	81 L 30	Tornimparte	55 O 22	Torre Cervia (Faro di)	59 S 21	Torre le Nocelle	65 D 26
Tirolo	6 B 15	Togano (Monte)	3 C 7	Tonara	101 G 9	Torbole	15 E 14	Torno (Como)	13 E 9	Torre Ciana (Punta di)	51 O 15	Torre Lupara	54 P 19
Tirrenia	38 L 12	Toggia (Lago di)	3 C 7	Tonco	21 G 6	Torbole-Casaglia	24 F 12	Torno (Salerno)	70 G 27	Torre Civette	45 N 14	Torre Maggiore (Monte)	54 O 19
Tirso	97 F 9	Togliano	19 D 22	Tonengo (Asti)	21 G 6	Torcegno	16 D 16	Tornolo	33 I 10	Torre Colimena	74 G 35	Torre Maina	35 I 14
Tirso (Cantoniera del)	101 G 9	Toiano	39 L 14	Tonengo (Torino)	11 G 5	Torcello	28 F 19	Tornova	27 G 18	Torre de' Busi	13 E 10	Torre Mattarelle	69 F 36
Tirso (Foce del)	100 H 7	Toirano	31 J 6	Tonezza del Cimone	16 E 16	Torchiara	70 G 27	Toro	62 C 26	Torre de' Passeri	56 P 23	
		Toirano (Giogo di)	31 J 6	Toni (Croda dei)	8 C 19	Torchiarolo	75 F 36			Torre de' Picenardi	25 G 12	
						Torchiati	65 E 26					

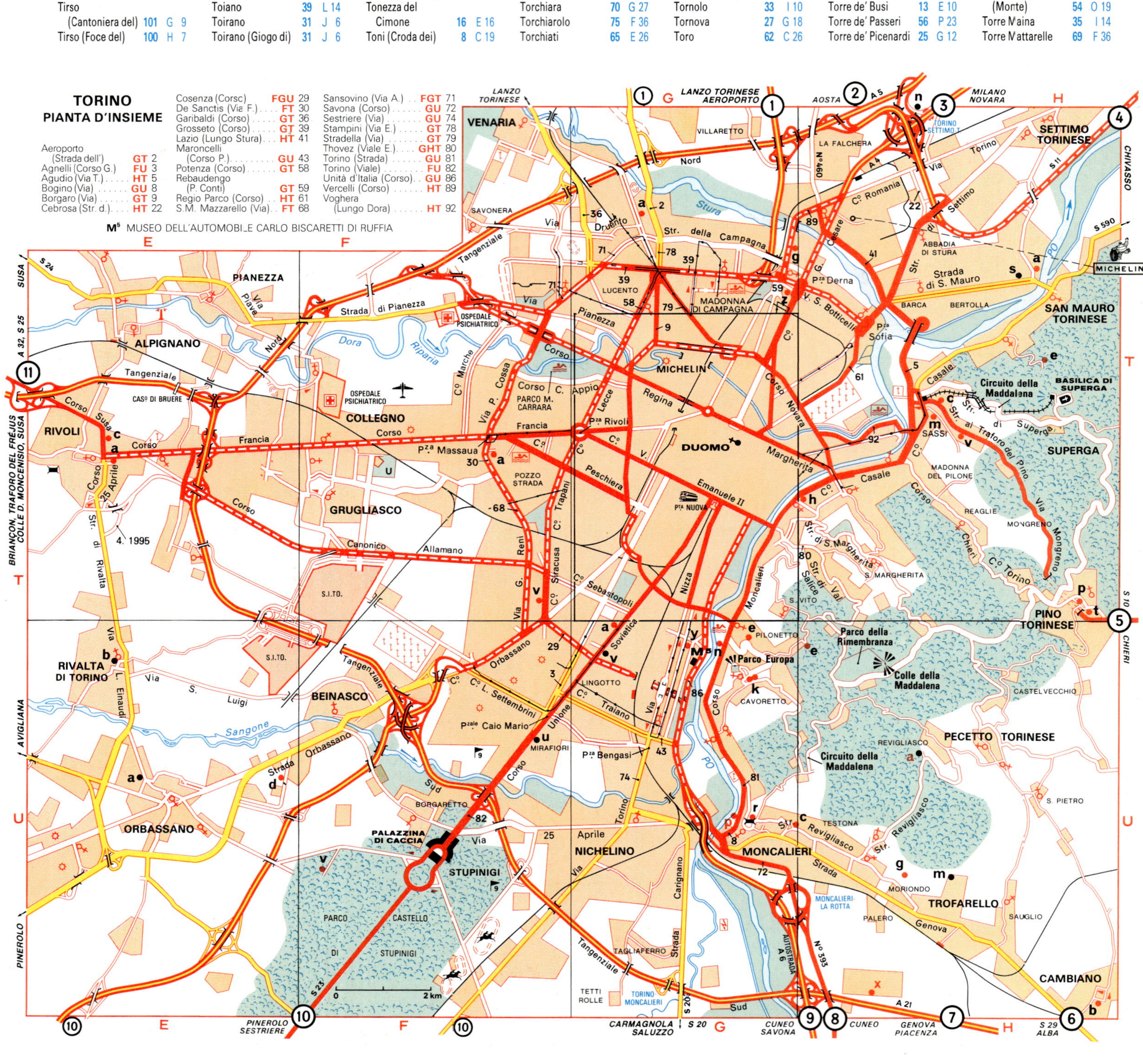

TORINO — PIANTA D'INSIEME

Aeroporto (Strada dell') — GT 2
Agnelli (Corso G.) — FU 3
Agudio (Via T.) — HT 5
Bogino (Via) — GU 8
Borgaro (Via) — GT 9
Cebrosa (Str. d.) — HT 22
Cosenza (Corsc) — FGU 29
De Sanctis (Via F.) — FT 30
Garibaldi (Corso) — GT 36
Grosseto (Corso) — GT 39
Lazio (Lungo Stura) — HT 41
Maroncelli (Corso P.) — GU 43
Potenza (Corso) — GT 58
Rebaudengo (P. Conti) — GT 59
Regio Parco (Corso) — HT 61
S.M. Mazzarello (Via) — FT 68
Sansovino (Via A.) — FGT 71
Savona (Corso) — GU 72
Sestriere (Via) — GU 74
Stampini (Via E.) — GT 78
Stradella (Via) — GT 79
Thovez (Viale E.) — GHT 80
Torino (Strada) — GU 81
Torino (Viale) — FU 82
Unità d'Italia (Corso) — GU 86
Vercelli (Corso) — HT 89
Voghera (Lungo Dora) — HT 92

M5 MUSEO DELL'AUTOMOBILE CARLO BISCARETTI DI RUFFIA

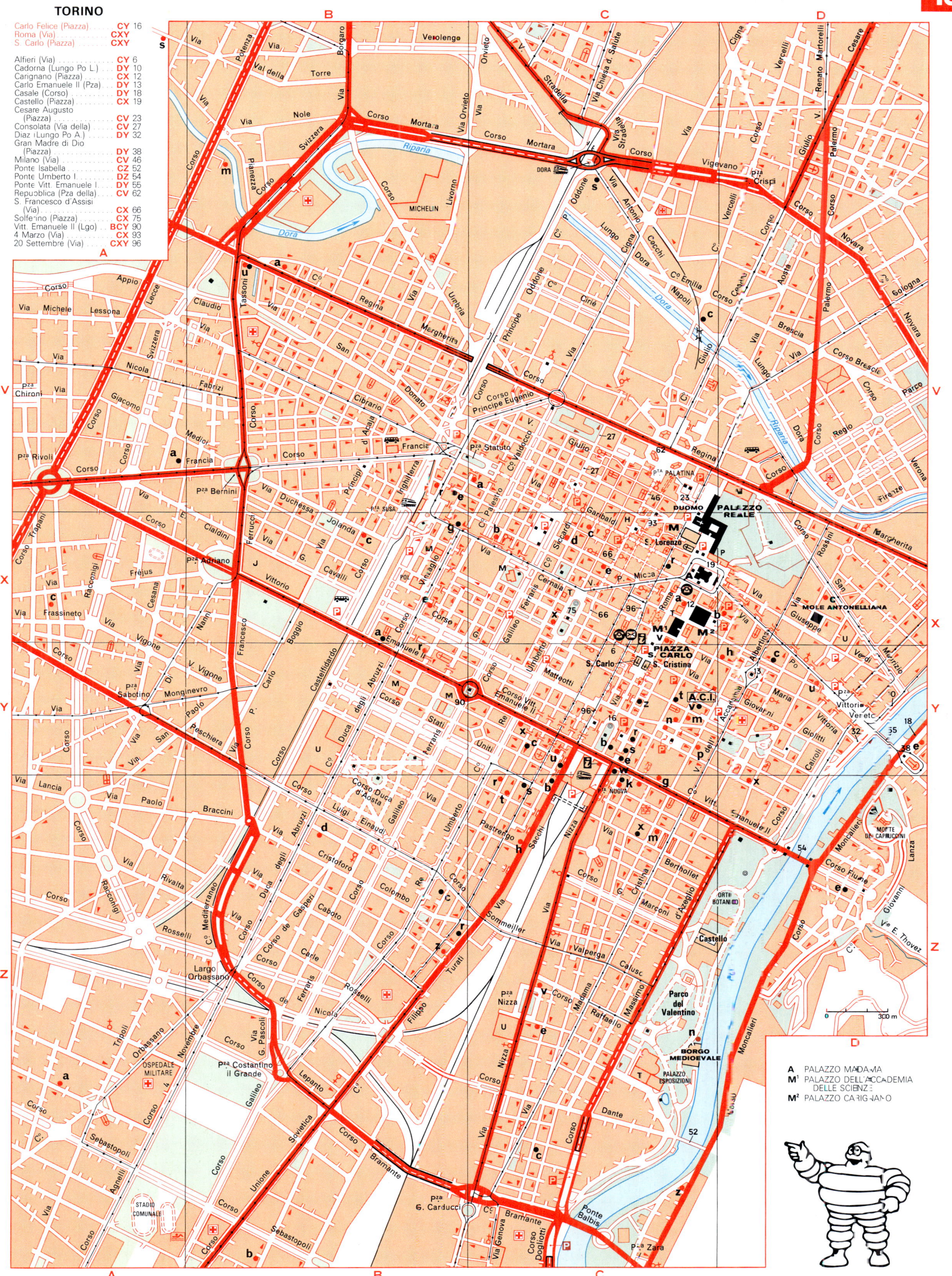

TORINO
Carlo Felice (Piazza) .... CY 16
Roma (Via) .... CXY
S. Carlo (Piazza) .... CXY

Alfieri (Via) .... CY 6
Cadorna (Lungo Po L.) .... DY 10
Carignano (Piazza) .... CX 12
Carlo Emanuele II (Pza) .... DY 13
Casale (Corso) .... DY 18
Castello (Piazza) .... CX 19
Cesare Augusto (Piazza) .... CV 23
Consolata (Via della) .... CV 27
Diaz (Lungo Po A.) .... DY 32
Gran Madre di Dio (Piazza) .... DY 38
Milano (Via) .... CV 46
Ponte Isabella .... CZ 52
Ponte Umberto I .... DZ 54
Ponte Vitt. Emanuele I .... DY 55
Repubblica (Pza della) .... CV 62
S. Francesco d'Assisi (Via) .... CX 66
Solferino (Piazza) .... CX 75
Vitt. Emanuele II (Lgo) .... BCY 90
4 Marzo (Via) .... CX 93
20 Settembre (Via) .... CXY 96

A PALAZZO MADAMA
M¹ PALAZZO DELL'ACCADEMIA DELLE SCIENZE
M² PALAZZO CARIGNANO

MICHELIN
PALAZZO REALE
DUOMO
MOLE ANTONELLIANA
PIAZZA S. CARLO
A.C.I.
PALAZZO ESPOSIZIONI
BORGO MEDIOEVALE
Parco del Valentino
MONTE DEI CAPPUCCINI
OSPEDALE MILITARE
STADIO COMUNALE
ORTO BOTANICO

0   300 m

Torre Melissa	79	J 33
Torre Menapace	23	G 8
Torre Mileto	63	B 28
Torre Mozza	75	H 36
Torre Olevola	59	S 21
Torre Orsaia	70	G 28
Torre Pali	75	H 36
Torre Pallavicina	24	F 11
Torre Pedrera	42	J 19
Torre Pellice	20	H 3
Torre S. Gennaro	75	F 36
Torre S. Giorgio	21	H 4
Torre S. Marco	42	L 20
Torre S. Patrizio	49	M 22
Torre Sta Susanna	69	F 35
Torre Spagnola (Masseria)	68	E 32
Torre Suda	75	H 36
Torre Vado	75	H 36
Torre Varcaro (Masseria)	63	C 29
Torrebelvicino	16	E 15
Torrebruna	61	Q 25
Torrechiara	35	I 12
Torrecuso	65	D 26
Torregaveta	64	E 24
Torreglia	26	F 17
Torregrotta	83	M 28
Torremaggiore	62	B 27
Torremuzza	87	M 24
Torrenieri	46	M 16
Torrenova	82	M 26
Torrenova (Roma)	59	Q 19
Torresina	31	I 6
Torretta (Livorno)	38	L 13
Torretta (Rovigo)	26	G 15
Torretta (Taranto)	74	F 34
Torretta (Caltanissetta)	91	O 23
Torretta (Palermo)	86	M 21
Torretta (Portella)	86	M 21
Torretta-Granitola	85	O 19
Torretta (Masseria)	66	D 29
Torretta (Monte)	66	E 29
Torrette (Ancona)	43	L 22
Torrette (Pesaro e Urbino)	43	K 21
Torrevecchia	23	G 9
Torrevecchia (Roma)	58	Q 19
Torrevecchia Teatina	56	O 24
Torri	30	K 4
Torri (Ravenna)	37	I 18
Torri (Siena)	45	M 15
Torri del Benaco	25	F 14
Torri di Quartesolo	26	F 16
Torri in Sabina	54	O 19
Torriana	42	K 19
Torrice	60	R 22
Torricella (Cosenza)	77	I 31
Torricella (Taranto)	74	F 34
Torricella in Sabina	55	P 20
Torricella (Mantova)	25	G 14
Torricella (Parma)	24	H 12
Torricella Peligna	57	P 24
Torriglia	33	I 9
Torrile	35	H 12
Torrita	55	O 21
Torrita di Siena	46	M 17
Torrita Tiberina	54	P 19
Torsa	28	E 21
Torsana	34	J 12
Torto (Palermo)	87	N 23
Torto (Torino)	20	H 4
Tortoli	101	H 10
Tortoli (Stagno di)	101	H 11
Tortona	22	H 8
Tortora	76	H 29
Tortorella	71	G 28
Tortoreto	49	N 23
Tortoreto Lido	49	N 23
Tortorici	89	M 26
Torviscosa	29	E 21
Torza	33	J 10
Tosa (Cima)	15	D 14
Tosa	36	I 16
Toscano (Arcipelago)	44	M 12
Toscolano	54	O 19
Toscolano-Maderno	25	F 13
Tosi	40	K 16
Tossicia	56	O 22
Tossignano	36	J 16
Tossino	41	J 17
Tottubella	96	E 7
Tout Blanc (Monte)	10	F 3
Tovel (Lago di)	15	D 14
Tovena	17	E 18
Tovio	16	E 17
Tovo di S. Agata	14	D 12
Tovo (Monte)	10	F 4
Tovo S. Giacomo	31	J 6
Trabacche (Grotta delle)	92	Q 25
Trabaria (Bocca)	41	L 18
Trabia	86	N 22
Trabuccato (Punta)	96	D 7
Tracchi	16	E 15
Tracino	84	Q 18
Tracino (Punta)	84	Q 18
Tradate	13	E 8
Traessu (Monte)	98	F 8
Trafficanti	14	E 11
Traffiume	3	D 8
Trafoi	5	C 13
Traghetto	36	I 17
Tragliata	58	Q 18
Tramariglio	96	F 6
Tramatza	100	G 7
Tramazzo	41	J 17
Trambileno	16	E 15
Tramin / Termeno	6	C 15
Tramontana (Punta)	96	E 7
Tramonti (Lago di)	18	D 20
Tramonti di Sopra	18	D 20
Tramonti di Sotto	18	D 20
Tramuschio	26	H 15
Tramutola	71	G 29
Trana	20	G 4
Trani	67	D 31

TRENTO

Battisti (Pza C.)	BZ	3
Carducci (Largo)	BZ	6
Duomo (Pza del)	BZ	10
Garibaldi (Via)	BZ	12
Manci (Via)	BZ	14
Mazzini (Via)	BZ	15
Oriola (Via)	BZ	16
Oss Mazzurana (Via)	BZ	17
S. Pietro (Via)	BZ	31
S. Simonino (Via)	BZ	32
S. Vigilio (Via)	BZ	33
Alpini (Corso degli)	AY	2
Belenzani (Via R.)	BZ	4
Clesio (Via B.)	BY	7
Dogana (Via)	BY	8
Grazioli (Via G.)	BZ	13
Porta Nuova (Largo)	BZ	20
Pozzo (Via)	AY	22
Prepositura (Via)	AZ	24
S. Lorenzo (Cavalcavia)	AZ	27
S. Marco (Via)	BZ	30
Sta Croce (Via)	BZ	34
Torre Vanga (Via)	BZ	35
Torre Verde (Via)	BZ	37
Ventuno (Via dei)	BZ	40

F   PALAZZO TABARELLI
M¹   DUOMO

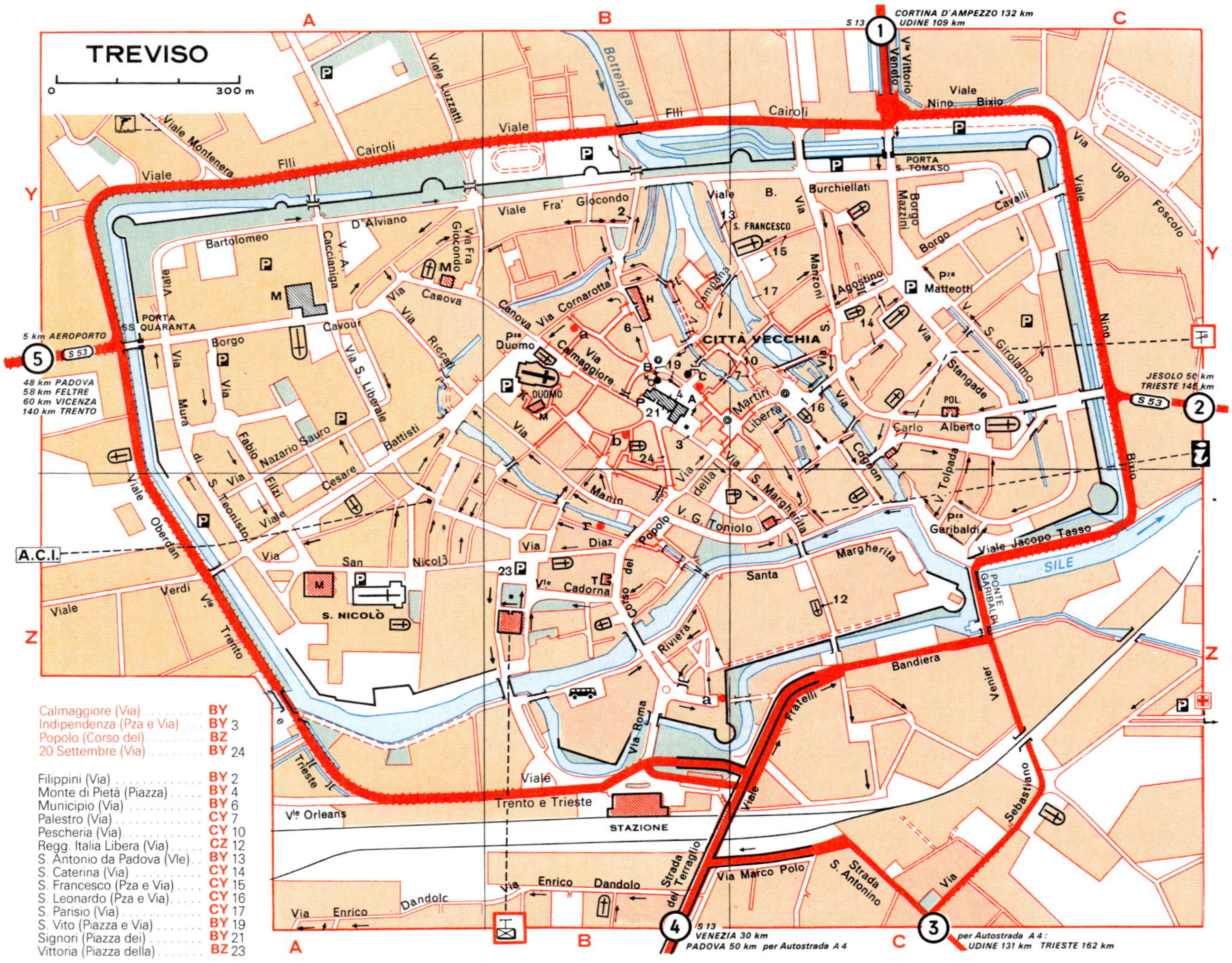

TREVISO

Calmaggiore (Via)	BY	
Indipendenza (Pza e Via)	BY	3
Popolo (Corso del)	BZ	
20 Settembre (Via)	BY	24
Filippini (Via)	BY	2
Monte di Pietà (Piazza)	BY	4
Municipio (Via)	BY	6
Palestro (Via)	CY	7
Pescheria (Via)	CY	10
Regg. Italia Libera (Via)	CZ	12
S. Antonio da Padova (Vle)	BY	13
S. Caterina (Via)	CY	14
S. Francesco (Pza e Via)	CY	15
S. Leonardo (Pza e Via)	CY	16
S. Parisio (Via)	CY	17
S. Vito (Piazza e Via)	BY	19
Signori (Piazza dei)	BY	21
Vittoria (Piazza della)	BZ	23

A   PALAZZO DEI TRECENTO   B   CHIESA DI SANTA LUCIA   M   MUSEO CIVICO BAILO

Name	No.	Grid
Tranquillo (Monte)	60	Q 23
Traona	4	D 10
Trapani	84	M 19
Trapani-Birgi (Aeroporto)	84	N 19
Trappa	11	F 5
Trappeto	86	M 21
Trappeto Bambino	80	L 30
Trarego Viggiona	3	D 8
Trasacco	56	Q 22
Trasaghis	18	D 21
Traschio	33	I 9
Trasimeno (Lago)	47	M 18
Trasquera	2	D 6
Tratalias	102	J 7
Travacò Siccomario	23	G 9
Travagliato	24	F 12
Travale	45	M 15
Travalle	39	K 15
Travedona Monate	12	E 8
Traversa	39	J 15
Traversara	37	I 18
Traversella	11	F 5
Traversetolo	35	I 13
Travesio	18	D 20
Travignolo (Val)	16	D 17
Travo	23	H 10
Trazzonara (Monte)	69	F 34
Tre Cancelli	59	R 20
Tre Cancelli (Valico)	72	F 30
Tre Croci	53	O 18
Tre Croci (Passo)	8	C 18
Tre Fontane	85	O 20
Tré-la-Tête	10	E 2
Tre Pietre (Punta dei)	84	Q 17
Tre Pizzi	48	M 20
Tre Signori (Corno dei)	5	C 13
Tre Signori (Picco dei) / Dreiherrnspitze	8	A 18
Tre Signori (Pizzo dei)	14	D 10
Tre Termini (Passo del)	14	F 12
Trearie	89	N 26
Trebaseleghe	27	F 18
Trebbia	33	I 9
Trebbiantico	42	K 20
Trebbio	40	K 15
Trebbo di Reno	36	I 15
Trebecco	23	H 9
Trebecco (Lago di)	23	H 9
Trebisacce	77	H 31
Trecasali	24	H 12
Trecastagni	89	O 27
Trecate	12	F 8
Trecchina	71	G 29
Trecenta	26	G 16
Trecine	47	M 18
Tredozio	41	J 17
Trefinaidi (Monte)	88	N 25
Treglio	57	P 25
Tregnago	26	F 15
Treia	48	M 21
Tremalzo (Passo di)	15	E 14
Trematerra (Monte)	78	L 31
Tremenico	4	D 10
Tremestieri	83	M 28
Tremezzo	13	E 9
Tremiti (Isole)	62	A 28
Tremoli	76	H 29
Tremosine	15	E 14
Trenta	78	J 30
Trentangeli (Masseria)	66	D 29
Trentinara	70	F 27
Trento	16	D 15
Trentola-Ducenta	64	E 24
Trenzano	24	F 12
Trepalle	5	C 12
Trepidò Soprano	79	J 32
Trepidò Sottano	79	J 32
Treponti	26	F 17
Treporti	28	F 19
Treppio	39	J 15
Treppo Carnico	9	C 21
Treppo Grande	18	D 21
Trepuzzi	75	F 36
Trequanda	46	M 17
Tres	16	D 15
Tresa (Perugia)	47	M 18
Tresa (Varese)	3	E 8
Tresana	34	J 11
Tresauro	92	Q 25
Trescore Balneario	14	E 11
Trescore Cremasco	13	F 10
Tresenda	14	D 12
Tresigallo	37	H 17
Tresinaro	35	I 13
Tresino (Monte)	70	F 26
Tresino (Punta)	65	F 27
Tresivio	14	D 11
Tresnuraghes	100	G 7
Tressanti	63	C 29
Tressi	11	F 4
Treste	57	P 25
Trestina	47	L 18
Tretto	16	E 16
Trevenzuolo	25	G 14
Trevesina (Pizzo)	14	D 12
Trevi	48	N 20
Trevi nel Lazio	59	Q 21
Trevico	65	D 27
Treviglio	13	F 10
Trevignano	17	E 18
Trevignano Romano	53	P 18
Treville	27	F 17
Trevinano	46	N 17
Treviolo	13	E 10
Treviso	17	E 18
Treviso (Rifugio)	17	D 17
Treviso Bresciano	15	E 13
Trevozzo	23	H 10
Trexenta	103	I 9
Trezzano sul Naviglio	13	F 9
Trezzo sull'Adda	13	F 10
Trezzo Tinella	21	H 6
Triana	46	N 16
Trianelli	67	D 30
Triangolo di Riva / Dreieck-Spitze	8	B 18
Tribano	27	G 17
Tribiano	13	F 10
Tribolina	14	E 11
Tribuláun / Pflerscher Tribulaun	6	B 16
Tricarico	72	F 30
Tricase	75	H 37
Tricerro	22	G 6
Tricesimo	19	D 21
Trichiana	17	D 18
Tricoli (Punta)	101	H 10
Tridentina (Rifugio)	8	A 18
Triei	101	G 10
Trieste	29	F 23
Trieste (Golfo di)	29	F 22
Triggianello	68	E 33
Triggiano	68	D 32
Trigna (Pizzo della)	86	N 22
Trigno	61	Q 24
Trigolo	24	G 11
Trigona	93	P 26
Trigus (Serra)	102	I 7
Trimezzo	55	O 21
Trinità	71	F 28
Trinità (Reggio nell'Emilia)	35	I 13
Trinità (vicino ad Entracque)	30	J 4
Trinità (vicino a Fossano)	21	I 5
Trinità (Abbazia della) (Cava de' Tirreni)	65	E 26
Trinità (Abbazia della) (Venosa)	66	E 29
Trinità d'Agultu e Vignola	98	E 8
Trinità (Lago della)	85	N 20
Trinitapoli	63	C 30
Trinkstein / Fonte alla Roccia	8	A 18
Trino	22	G 6
Triolo (Cosenza)	62	C 27
Triona (Monte)	86	N 21
Trionto	77	I 31
Trionto (Capo)	77	I 32
Triora	31	K 5
Tripi	83	M 27
Triponzo	48	N 20
Trischiamps	13	C 20
Triscina	86	C 20
Trisobbio	33	G 7
Trissino	25	F 16
Trisulti (Certosa di)	60	C 22
Triuggio	13	F 9
Trivento	61	F 9
Trivero	11	E 6
Trivigliano	59	Q 21
Trivignano	27	F 18
Trivignano Udinese	29	E 22
Trivigno	71	F 29
Trivio	55	O 20
Trodena / Truden	15	D 16
Trodica	44	M 22
Trofarello (Torino)	21	H 5
Trogkofel / Aip (Greta di)	13	C 21
Trognano	55	O 21
Troia	62	C 27
Troia (Ponte di)	62	C 28
Troia (Punta)	84	L 25
Troina	88	N 25
Troina (Fiume)	88	N 25
Tromello	22	G 8
Trompia (Val)	14	E 12
Trona (Lago di)	14	D 10
Troncia	102	J 7
Trontano	2	D 7
Tronto	49	N 22

TRIESTE

M¹ MUSEO DI STORIA E D'ARTE

UDINE

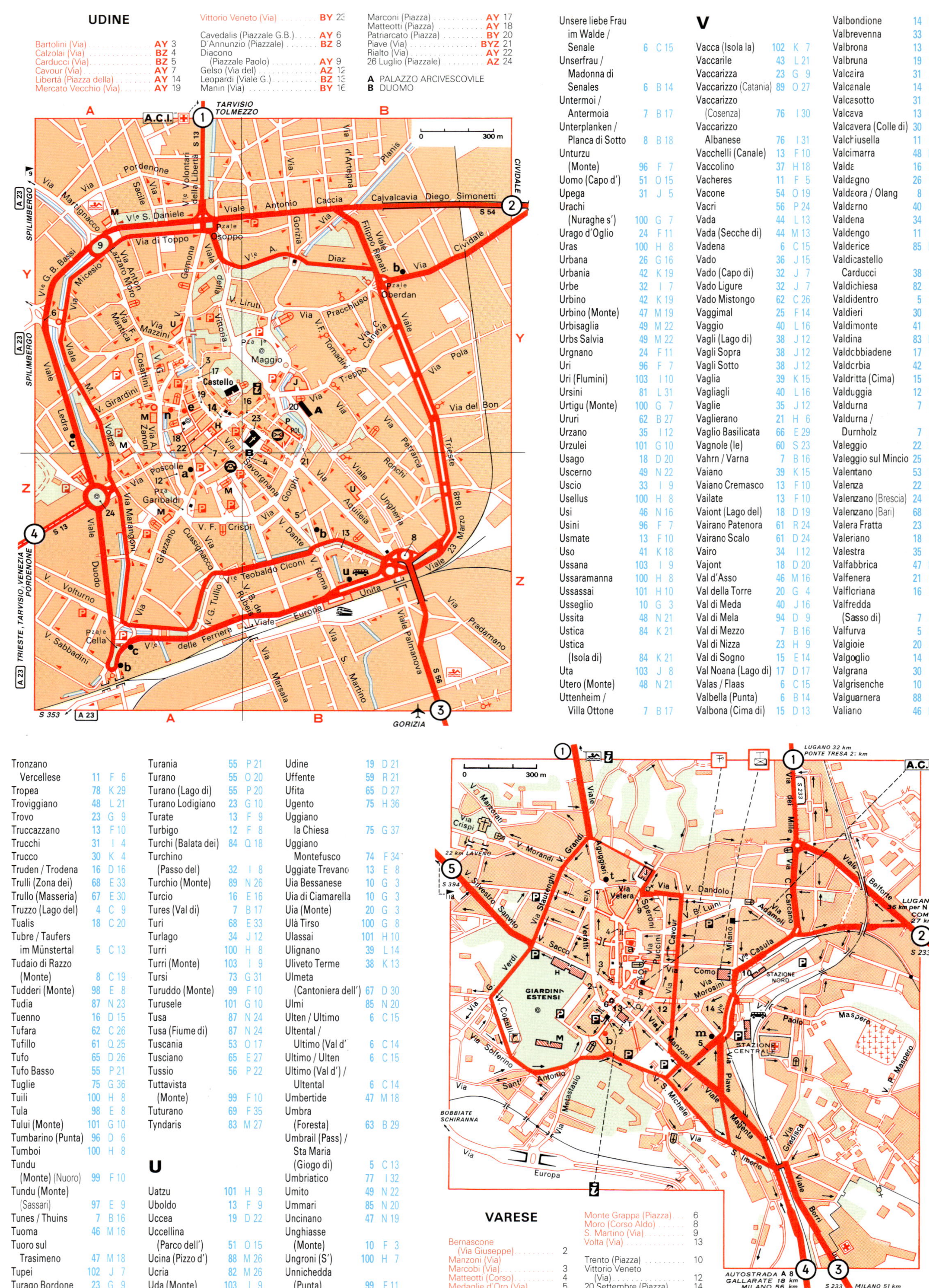

Bartolini (Via) ... AY 3
Calzolai (Via) ... BZ 4
Carducci (Via) ... BZ 5
Cavour (Via) ... AY 7
Libertà (Piazza della) ... AY 14
Mercato Vecchio (Via) ... AY 19

Vittorio Veneto (Via) ... BY 23
Cavedalis (Piazzale G.B.) ... AY 6
D'Annunzio (Piazzale) ... BZ 8
Diacono (Piazzale Paolo) ... AY 9
Gelso (Via del) ... AZ 12
Leopardi (Viale G.) ... BZ 13
Manin (Via) ... BY 16

Marconi (Piazza) ... AY 17
Matteotti (Piazza) ... AY 18
Patriarcato (Piazza) ... BY 20
Piave (Via) ... BYZ 21
Rialto (Via) ... AY 22
26 Luglio (Piazzale) ... AZ 24

A PALAZZO ARCIVESCOVILE
B DUOMO

Unsere liebe Frau im Walde / Senale	6	C 15
Unserfrau / Madonna di Senales	6	B 14
Untermoi / Antermoia	7	B 17
Unterplanken / Planca di Sotto	8	B 18
Unturzu (Monte)	96	F 7
Uomo (Capo d')	51	O 15
Upega	31	J 5
Urachi (Nuraghe s')	100	G 7
Urago d'Oglio	24	F 11
Uras	100	H 8
Urbana	26	G 16
Urbania	42	K 19
Urbe	32	I 7
Urbino	42	K 19
Urbino (Monte)	47	M 19
Urbisaglia	49	M 22
Urbs Salvia	49	M 22
Urgnano	24	F 11
Uri	96	F 7
Uri (Flumini)	103	I 10
Ursini	81	L 31
Urtigu (Monte)	100	G 7
Ururi	62	B 27
Urzano	35	I 12
Urzulei	101	G 10
Usago	18	D 20
Uscerno	49	N 22
Uscio	33	I 9
Usellus	100	H 8
Usi	46	N 16
Usini	96	F 7
Usmate	13	F 10
Uso	41	K 18
Ussana	103	I 9
Ussaramanna	100	H 8
Ussassai	101	H 10
Usseglio	10	G 3
Ussita	48	N 21
Ustica	84	K 21
Ustica (Isola di)	84	K 21
Uta	103	J 8
Utero (Monte)	48	N 21
Uttenheim / Villa Ottone	7	B 17

V

Vacca (Isola la)	102	K 7
Vaccarile	43	L 21
Vaccarizza	23	G 9
Vaccarizzo (Catania)	89	O 27
Vaccarizzo (Cosenza)	76	I 30
Vaccarizzo Albanese	76	I 31
Vacchelli (Canale)	13	F 10
Vaccolino	37	H 18
Vacheres	11	F 5
Vacone	54	O 19
Vacri	56	P 24
Vada	44	L 13
Vada (Secche di)	44	M 13
Vadena	6	C 15
Vado	36	J 15
Vado (Capo di)	32	J 7
Vado Ligure	32	J 7
Vado Mistongo	62	C 26
Vaggimal	25	F 14
Vaggio	40	L 16
Vagli (Lago di)	38	J 12
Vagli Sopra	38	J 12
Vagli Sotto	38	J 12
Vaglia	39	K 15
Vagliagli	40	L 16
Vaglie	35	J 12
Vaglierano	21	H 6
Vaglio Basilicata	66	E 29
Vagnole (le)	60	S 23
Vahrn / Varna	7	B 16
Vaiano	39	K 15
Vaiano Cremasco	13	F 10
Vailate	13	F 10
Vaiont (Lago del)	18	D 19
Vairano Patenora	61	R 24
Vairano Scalo	61	R 24
Vairo	34	I 12
Vajont	18	D 20
Val d'Asso	46	M 16
Val della Torre	20	G 4
Val di Meda	40	J 16
Val di Mela	94	D 9
Val di Mezzo	7	B 16
Val di Nizza	23	H 9
Val di Sogno	15	E 14
Val Noana (Lago di)	17	D 17
Valas / Flaas	6	C 15
Valbella (Punta)	6	B 14
Valbona (Cima di)	15	D 13

Valbondione	14	D 12
Valbrevenna	33	I 9
Valbrona	13	E 9
Valbruna	19	C 22
Valceira	31	J 5
Valcanale	14	E 11
Valcasotto	31	J 5
Valcava	13	E 10
Valcavera (Colle di)	30	I 3
Valchiusella	11	F 5
Valcimarra	48	M 21
Valda	16	D 15
Valdagno	26	F 15
Valdaora / Olang	8	B 18
Valderno	40	L 16
Valdena	34	I 11
Valdengo	11	F 6
Valderice	85	M 19
Valdicastello Carducci	38	K 12
Valdichiesa	82	L 26
Valdidentro	5	C 12
Valdieri	30	J 4
Valdimonte	41	L 18
Valdina	83	M 28
Valdobbiadene	17	E 17
Valdorbia	42	L 20
Valdritta (Cima)	15	E 14
Valduggia	12	E 6
Valdurna	7	B 16
Valdurna / Durnholz	7	B 16

Tronzano Vercellese	11	F 6	Turania	55	P 21	Udine	19	D 21
Tropea	78	K 29	Turano	55	O 20	Uffente	59	R 21
Troviggiano	48	L 21	Turano (Lago di)	55	P 20	Ufita	65	D 27
Trovo	23	G 9	Turano Lodigiano	23	G 10	Ugento	75	H 36
Truccazzano	13	F 10	Turate	13	F 9	Uggiano la Chiesa	75	G 37
Trucchi	31	I 4	Turbigo	12	F 8	Uggiano Montefusco	74	F 34
Trucco	30	K 4	Turchi (Balata dei)	84	Q 18	Uggiate Trevano	13	E 8
Truden / Trodena	16	D 16	Turchino (Passo del)	32	I 8	Uia Bessanese	10	G 3
Trulli (Zona dei)	68	E 33	Turchio (Monte)	89	N 26	Uia di Ciamarella	10	G 3
Trullo (Masseria)	67	E 30	Turcio	16	E 16	Uia (Monte)	20	G 3
Truzzo (Lago del)	4	C 9	Tures (Val di)	7	B 17	Ulà Tirso	100	G 8
Tualis	18	C 20	Turi	68	E 33	Ulassai	101	H 10
Tubre / Taufers im Münstertal	5	C 13	Turlago	34	J 12	Ulignano	39	L 14
Tudaio di Razzo (Monte)	8	C 19	Turri	100	H 8	Uliveto Terme	38	K 13
Tudderi (Monte)	98	E 8	Turri (Monte)	103	I 9	Ulmeta (Cantoniera dell')	67	D 30
Tudia	87	N 23	Tursi	73	G 31	Ulmi	85	N 20
Tuenno	16	D 15	Turuddo (Monte)	99	F 10	Ulten / Ultimo	6	C 15
Tufara	62	C 26	Turusele	101	G 10	Ultental / Ultimo (Val d')	6	C 14
Tufillo	61	Q 25	Tusa	87	N 24	Ultimo / Ulten	6	C 15
Tufo	65	D 26	Tusa (Fiume di)	87	N 24	Ultimo (Val d') / Ultental	6	C 14
Tufo Basso	55	P 21	Tuscania	53	O 17	Umbertide	47	M 18
Tuglie	75	G 36	Tusciano	65	E 27	Umbra (Foresta)	63	B 29
Tuili	100	H 8	Tussio	56	P 22	Umbrail (Pass) / Sta Maria (Giogo di)	5	C 13
Tula	98	E 8	Tuttavista (Monte)	99	F 10	Umbriatico	77	I 32
Tului (Monte)	101	G 10	Turaturano	69	F 35	Umito	49	N 22
Tumbarino (Punta)	96	D 6	Tyndaris	83	M 27	Ummari	85	N 20
Tumboi	100	H 8				Uncinano	47	N 19
Tundu (Monte) (Nuoro)	99	F 10	**U**			Unghiasse (Monte)	10	F 3
Tundu (Monte) (Sassari)	97	E 9	Uatzu	101	H 9	Ungroni (S')	100	H 7
Tunes / Thuins	7	B 16	Uboldo	13	F 9	Unnichedda (Punta)	99	F 11
Tuoma	46	M 16	Uccea	19	D 22			
Tuoro sul Trasimeno	47	M 18	Uccellina (Parco dell')	51	O 15			
Tupei	102	J 7	Ucina (Pizzo d')	88	M 26			
Turago Bordone	23	G 9	Ucria	82	M 26			
			Uda (Monte)	103	I 9			

VARESE

Bernascone (Via Giuseppe) ... 2
Manzoni (Via) ... 3
Marcobi (Via) ... 3
Matteotti (Corso) ... 4
Medaglie d'Oro (Via) ... 5

Monte Grappa (Piazza) ... 6
Moro (Corso Aldo) ... 8
S. Martino (Via) ... 9
Volta (Via) ... 13
Trento (Piazza) ... 10
Vittorio Veneto (Via) ... 12
20 Settembre (Piazza) ... 14

Calle larga S. Marco	**CU** 23	Barbaria delle Tole	**DT** 2	Calle dell'Ospedaletto	**CT** 18
Calle larga 22 Marzo	**BU**	Borgoloco S. Lorenzo	**CT** 3	Calle del Pestrin	**BU** 19
Campo S. Bartolomeo	**CT** 31	Calle Avogaria	**AU** 4	Calle del Pistor	**CT** 20
Frezzeria	**CU** 40	Calle del Caffettier	**AT** 7	Calle delle Rasse	**CU** 22
Merceria del Capitello	**CT** 41	Calle del Campanile	**BT** 8	Calle lunga S. M.ª Formosa	**CT** 24
Merceria dell'Orologio	**CU** 42	Calle di Canonica	**CU** 9	Calle del Te Deum	**DT** 25
Merceria S. Salvador	**CT** 43	Calle delle Carrozze	**AU** 12	Calle del Traghetto Vecchio	**BT** 26
Merceria S. Zulian	**CT** 44	Calle della Chiesa	**AU** 13	Campo Bandiera e Moro	**DU** 27
Piazza S. Marco	**CU**	Calle dei Frati	**BU** 14	Campo delle Beccarie	**BT** 28
Ponte di Rialto	**CT**	Calle Longo	**BT** 15	Campo della Lana	**AT** 29
Ruga degli Orefici	**CT** 62	Calle della Mandola	**BU** 16	Campo S. Barnaba	**AU** 30
Salizzada S. Moisè	**CU** 70	Calle Larga Mazzini	**CT** 17		
Via 2 Aprile	**CT** 74				

Campo SS. Giovanni e Paolo	**CT** 32	Ponte della Libertà	**AT** 49	Ruga Giuffa S. M. Formosa	**CT** 61
Campo S. Luca	**CT** 33	Ponte degli Scalzi	**AT** 50	Ruga Vecchia S. Giovanni	**BT** 63
Campo S. Sofia	**CT** 34	Rio Terrà Canal	**AU** 51	Salizzada Pio X	**CT** 64
Campo S. Vidal	**BU** 35	Rio Terrà dei Catecumeni	**BV** 52	Salizzada del Pistor	**CT** 65
Fondamenta dei Mendicanti	**CT** 36	Rio Terrà dei Franceschi	**CT** 53	Salizzada S. Antonin	**DU** 66
Fondamenta Nani	**AV** 37	Rio Terrà Ognissanti	**AU** 55	Salizzada S. Canciano	**CT** 67
Fondamenta dell'Osmarin	**CU** 38	Rio Terrà S. Stin	**BT** 56	Salizzada S. Geremia	**AT** 68
Fondamenta Priuli	**AV** 39	Rio Terrà Secondo	**BT** 57	Salizzada S. Giovanni Crisostomo	**CT** 69
Piazzetta dei Leoncini	**CU** 45	Rio Terrà SS. Apostoli	**CT** 58	Salizzada S. Fantaleore	**AT** 71
Piazzetta S. Marco	**CU** 46	Riva del Ferro	**CT** 59	Salizzada S. Samuel	**BU** 72
Ponte dell'Accademia	**BU** 48	Ruga Due Pozzi	**CT** 60	Salizzada Serman	**CT** 73

A PALAZZO DEI CAMERLENGHI
F CAMPANILE
H CÀ LOREDAN
K TORRE DELL'OROLOGIO
M MUSEO CORRER
M¹ PALAZZO VENIER DEI LEONI
S PALAZZO DARIO
X PALAZZO GIUSTINIAN
Y CÀ FOSCARI

Vaticano (Città del) (Roma) — 58 Q 19
Vatolla — 70 G 27
Vauda Canavese — 11 G 4
Vazia — 55 O 20
Vazzano — 78 L 30
Vazzola — 28 E 19
Vazzoler (Rifugio) — 8 C 18
Vecchiano — 38 K 13
Vedano Olona — 13 E 8
Veddasca (Val) — 3 D 8
Vedegheto — 36 I 15
Vedelago — 17 E 18
Vedeseta — 13 E 10
Vedrana — 36 I 16
Vedriano — 35 I 13
Veggiano — 26 F 17
Veggio — 39 J 15
Veglie — 75 G 35
Veiano — 53 P 18
Veio — 54 P 19
Veirera — 32 I 7
Vela (Villa) — 93 Q 27
Vélan (Monte) — 10 E 3
Veleso — 13 E 9
Velezzo Lomellina — 22 G 8
Velia — 70 G 27
Velino — 55 O 20
Velino (Gole del) — 55 O 21
Velino (Monte) — 55 P 22
Vellano — 39 K 14
Vellego — 31 J 6
Velleia — 34 H 11

Velletri — 59 Q 20
Velloi — 6 B 15
Velo d'Astico — 16 E 16
Velo Veronese — 26 F 15
Velturno / Feldthurns — 7 B 16
Velva — 33 J 10
Vena (Catania) — 89 N 27
Vena (Catanzaro) — 78 K 31
Venafro — 60 R 24
Venagrande — 49 N 22
Venaria (Torino) — 21 G 4
Venarotta — 49 N 22
Venas di Cadore — 8 C 18
Venasca — 20 I 4
Venaus — 20 G 3
Venda (Monte) — 26 G 17
Vendicari (Isola) — 93 Q 27
Vendone — 31 J 6
Vendrogno — 13 D 9
Venegazzu' — 17 E 18
Venegono — 13 E 8
Venere — 56 Q 22
Venere (Monte) — 53 O 18
Veneria — 22 G 6
Venetico — 83 M 28
Venezia — 28 F 19
Venezia (Rifugio) — 8 C 18
Venezia (Cima) — 6 C 14
Venezia-Marco Polo (Aeroporto) — 28 F 19
Venezzano — 36 H 16
Venina (Lago di) — 14 D 11
Venina (Passo) — 14 D 11

Venosa — 66 E 29
Venosta (Val) / Vinschgau — 5 C 13
Venticano — 65 D 26
Ventimiglia — 30 K 4
Ventimiglia di Sicilia — 86 N 22
Vento (Grotta del) — 38 J 13
Vento (Portella del) — 88 O 24
Vento (Serra del) — 87 N 24
Vento (Torre del) — 67 D 31
Venturina — 45 M 13
Venusio — 67 E 31
Veny (Val) — 10 E 2
Venzone — 18 D 21
Verano — 6 C 15
Verazzano — 41 L 18
Verbania — 12 E 7
Verbicaro — 76 H 29
Verceia — 4 D 10
Vercelli — 22 G 7
Verchiano — 48 N 20
Verde (Capo) — 31 K 5
Verde (Costa) — 102 I 7
Verde (Isola) — 27 G 18
Verde (la) — 80 M 30
Verde (Lago) — 6 C 14
Verdéggia — 31 J 5
Verdello — 13 F 10
Verdi — 87 N 24
Verdins — 6 B 15
Verduno — 21 I 5
Verdura — 90 O 21
Verena (Monte) — 16 E 16

Verezzi — 31 J 6
Verezzo — 31 K 5
Vergato — 36 J 15
Vergemoli — 38 J 13
Verghereto (Firenze) — 39 K 15
Verghereto (Forlì) — 41 K 18
Vergiate — 12 E 8
Vergine Maria (Palermo) — 86 M 22
Vergineto — 42 K 20
Vergnasco — 11 F 6
Verica — 35 J 14
Vermenagna — 30 J 4
Vermica — 79 K 33
Vermiglio — 15 D 14
Vermiglio (Val) — 5 C 13
Vernà (Pizzo di) — 89 M 27
Vernago / Vernagt — 6 B 14
Vernago (Lago di) — 6 B 14
Vernagt / Vernago — 6 B 14
Vernante — 30 J 4
Vernasca — 34 H 11
Vernazza — 33 J 11
Vernazzano — 47 M 18
Vernio — 39 J 15
Vernole — 75 G 36
Verolanuova — 24 G 12
Verolavecchia — 24 G 12
Verolengo — 21 G 5
Veroli — 60 Q 22
Verona — 25 F 14
Verona (Pizzo) — 4 C 11
Veronella — 26 G 15

Verrand — 10 E 2
Verrayes — 11 E 4
Verrecchie — 55 P 21
Verrès — 11 F 5
Verrino — 61 Q 24
Verrone — 11 F 6
Verrua Po — 23 G 9
Verrua Savoia — 21 G 6
Verrutoli (Monte) — 67 E 30
Versa — 29 E 22
Versa (Asti) — 21 G 6
Versa (Fiume) — 28 E 20
Versa (Pavia) — 23 G 9
Versano — 64 D 24
Versciaco — 8 B 13
Versilia (Riviera della) — 38 K 12
Vertana (Cima) — 5 C 13
Verteglia (Piano di) — 65 E 26
Vertemate — 13 E 9
Vertova — 14 E 11
Veruccio — 42 K 19
Vervio — 14 D 12
Vervò — 16 D 15
Verza — 24 G 11
Verzegnis — 18 C 20
Verzegnis (Monte) — 18 C 20
Verzi — 31 J 6
Verzino — 79 J 32
Verzuolo — 20 I 4
Vescia — 60 Q 22
Scanzano — 48 N 20
Vescona — 46 M 16
Vescovado — 46 M 16

Vescovana — 26 G 17
Vescovato — 24 G 12
Vesime — 21 I 6
Vesio — 15 E 14
Vesole (Monte) — 70 F 27
Vespolate — 12 F 7
Vespolo (Monte) — 14 D 11
Vessalico — 31 J 5
Vesta — 15 E 13
Vestea — 56 O 23
Vestenanova — 26 F 15
Vestigne — 11 F 5
Vestone — 15 E 13
Vesuvio — 64 E 25
Vetan — 10 E 3
Vetralla — 53 P 18
Vetrano (Serra) — 93 P 26
Vetria — 31 J 6
Vetriolo Terme — 16 D 15
Vette (le) — 17 D 17
Vettica Maggiore — 64 F 25
Vettigne — 11 F 6
Vetto — 35 I 13
Vettore (Monte) — 48 N 21
Vetulonia — 45 N 14
Veveri — 12 F 7
Vezza — 41 L 17
Vezza d'Oglio — 15 D 13
Vezza (Torrente) — 53 O 18
Vezzanello — 33 J 12
Vezzano (Parma) — 34 I 12
Vezzano (Trento) — 15 D 14

Vezzano sul Crostolo — 35 I 13
Vezzena (Passo di) — 16 E 16
Vezzo — 12 E 7
Vezzola — 35 H 14
Vezzolano (Abbazia di) — 21 G 5
Viadana — 35 H 13
Viadana Bresciana — 25 F 13
Viagrande — 89 O 27
Viamaggio — 41 K 18
Viamaggio (Passo di) — 41 K 18
Vianino — 34 H 11
Viano — 35 I 13
Viarago — 16 D 15
Viareggio — 38 K 12
Viarigi — 22 G 7
Viarolo — 34 H 12
Viarovere — 36 H 15
Viazzano — 34 H 12
Vibo Valentia — 78 K 30
Vibo Valentia Marina — 78 K 30
Viboldone — 13 F 9
Vibonati — 71 G 28
Vibrata — 49 N 23
Vicalvi — 60 Q 23
Vicarello (Livorno) — 38 L 13
Vicarello (Roma) — 53 P 18
Vicari — 86 N 22
Vicari (Fiume) — 86 N 22
Vicchio — 40 K 16
Viceno (Novara) — 2 D 6

VERONA

0   300 m

Anfiteatro (Via) — CY 2
Cappello (Via) — CY 6
Erbe (Piazza delle) — CY 10
Leoni (Via) — CY 14
Mazzini (Via) — CY
Oberdan (Via) — BY
Porta Borsari (Corso) — CY
Roma (Via) — BYZ
S. Anastasia (Corso) — CY 27
Signori (Piazza dei) — CY 35
Stella (Via) — CY 38
Barbarani (Via B.) — AY 3
Battisti (Via C.) — BZ 5
Cittadella (Piazza) — BZ 7
Emilei (Via Francesco) — CY 9
Giardino Giusti (Via) — DY 13
Malenza (Via G. B.) — CY 15
Manin (Via Daniele) — BZ 17
Nizza (Via) — CY 18
Pietra (Ponte della) — CY 20
Ponte Garibaldi — BCY 21
Redentore (Via) — CY 22
Regaste Redentore — CY 24
Sammicheli (Lungadige) — CY 25
S. Chiara (Via) — DY 28
S. Cosimo (Via) — CY 29
S. Maffei (Stradone) — CZ 31
S. Paolo (Via) — CYZ 32
S. Tomaso (Via) — CY 33
SS. Trinità (Via) — BZ 34
Sottoriva (Via) — CY 37
Tezone (Via) — CZ 40
Zappatore (Via dello) — CZ 41

A DUOMO
B SAN FERMO MAGGIORE
C TEATRO ROMANO
D CASTEL SAN PIETRO
F SANT'ANASTASIA
K ARCHE SCALIGERE

VICENZA
400 m
TRENTO 96 km
BASSANO DEL GRAPPA 35 km
S 248
TREVISO 60 km
A 31
90 km TRENTO
23 km SCHIO
51 km VERONA (per A 4)
PADOVA 32 km
A 4
ESTE 45 km
Viale Fratelli Bandiera
Via G. Cappellari
Viale Ferdinando Rodolfi
Astichello
Borgo Scrofta
Galliano
Via IV Novembre
Contrà S. Pietro
Contrà Pedemuro S. Biagio
Corso Palladio
Contrà Riale
Giardino Salvi
Pza Giusti
Corso S.S. Felice e Fortunato
Vle Verdi
Duomo
Campo Marzio
Vle Venezia
Stazione
Roma
Contrà S. Caterina
Contrà della Piarda
dello Stadio
Borgo Berga
Viale Dante
Via A. Fusinato
Viale X Giugno
Piazzale della Vittoria
BASILICA DI M.te BERICO
A.C.I.
PARCO QUERINI
Bacchiglione
Retrone
Mazzini
Viale Milano
Palladio (Corso A.) ABYZ
Signori (Piazza dei) BZ 34
Barche (Contrà delle) BZ 2
Battisti (Via C.) AZ 3
Biade o della Biava (Pza d.) BZ 4
Cabianca (Contrà J.) BYZ 5
Canove Nuove (Contrà) BY 6
Canove Vecchie (Contrà) BY 7
Castello (Piazza del) AZ 8
Ceccarini (Via) BY 9
Chinotto (Via G.) BZ 12
De Gasperi (Piazzale) AZ 13
Erbe (Piazza delle) BZ 14
Gualdi (Piazza) BZ 16
Lioy (Via P.) BZ 17
Matteotti (Piazza) BY 19
Montagna (Via B.) AY 21
Mure Pta Nuova (Contrà) AZ 22
Porta Lupia (Contrà) BZ 23
Porti (Contrà) BY 25
Pusterla (Contrà) BY 26
Risorgimento (Viale) BZ 27
S. Barbara (Contrà) BY 29
S. Corona (Contrà) BY 30
S. Marco (Contrà) AY 32
S. Tomaso (Contrà) BZ 33
Valmerlara (Contrà) BZ 36
Vescovado (Contrà) AZ 37
20 Settembre (Contrà) BY 38
A TEATRO OLIMPICO
B BASILICA
C TORRE BISSARA
D LOGGIA DEL CAPITANIO
M MUSEO CIVICO
E CHIESA DELLA SANTA CORONA
F DUOMO